KB260257

개혁신학 탐구

|

한국 개혁신학의 전망

Studies in Reformed Theology
- Towards a Reformed Theology in Korean Church

Copyright ⓒ 2012, 2022 by Rev. Seung-Goo Lee, Ph. D.
Professor of Reformed Dogmatic, Hapdong Theological Seminary

Pubilshed by Hapdong Theological Seminary Press
Kwangkyojoongang-ro 50, Yeongtong-gu, Suwon, Korea
All rights reserved

개혁신학 탐구
- 한국 개혁신학의 전망

초판 1쇄 발행 | 1999년 10월 15일 (하나출판사)
　　 2쇄 발행 | 2001년 8월 20일 (하나출판사)
개정 1쇄 발행 | 2012년 9월 5일 (합신대학원 출판부)
　　 2쇄 발행 | 2022년 10월 25일

지은이 | 이승구
발행인 | 김학유
펴낸곳 | 합동신학대학원 출판부
주　소 | 16517 경기도 수원시 영통구 광교중앙로 50 (원천동)
전　화 | (031) 217-0629
팩　스 | (031) 212-6204
홈페이지 | www.hapdong.ac.kr
출판등록번호 | 제22-1-1호
인쇄처 | 예원프린팅 (031) 957-6551
총　판 | (주)기독교출판유통(031) 906-9191

값 20,000원

ISBN 89-97244-07-2
*잘못된 책은 교환해드립니다

이 도서의 국립중앙도서관 출판시 도서목록(CIP)은 e-CIP 홈페이지
http://www.nl.go.kr/cip.php에서 이용하실 수 있습니다.
(CIP제어번호: CIP 2012000825)

개혁신학 탐구

한국 개혁신학의 전망

이승구 지음

합신대학원 출판부

『改革神學에의 한 探究』(서울: 웨스트민스터 출판부, 1995)가 출판된 지 벌써 5년이 되었습니다. 여기 그 후속편이라고 할 수 있는 『改革神學 探究』를 내어놓습니다. 이 글들은 저자가 영국에서 박사 학위를 마치고 미국 Yale 대학교 신학부의 연구원(Research Fellow)으로 있다가 귀국한 1992년부터 1998년 말까지 만 7년의 기간 동안 쓰고 여러 곳에서 발표했던 개혁 신학적 관점의 신학 논문들과 서평들 중 일부를 엮어 만든 논문집입니다.

몇 가지 예외가 있다면 그것은 이 책의 제4부에 해당하는 내용입니다. 제13장은 저자의 신학 박사 학위(Ph. D.) 논문의 제2장 3절의 내용이고, 제14장은 아주 오래 전에 썼던 키에르케고어와 교육의 관계에 대한 글을 그대로 실은 것입니다. 이는 후일 저자가 학위 논문을 다 번역하여 출판하기 전까지 키에르케고어에 대한 개혁주의적 한 접근의 역사와 예를 제시하는 구실을 할 수 있지 않을까 하는 마음에서 여기 수록하였습니다.

비교적 일찍이 썼던 『改革神學에의 한 探究』를 읽고 환영하며 격려해 주신 분들에게 감사를 드리면서 이 두 번째 논문집은 좀 더 성숙한 신학적 사유의 산물로 나타났으면 하는 바램을 가지고 이 책을 펴냅니다. 그러나 이 책도 역시 논문집인지라 이 책에 실린 글들도 그 질이 다양하여 어떤 글은 좀 더 읽기 쉽고, 또 어떤 글들은 좀 더 난삽할 것입니다. 첫째 논문집에서 독자들이 좀 더 어려워하던 형태와 스타일의 글들이 모아진 느낌이 들어서 과연 이 글들이 여러 층의 독자들에게 쉽게 접근 가능할까 하는 안타까움과 아쉬움도 있습니다.

그러나 지난번 책을 찬찬히 읽어주신 그런 태도로 읽으신다면 이 책도 이 땅의 모든 그리스도인들과 함께 대화하며, 이 땅에서 개혁 신학을 새롭게 하고 그 의미를 드러내는 데 기여할 수 있으리라고 생각합니다. 이 책에 실린 나의 논문들과 나의 모든 신학적 작업은 결국 우리네 한국 그리스도인들의 사유와 전통적 개혁 신학의 사유의 틀을 비교하며 서로 대화하도록 하여, 이 땅에 진정한 개혁 신학적 사유에 충실한 그리스도인과 교회가 많이 나타나도록 하려는 목적을 지닌 것입니다.

　7년이라고 하는 기간은 아주 오랜 기간이라고 여겨집니다. 영국에서 박사 학위 논문을 쓰면서 저자가 생각한 대로라면 이 기간은 그 동안 적어도 2권의 깊이 있는 학술 서적이 집필되었어야 하는 기간입니다(물론 이 기간동안 『改革神學에의 한 探究』외에도 『교회론 강설: 교회란 무엇인가?』 [서울: 여수룬, 1996], 그리고 하이델베르크 요리문답 강해서의 제1 권인 『진정한 기독교적 위로』 [서울: 여수룬, 1998]가 쓰여졌습니다. 그러나 이 두 책은 여러 층의 독자들에게 좀 더 쉽게 접근할 수 있을 수 있는 스타일로 쓰여진 좀 대중적인 책이었습니다). 이 기간 동안 좀 더 깊이 있는 학술서를 쓰지 못한 것에 대해서 (과거 학생일 때의 본인의 경험에 비추어) 여러 학생들과 함께 본인 자신도 안타까워하며 스스로를 질책하면서, 여기 학술서에 가까운 논문집을 내어놓으며 다음 7년의 기간은 좀 더 유용한 시간이 될 수 있기를 기원하고 다짐합니다. 이런 7년이 세 번 내지 네 번 거듭되는 이 기간이 가장 왕성하고 깊이 있는 학문 활동의 기간이어야만 한다는 것을 다시 한번 더 상기하면서 말입니다. 부디 주께서 허락하셔서 모든 외적 상황이 안정된 가운데서 학생들을 가르치고 연구하며, 교회를 섬기고, 신학을 하며 전문적인 신학 서적을 써낼 수 있기 바랍니다.

　이 글들이 쓰여지는 기간 동안 저자에게서 신학을 배운 학생들은 이 글들을 읽으면서 저자의 강의 시간의 그 목소리를 다시 들을 수 있을 것입니다. 그런

목소리의 울림을 통해서 좀 더 깊은 교제가 이루어지기를 기원합니다. 저자는 그 모든 분들과의 신학적 대화를 귀하게 여기며 그에 대해서 감사드립니다. 이제 새로운 교육의 장에서도 저자는 그동안 강조해 왔던 개혁 신학에 충실한 사역자들의 인격과 사고를 형성시키는 일을 하려고 합니다. 이와 같은 개혁 신학적 사유를 더 개발하며, 같이 대화하기를 원하는 모든 이들을 이 책을 통해서 저자가 섬기는 신학대학원과 한국개혁신학회와 한국 성경 신학회, 기독교학문연구회, 그리고 언약교회를 통한 신학적 대화에로 초청합니다. 그리고 이런 대화가 깊어짐으로 말미암아 우리의 신학적 사유가 더욱 성장하고 깊이 있으며 하나님 나라의 현재성에 충실한 모습을 잘 드러낼 수 있기를 원합니다.

1999년 11월 10일
새로운 사역을
효과적으로 할 수 있는 길을 생각하면서

지은이

필자의 개혁 신학에 대한 연구 시리즈의 두 번째 책인 『개혁신학 탐구』가 처음 나온 것이 1999년이니 그것도 벌써 13년 전의 일입니다. 그 동안 이 책은 저와 함께 조직신학을 공부한 학우들이 주로 읽고서 반응하여 주었습니다. 우리들은 이 글을 읽고 이에 대해서 논의하는 일을 통해서 우리들이 좀 더 개혁 신학에 충실해지고 궁극적으로 개혁 신학에 충실한 교회를 세워 가는 일에 도움을 얻는다고 고백해 왔습니다. 이제 이 책의 개정판을 또다시 새로운 사역의 장(場)인 합동신학대학원의 출판부에서 출판하게 된 것은 저에게는 큰 영광이며, 매우 의미 있는 일입니다. 한 사람을 개혁 신학에 헌신하게 하였던 학교가 이제 그 사람으로 하여금 그 울타리 안에서 개혁 신학적 작업을 계속하게 하고, 후배들에게 개혁 신학을 교육시키는 장(場)이 되어 이 땅 가운데서 계속해서 개혁 신학에 충실한 작업이 이루어지게 하시는 하나님의 놀라우신 손길에 대하여 감사할 뿐입니다. 제게 이루어진 일보다 더 놀랍게 하나님과 그의 말씀에 헌신하며 개혁 신학에 충실해 나가는 일들이 이 책을 읽으며 생각하며 이에 대해서 논의하는 학우들에게서 이루어지기 원합니다.

이 개정판에서는 이전 내용을 그대로 사용하되 개혁파 생명신학의 논의에서 사용되었던 생명의 시작에 대한 신학적 논의와 그와 연관될 수 있는 인공 수정에 대한 논의를 뺐습니다. 또한 키에르케고어에 대한 나중 논의를 뺐습니다. 언제가 이루어지길 원하는 필자의 학위 논문 전문 번역 때에 그 내용을 독자들에게 온전히 소개할 수 있을 것이라는 생각에서였습니다.

주께서 이전에도 그리하셨던 것처럼 이 책의 논의들도 사용하셔서 우리들의 생각을 더 개혁파적이게 하여 주시기를 앙기(仰祈)합니다. 신학을 공부하는 학우들뿐만 아니라 보다 폭넓은 독자들도 이 글을 읽으면서 그 생각과 교회 섬김과 하나님 나라 백성으로서의 일상생활 전반도 개혁파적으로 변해 갔으면 합니다. 이와 함께 개혁 신학에 대한 연구 시리즈에 속한 다른 책인『개혁신학에의 한 탐구』(서울: 웨스트민스터출판부, 개정판, 2004), 1960년대 이후 영미 개혁신학의 흐름을 구체적으로 논의한『전환기의 개혁신학』(서울: 이레서원, 2008), 이 논의들에 근거하여 개혁신학이 나아 갈 방향을 논의한『21세기 개혁신학의 방향』(서울: 나눔과 섬김, 2018), 개혁파 생명신학 시론(試論)으로 쓰여진『인간복제, 그 위험한 도전』(서울: 예영, 2003, 개정판, 2006), 그리고 개혁파적인 공적 신학(public theology)으로 제출된『광장의 신학』(수원: 합신대학원출판부, 2010)들도 같이 읽어서 이 땅에 개혁파적인 사상이 더 일반화되어 가고, 더 철저해져 갔으면 합니다.

2012년 8월
한국 개혁신학의 산실인
합동신학대학원대학교 연구실에서

다시 개정판을 내면서 우리들의 신학이 참으로 개혁 신학에 충실한 신학으로 나타나기를 바랍니다.

이 책의 부제와 같이 "한국개혁신학"이 잘 제시될 수 있기를 원합니다.

2022년 9월
합동신학대학원대학교 연구실에서

제1부
오늘의 신학적 상황 가운데서의 개혁 신학

1

종말신학의 프롤레고메나[*]

- 하나님 나라 신학을 지향하며

종말론에 관한 신학적 정리로서 이 시대의 한국 교계에 필요한 것들은 아마도 다음의 몇 가지 것이 아닌가 한다. (1) 성경이 말하고 있는 정확한 종말 개념을 밝히는 일. (2) 미래적 종말의 프로그램을 성경이 밝히고 있는 대로 정확히 정리해 주는 일. (3) 지금 여기서 종말론적 실존을 살아가며, 종말론적 공동체를 이루고 있는 이들의 그에 부합한 의식과 행위를 유도해 내는 일. (4) 다른 종말관을 제시하는 이들에 대하여 그 입장을 정확히 분석하고 성경적 입장에서 이를 비판하는 일. (5) 미래적 종말론 문제 중 하나인 천년 왕국 문제에 대해서 정확한 주해적 연구를 제공하는 일. 그리고 마지막으로 (6) 성경적 종말 개념에 충실한 입장에서 기독교 신학 전체를 다시 조망해 보는 일.

이와 같은 일 중에서 (1)은 이미 70년대 말부터 신학 교육을 하신 분들에 의해서 분명히 천명되고 가르쳐져서 신약 성경이 말하는 종말에는 이미 이루어진 측면과 미래적 측면이 있다고 밝혀진 바 오래다.[1] 또한 (2), 즉, 성경이 말하는 미래 종말의 프로그램을 성경이 가진 그 담담함을 가지고서 진술하는 일도 이미

---

[*] 이 글은 한국복음주의 신학회 논문집인 「성경과 신학」 13 (1993): 193-225에 발표되었던 논문이다.

[1] 대표적인 예를 제시하면 다음과 같다. 최낙재, 『하나님 나라』 (서울: 성서유니온, 1986); 박형용, "하나님 나라의 실현", 「신학정론」 1/1 (1983): 106-35; "예수님과 하나님 나라의 실현", 「신학 정론」 1/2 (1983); "예수의 왕국 선포에 관한 배경적 연구", 「신학정론」 2/1 (1984): 4-29.

여러 서적에 정리된 것이 번역되어 가르쳐졌다고 할 수 있다.[2] 그 다음부터의 작업이 현재 진행 중이며, 또 마땅히 강조되고, 밝혀져야 하는 일이라고 생각된다. 그러나 그 중에서 (5), 즉 천년 왕국 문제에 대한 주해적 연구를 제시하는 일은 비교적 많은 이들이 관여하고 있는 작업이고, 또 성경에 충실하고자 하는 의도에서의 논의라면 다 긍정적일 수 있다는 의미에서[3] 그렇게 시급한 문제는 아니라고 여겨진다. 또한 (4), 즉 성경과는 다른 종말관을 말하는 이들의 입장에 대한 분석과 평가는 이 문제에 대하여 실천적 관심을 가진 이들과, 좀 더 신학적인 논의를 하려는 분들에 의해 수행되었고 또 계속되고 있다고 본다.[4] 비교적 논의가 덜 되고 있는 문제는 역시 (3) 지금 여기서 하나님 나라 백성으로서 어떻게 생각하고 살아야 하는가 하는 문제와 (6), 즉 성경적 종말 개념에 근거해서 신학을 어떻게 전체적으로 재조망할 것인가 하는 문제이다. 이들은 사실 서로 연관된 문제이고, 앞의 좀 더 실천적인 문제에 대해서는 그래도 우리네 몇몇 분들이 힘쓰고 있음을

---

[2] 다음 책들이 그 대표적인 책들이 될 수 있을 것이다: Geerhardus Vos, *The Pauline Eschatology* (1930; Grand Rapids: Baker, 1979), 오광만, 이승구 공역, 『바울의 종말론』(서울: 엠마오, 1989); George Eldon Ladd, *The Last Things* (Grand Rapids: Eerdmans, 1978), 졸역, 『마지막에 될 일들』(서울: 엠마오, 1983, 개정역); 『조지 래드의 종말론 강의』(서울: 이레서원, 2017); *The Blessed Hope* (Grand Rapids: Eerdmans, 1956), 이태훈 역, 『축복된 소망』(서울: 엠마오, 1984); Anthony A. Hoekema, *The Bible and Future* (Grand Rapids: Eerdmans. 1979), 류호준 역, 『개혁주의 종말론』(서울: 기독교 문서선교회, 1986); Donald Guthrie, *New Testament Theology* (Leicester: Inter-Varsity Press, 1981), 이중수 역, 『신약 성경 신학: 교회와 종말』(서울: 성서유니온).

[3] 세대주의적 전천년설이 아니라면 다 성경에 충실하려는 것으로 존중될 수 있다. 세대주의적 성경 해석의 문제에 대한 좋은 비판으로는 Oswald T. Allis, *Prophecy and the Church* (Philadelphia: Presbyterian and Reformed, 1945); Ladd, *The Last Things*, Chapters 1-2; idem, *The Blessed Hope;* Hoekema, *The Bible and the Future*, 194-222; John H. Gerstner, *Wrongly Dividing the Word of Truth: A Critique of Dispensationalism* (Brentwood, Tennesse: Wolgemuth & Hyatt. 1991) 등을 보라.

천년왕국 문제와 관련해서 좋은 참고 서적으로는 Robert G. Clouse, ed., *The Meaning of Millenium* (Downers Grove: Inter-Varsity Press. 1977), 권호덕 역, 『천년왕국』(서울: 성광문화사, 1980); Hoekema, *The Bible and the Future*, 223-38; William Hendriksen, *More than Conquerors: An Interpretation of the Book of Revelation* (1940; Grand Rapids: Baker, 1982), 184-96; Philip Edgcumbe Hughes, *The Book of the Revelation* (Grand Rapids: Eerdmans, 1990), 208-19 등을 보라.

[4] "이미"와 "아직 아니"의 구조를 가지고 있으면서도 다른 식으로 종말의 의미를 해석해 가는 이들에 대한 좋은 논의는 Hoekema, *The Bible and the Future*, 288-316에 부록으로 있는 "종말론의 최근 동향"(Recent Trends in Eschatoloey)이란 논문이다. 이에 대한 류호준 목사의 번역은 『개혁주의 종말론』, 385-429면에 실려 있다.

생각할 때, 신학적 작업을 하도록 교육을 받은 필자가 생각하기에 가장 중요한데도 많은 이들이 비교적 소홀히 하고 있다고 여겨지는 것은 역시 종말의 포괄적인 신학적 의미를 드러내는 일이다.

그러므로 이 글에서 필자는 성경 신학자들이 밝혀 준 신약 성경적 '종말' 개념이 우리의 신학 전체에 과연 어떤 의미와 도전을 던져 주는가 하는 문제를 다루고자 한다. 필자는 신약 성경적 의미의 종말 개념은 우리의 신학이 전체적으로 "종말론적인 신학"(eschatological theology)이 되게 한다는 것을 주장하고자 한다. 그 내용을 가지고 이야기하면, 우리의 신학이 전체적으로 "하나님 나라 신학"(Kingdom theology)이 된다는 뜻이다. 이런 의미에서 이 소논문의 제목이 앞으로 나타날 "종말 신학의 서론 - 하나님 나라 신학을 지향하여"(Prolegomena for an eschatological theology - toward the kingdom theology)라고 붙여진 것이다. 물론 이런 주장은 이 논문에서 처음 주장되는 것도 아니고, 더구나 필자의 독창적인 주장도 아니다. 우리나라만 해도 이미 70년대 후반 이후에 신학을 가르치거나 배운 이들에게는 이 주장이 이미 진부한 말로 들릴 것이다. 그러나 그럼에도 불구하고 우리네 신학계의 일반적인 분위기에서는 이 주장이 낯설게 여겨질 수도 있다는 기묘한 상황을 생각하고, 또한 필자가 우연한 기회에 스쳐지나가는 말로 이 주장을 한 것에5 대한 반응이 전혀 없음을 생각할 때, 더구나 서구에서도 이런 주장에 충실한 신학서가 드문 것을 보면서, 우리는 이 문제에 대한 논의가 이 시점에서도 그리 무용(無用)의 것은 아니라고 생각하게 된다.

그러므로 이 소논문에서는 신약의 종말 개념을 간단히 살핀 후에 그런 종말 개념이 우리의 신학 전체에 미치는 의미를 묻고(I), 기존의 신학 가운데서 하나님 나라를 중심으로 제시되었던 신학들을 점검해 본 뒤에(II), 신약의 종말 개념에 충실한 하나님 나라 신학의 특징들을 간단히 살펴보고(III), 그러한 종말 신학의

---

5 Cf. "우리는 오히려… 예수 그리스도 사건과 오순절 사건으로부터 '종말'이 시작된 것으로 보아야 할 것이다. 그리고 '종말론'도 그런 이해의 터에서 생각되어야 할 것이다. 단지 교의학을 마무리하기 위한 것으로 다루어져서는 안 될 것이라는 말이다. 그런 점에서 우리의 신학 활동은 그 시기적 성격으로 보아(그리스도 사건 후에 있다는 성격) 모두 종말론적이라고 해야 할 것이다"("역자 후기", 『조지 래드의 종말론 강의』, 229-30).

기본적인 구조를 제시하려고 한다(Ⅳ).

이는 앞으로 나타날 전 포괄적인 종말 신학, 또는 하나님 나라 신학의 서론을 위한 시론(試論)으로 제출되는 것이다. 따라서 이 시론에 대한 폭넓은 논의가 제기되어 우리의 손으로 하나님 나라 신학이라는 주제의 교의학이 써질 때 도움이 될 수 있기를 원한다.

Ⅰ. 신약 성경의 종말 개념과 그 교의학적 의미

우리가 신학을 신약의 종말 개념에 비추어 살펴본다고 했을 때 가장 먼저 생각해야 할 것이 바로 이 문제이다. 신약 성경은 과연 어떤 종말 개념을 말하고 있는가? 도대체 신약의 종말 개념은 일반적인 종말 개념과 어떤 차이를 나타내 보이고 있는가? 물론 신약의 어떤 부분에서는 일반적으로 사람들이 말하는 종말, 즉 이 세상의 끝, 그 마지막에 되어질 일들에 대해서 말하며 그것을 종말이라고 말하기도 한다. 예를 들어서, 요한복음에 의하면 예수께서는 "나를 보내신 이의 뜻은 내게 주신 자 중에 내가 하나도 잃어버리지 아니하고 마지막 날에(ἐν τῇ ἐσχάτῃ ἡμέρᾳ) 다시 살리는 이것이니라"(요 6:39)고 하신다. 여기서 "마지막 날에"는 다르게 해석할 수도 있지만[6] 전통적인 이해의 "마지막 날에"라고 이해하는 것이 자연스럽다.[7] 이 세대가 끝나는 날에 예수 그리스도께서 영원 전에 아버지께서 그에게 주신 자들을 살리는 것이 아버지의 뜻이라는 것이다. 그렇다면 여기서는 '종말'은 전통적인 의미로 사용된 것이 된다.

---

[6] 그런 다른 해석의 예로는 Ernst Haenchen, *John 1: A Commentary on the Gospel of John Chapters 1- 6* (Hermenia - A Critical and Historical Commentary on the Bible), translated by Robert W. Funk (Philadelphia: Fortress Press, 1984), 291를 들 수 있을 것이다.

[7] 이런 해석을 하고 있는 이들로 다음을 들 수 있을 것이다: John Calvin, *The Gospel According to St. John, Part One 1-10* (Edinburgh: Oliver and Boyd, 1961), 161f.; Leon Morris, *The Gospel of John* (NICNT) (Grand Rapids: Eerdmans, 1971), 368f.; Barnabas Lindars, *The Gospel of John* (The New Century Bible Commentary) (Grand Rapid: Eerdmans, 1972), 261f.: F. F. Bruce, *The Gospel of John* (Basingstoke: Pickering and Inglis, 1983), 154; Gary M. Burge, *The Annointed Community: The Holy Spirit in the Johannine Tradition* (Grand Rapids: Eerdmans, 1987), 115, 144.

이런 같은 뜻으로 사용된 예로 요한복음 6:40, 44, 54도 들 수 있다. 또한 요한복음 11:24에서는 마르다가 "마지막 날 부활에는(ἐν τῇ ἀναστάσει ἐν τῇ ἐσχάτῃ ἡμέρᾳ) 다시 살 줄을 내가 아나이다"라고 말한다. 신약 성경에서 '종말'이라는 말이 이와 같은 의미로 사용된 예들을 열거하면 다음과 같다.

추수 때는 세상 끝(συντέλεια αἰῶνός)이요(마 13:39).

가라지를 거두어 불에 사르는 것같이 세상 끝에도(ἐν τῇ συντελείᾳ τοῦ αἰῶνος) 그러하리라(마 13:40).

세상 끝에도(ἐν τῇ συντελείᾳ τοῦ αἰῶνος) 이러하리라. 천사들이 와서 의인 중에서 악인을 갈라내어(마 13:49).

주의 임하심과 세상 끝에는 무슨 징조가(τί το σημῆιον τῆς παρουσίας καὶ συντελείας τοῦ αἰῶνος) 있사오리이까(마 24:3).

내가 세상 끝날까지(ἕως τῆς συντελείας τοῦ αἰῶνος) 너희와 항상 함께 있으리라(마 28:20).

너희가 말세에(ἐν καιρῷ ἐσχάτῳ) 나타내기로 예비하신 구원을 얻기 위하여(벧전 1:5).

이런 부분을 보면 신약의 종말 개념에 독특성이 없어 보인다. 그러나 과연 그것이 신약의 종말 개념 전체를 말한 것인가? 신약을 자세히 살펴보면 그 종말 개념이 이전의 종말 개념과는 다르게 제시된 곳들을 찾아 볼 수 있다. 즉, 흔히 미래에 있으리라고 기대하던 종말이 예수 그리스도의 현존과 사역에 의해 지금, 여기에 현존하고 있다는 것을 시사받게 된다.

이를 가장 잘 말해 주는 것들은 예수의 사역에 의해서 하나님 나라가 현재 안에 현존하게 되었음을 말하여 주는 구절들이다(마 12:28; 눅 17:21; 마 11:12; 눅 16:16 참조).[8] 예수의 많은 비유들도 하나님 나라의 현재성을 말하여 종말이

---

8 이 문제에 대한 좋은 논의들로 다음을 참조하라: Geerhardus Vos, *The Teaching of Jesus concerning*

여기에 와 있음을 밝혀 주고 있다.[9]

더구나 사도행전에 의하면 예수의 사역과 성령 강림을 목격하고 그 의미를 이해하게 된 베드로는 요엘서 2:28의 "그 후에"를 그 뜻을 살려서[10] "말세에"(ἐν ταῖς ἐσχάταις ἡμέραις)로 옮겨서 "말세에 내가 내 영으로 모든 육체에 부어 주리니"(행 2:17)라는 예언을 말한 후에 "하나님이 오른손으로 예수를 높이시매 그가 약속하신 성령을 아버지께 받아서 너희 보고 듣는 이것을 부어 주셨느니라"(행 2:33)고 성령 강림 사건을 해석하고 있다. 즉, 오순절 성령 강림 사건이 예수의 메시야로서의 사역에 근거해서 이루어진 종말론적 사건이라는 것이다.

히브리서 기자는 과거의 선지자들을 통한 계시와 대비하여서 "이 모든 날 마지막에(즉, 종말에: ἐπ' ἐσχάτον τῶν ἡμερον τούτων) 아들로 우리에게 말씀하셨다"고 선언하고 있다. 즉, 예수의 사역과 가르침이 종말에 되어진 것이라고 말하고 있는 것이다. 그것도 히브리서 기자는, 보스가 말하는 대로, "'이'라는 지시대명사를 덧붙여서 '이 날들의 마지막에'라고 말함으로써 이 날들이 자신과 그 독자들이 살고 있는 바로 현재의 날들임을 덧붙여 말하고 있다."[11] 히브리서 9:26에서도 "이제 자기를 단번에 제사로 드려 죄를 없게 하시려고 세상 끝에(ἐπὶ

---

the Kingdom of God and the Church (New York: American Tract Society, 1903); Herman Ridderbos, *The Coming of the Kingdom* (1950), E. T. by H. de Jungste and R. O. Zorn (Philadelphia: Presbyterian and Reformed Pub. Co., 1962); G. E. Ladd, *Crucial Questions about the Kingdom of God* (Grand Rapids: Eerdmans, 1952); Raymond O. Zorn, *Church and the Kingdom* (Philadelpia: Presbyterian and Reformed, 1962); Ladd, *The Presence of the Future: The Eschatology of Biblical Realism* (Grand Rapids: Eerdmans, 1974).

[9] 위의 책에 나타난 비유에 대한 해석 외에 이 문제에 시사를 주고 있는 해석서로 다음을 보라. Ladd, *The Presence of the Future*, Chapter 9.

[10] Cf. "'말일에'라는 말은 맛소라 본문이나 칠십인 경을 막론하고 요엘 2:28의 구약 본문에는 발견되지 않는다. 그러나 그럼에도 불구하고 이 말은 요엘의 '그 후에'란 표현의 의미를 드러내고 있다 ('말일에'란 어귀에 대해서는 사 2:2와 미 4:1을 참조하라)." ("'The words' in the last days' are not found in the OT text of Joel 2:28, either MT or LXX; but no doubt they give the sense of Joel's expression afterward' (for the phrase 'the last days' Cf. Isa. 2:2; Mic. 4:1)" (F. F. Bruce, *The Book of the Acts* (NICNT)[Grand Rapids: Eerdmans, 1984], 68). 이에 대해서 보스는 말하기를 "이렇게 쉽게 대체할 수 있었다는 점은 이런 형식의 어구('에스카테 헤메라')가 초대 교회에 아주 친숙한 것이었음을 보여준다"라고 말하고 있다(Vos, *The Pauline Eschatology*, 한역, 22).

[11] Vos, *The Pauline Eschatology*, 한역, 23.

συντελεία τῶν αἰώνων) 나타나셨느니라"고 말하고 있다. 예수의 사역이 세상 끝, 즉 종말에 이루어진 것이라는 말이다. 이에 대해서 칼빈은 "갈라디아 4:4에서 '때가 찼다'고 말하던 것을 (바울은) 세상 끝에(at the end of the ages)라고 부른다. 그것은 하나님께서 그의 영원하신 경륜으로 작정하신 그 시간이 찬 때이다… 이로써 (바울은) 그리스도의 나라가 모든 것을 완성하였다는 것을 의미한다. 때가 찬 때는 그리스도께서 죄를 속하러 나타나신 때였다…"고 말하여[12] 그리스도의 초림이 때가 찬 때요, 종말임을 잘 드러내 주고 있다.

이와 같은 종말 개념에 신약의 종말 개념의 특징이 있다. 흔히 미래에나 있을 것이라고 예상하던 것이, 또 신약 내에도 어떤 부분에서는 그렇게 미래에서야 있을 것이라고 말하는 종말이 역사가 아직 끝나지 아니하였고 이 세대가 아직 마치지 아니하였는데도 예수의 현존과 사역에 의해서 이 역사의 한 가운데로 침입해 왔다는 것이다. 이런 신약의 증거들을 세심히 살핀 신약학자 래드는 그 특징을 살려서 "미래의 현존"(The Presence of the Future)이라는 제목을 그의 하나님 나라에 대한 주제에 붙인 일이 있다.[13] 이미 오래 전에 성경 계시를 자세히 살핀 칼빈도 "마지막 때"(the last time)라고 불리운 것은 "그리스도의 오심으로부터의 전 기간(the whole period from the coming of Christ)을 의미한다"고 말하여 신약적 종말의 의미를 밝혀 주었었다.[14] 신약 성경학자들의 논의에 주의를 기울이며 논의를 하면서 후크마(A. A. Hoekema)도 신약 종말론의 특징을 다음 세 가지로 요약하고 있다.

(1) 신약에서 우리는 구약에서 진술되었던 큰 종말론적 사건의 실현이 일어났음을 발견한다.[15]
(2) 신약에서 우리는 또한 구약에서 하나의 움직임으로 묘사된 것으로 보이는

---

[12] John Calvin, *Hebrew and I and II Peter*, Calvin's New Testament Commentaries, 12, translated by William B. Johnston (Edinburgh: Oliver and Boyd Ltd., 1963), 130.

[13] Ladd, *The Presence of the Future*.

[14] Calvin, *Hebrew and I and II Peter*, 233.

[15] Hoekema, *The Bible and the Future*, 15.

것의 실현이 "현재의 메시야 시대"와 "미래 시대"라는 두 가지 단계를 함의하
는 것으로 인식되어져야 한다는 것도 발견한다.[16]

(3) 이 두 가지 종말론적 단계들의 관계는 현 시대의 축복은 오는 더 큰 축복의
약속이고 보증이다.[17]

즉, 신약의 종말 개념의 특징은 종말이 이미 우리에게 와 있으나 그것으로 모든
것이 소진되어서 더 이상 올 것이 없는 것이 아니라, 이미 현존하는 종말이
더 큰 종말론적인 축복의 약속이 되고 보증이 된다는 것이다. 그러므로 신약의
종말 개념에 의하면 예수 그리스도의 현존과 사역으로 이미 우리에게 임한 소위
"현재적 종말"과 장차 임할 "더 큰 종말론적 축복" 모두가 중요한 것이 된다.
그런데 미래에 임할 더 큰 종말론적 축복도 현재의 종말 개념과 관련되어 있고,
또한 미래적 종말은 일반적으로 종말론에서 생각되어지는 것이므로, 신약의
종말 개념의 특징은 그 종말이 이미 현존해 있다는 데에 있다. 즉, 신약의 이해에
의하면 종말이란 예수 그리스도의 현존과 사역으로 우리에게 임한 하나님 나라의
현재성과 그 극치(consummation) 사이의 기간으로 이해되는 것이다.

이런 신약의 종말 개념은 우리의 신학에 어떤 의미를 주는 것일까? 가장 먼저
단순하게 생각할 수 있는 것 중 하나는 이런 신약의 종말 개념이 우리의 종말
개념에도 영향을 미쳐야 한다는 것이다. 만일 우리가 신약의 종말 개념을 중요시
한다면 이제는 우리도 막연히 이 세상, 또는 이 세대가 끝나는 때가 종말이
아니라, 예수 그리스도 안에서 우리에게 동터 온 종말이 이 세상 내에서 이
세상의 역사 진행과 더불어 진행되고 있다고 생각해야 할 것이다. 우리의 종말
개념의 변화를 시도하지 않으려고 하는 것은 신약에서 우리에게 계시된 내용을
무시하는 행위가 되고 말 것이다.

이런 종말 개념의 변화로부터 나올 수 있는 교의학적 문제의 하나로 가장

---

16 Hoekema, *The Bible and the Future*, 18.

17 Hoekema, *The Bible and the Future*, 20.

일반적인 것은 전통적으로 말하던 종말론이 그저 마지막에 될 일들을 지칭하기 어렵지 않을까 하는 것이다. 물론 신학의 한 분과로 소위 마지막에 될 일들을 다루는 분과가 있을 수 있으나, 이제 신약이 말하는 종말 개념을 분명히 한 후에는 그렇게 마지막에 될 일들을 다루는 과목을 종말론이라고 하기 어렵게 되었다는 것이다.18 종말론은 그보다 훨씬 폭이 넓고, 포괄적이기 때문이다. 그리스도의 사역이 이미 종말론적이고, 우리의 구원이 종말론적이며, 우리가 그 일원인 교회가 종말론적이기 때문이다. 그러므로 단순히 종말론의 범위를 넓히는 것 이상의 문제가 제기된다. 즉, 신학 전체를 종말론적으로 보면 어떻게 되는가 하는 것이다. 종말이 하나님 나라를 가져다주는 것이라면, 이것은 신학 전체를 하나님 나라 신학으로 보면 어떻게 되는가 하는 것과 동일한 문제이다.

여기서 소위 종말 신학(eschatological theology), 혹은 하나님 나라 신학(Kingdom theology)이라는 교의학적 시도가 나올 수 있다. 이 종말 신학, 하나님 나라 신학은 전통적 종말론을 지칭하는 것이 아니고, 전통적 종말론을 좀 더 확대하자는 것이나, 심지어 신학 전체로 확대하자는 것도 아니다. 오히려 이 종말 신학의 요청은 신약적인 의미의 종말을 우리에게 가져다주신 그리스도이신 예수 이후에 서 있다는 우리의 신학하는 시기의 특성을 좀 더 고려하자는 것이며 (그러므로 "종말 신학"이다), 그 종말이 가져다주려고 했던 궁극적 내용에 좀 더 충실한(그러므로 "하나님 나라 신학"이다) 하나의 교의학 체계를 제시해 보자는 요청이다. 앞으로 이 요청에 응답하는 교의학이 제시되기를 원하면서, 그것이 과연 어떤 형태를 띄고 나타나야 하는지를 고민할 때에 우리가 반드시 고려해야 할 것이 있다. 그것은 여기서 말하는 "종말 신학" 또는 "하나님 나라" 신학의 이름으로 과거에 제시된 신학들의 체계이다. 이제 잠시 이 문제를 검토해 보기로 하자.

---

18 이는 칼 바르트도 그의 소위 변증법 신학 시기로부터도 의식하고 표현하던 바이다. (Cf. *The Epistle to the Romans*, trans. from the 6th edition by E. C. Hoskyns [London: Oxford University Press, 1933], 500). 그러나 문제는 바르트가 '종말' 또는 '종말론'이란 말로써 무엇을 의미하느냐는 것이다. 그의 종말 개념에 대한 성경적 개혁주의적 비평으로 다음을 보라. Hoekema, *The Bible and the Future*, 307f.

Ⅱ. 기존의 "하나님 나라 신학들"(Kingdom theologies in the past)

과거에도 하나님 나라 신학이 있어 왔으므로, 그것을 살펴보면서 우리가 지향해야 할 하나님 나라 신학은 어떤 것이고, 하나님 나라 신학을 전개함에 있어서 우리가 유의해야 할 것은 어떤 것인지를 검토해 보는 것이 유익할 것이다. 여기서는 세 가지 대표적인 하나님 나라 신학을 검토할 것인데, 이는 세 가지 유형의 하나님 나라 신학의 대표적인 예들을 살피는 것이 될 것이다. 첫째는 반 오스테르제(Van Oosterzee)의 하나님 나라 신학, 둘째는 한스-요아킴 크라우스(Hans-Joachim Kraus)의 하나님 나라 신학, 셋째는 데이비드 웰스(David Wells)의 하나님 나라 중심의 기독론이 그것이다.

반 오스테르제(Van Oosterzee)는 그의 『기독교 교의학』에서 그의 논의를 하나님 또는 지고의 왕(the supreme King), 인간 또는 백성(the subject), 그리스도 또는 하나님 나라의 기초자(the founder), 구속 또는 구원, 구원의 길 또는 하나님 나라의 구성(the constitution), 교회 또는 훈련소(the training school), 주님의 미래 임재 또는 하나님 나라의 절정에 이름(the consummation of the Kingdom) 등으로 진행시키고 있다.[19] 여기서 우리는 하나님을 하나님 나라의 왕으로, 인간을 그의 백성, 즉 그 나라 백성으로, 그리스도를 하나님 나라의 건설자로, 구원의 서정을 그 나라 백성됨의 과정으로, 종말을 하나님 나라의 절정으로 진술한 교의학을 만나게 된다. 위에서 살펴본 종말 개념의 전환과 연관을 지어볼 때 이는 아주 흥미로운 일이다.

그러나 그의 하나님 나라 신학에서 몇 가지 문제점이 지적될 수 있다. 첫째는 그의 하나님 나라 개념이 알브레흐트 리츨의 영향을 받은 것이라는 데 문제가 있다.[20] 하르낙도 예수의 선포의 중심에는 하나님 나라가 있다는 것을 옳게 지적

---

[19] Van Oosterzee, *Chr. Dogm.*, 1, 20- 42, 84 -109. 나는 그의 책을 직접 읽지 못하였다. Loius Berkhof, *Introduction to Systematic Theology* (Grand Rapids: Eerdmans, 1932), 74에 나온 정보를 활용하여 말하는 것이다.

했지만,[21] 하나님 나라라는 말로써 그가 의미한 것이 나라 개념과는 거리가 멀다는 것은 그의 주장을 전체적으로 문제있게 만든다. 그러므로 반 오스테르제의 교의학 진술 방식이 아무리 흥미롭고, 하나님 나라를 중심 개념으로 하고 있는 것이라고 해도 그의 하나님 나라 개념이 리츨적인 것이라면, 리츨의 윤리적 하나님 나라 개념이 과연 성경적인 것인가를 의문시하는 우리는 그의 하나님 나라 신학을 그대로 수용하기 어려울 것이다.

둘째로, 오스테르제는 벌코프가 지적하는 대로, 교의학에서 각 분과를 나누는 데 일반적으로 사용되고 있는 소위 "종합적인 방법"(the synthetical division)을 취하여, 그것의 제목만을 하나님 나라 개념에서 온 다른 용어들로 붙인 느낌이 있다.[22] 이것은 위의 문제처럼 그리 큰 문제는 아니다. 그러나 구원론과 교회론에 대한 지칭이 모호해졌다는 사실은 우리로 하여금 우리의 하나님 나라 신학의 구분과 제시를 어떻게 할 것인가 하는 문제를 안겨 준다.

더구나, 이 반 오스테르제의 구분에 대해 벌코프가 제기하는 한 문제점, 즉 "이 구분은 순전히 형식적(formal)이고, 결코 (하나님) 나라 개념에서 유기적으로 도출되어 나온 것이 아니다"라는 주장을 생각해 볼 때,[23] 우리의 하나님 나라 신학이 유의해야 하는 한 면을 잘 드러내 주고 있다.

구약학자이고, 성경 신학을 썼던 이가 써낸『조직 신학 개론』이『하나님 나라』(*Reich Gottes*)라는 제목을 가지고 있다는 사실이 우리로 하여금 한스-요아킴 크라우스(Hans-Joachim Kraus)의 조직 신학에 주의를 끌도록 한다.[24] 성서 신학의 깊은 뿌리를 가지고 조직 신학을 하는, 우리와 대조적으로 가까이 서 있는 이분은 과연 반 오스테르제가 보여 주는 문제를 극복하고 있는가? 그의 하나님

---

[20] Berkhof, *Introduction*, 74.

[21] Adolf von Harnack, *What is Christianity?* trans. T. S. Saunder, 3rd edition (New York: Putnam, 1904), 53.

[22] Berkhof, *Introduction*, 74. 종합적 방법에 대해서는 같은 책, 74f.를 보라.

[23] Berkhof., *Introduction*, 74.

[24] Hans-Joachim Kraus, *Reich Gottes: Reich der Freiheit. Grundriss Systematischer Theologie* (Neukircherner, 1975), 朴在淳 역, 『조직 신학』 (서울: 한국신학연구소, 1986).

나라 개념이 리츨적이지 않다는 것은 매우 분명하다. 그는 하나님 나라의 성취가 이중적으로 된다는 사실을 잘 밝혀주고 있으며, "그 나라의 도래와 수립은 인간의 손으로, 또는 인간의 능력으로 이루어지지 않는다"(17)는 것을 분명히 밝히고 있다. 그러나 그의 하나님 나라 개념에는 좀 더 미묘한 문제점이 있다.

첫째로, 그가 이해하는 하나님 나라가 그 최종적 도래 이전에 과연 객관성을 가지고 있는가 하는 의문을 제기하도록 하는 그의 진술들이 있다는 것을 말하지 않을 수 없다. 예를 들어서, 그는 요한복음 3:3을 인용하고서는 다음과 같이 말한다.

> 주관적으로는, 새로운 실존에게만 새로운 실존이 인식하고 볼 때에만 하나님의 나라가 열린다. 그러나 새로운 실존은 그리스도 예수의 말씀을 믿는 신앙인의 실존이다. 역사적이고 우주적으로 확인할 수 있는 현실만이 언급할 가치가 있다고 생각하는 것은 맹목이며, 미신이다. 세상과 삶의 의미와 목적은 그런 현실의 한계 밖에 있다(17).

이 진술은 마치 하나님 나라의 현재성이 객관성을 지니지 못하였다는 인상을 주며, 이 세상이 폐쇄적인 세상(closed world, or world as a closed system)이어서 그 세상 내에서 가치와 의미를 찾아서는 안 된다는 (그러므로 사실의 세계와 가치 및 의미의 세계가 분리되어 있다는) 인상을 준다. 결국, 근본적인 문제는 크라우스가 전제하고 있는 기본적인 세계상이 하나님 나라와는 전혀 관계가 없는 사람이 가진 세계상이어서, 그 세계 내에서는 의미도 목적도 발견될 수 없다고 보는 데에 있다. 그렇다면 그리스도 안에서 여기에 와 있다고 한 하나님 나라가 과연 이 세상에 들어와 있는 것인지, 아니면 세상의 초월적 가치 세계에 있다는 것인지가 의문시될 수 있다.

더구나, 그는 시종 일관 예수 안에서 온 것은 "감춰진(숨겨진) 하나님의 나라"라고 하는데, 그 감추어짐, 숨겨짐은 무엇을 뜻하는가? 우리는 이와 관련하여 그가 인용하고 있는 보른캄(Guenter Bornkamm)의 다음과 같은 진술의 의미를 묻게 된다. "하나님의 통치는 감추어져 있으며, 감추어진 가운데서 우리가 그것을 믿고 이해하기를 바라고 있다. 그것은 … 아무도 대수롭게 여기지 않는 지극히 일상적인 현재 안에 숨겨 있다.'25 그렇다면, 하나님 나라의 이 숨겨짐은 일상적인 현재의 배후에 무엇인가가 일어나고 있다는 말인가? 그렇다면 예수의 말과 행동을 통해 일어나는 것은 무엇인가? 크라우스는 말한다.

> 나사렛 예수의 말씀과 일을 통해서 하나님의 사랑은 갱신시키는 새로운 현실로서 이 세상 속에 들어온다. … 사랑만이 삶과 공동 생활 속에 깊이 개입하는 변혁의 능력이다. … 하나님 나라의 사랑은 촉구나 율법이 아니라, 새로운 공동 생활의 개시(eroeffnung)이며, 질적으로 새로운 행동에로의 해방이다(21ff.).

결국, 우리의 일상적인 현실 배후에 예수에게서 시작되는 사랑의 현실이 숨기워져 진행되고 있어서, 그런 인간들의 온전한 공동 생활이 하나님의 나라란 말인가? 크라우스가 다음과 같은 부버(Martin Buber)의 말을 긍정적으로 인용하고 있음은, 그가 이에 대해서 긍정적인 대답을 하고 있음을 간접적으로 보여 준다.

> 그[예수]가 하나님의 나라라고 부른 것은 — 세계 종말과 극적인 변화에 대한 의식에 의해 크게 규정되었다고 하더라도 — 결코 모호한 천상적 행복도 아니고, 정신적 또는 제의적 통일도 아니며, 교회도 아니다. 그것은 인간들의 온전한 공동생활이며, 그것은 진정한 공동체이다. 그 진정한 공동체가 하나님의 직접적 통치이며, 그의 나라이며, 그의 지상적 왕국이다.26

그렇다면 우리는 이것이 결국은 인간들의 윤리적인 공동체를 말하는 리츨의 개념에서 과연 얼마나 먼 것인가고 묻지 않을 수 없다.

더구나 하나님 나라의 '우발성'을 말하는 데서 결국 우리는 크라우스 자신이 이 책의 "일러두는 말"에서 밝히고 있듯이, 이 책은 위르겐 몰트만(Jürgen Moltmann)이 행한 신학적 연구의 의도들을 받아들이되, 그 사상 내용은 칼 바르트(Karl Barth)의 말씀의 신학에 근거하고 있음을 잘 확인할 수 있다. 이런 점에서

---

25 Guenter Bornkamm, *Jesus von Nazareth* (1956), S. 62, cited in Kraus, 『조직 신학』, 21.

26 Martin Buber, *Der heilige Weg* (1919); *Reden ueber das Judentum* (1932²), 163f., cited in Kraus, 23.

"하나님 나라"를 제목으로 한 조직 신학 개론에 대해 우리가 가질 수 있던 기대가 그와 신학적 입장을 달리하는 사람들에게는 충족되지 않게 된다. 이는 우리로 하여금 좀 더 성경의 접근에 가까이 서 있는 하나님 나라 신학을 제시한 사람은 없는가 하고 묻게끔 한다.

기존의 하나님 나라 신학의 세 번째 유형의 대표로 현재 미국 보스톤 근처의 고든 콘웰 신학교(Gordon-Cornwell Theological Seminary)의 앤드류 멀취 신학 교수로 있는 데이비드 웰스(David Wells)의 기독론에 대한 한 저술을 생각할 수 있다. 그는 1984년에 『그리스도의 인격 : 성육신에 관한 성경적 역사적 분석』이란 제목의 책을 썼는데,27 피터 툰(Peter Toon)이 편집하고 있는 『신앙의 기초: 기독교 교리에의 안내』 시리즈의 기독론 중 그리스도의 인격에 대한 논의로 쓰인 책이다.28

그러나 이 책에는 그의 기독론이 전반적으로 제시되어져 있고, 더구나 그의 신학하는 태도 일반이 잘 나타나 있다. 한마디로 말하자면 그는 성경이 묘사하고 있는 그리스도의 신국적 사역에 근거해서 신학 일반을 이해하려고 하고 있다. 매혹적인 그의 논의를 따라가면서 그의 하나님 나라 신학을 검토해 보기로 하자.

1970년대 후반에 영국에서 일어난 성육신을 신화로 여기고서 기독론을 하고 신학을 해보려던 시도와 그 시도에 대한 논박 등을 중심으로 하여 일어난 논쟁을29 소개하면서 소위 기독론적 위기 또는 신학적 위기를 밝히면서 웰스는 "신학자가 회의하는 자로 나타난 것은 현대적 현상"이라고 지적하고(3), 그런 신학자는

---

²⁷ David F. Wells, *The Person of Christ: A Biblical and Historical Analysis of the Incarnation* (Westchester, Illinois: Crossway Books, 1984).

²⁸ 이 시리즈에 속하는 다른 책으로는 H. D. McDonald, *The Christian View of Man* (Westchester, Illinois: Crossway Books, 1981); Ronald Wallace, *The Atoning Death of Christ* (Westchester, Illinois Books, 1981); Paul Helm, *General Revelation* (Westchester, Illinois: Crossway Books, 1982); Peter Toon, *Justification and Sanctification* (Westchester, Illinois: Crossway Books, 1983); George Newlands, *The Church* (Westchester, Illinois: Crossway Books, 1986) 등을 들 수 있다.

²⁹ Cf. John Hick, ed., *The Myth of God Incarnate* (London: SCM, 1977); Michael Green, ed., *The Truth of God Incarnate* (London: Hodder and Stoughton, 1977); Michael Goulder, *Incarnation and Myth: The Debate Continued* (London: SCM, 1979); D. R. McDonald, ed., *The Myth Truth of God Incarnate* (Witon, Connecticut: Morehouse-Barlow, 1979).

"한편으로는 현대적 지식관의 산물이며, 또 한편으로는 급진적으로 변화하는 문화적 환경의 산물이라고" 지적하는 일로부터 시작하고 있다(3). 이로써 웰스는 소위 "성육신 신화 진리에 대한 논쟁"이 그렇게 새로운 것은 아니고, 소위 현대적 세계관을 받아들인 기독교가 근대 이후에 어떤 일을 하여 왔는지를 잘 나타내 보여 준다고 한다(3-4). 따라서 신약 성경에 포함되어져 있는 기독론에 대해서 네 가지 기본적인 요점이 가정될 필요가 있다고 한다(13).

첫째로, 하나님께서 교훈과 책망과 교육을 위해서 교회에 성경을 주셨다면, 전문적인 몇몇 신학자들만 그 의미를 알아 낼 수 있게 주실 리가 없다는 점이다 (13-14). 다시 말해서 "기존하는 성경 기록은 그 자체로서 예수의 행위와 말씀에 대해 충분히 신실한 기록이어서, 우리는 본문 배후에 있는 그 어떤 더 높고 합리적인 체계나 어떤 알려지지 않은 역사에서 그리스도의 사역에 대한 의미를 찾을 필요가 없다"(14)는 것이다. 둘째로, 신약 성경의 예수에 대한 묘사가 잘못되 었다고 증명될 때까지는 신약 성경 기록이 순수하다고 가정하는 것이 다른 영역 에서의 역사적 연구의 관례와 일치하는 것이다 - 더구나 사도들의 신앙의 높은 도덕성을 생각할 때 그들은 없는 것을 만들어 내기보다는 진실하게 기록하였다고 생각해야 한다는 것이다. 셋째로, 많은 양식 비평가들과 어떤 편집 비평가들이 주장하듯이 복음서 기록자들이 전기를 써내려는 관심이 조금도 없었다고 논의하 는 것은 부정확하고 잘못된 것 같다(14)는 것이다. 그리고 넷째로, 신약 성경의 예수에 대한 묘사가 다양성과 통일성을 가지고 있음을 인식하는 것이 필수적이라 (15)는 점이다. 즉, "신약의 통일성과 다양성은 서로 모순되는 요소들이 아니고, 보완적인 요소들이다"(15).

이런 전제를 가지고 웰스는 제1부에서는 그리스도에 대한 성경적 증언을 진술하고, 제2부에서는 이 성경적 이해의 역사적 발전을 논의하고, 제3부에서는 이 전통에 대한 현대의 확언 또는 재해석을 다루고 있다.

제1부, 즉 그리스도에 대한 성경적 증언에 대한 논의에서 웰스는 현대의 신약 신학의 이해를 잘 반영하면서 신약 성경이 그리스도를 어떻게 그리고 있는 지를 쓰고 있다. 특히 그 첫 장에서는 Johannes Weiss. Albert Schweizer, Geerhardus

Vos, C. H. Dodd, W. G. Kuemmel, I. H. Marshall, Norman Perrin, Hermann Ridderbos, George Eldon Ladd, R. Schnackenburg, Guenter Bornkamm, Robert H. Lightfoot, Neb B. Stonehouse, Jack Dean Kingsbury, S. S. Smalley, R. H. Conzelman, Ferdinand Hahn, Albert C. Sundberg, Oscar Cullmann, James Barr, John Marsh, R. T. Fortna, David L. Mealand, Raymond E. Brown, George Banker Stevens 등의 논의를 검토하고 참조하면서 웰스는 (1) 그의 삶과 사역에서 초자연적인 부분을 배제하거나, 현대적으로 재해석할 수 없는(21) 예수의 선포는 하나님 나라를 중심으로 하고 있고, (2) "예수와 바울의 언어는 달라도, 그들의 가르침의 핵심은 초자연적인 하나님의 통치가 역사적 과정 가운데서 이미 시작되었다는 공통의 주장에 있다"(24)고 옳게 밝히고, (3) 우리는 하나님 나라를 세울 수 없고, 우리는 그 나라를 찾고, 나라의 임함을 기도하고, 그 나라를 추구할 수는 있어도, 그 나라를 가져오시는 이는 오직 하나님이심을 분명히 천명하고(24), (4) 그 나라는 그리스도의 "성육신에 의해 도입되었고 (inaugurated), 예수의 십자가 사건에 의해 결정적으로 유효하게 되었고, 재림 (parousia)과 그에 동반하는 사건들에 의해 결정되어진다"(25)고 말하며, (5) 이 나라 의 긴장이 그리스도 사건을 해석할 수 있는 유일한 통합적인 틀을 제공한다고 한다. 그리하여 웰스는 결론짓기를 "복음과 하나님 나라는 종말론적인 틀 안에 위치하게 되고, 또 그렇게 경험되어진다"(32)고 말하면서, 이는 복음서에서 발견하 고, 우리 시대에 선포해야 하는 그리스도가 어떤 그리스도인가에 영향을 미친다고 하면서 종말론적 정향에서 그리스도를 보아야 함을, 즉 기독론이 종말론적이어야 함을 잘 밝혀내고 있다.

이런 기초 위에서 그 둘째 장에서 웰스는 "예수가 과연 누구신가?"(the identity of Jesus)의 문제로 들어간다. 여기서 그는 브레데(W. Wrede), 슈바이처(A. Schweizer), 불트만(R. Bultmann), 레기날드 풀러(R. H. Fuller), 제임스 던(James Dunn) 등의 기독론 이해를 비판하고, "성경은 반드시 교회로 되돌려져야만 한다"(36)고 주장하면서, 성경에 나타난 그리스도에 대한 바른 이해를 위해서 다음 몇 가지의 구별을 제시하고 있다. 첫째로, 자의식(self-consciousness)과 자기 이해 (self-understanding)를 구별해야 한다. "예수의 자의식이 정확히 어떠했느냐에 대한 논란 없이도, 예수께서 자신의 행동에 부여하신 해석과 자신의 삶에 두신 의미인 예수의 자기 이해는 파악할 수” 있기 때문이다(36f.).

둘째는 예수 자신에게 있어서의 ‘명확히 드러내신 기독론’(explicit Christology)과 ‘암묵리의 기독론’(implicit Christology) 사이의 구별이다. 이로써 웰스는 예수의 어떠하심을 나타내는 행동들과 제스처 안에 암묵리에 나타나 있는 것들도 기독론적으로 볼 수 있음을 밝힌다. 그 한 예로서 소위 “메시아 비밀”을 이 암묵리의 기독론으로 풀 수 있다고 본다(38f.). 그뿐만 아니라, 그의 하나님 되심과 죄없는 인간 되심도 공관복음서 내에 함축되어 있다고 한다(38-43). 또한 공관복음서에 명백히 드러난 기독론을 찾기 위해서, 웰스는 기도 중에 “아바” 칭호 사용에 나타난 예수의 독특성, 마태복음 11:25-27(눅 10:21, 22)의 선언에 나타난 아버지와 예수와의 독특한 관계, 파루시아에 대한 가르침에 나타난 그의 신적 주장, 또한 악한 농부들에 관한 비유(마 21:33-44; 막 12:1-11; 눅 20:9-18)에 나타난 메시야 주장 등을 세밀히 검토하면서, “그가 누구였는가 하는 것은 상당히 그가 무엇을 하였는가에서 추론되어져야 한다. 존재론적인 것은 기능적인 것에 감추어져 있지, 기능적인 것에 의해서 모호하게 되는 것은 결코 아니다. 공관복음서에서 그가 메시야로서 행위하시는 것은 그가 메시야이기 때문이다. 즉, 그의 행위는 그의 어떠하심을 드러내는 것이다”(45)라고 결론짓는다.

웰스는 같은 방식으로 요한의 글들과 서신서들을 검토하면서 말하기를 신약성경 내에 기독론의 진전이 있으나, 그것은 “공관복음서 안에 암묵리에 있던 것이 서신서들에서 명확히 드러난 것일 뿐”이라고 한다(65). 즉, 교의적으로는 통일된 하나의 기독론이 있는데, 이에 대한 “용어적 신학적 다양성”이 있을 뿐이라고 한다.

제3장에서는 예수의 “칭호들”을 다루고 있는데, 여기서 웰스는 말씀, 하나님의 아들, 고난받는 종, 주, 인자와 같은 칭호들을 주변 상황과의 관계 가운데서 논의하여 그 독특성을 밝히고, 칭호들은 항상 그 자체로 설 수 있는 것들이 아니고, 예수가 누구인가 하는 것을 전제하며, 그에 대한 고백인 경우가 많다고 하면서, “칭호에 대한 자료들은 예수의 말과 행위에서 자라난 것이며, 항상 신약

의 글들의 전 맥락 안에 놓여야 할 필요가 있다"(81)고 결론내리고 있다.

제2부에서는 역사적 발전을 다루면서, 먼저 정통주의란 말이 다양하게 사용되는 경우들을 밝히고, 용어의 문제가 있음을 드러낸 후, 교부 시대로부터 종교개혁까지의 기독론에 대한 역사적 논의의 진전을 정리하고 있다. 이 부분은 역사적 정리에 해당하므로 다른 "기독론에 대한 역사적 논의들"과 유사하나, 소위 알렉산드리아 기독론과 안디옥 기독론의 차이가 비교적 간명하게, 그러나 정확히 잘 정리되었고(100-104), 복잡한 역사적 진전을 개요한 후에 매 시기마다 전형적인 예들을 들어서 비교적 자세히 논의한다.

제 3부인 현대의 해석에서는 먼저 "계몽주의와 그 영향"(제 7장)을 다루고 후에 20세기에 대한 논의로 나아간다(제 8장). 이런 현대의 기독론은 비연속성을 중심으로 하는 기독론들과 연속성을 중심으로 하는 기독론들로 나뉘고 있는데 (130f.), 비연속성을 중심으로 하는 기독론들로는 전통적 가톨릭 사상, 앵글로 캐토리시즘, 희랍 정교회, 보수적 개신교, 신정통주의의 일부가 속하고, 연속성을 중심으로 하는 기독론의 대표자들은 랭돈 길키(Landon Gilkey), 에드워드 팔리 (Edward Farley), 고든 카우프만(Gordon Kaufman), 그리고 구교의 현대주의에 속한 이들, 제 2바티칸 공의회 이후의 어떤 로마 가톨릭 사상가들, 과정 신학자들, 그리고 해방 신학자들 중의 일부라고 꼽고 있다(132). 그러고는 케노시스 이론 (kenoticism), 예수전 운동, 그리고 자유주의 개신교의 대표로 칸트와 슐라이에르마허의 기독론을 검토하고, 20세기 기독론으로는 칼 바르트(Karl Barth)의 기독론과. 노만 피텐저(Norman Pittenger)의 기독론과 에드워드 쉴레베크스(Edward Schillebeeckx)의 기독론을 논하고 있다.

이런 역사적 점검을 한 웰스는 오늘을 위해 만족스러운 기독론은 다음 네 가지 원리 위에 세워져야 한다고 논의한다. 첫째로, "그리스도가 그 안에서 이해되어야 하는 개념적 틀은 종말론적 '오는 세대'라는 개념적 틀이다"(171f.). 따라서, 예수는 그 자체로 하나의 범주이고, 우리의 경험에는 그의 역할에 상응하는 유비가 없으므로, 그런 인물을 인간 경험의 구조로부터 구축해 보려는 소위 밑으로부터의 기독론을 구성하는 것은 가능하지 않다는 것이다(Cf. 172).

그리고 예수는 그 자신이 제공한 범주들 안에서 해석되어야 한다(Cf. 174). 둘째로, "그리스도의 인격과 사역은 끊임없이 연관되어야 하니, 그 중 하나는 다른 하나를 해석하기 때문이다"(175). 셋째로, "우리가 만나는 그리스도, 그 안에서 또 그 때문에 우리가 용서를 발견하는 그리스도는 복음서가 묘사하고 있는 그 갈릴리 사람과 인격적으로 동일시되어야 한다"(175). 이와 연관해서 웰스는 신정통주의 기독론의 문제를 잘 드러내고 있다(176f.). 넷째로, "신약의 가르침 전체에 대해 공정하려면 어떤 형태의 것이든 신적 위격 내적 연합(the enhypostatic union)을 사용하여 말하지 않을 수 없다"(177). 즉, 고전적으로 표현해 왔듯이, 신인의 인격은 하나님의 인격이라는 것이다(inpersonal, *enhypostasis*).

이와 같은 웰스의 기독론은 그 역사적 고찰에 있어서는 전통적인 방식을 따르고 있으며, 현대의 다양한 기독론적 시도의 대표적인 예들을 잘 검토하고 있다는 이점 이외에도, 우리의 논의와 관련해서는 신약에 나타나고 있는 예수의 현존과 사역의 종말론적 의미에 충실한 기독론이라고 판단할 수 있다. 안타까운 것은 웰스의 이 작품이 기독론, 그것도 그리스도의 인격을 중심으로 한 작품이기 때문에 조직 신학 전반에 대해서는 웰스가 과연 어떤 접근을 하려는지가 궁금하다. 그러나 그가 아주 분명히 예수의 인격과 사역을 신약적 종말론의 빛에서 보려고 노력하고 있다는 것과 복음이 종말론적인 틀 내에 놓여져야 함을 강조하고 있는 것으로 보아서 그가 아마도 다른 교의학 영역에 접근할 때에도 같은 접근을 하리라는 것을 기대할 수 있다고 본다.

그렇다면 웰스는 우리가 검토한 세 사람의 하나님 나라 신학자들 가운데서 우리의 접근과 가장 가까이 서 있는 이로 여겨질 수 있을 것이다.

III. 앞으로 나타날 종말 신학의 특성

이제까지 논의한 것에 근거해서 앞으로 나타날 종말 신학의 특성을 간단히 제시한다면 과연 어떤 그림을 그려낼 수 있을까? 가장 먼저 드러날 수 있는 것은 이 종말 신학은 우리의 신학함이 모두 예수 그리스도에 의한 종말론적 사역

이후에 이루어지고 있음을 분명히 의식하는 신학이 될 것이란 점이다. 우리가 하나님의 입장에서 신학을 하는 것이 아니므로 우리는 모든 것을 영원의 상하에 서(*sub speice aetrnitatis*) 볼 수 없을 것이다. 또한 우리의 신학은 천상적 존재나 지복의 상태에 있는 성도들의 입장에서 되어질 수 있는 것도 아니다. 우리는 현존하는 세계 내에 있으면서 하나님의 계시와 관계하고 있는 상태에서 신학을 한다. 우리의 시공간 내로 들어온 하나님의 계시에 의하면, 또 그 계시가 가장 분명히 밝혀 주는 바에 의하면 하나님의 나라가 이미 우리의 세대 가운데로 예수 그리스도의 사역에 의해서 들어왔다고 한다. 따라서 우리의 모든 신학함이 이런 시기적 특성에 충실한 것이어야 할 것이다. 그러므로 이 종말 신학은 그리스도 사건을 중심으로 하여 하나님의 경륜(*oikonomia*)의 "이미" 이루어진 것과 "아직 아니" 이루어진 것을 분명히 의식하고 그 긴장을 드러내면서, 그리스도 사건이 일어나기 이전도 이 성취를 바라면서 있는 "이미"와 "아직 아니"의 숨어 있는 구조를 드러내며 구약 계시의 그리스도론적 의미를 드러낼 수 있는 신학이 될 것이다. 이런 종말 신학은 그리스도의 종말론적 사역에 근거하고 있는 신학이 된다. 이런 신학은 그야말로 "기독교 신학"이 무엇인지를 잘 드러낼 수 있는 신학이니, 이는 그리스도의 종말론적 사역이 없이는 존재할 수 없는 신학이기 때문이다.

둘째로, 이렇게 보면 이 종말 신학은 상당히 그리스도 중심적으로 보이나, 이때의 그리스도 중심성은 루터파적 그리스도 중심의 신학도 아니고, 바르트류의 그리스도 일원론(christomonism)도 아니고, 그런 문제를 극복한 그리스도 중심의 신학이어야 한다. 더구나 "밖으로의 (삼위의) 활동은 나뉘어질 수 없다"(*opera ad extra sunt indivisa*)는 교부들의 지혜를 빌려서 말하면, 이 신학은 그리스도 중심의 신학이기보다는 삼위일체 하나님 중심의 신학으로 드러날 수 있을 것이다. 즉, 하나님 나라를 세우시는 하나님의 삼위일체적 사역을 전체적으로 드러내는 신학이라는 말이다. 이런 이해에서는 그리스도의 신성 문제가 비교적 용이하게 제시될 수 있으니, 하나님 나라를 이 세상에 가져오시는 이가 하나님 이외에 다른 분일 수 없기 때문이다. 이는 또한 성령의 신성 문제도 명확히 하는 것일 수 있으니, 성령도 주권적 의지를 가지시고 "이미"와 "아직 아니"의 긴장 가운데서 살아가는 성도들을 인도하시고, 힘주시는 하나님이어서, 그 나라는 전체적으로 오직 삼위일체이신 하나님에 의해서만 이루어지는 것임이 분명히 제시되기 때문이다. 이런 신학은 인간들이 하나님 나라를 이루는 데 있어서 주도적인 역할을 하는 듯이 제시되는 신학들에 대한 좋은 교정제가 될 것이다. 따라서 우리의 종말 신학은 인간이 하는 것은 그 나라의 백성 노릇을 하는 것일 뿐임을 분명히 드러내야 할 것이고, 사람들로 하여금 도를 넘어서 지나쳐 나가지 아니하도록 하는 역할을 해야 할 것이다.

셋째로, 위에서 언급한 첫째 안에 포함될 수 있으나 강조를 위해서 따로 언급한다면, 우리의 종말 신학은 그리스도와 관련된 개개인들이 이미 종말 안에 들어와 있는 종말론적 실존(eschatological existence)임을 분명히 드러내고, 그들의 공동체가 종말론적 공동체(eschatological community)임을 밝혀서, 그 개개인들과 공동체가 그에 상응하는 모습을 갖도록 하는 신학이 된다. 이는 이 종말의 구도를 일반화시켜서 모든 실존이 공유하는 구도로 만들려는 시도와 정면으로 배치되며, 또 한편으로는 예수 그리스도 안에서 마치 아무런 종말론적 사건이 일어나지 않은 듯이 장차 나타날 일들만이 종말인 듯이 생각하는 태도와도 배치되는 것이다. 참다운 종말 신학은 이 세상 안에서 이미 예수 그리스도 사건과의 개인적인 관계에 의하여 오는 세대 가운데 들어와 사는 이들이 있는 반면, 그리스도에 의해서 동터온 종말을 의식하지도 않고 살아가는 사람들이 나뉘어져 있음을 드러내 주는 신학이다. 그렇다면 그리스도와 관련하여 살아가긴 하지만, 본인이 이 그리스도와의 관계에 의하여 어떤 위치에 서 있는가를 의식하지도 않고 산다는 것은 얼마나 반어적(反語的, ironical)인 상황인가? 그러므로 종말 신학은 그리스도와 관련해 있는 개개인이 종말론적인 실존을 가지고 있음을 분명히 하도록 한다. 여기서 기독교 윤리의 모습이 주어진다. 그뿐만 아니라, 그 개개인들의 공동체인 교회가 종말론적 공동체로서 이 세상 가운데서 그들이 속해 있는 오는 세상의 질서인 하나님 나라를 나타내 보이고, 증언하도록 하는 역할도 하게 될 것이다. 이런 종말론적 실존들과 종말론적 공동체는 그 하나님 나라 백성됨에 충실하면서, 그 나라가 극치(consummation)에 이르기를 위해서 기도하기를 그치지 아니하는 것이다. "나라이 임하옵시며!"

IV. 앞으로 나타날 종말 신학의 구조

이런 특성을 지닌 하나님 나라 신학, 이런 종말 신학은 어떤 구조를 가질 수 있을까? 어떤 단일한 구조를 말한다는 것은 신학이 표현될 수 있는 그 다양성을 빼앗는 극히 부자연스러운 일이라고 생각된다. 여기서는 필자가 생각하는 세 가지 구조를 제시하고, 앞으로의 논의와 그에 근거한 본격적 종말 신학 제시의 근거로 삼고자 한다.

첫째 구조는 위에서 살핀 반 오스테르제의 하나님 나라 신학의 구조와 비슷한 구조이다. 즉, 조직 신학의 가장 전통적인 방법이라고 할 수 있는 소위 종합적 방법을 따르되, 그 논의에 있어서만 우리가 두드러지게 나타내려고 하는 종말 신학적 내용을 반영시키고 하나님 나라 신학적인 논의가 되도록 신경을 쓰는 방법이다. 어쩌면 명확히 특징적인 종말 신학의 구조가 나타나기 전까지 우리가 사용할 수밖에 없는 것이 이 구조가 아닌가 한다. 따라서 필자 자신도 섬기는 학교에서 조직 신학을 강의할 때 이런 구조를 사용하여 강의하고 있다. 전통적인 방법에 따르는 교과 과정과의 조화도 꾀할 수 있는 방법이 아닐 수 없다. 이 구조에 따르는 교의학의 전반적 구조는 다음과 같이 제시될 수 있다.

1. 신학 서론: 종말 신학의 프롤레고메나
여기서는 이 소논문에서 논의된 내용들을 중심으로 종말 신학의 필요성, 방법, 구조 등의 문제가 논의될 것이다.

2. 하나님 나라의 왕이신 하나님
전통적으로 신론에 해당하는 이 부분은 하나님 나라를 이루어가시는 하나님의 계획과

경륜, 그 주체이신 하나님의 존재의 방식으로서의 삼위일체 되심, 삼위일체 하나님의
어떠하심 등이 논의될 것이다.

3. 하나님 나라의 백성인 인간들

전통적인 인간론에 해당하는 이 부분에서는 하나님께서 어떻게 그 나라 백성을 세우시
려 하셨으며, 인간이 어떻게 하나님께 저항했으며, 그럼에도 불구하고 하나님은 어떻게
인간들을 회복시켜서 다시 그 나라 백성이 되게끔 배려하셨는가(은혜 언약) 하는 것을
살피게 될 것이다.

4. (하나님 나라를 우리에게 가져오신) 그리스도

전통적 기독론에 해당되는 이 부분에서는 나사렛 예수께서 어떤 과정을 거쳐서 우리에
게 하나님 나라를 선포하시고, 가르치시고, 그 나라 백성을 만들기 위해서 어떤 과정을
거쳐 가셨고, 그 각각의 과정의 의미가 무엇인지를 살펴보게 될 것이다. 이런 검토를
통해서 나사렛 예수는 과연 어떤 인물이었는지가 명확히 드러나게 될 것이다.

5. 하나님 나라 백성 됨의 과정

전통적 구원론에 해당되는 이 부분에서는 그리스도께서 이루신 구속 사역이 개개인들
에게 어떻게 적용되어서 그 개개인들이 어떻게 하나님 나라의 백성이 되는가의 문제를
다루게 될 것이다.

6. 종말론적 공동체인 교회와 그 구성원의 자태

전통적인 교회론에 해당되는 이 부분은 교회가 하나님 나라와 어떤 관계가 있고, 그런
존재로서 어떤 사명을 지니고 있으며, 하나님 나라를 증시(證示)하는 그 사명을 다하기
위해서 그 구성원들이 어떤 자태를 가지고 있어야 하는지를 다루게 된다.

7. 극치에 이르는 하나님 나라

전통적 종말론에 해당되는 이 부분은 현존하는 하나님 나라가 그 극치(consummation)
에 이르기까지 어떤 과정을 밟아갈 것인지를 밝히고, 이 세대의 마지막에 될 일들을
성경 계시의 빛에서 제시하고, 극치에 이른 영광의 왕국(*regnum gloriae*)을 성경 계시의
빛에서 그리는 일을 할 것이다.

이와 같은 구조는 전통적인 종합적 방법을 그대로 따르되 그 내용에 있어서만
손질을 한 것이므로, 그 나름대로 성경 계시에 좀 더 충실하려고 한다는 점을

제외하고서는 전통적 교의학과 별로 다른 점을 찾기 어렵다. 따라서 전통적 교의학을 성경에 충실하게 진술해 보려고 했던 이들은 제목 제시와 표현에서만 종말론적 구조에 충실하려고 했을 뿐 과연 새로운 것이 무엇인가 반문할 수도 있을 것이다.

또한 벌코프가 오스테르제에 대해서 지적했던 바와 같이, 이 구조는 하나님 나라 개념에서 필연적으로 나오는 구조라고 보기 어려운 면도 지니고 있다. 더구나 어떤 부분에서는 겹치는 듯한 느낌을 주는 곳들도 있다. 그러므로 이런 문제점들을 극복하면서 이 구조를 좀 수정한 구조가 시도될 수 있을 것이다.

종말 신학의 제 2 구조는 각 분과를 통합하면서, 나뉘어진 부분에서는 그 나름대로 하나님 나라가 진전되어 가는 역사적 과정을 살피되, 첫째 권에서는 하나님을 중심으로 그 과정을 살피고, 둘째 권에서는 인간을 중심으로 그 과정을 살피고, 셋째 권에서는 구속받은 공동체를 중심으로 그 과정을 살피게 된다. 이때 우리는 벌코프의 지적에 유의하면서, 이런 구조를 가지는 것이 우리의 교의학의 신학적, 혹은 하나님 중심적 성격을 앗아가지 않도록 주의해야 하고, 하나님과 사람, 그리고 죄, 그리고 그리스도의 다면성이 무시되지 아니하도록 신경을 써야 할 것이다. 이런 종말 신학은 아마도 다음과 같은 구조를 가질 수 있을 것이다.

1. 왕이신 하나님(God as the King of the Kingdom of God)

여기서는 종래의 신론, 기독론, 성령론에 해당하는 내용 가운데서 하나님 나라의 왕이신 삼위일체 하나님을 잘 드러내 주는 내용을 진술하게 될 것이다. 이때 하나님 나라를 가져다 주신 그리스도를 중심으로 하여 논의하여 나가되, 이와 비슷한 접근이 가진 문제를 극복하는 식으로 진술됨으로써, 그리스도 사건으로부터 삼위일체 하나님을 이해하되, 삼위일체 하나님을 십자가 사건에 가두어 버리는 문제를 제기하지 말아야 할 것이다.

2. 백성인 인간(Human beings as the People of God)

이는 전통적 인간론과 구원론을 통합한 것으로 하나님께서 어떻게 하나님 나라를 구현하려고 하셨는지 그 계획과 이에 대한 인간의 반역, 그럼에도 불구하고 인간을 구원하서서 그 나라 백성을 삼으시는 전체 과정을 살피게 될 것이다.

3. 왕의 공동체(The Community of the King)[30]
이는 제 2 권이 아무래도 개인을 중심으로 한 것임에 비해서 그 개개인들이 어떻게 구속된 공동체를 이루어 그 가운데서 하나님 나라를 증시하며, 그 나라가 그 극치에 이르기까지 어떤 역할을 해야 하는지를 다룬다.

이런 구조에 의하면 전통적으로 종말론으로 다루어지던 내용이 독립적으로 다루어지지 않고, 각 부분의 논의 가운데서 나뉘어져서 논의되며, 하나님 나라를 실현해 가는 역사적 과정이 각 권에서 모두 드러나게 되어 그 과정이 삼중적으로 다루어지게 되므로 그 풍성함을 더 잘 드러낼 수 있다는 점과, 세 권의 주제가 모두 하나님 나라 개념에서 필연적으로 나옴이 분명히 드러난다는 장점을 가질 수 있다.

종말 신학에 대한 또 다른 구조들로 삼위일체적인 방법을 사용해서 구조를 제시하는 방법, 언약 구조를 사용하는 방법, 또는 그 변형으로 역사적 진행을 그대로 진술하는 방법 등이 고려될 수 있으나, 이 방법들은 기존의 교의학 구분의 방법에서 제기된 난점을 극복하기 어려워 보인다는 생각 때문에 그리 바람직한 종말 신학의 구조라고 여겨지지 않는다.

부디 여기서 요청된 종말 신학에 대한 다양한 반응이 우리들 가운데서 풍성하게 나올 수 있기를 원한다. 특히 그 구조에 대한 다양한 논의가 있어서, 종말 신학이 쓰여질 때 도움이 될 수 있기를 원한다.

---

[30] 이 제목은 Howard Synder, *Community of the King* (Downers Grove, Ⅲ.: Inter-Varsity Press, 1977)의 제목을 염두에 두고 제안하는 것이다.

2
복음주의와 성경[*]

먼저 간단히 복음주의가 무엇인지를 생각해보기로 하자. 누구든지 이 말은 매우 정의하기 애매한 말임을 말한다.[1] 그리고 오늘날에는 심지어 "복음주의 구교도"(Evangelical Catholics)라는 말이 사용되기도 한다.[2] 그래서 어떤 이들은 "복음주의의 다양성"에 주의를 기울인다.[3] 물론 복음주의가 무엇인지에 대해서 일종의 현상학적 접근을 할 수도 있고, 대개 역사가들이나 사회학자들은 그런 접근법을 애호한다.[4] 그런 현상에 대한 분석도 중요하지만, 결국 문제가 되는 것은 "과연

---

[*] 이글은 「복음과 상황」 1992년 9월호와 NORM 제1호 (서울: 웨스트민스터신학교 편집부, 1992): 7-23에 발표된 논문이다.

[1] See, for example, Robert K. Johnston, ed., *The Use of the Bilble in Theology: Evangelical Options* (Atlanta: John Knox Press, 1985), 2-5; 이승구 편, 『현대 영국 신학자들과의 대담』 (서울: 엠마오, 1992), 103-106 and *passim*.

[2] Keit A. Fournier, *Evangelical Catholics: A Call for Cooperation to Penetrate the Darkness with the Light of the Gospel* (Nashville: Thomas Nelson Publishers, 1990).

[3] Cf. Donald W. Dayton and Robert K. Johnston, *The Variety of American Evangelicalism* (Downers Grove, Ill.: Intervarsity Press, 1991).

[4] 그 대표적인 예들로 다음의 연구들을 언급할 수 있다. James Davidson Hunter, *American Evangelicalism: Conservative Religion and the Quandary of Modernity* (New Brunswick, N. J.: Rutgers University Press, 1983); idem, *Evangelicalism: The Coming Generation* (Chicago and London: The University of Chicago Press, 1987); David W. Bebbington, *Evangtlicalism in Modern Britain: A History From the 1730s to the 1980s* (London and Boston: Unwin Hyman, 1988).

어떤 시금석을 통과해야 하며, 어떤 입장을 복음주의의적이라고 할 수 있는가?’ 하는 일종의 규범적 접근(nomative approach)이 필요하다고 여겨진다. 일반적으로 성경중심주의(biblicism), 십자가와 구속 중심주의(crucicentrism), 회심에 대한 강조 (conversionism) 그리고 사회문화적으로 적극적인 관여(activism) 등을 복음주의 일반의 공통적 특징들로 이야기하나,5 이중에서 다른 모든 것을 가능하게 하는 것은 소위 복음주의자들의 성경에 대한 접근이 아닌가라고 생각된다. 그러므로 복음주의와 성경의 관계를 살펴보는 것은 아주 중요한 일이라고 여겨진다.

그렇다면, 복음주의와 성경은 과연 어떤 관계에 있는가? 이 질문에 대하여 나는 다음 세 가지 주장을 하고자 한다. 1. 복음주의는 성경 자체가 증언하는 성경관을 가진다. 2. 복음주의의 성경해석은 복음주의 성경관의 산물이라고 할 수 있는 특성들을 가진다. 3. 복음주의자들은 말씀의 뜻에 전적으로 순종하여 바른 실천을 하는 자들이다.

이 세 가지 주장은 성경과 관련하여 모두가 필수적인 요소를 말하는 것이다. 즉, 이 세 가지 요인 중에서 그 어느 하나도 충족시키지 못하면 참으로 복음주의자 라고 할 수 있는가를 물어야 한다는 것이 이 글에서 필자가 말하고자 하는 바이다. 일반적으로 복음주의와 성경을 관련지어 말할 때 대개 첫째 요점으로 이야기되는 경우가 있다. 그러나 이 요점을 받아들이더라도 두 번째나 세 번째 요점을 충족시 키지 못하면 그런 이는 명목상의 복음주의자이지 않은가 하는 것이 필자의 의문 이다. 이렇게 강한 말을 하는 이유는 복음주의가 참으로 복음주의적 사역을 감당해야 하지 않을까 하는 안타까움이 있기 때문이다. 이 논의가 진행되면서 이것이 현존하는 복음주의를 묘사하는 것이기보다는 복음주의를 일정한 방향으 로 끌고 가려는 시도가 아닌가라고 물을 독자들이 있을 것이다. 그 분들의 관찰은 정확하다. 그러나 이는 복음주의의 이상적인 모습을 제시하려는 한 시도이고, 또 과거에 비록 이상으로만이라도 그런 형태의 복음주의가 있어 왔으므로 이는 전혀 현실과는 상관없는 진술이기만 한 것은 아니라고 생각한다. 이제 이 세

---

5 Bebbington, *Evangtlicalism in Modern Britain*, 3-17.

가지 주장을 검토해 보기로 하자.

I. 어떤 성경관을 가진 이가 복음주의자인가?

복음주의를 복음주의이게 하며, 복음주의자를 복음주의자로 만드는 여러 가지 요인 중에서 가장 중요한 것은 복음주의, 또는 복음주의자들의 성경관이다. 복음주의는 (1) 성경의 배타적인 독특한 신적 권위, (2) 성경의 영감성, 그리고 (3) 성경의 무오성을 주장하는 것이다. 왜냐하면, 복음주의자들은 성경이 하나님의 감동으로 된 "성문화된 계시"라고 보기 때문이다. 이런 이해는 성경 자체가 성경에 대하여 증언하는 바를 복음주의자들이 수납하는 데서 나온 것이다.[6]

만일에 성경이 성경은 영감된 것이 아니라고 하거나 또 그 영감이라는 것이 그저 그 중요한 사상만을 분명히 전달하기 위한 것이라고 한다면, 복음주의자는 그런 이해를 가지게 되었을 것이고, 또 마땅히 그렇게 했어야만 할 것이다. 그러나 역사적으로 복음주의자들은 성경 자체가 성경의 영감을 주장한다는 것을 발견하고, 그 사실을 받아들이고 주장해왔다.[7] 영(Edward J. Young)이 말하는 대로, "성경

---

[6] 이에 대한 강한 주장을 보려면 Harold Lindsell, *The Bible in the Balane* (Grand Rapid: Zondervan, 1979), 308-11을 보라. 적어도 "일관성있는 복음주의"는 이런 입장을 지닌다는 것을 좀 더 폭 넓은 의미에서 "복음주의"라는 말을 사용하려고 하는 이들도 인정한다. 예를 들어서, Kenneth S. Kantzer, "Evangelicals and Inerrancy Question," in Kenneth S. Kantzer, *Evangelical Roots* (Nashville: Thomas Nelson, 1978), 한역, 『복음주의의 뿌리』 (서울: 생명의 말씀사, 1983), 95-98. 무오성에 대한 성경 자체의 증거에 관해서는 Alan M. Stibbs, "The Witness of Scripture to its Inspiration," in Carl F. H. Henry, *Revelation and the Bible: Contemporary Evangelical Thought* (London: The Tyndale Press, 1978); Gleason L. Archer, in James M. Boice, ed., *The Foundation of Biblical Autrority* (Grand Rapids: Zondervan, 1978), Ch. 3을 보라.

[7] 오늘날 어떤 이들은 과거에 이런 성경관이 주장되지 않았다고 주장하려고 한다. 예를 들어서 다음을 보라. Ernest Sandeen, *The Roots of Fundamentalism* (Grand Rapids: Baker, 1978), esp., 106; Jack B. Rogers and Donald K. McKim, *The Authority and Interpretation of the Bible: An Historical Approach* (SanFrancisco: Haper and Row, 1979). 대표적으로 칼빈이 그리하지 않았다고 주장하는 이들이 있다. 예를 들어서, Paul Lehman, "The Reformer's Use of the Bible," *Theology Today* 3 (1946): 328-44; John T. McNeil, "The Significance of the Word of God for Calvin," *Church History* 28 (1959): 131-46; Edward A. Dowey, *The Knowledge of God in Calvin's Theology* (New York: Columbia University Press, 1952), 100f. 등을 보라.

그러나 이런 주장들이 옳지 않음을 다음 글들에서 강력히 지적되고 반증되어졌다. Harold Lindsell, *The Battle for the Bible* (Grand Rapids: Zondervan, 1976), 19; John Woodbridge, *Biblcal Authority: A Critique*

은 그 자체의 주장에 따르면, 하나님에 의해 영감되었다. 그 안에 잘못이나 오류가 있다고 말하는 것은 하나님 자신에게 잘못이나 오류가 있다고 선언하는 것이나 같은 것이다."[8] 그러므로 현대의 복음주의자들도 성경이 증언하고, 역사적으로 견지되어온 견해, 즉 성경은 하나님의 감동으로 된 것으로, 그것이 주장하는 바에 있어서는 전혀 오류가 없다는 것을 받아들여야만 한다. 단순히 말해서 성경의 무오성(inerrancy or infallibility)에 대한 인정 여부가 복음주의의 중요한 시금석(criterion)이 된다는 말이다. 그러므로, 성경의 영감(inspiration)과 무오성(inerrancy)에 대한 수납이 이론적으로는 어떤 이를 "일관성 있는" 복음주의자로 만든다.[9] 그러므로 이 두 가지 중요한 낱말의 의미를 좀 더 생각해 보는 것이 유익할 것이다.

성경의 영감이란 정경(canon)의 문서들이 처음 그 다양한 인간 저자들에 의해서 기록될 때에 하나님의 특별한 사역에 의해서 그 과정이 지켜졌음을 의미한다.[10] 이를 전통적인 용어로 '유기적 영감'이라고 하거니와, 이는 '단순한 구술 이론'(dictation theory)이나 기계적 이해가 아니다. 따라서 이런 문맥에서 사용되는 '영감(靈感)'이란 용어는 아주 특별한 용어이고, 또한 그 영감의 산물로 나온 성경의 원본들도 다른 문서들과는 근본적으로 다른 문서들이 되는 것이다.

---

of the Rogers and McKim Proposal (Grand Rapids: Zondervan, 1982); W. Robert Godfrey, "Biblical Authority in the Sixteenth and Seventh Centuries: A Question of Transition," in D. A. Carson and John D. Woodbridge, eds., *Scripture and Truth* (Grand Rapids: Zondervan, 1983). 225-43; John D. Woodbridge and Randall H. Balmer, "The Princetonians and Biblical Authority: An Assessment of the Ernest Sandeen Proposal," in *Scripture and Truth*, 251-79.

[8] Edward J. Young, *Thy Word is Truth* (Grand Rapids: Eerdmans, 1957), 123.

[9] Kantzer, "Evangelicals and Inerrancy Question," 98. 그러므로 무오성을 포기하는 복음주의자는 "일관성 없는" 복음주의자가 될 것이다. 그 대표적인 예가 I. Howard Marshall이 될 것이다. 그의 *Biblical Inspiration* (Grand Rapids: Eerdmans, 1982), 63-73, 116f을 보라. 그는 자신의 입장이 성경의 무오성을 말하지 않지만 "성경의 전적 신뢰성"(the entire trustworthiness of Scripture)을 견지하는 입장이라고 한다 (71-73, et *passim*).

[10] 이에 대한 좋은 설명으로 John Murray, "The Attestation of Scripture," in N. B. Stonehouse and Paul Wooley, eds., *The Infallible Word* (Nutley: Presbyterian and Reformed, 1946), 4-5; R. Laird Harris, *Inspiration and Canonicity of the Bible* (Grand Rapids: Zondervan, 1957), part 1; Harold Lindsell, *The Battle for the Bible* (Grand Rapids: Zondervan, 1976), 28-40 등을 보라.

이 성경을 통해서 하나님과 그 경륜을 배우고서야 우리는 다른 것도 옳게 이해할 수 있게 된다. 성경이 이처럼 고귀한 지위를 가지는 것은 바로 성경이 아주 독특한 하나님의 사역이신 '영감'에 의해 주어진 것이기 때문이다.

어떤 사람들은 복음주의자들의 이런 영감론에 대해서 성경이 사람들에 의해서 그들의 모든 건전한 기능의 발휘 가운데서 쓰여진 것임을 생각하지 않는 것이라고 비판한다. 이런 비판은 때때로 "복음주의자들은 마치 성경이 하늘에서 뚝 떨어진 책인 것처럼 여긴다"라든지, "복음주의자들은 그 성경관에 있어서 가현설주의자들(docetists)이다"라는 식으로 표현되기도 한다. 이런 비판 배후의 이데올로기는 얼마나 뿌리깊은 것인지, 복음주의자들이 우리의 성경관은 그런 것이 아니라고 해도 막무가내이고, 복음주의적 성경관을 포기하지 않으면 학문성이 없는 것으로 치부되기 일쑤이다. 그래서 어떤 이들은 위에서 말한 복음주의적 영감관을 양보하면서, 동시에 복음주의적이기를 원하려고도 한다.[11] 그러나 과연 그런 양보를 하는 이들이 복음주의자들일 수 있는지 묻지 않을 수 없다. 그 대표적인 경우가 성경의 무오성을 인정하지 않으면서도 성경의 권위를 인정하고 복음주의자들이려고 하는 경우이다. 그런 이들이 복음주의자로 인정될 수 있을까? 이 질문은 우리를 이 주제에 관한 두번째 문제, 즉 '무오성의 문제'로 자연스럽게 이끌어 간다.

복음주의자들이 말하는 무오성이란 성경은 그것이 주장하는 바에 있어서 그 일상 언어적 의미에 있어서 오류가 없다는 것이다. 이 점을 유의하지 않으면 사람들은 성경이 말하지도 않고, 복음주의가 주장하지도 않는 바에 대하여 성경과 복음주의 성경관을 공격하고, 비판하기 쉽다. 첫째로, 성경은 그것이 주장하는 바에 있어서 오류가 없다. 이는 성경이 신앙과 행위에 대하여 주장하는 바에 있어서만 오류가 없다는 말이 아니다. 오히려 이것은 "성경이 가르치는 바는

---

[11] 그 대표적인 예로 다음의 글들을 생각할 수 있다. Dewey M. Beegle, *Scripture, Tradition and Infallibility* (Grand Rapids: Eerdmans, 1973); Jack Rogers, ed., *Biblical Authority* (Waco, Tex.: Word Books, 1977) (특히, 이 책에 실린 Bernard Ramm, Clark Pinnock 등의 글을 보라); and Jack Rogers and Donald McKim, *The Authority and Inyerpretation of the Bible: An Historical Approach* (New York: Harper and Row, 1979).

무엇이나" 오류가 없다는 말이다.[12] 둘째로, 성경은 일상적으로 사용되는 의미에서 오류가 없다. 그러므로 예를 들어서 "그레데인들은 항상 거짓말쟁이며"(딛 1:12)라는 어떤 그레데인의 말을 인용한 바울은 논리적 모순을 범하고 있으니, 성경은 오류가 있다고 주장하는 것은 "무오성"이라는 말이 어떤 의미에서 사용되는 것인지를 무시한 것이 되는 것이다.

이런 의미의 무오성이 중요한 것은 성경이 전달하려고 하는 바의 정확한 전달을 위해서도 중요하며, 또한 성경 자체가 그런 무오성을 시사하고 있기 때문이다. 그러므로, 복음주의자들은 무오성을 가진 성경을 낳게 한 그 독특한 영감을 받아들이는 자들이다. 그런 복음주의자들은 성경을 어떻게 해석하는가? 그것이 우리가 지금부터 고찰해야 할 문제이다.

II. 복음주의자의 성경 해석은 어떤 것이어야 하는가?

복음주의자들은 성경을 성문화된 하나님의 계시로 받아들이면서 해석한다. 그러므로 복음주의자들은 이 성경을 내신 하나님의 뜻을 찾으려고 한다. 이를 위해서 그들은 먼저 성경 본문의 가장 자연스러운 뜻을 찾으려고 하게 된다. 전통적으로 이런 해석의 방법을 성경에 대한 "문법적-역사적 방법"(grammatico-historical method)이라고 불러왔다. 이는 아주 단순히 말해서 본문을 문법적으로 정확히 해석하려 하고, 그 본문이 속한 역사적 정황 가운데서 그 본문을 이해하려고 하는 것이다. 이런 문법적-역사적 해석은, 패커가 말하는 바와 같이, 성경적 영감관에 의해 주어지는 것이다.[13] 위에서 언급한 유기적 영감은 자연스럽게 이런 해석으로 나아가게 하기 때문이다.

따라서 한 가지 예를 들어 말을 하자면, 본문이 문자적 해석을 필요로 하는 곳에서는 문자적인 해석을 하고. 은유적인 해석을 하도록 요구하는 곳에서는

---

[12] R. C. Sproul, "Sola Scriptura," in *the Foundation of Biblical Authority*, 161.

[13] J. I. Packer, "Infallible Scripture and the Role of Hermeneutics," in Carson and Woodbridge, eds., *Scripture and Truth*, 349.

은유적 해석을 하는 것이다. 여기서 우리는 어떤 복음주의자들의 습관이 사실은 정상적인 복음주의의 모습을 드러내는 일에 있어서 장애가 되어 왔음을 지적하면서, 보다 이상적인 복음주의자의 모습을 지시하게 된다. 예를 들어서, 구약의 종말론적 예언과 강화들에 대한 해석에 있어서 어떤 복음주의자들은 철저한 문자적 해석만을 고집해 왔고, 또 현재도 그리하고 있으나, 과연 그것이 성경의 본문에 대한 바른 해석일 수 있으려는지를 물을 수 있다.[14] 그런 주장이 오히려 복음주의의 정상적이고 그 지고(至高)한 모습을 드러내도록 하는 일에 있어서 방해를 하고 있지나 않은지 말이다.

이와 비슷한 또 하나의 예로 성경에 대한 지나친 영해(靈解)와 같은 것을 생각할 수 있다. 이런 경우에 아무리 성경의 영감을 믿고, 그 무오성을 주장한다 해도 결국은 성경의 참된 의미를 흐려버리고, 쓸데없는 이사상(異思想)을 성경의 의미라고 밀어 넣는 것이 되기 때문이다. 성경에 대한 풍유적(諷諭的, allegorical) 해석도 같은 결과를 낳는다(물론 성경 본문 자체가 그런 해석을 요구할 때는 예외이다. 그러나 이런 경우는 거의 없는 것이다. 갈라디아서 4:21-31의 경우도 그저 예증적(illustrational)으로만 사용된 것이지 그 방법론이 풍유적이라고 하기는 어렵다는 것이 일반적인 해석이다.[15] 복음주의자로 자처하는 이들의 이런 성경 해석은 결국 복음주의의 성경에 대한 존중을 약화시킬 뿐만 아니라, 성경의 계시적 의미를 해치는 것이 된다. 왜냐하면 이런 해석은 마샬이 말하는 바와 같이 "순전히 자의적이었고, 해석자의 변덕스러운 입장에 의존하는 듯하기" 때문이다.[16] 그러므로 복음주의자들은 무엇보다도 성경 본문에 대한 가장 자연스러운 의미를 살피는 일에 힘을 써야 할 것이다.

주어진 본문 내에서 가장 자연스러운 의미를 드러낸 후에는 그 의미의 '계시

---

[14] 이에 대한 간단한 논의로 G. E. Ladd, *The Last Things* (Grand Rapids: Eerdmans, 1978), 한역, 『마지막에 되어질 일들』 (서울: 엠마오, 1983), 1-31을 보라.

[15] Cf. Ernest F. Kevan, "The Principles of Interpretation," in Carl Henry, *Revelation and the Bible*, 290.

[16] Marshall, *Biblical Inspiration*, 97.

사적 위치'(啓示史的 位置)를 고려해야 한다. 이는 우리에게 주어진 성경이 역사적으로 점진적으로 드러내어진 계시의 성문화이기에 필요한 일이다. 이 일을 주의해서 하지 않으면 역사적 문맥을 전혀 무시해 버린 아주 이상스러운 해석을 하기 쉽다. 특히 주어진 본문이 전제하고 있는 계시적 정황과는 아주 다른 해석을 후대 계시의 빛에서 그 시대의 상황 가운데로 몰아넣기 쉽다. 이런 잘못을 범하지 아니하려면 복음주의자들이 특별 계시의 역사를 다루는 신학 분과인 '성경 신학'(biblical theology)의 도움을 많이 받아야 할 것이다.17 과거에 이를 생각하지 아니하고서 자의적인 해석을 일삼으면서 가장 성경적인 양했던 것을 뉘우치면서 성경을 하나님의 계시답게 그 성경에 유의하면서 해석에 나가야 할 것이다. 대개 여기까지의 작업을 주해(exegesis)라고 한다.

그 뒤엔 이렇게 해석된 본문의 오늘 여기에 서 있는 우리에게 대한 의미를 구체화하는 작업에로 나아가야 한다. 이 작업이 "강해와 적용의 문제"(the issues of exposition and application)라고 언급되는 작업이다.18 이것은 일차적으로는 성경 자체가 제시하는 하나님, 인간, 그리고 세계 이해로 우리의 사유를 바꾸는 일로부터 시작되어야 한다. 이 일이 선행되지 않고, 그저 개개 본문이나 구절의 구체적인 적용점을 찾아가려는 노력은 쉽게 아주 자의적인 적용으로 흘러가기 쉽다. 일단은 종결된 계시의 빛에서 우리의 사유의 내용과 그 틀까지도 바꾸어 나가는 일이 필요하다.

그런 작업을 하면서 동시에 오늘 우리가 처한 이 구체적인 상황 가운데서 이 본문을 통해서 말씀하시는 하나님의 뜻은 무엇인가고 묻고 대답하는 작업이 있어야 한다. 이는 우리의 정황에 대한 아주 구체적인 이해 가운데서 진행되어야 한다. 이를 소홀히 하면 우리는 불변하는 하나님의 말씀의 적용성을 상실시키는 우(愚)를 범하게 된다. 우리는 하나님의 사신을 오늘에 "살아오도록"(come alive)

---

17 Geerhardus Vos, *Biblical Theology* (Grand rapids: Eerdmans, 1948), 한역, 『성경 신학』 (서울: 기독교문서 선교회, 1985, 1992³, 개정역, 2000)을 주의해서 읽어보라. 그리고 이승구, 『성경신학과 조직신학』 (서울: SFC, 2018, 재판, 2022)도 보라.

18 여기서 나는 I. Howard Marshall의 구분과 그 용어를 사용하고 있다. Cf. Marshall, *Biblical Inspiration*, 95f.

하여야 한다. 과거에 우리가 이런 실수를 범함으로써 얼마나 많은 이들이 복음주의자들이 말하는 하나님의 말씀이 오늘의 우리와는 상관없는 것으로 오해한 일이 많았던가? 우리들도 동일한 오해를 사지 않고, 오늘도 살아서 역사하는 하나님 말씀의 능력을 보여주기 위해서는 위에서 언급한 기본적인 해석 작업을 소홀히 하지 않으면서, 그와 함께 우리의 정황에 대한 정확한 이해를 가지고 있어야만 한다.

이때 어떤 분석의 틀을 가지고서 우리의 정황을 보아야 과연 우리의 상황을 바로 보는 것인가 하는 논의가 있어 왔고, 또 일각에서는 지금도 그런 논의를 하고 있다. 심지어 복음주의자로 자처하는 이들도 이 점에 대해서는 마르크스주의적인 분석의 틀이나 기타 다른 소위 중립적인 분석의 틀을 사용해야 한다고 생각하는 사람들이 있다. 그러나 과연 그렇게 하는 것이 복음주의적인 것인지 우리는 묻지 않을 수 없다. 오히려 만일에 우리가 성경의 가르침에 충실하고자 하는 복음주의자들이라면 우리의 정황에 대한 분석에 있어서도 성경이 말하는 관점과 그런 분석의 틀을 사용해야 하지 않겠는가? 그렇기에 이 문단을 시작하면서 나는 무엇보다 시급한 것은 우리의 사유의 내용과 그 사유 방식의 성경적 전환이 필요하다고 말했던 것이다.

물론 이런 이야기를 하면, "우리에게는 아직도 기독교적 세계관과 기독교적 분석의 틀이 개발되어 있지 않다"고 주장할 이들이 있을 것이다. 이 주장이 사실일 수도 있다. 그러나 이는 복음주의자들이 제시해 내어야 할 과제이고, 또한 이미 우리에게는 상당한 기본적인 검토들이 주어져 있기도 하므로,[19] 이런 작업을 하시던 분들의 때보다는 훨씬 더 좋은 분위기에서 작업을 하는 것이 된다. 그러므로 이 시대의 복음주의자들은 우리 선배 복음주의자들의 작업을

---

[19] Cf. Arthur F. Holmes, *Contours of a World View* (Grand Rapids: Eerdmans, 1983); idem, ed., *The Making of a Christian Mind: A Christian World View and the Academic Enterprise* (Downers Grove, Ill.: Inter Varsity Press, 1985); W. Andrew Hoffecker, ed., *Building a Christian World View*, vol. 1: *God, Man and Knowledge* (Phillipsburgr, N. J.: Presbyterian and Reformed, 1986); vol. 2: *The Universe, Society, and Ethics* (Phillipsburg, N. J.: Presbyterian and Reformed, 1988); Harold Heie and David L. Wolff, *The Reality of Christian Learning: Strategies for Faith-Discipline Integration* (Grand Rapids: Eerdmans, 1987; 이승구, 『기독교 세계관이란 무엇인가?』 (서울: SFC, 2005; 개정판, 2022).

좀 더 진전시켜서 분명한 기독교적 세계관과 이에 근거한 상황 분석의 틀을 만들고, 그 분석의 틀에 근거한 분석 작업을 해 나가야할 것이다.

그 뒤엔 그리스도인다운 상황 대처의 방안을 주어진 말씀과 우리의 상황에 대한 기독교적 분석에 근거해서 도출하는 일을 해야 할 것이다. 대개는 성경이 말하는 행위의 원칙을 우리의 상황 가운데서 재적용하는 식으로 이 작업을 진행하게 된다. 그러므로 오늘 우리의 상황에 그대로 적용이 되지 않아 보이는 것에 대해서는 그 말씀을 내신 하나님의 의도를 살펴서 어떻게 하면 그 의도가 우리 상황에서 가장 잘 드러날 수 있을까를 물어야 한다.[20] 그러나 이 일은 쉬운 일이 아니고, 아무 의심 없이 "이것이 우리의 상황에 대한 분명한 주님의 뜻이니 이렇게만 해 나가야 한다"고 말하기는 어려운 것이다. 그러므로 말씀을 전문적으로 가르치는 일에로 부름을 받은 사람이나 개개인이 "두렵고 떨림으로" 지금까지의 말씀을 이해하고 깨달은 바에 의하면 이렇게 하는 것이 주님의 뜻을 따르는 것이 아닌가라고 조심스럽게 물으면서 기도하고, 좀 더 말씀의 뜻을 깨닫고, 주의 인도하심을 받아나가도록 힘써야 한다.

III. 기도하며 생각하며 일하는 복음주의자

그리하는 중에 마음속에 이렇게 하는 것이 주님의 뜻이라는 확신이 서면, 그렇게 보여진 길을 향하여 나아가야 한다. 이런 바른 실천(orthopraxis)이 있는 곳에서 복음주의의 참 모습이 드러난다. 참으로 신실한 복음주의자는 하나님의 뜻으로 깨달아진 것에 대한 순종과 노력을 힘을 다해 하는 사람이기 때문이다. 실천이 없는 복음주의자는 명목상의 복음주의자일 수밖에 없다. 참된 복음주의자는 분명한 하나님의 뜻에 대한 실천으로 특징지어진다. 그러기에 복음을 전하는 일에 그의 전 생애를 투자하였던 일 세기의 "복음주의자" 바울은 그의 복음 전하는 목적이 "믿어 순종케 하려함"이라고(롬 1:5) 하지 않았던가? 우리 시대의

---

[20] 비슷한 논의를 위해서는 Marshall, *Biblical Inspiration*, 105를 보라.

복음주의자들에게도 이런 순종의 실천이 있어야 한다. 마샬의 말을 한번 더 인용한다면, "우리에게 참으로 중요한 질문은 '우리가 성경을 통해서 선포되어진 하나님의 말씀을 들었을 때 어떻게 해야 하느냐?'하는 것이기" 때문이다.21

우리네 한국의 상황에서는 얼마 전까지만 해도 그래도 복음주의자로 자처하는 이들은 성경과 신학을 분리시키지는 않았다. 그러나 근자에 우리의 실천은 성경과 분리된 모습을 보여 주고 있다는 점에서 이 실천에 대한 강조가 우리네 복음주의자들에게 가장 필요한 일이라고 여겨진다. 우리 개개인의 삶이, 우리의 교회의 모습이, 교단 간의 모습이 성경의 교훈에 대한 참된 순종으로 나타나지 않는다면 우리의 복음주의자임에 대한 주장이 과연 무슨 소용이 있겠는가?

이 문제들에서 제대로 된 순종과 실천을 보여줄 수 있어야 논리적으로 다음 단계에 오는 (물론 시간적으로는 동시적으로 오는) 작업들에서도 참으로 복음주의자다운 모습을 드러낼 수 있을 것이다. 특별히 부의 재분배를 유도하는 일, 통일을 위한 준비를 하는 일에서 복음주의자들의 순종과 실천이 어떻게 나타날 것인가가 중요한 문제이다. 이 실천은 우리가 이 글에서 지적한 점들을 무시하지 않고 힘써 나가는 일에서 시작될 수 있지 않을까? 왜냐하면 바른 적용은 패커가 말하는 대로 엄격히 "합리적인" 일이기 때문이다.22

---

21 Marshall, *Biblical Inspiration*, 113.

22 Packer, "Infallible Scripture and the Role of Hermeneutics," in *Scripture and Truth*, 347.

3
존재론적 삼위일체와 경륜적 삼위일체의 관계에 대한 개혁주의적 입장*

기독교는 다른 종교나 사상과는 달리 하나님이 성부, 성자, 성령의 삼위로 존재하시나, 이 삼위가 일체이시어서 하나님은 삼위일체적 신(the triune God)이시라는 이해를 가지고 있다. 이런 점에서 기독교가 말하는 유신론은 다른 유신론과 구별되므로 삼위일체 하나님을 말하는 이 유신론을 특별히 "기독교 유신론"(Christian theism)으로 지칭해야 한다는 주장도 있다.[1] 따라서, 이 기독교 유신론의 하나님, 즉 삼위일체 하나님을 바로 이해한다는 것은 기독교를 바로 이해하는 것과도 같다. 그러나 삼위일체 하나님을 바로 이해한다는 것은 무척 어려운 일이다. 이는 우리가 하나님을 온전히 다는 이해할 수 없다는 기본적인 명제를 말하는 것이 아니라, 삼위일체 하나님의 신비성을 겸손히 받아들이고 그 하나님을 믿는 태도에서 겸손히 순종하는 이성을 사용해서 그 하나님의 어떠하심을 묘사해 보고, 최선을 다해서 하나님에 대한 이해를 진술해 보려는 노력 자체도[2]

---

* 이 논문은 뒤의 9장, 10장의 내용과 함께 1998년 11월 한국개혁신학회 정기논문발표회에서 발표되었던 논문이다.

[1] Cf. Cornelius Van Til, *The Defense of the Faith* (Philadelphia: Presbyterian and Reformed, 1955), 9-13, 114; idem, *Christian-theistic Evidences* (Philadelphia: Presbyterian and Reformed, 1961); idem, *A Survey of Christian Epistemology* (Phillipsburg: Presbyterian and Reformed, 1970), 62; idem, *Christian Theistic Ethics* (Phillipsburg: Presbyterian and Reformed, 1971).

[2] 차영배 교수도 우리의 삼위일체론 진술 노력을 바로 이런 작업으로 본 듯하다. 그의 다음 진술을

무척이나 어려운 것이라는 말이다.

삼위일체 하나님에 대한 진술에 있어서 가장 어려운 문제들로는 다음과 같은 것을 열거할 수 있을 것이다. (1) 하나님께서 성부, 성자, 성령의 삼위로 계시다고 할 때에 이 "삼위"(three persons)의 정확한 의미가 무엇인가? 하나님께 대해서 사용된 "위격"(person)의 의미는 과연 어떤 뜻을 가지고 있는 것인가? 인간에게 대해 사용하는 "인격"(person)의 의미와 하나님께 대해서 사용하는 "위격"(person)의 의미는 과연 어떻게 다르고, 어떻게 연관될 수 있을 것인가? (2) 성부, 성자, 성령의 삼위께서 "일체"이시라고 할 때 그 일체성(unity)의 의미는 무엇인가? 삼위가 한 류(類, *genus*)에 속한다는 말인가? 아니면 그 이상의 의미를 가지는가? 아니면 요즈음 어떤 신학자들이 주장하듯이 "사회적 삼위일체"란 말인가? 이 때 "사회적 삼위일체"의 정확한 의미는 무엇인가? (3) 성경에 나타난 하나님에 대한 계시와 니케아-콘스탄티노플-칼시돈 신조 등에서 정식화된 삼위일체 이해의 관계는 과연 어떻게 이해해야 하는가? (4) 하나님께서 역사의 과정 가운데서 당신님께 대해 드러내신 당신님의 삼위일체성과 역사 이전에 스스로 계시는 하나님의 삼위일체성의 관계는 과연 어떻게 이해할 수 있을까?

이들 문제 가운데서 이 소논문에서 나는 마지막에 진술한 문제, 즉 전통적으로 경륜적 삼위일체(혹은 경세론적 삼위일체)와 존재론적 삼위일체(혹은 내재적 삼위일체, 본체론적 삼위일체)로 불러온 것의 관계 문제를 검토해 보려고 한다. 경륜적 삼위일체는 하나님의 이 세상에 대한 경륜(오이코노미아, *οἰκονομία*) 가운데서 당신님에게 대하여 드러내신 하나님의 삼위일체성을 말한다. 따라서 경륜 가운데서 드러난 삼위일체란 의미에서 경륜적 삼위일체(economic Trinity), 또는 계시의 삼위일체(the Trinity of revelation)라는 용어가 사용되어 왔다.[3] 융엘이

참조하라. "삼위와 그 본체의 단일성, 혹은 유일신이 어떻게 서로 조화되는가라는 것은 신비에 속하기 때문에 인간의 이성만으로 이해할 수 없으나 서로 모순되지는 않는다. 아무리 우리 인간의 지식으로는 이해할 수 없는 신비에 싸여 심오하다 할지라도, 그것이 성경으로 계시된 만큼은 성경 자체의 가신성 때문에 삼위일체 교리도 가신성(credibility) 있게 진술되어져야 한다"(차영배, 『개혁 교의학 II/1: 삼위일체론(신론)』 [서울: 총신대 출판부, 1982], 17).

[3] 이 용어에 대한 설명을 위해서는 Otto Weber, *Foundation of Dogmatics*, vol. 1, trans. Darrell L. Guder (Grand Rapids: Eerdmans, 1981), 388; Helmut Thielicke, *The Evangelical Faith.*, vol. 2: *The Doctrine*

말하는 대로 "경륜적 삼위일체 교리는 사람과 그의 세계와의 관계에서 하나님의 존재를 이해한다."[4] 이에 비해서 존재론적 삼위일체는 하나님의 이 세상에 대한 경륜 이전에 계시는 하나님의 존재 자체의 삼위일체성을 말한다. 즉, 존재론적 삼위일체란 "사람에 대한 하나님의 관계와 관련 없이 하나님 자신을 이해하는 것"이며,[5] 삼위일체를 "하나님의 존재의 내재적 존재적 구조"(the immanent ontic structure of the being of God)를 묘사하는 것으로 보는 것이다.[6] 그래서 그의 존재 자체의 삼위일체성이라는 의미에서 "존재론적(혹 본체론적) 삼위일체"(ontological Trinity), "영원한 삼위일체"(eternal Trinity), "본질적 삼위일체"(essential Trinity), 또는 "내재적 삼위일체"(immanent Trinity)로 불리기도 한다.

판넨베르크에 의하면, 경륜적 삼위일체와 본질적 삼위일체의 구분이 18세기의 우를스페르거(Johann August Urlsperger, 1728-1806)에게로 거슬러 올라갈 수 있다고 한다.[7] 그러나 개념 자체는 그 이전의 신학자들의 글에서도 나타나 있다고 할 수 있다. 단지 그 이전에는 의식적인 구별 없이 그 둘을 다루어 왔다면, 삼위일체의 본체론적 측면을 무시하고 나아가려는 분위기의 고조와 더불어서 이 용어의 구체적인 사용이 나타났다고 할 수 있을 것이다. 그러므로 터툴리안에 의해서 양태론이 거부된 후로부터 경륜적 삼위일체와 내재적 삼위일체를 구별하는 것이 상례였다고, 특히 카파도기아 신학은 이 둘을 명확히 구별하였다고 말하는 몰트

---

of God and of Christ, trans. and ed. Geoffrey W. Bromiley (Grand Rapids: Eerdmans, 1991), 179; Paul K. Jewett, *God, Creation and Revelation* (Grand Rapids: Eerdmans, 1991), 305 등을 보라 Weber와 Jewett는 이를 계시적 삼위일체(revelational trinity) 또는 기능적 삼위일체(functional trinity)라고 언급하기도 한다.

[4] Eberhard Jüngel, *God as the Mystery of the World*, trans. Darrell L. Guder (Grand Rapids: Eerdmans, 1983), 346.

[5] Jüngel, *God as the Mystery of the World*, trans. Darrell L. Guder (Grand Rapids: Eerdmans, 1983), 346.

[6] Thielicke, 176.

[7] Wolfhart Pannenberg, *Systematische Theologie*, Band 1 (Goettingen: Vandenhoeck and Ruprecht, 1988), S. 317, n. 122= *Systematic Theology*, trans. Geoffrey W. Bromiley (Grand Rapids: Eerdmans, 1991), 291, n. 111. 여기서 판넨베르크는 우를스페르거의 다음 두 책을 언급하고 있다. *Vier Versuche einer genaueren Bestimmung des Geheimnisses Gottes des Vaters und Christ* (1769-1774); *Kuizgefasstes System meines Voitrages von Gottes Dreieinigkeit* (1777). O. Weber도 우를스페르거를 언급하고 있다(Weber, 388, n. 124).

3. 존재론적 삼위일체와 경륜적 삼위일체의 관계에 대한 개혁주의적 입장 • 55

만의 진술이 더 옳다고 할 수 있다.[8]

이 글에서 나는 존재론적 삼위일체와 경륜적 삼위일체를 보는 고전적 관점을 개혁 신학에서의 진술을 중심으로 묘사하고 검토해 보려고 한다. 삼위일체에 대한 고전적 관점을 좀 더 구체적으로 구별해서 보자면 동방신학의 관점과 서방 신학의 관점을 구별할 수 있고, 특히 종교개혁 이후의 철저한 입장과 그 이전의 입장을 구별해서 말할 수도 있을 것이다. 그러나 이 모든 신학적 관점들에는 일관해서 나타나고 있는 어떤 공통적 양상이 존재한다는 것을 잊어서는 안 된다. 따라서 이 논문에서는 이들을 구체적으로 구별하지 않고, 이 모든 관점을 포괄하는 입장을 고전적 관점이라는 표제로 제시하려고 한다. 그러나 그 중에서 개혁 신학에서의 고전적 표현을 중심으로 고전적 관점을 정리해 보려고 한다.

삼위일체에 대한 고전적 관점을 단적으로 진술하자면 다음과 같은 명제로 그 입장을 진술할 수 있을 것이다: "경륜적 삼위일체는 존재론적 삼위일체의 인식 근거이고, 존재론적 삼위일체는 경륜적 삼위일체의 존재 근거이다."

I. 기본적 진술

개혁 신학이 그 한 예가 되는 고전적 관점에서는 위의 명제가 잘 지시해 주듯이 존재론적 삼위일체와 경륜적 삼위일체의 관계를 다음과 같이 본다: (1) 우리는 하나님의 이 세상에 대한 경륜을 통해서 하나님이 삼위일체적 존재이심을 알게 된다; (2) 그러나 하나님께서 삼위일체적 존재이심은 이 세상에 대한 경륜에서 비로소 이루어지는 것이 아니라, 이 세상과의 관계 이전에 영원하신 하나님의 존재 자체가 이미 삼위일체적이시다; (3) 이렇게 영원부터 삼위일체적 하나님이

---

[8] Jürgen Moltmann, *Trinitaet und Reich Gottes* (Muenchen: Christian Kaiser Verlag, 1980), E. T. *The Trinity and the Kingdom: The Doctrine of God*, trans. Margaret Kohl (London: SCM, 1981), 151; idem, *Der gekreuzigte Gott* (Muenchen: Chr. Kaiser Verlag, 1972), S. 252=*The Crucified God*, trans. R. A. Wilson and John Bowden (London: SCM, 1974), 235ff. 베르카우워도 경륜적 삼위일체와 존재론적 삼위일체의 구별은 양태론과 투쟁하려는 노력 가운데서 교회에 의해서 사용되었다고 밝히고 있다 (G. C. Berkouwer, *A Half Century of Theology*, trans. and ed. Lewis B. Smedes [Grand Rapids: Eerdmans, 1977], 259).

시므로, 그의 경륜 과정에서 당신님을 삼위일체적으로 드러내신다. 따라서 가장 이상적인 진술의 과정을 취한다면 고전적 삼위일체론의 사유는 다음 세 가지 과정을 거쳐서 진행될 수 있다고 할 수 있다.

첫째는 경륜적 삼위일체에 대한 인식이 있게 된다. 즉, 먼저 하나님의 창조와 그리스도를 통한 구속의 과정을 살피면서, 그 가운데서 특히 예수 그리스도의 임하심과 그의 계시, 그의 승천 이후에 교회에 임하신 성령과 그의 사역 및 그에 대한 교회의 반응을 통해서, 예수 그리스도와 그가 아버지라고 부르신 분("하늘에 계신 내 아버지"), 그리고 그리스도 이후에 아버지와 아들이 보내시는 성령(요 14:26; 15:26; 16:7)이 삼위일체적 하나님이심을 인식하게 되는 일이 앞서게 된다. 그리고 이 경륜적 삼위일체를 통해서 이 삼위간의 관계의 일부를 알게 된다. 즉, 성부와 성자가 그 이름 그대로 아버지와 아들의 관계를 가지신 분이며, 그리고 성령은 아버지와 아들에게서 보냄을 받으시는 분임을 알게 된다(**경륜적 삼위일체에 대한 인식**).

그리고 둘째로, 그리스도와 성령의 계시 중에서 이런 삼위일체적 관계를 확증하며, 그 관계를 **삼위간의 영원한 관계로 지시하는 진술들을 만나게 된다.** 즉, 요한복음에 나타난 "독생자"(모노게네스, μονογενης)라는 진술, 그것도 "아버지 품속에 있는 독생자"란 진술은, 시편에 있는 "오늘날 내가 너를 낳았다"는 진술과 함께 (또는 그 시편 진술을 넘어서서) 성자는 그 관계성에 있어서 영원의 영역에서 아버지에 의해서 "낳아지신 분"이라는 인식에 이르게 한다. 즉, 그리스도는 성육신하시기 전부터 영원의 영역에서 아버지에 의해서 낳아지신 분이라고 이해된다. 여기에 오리겐의 다소 철학적인 "영원하신 낳으심"(eternal generation) 개념이 도움을 줄 수 있으니, 이는 아버지와 아들의 관계의 영원성에 대한 좋은 주석으로 여겨질 수 있기 때문이다.

그리고는 셋째로 위의 제2단계의 사유의 도움을 얻어서 **삼위간의 경륜적 관계를 영원에도 적용시켜서** 아버지는 "영원히 아들을 낳으시는 분"이시고, 아들은 "영원히 아버지에게서 낳아지시는 분"이시며, 성령은 "영원히 아버지와 아들에게서 보냄을 받는("나오시는") 분"이시라고 하는 이해에 이르게 된다.

이처럼 고전적 삼위일체론은 경륜적 삼위일체에 대한 이해를 통해서 그 관계성을 영원한 존재론적인 삼위일체에 적용하여 하나님의 존재론적인 삼위일체에 대한 이해에 이르게 된다. 그러나 이와 더불어 크게 강조한 것은 하나님은 경륜적 과정에서 당신님의 모습을 그대로 드러내시리라는 확신이었다. 즉, 존재론적 삼위일체가 있기에 경륜적 삼위일체가 그와 같이 삼위일체적으로 드러났다는 것이다. 이제는 이와 같은 요약을 확증한다는 의미에서 고전적 삼위일체론을 말하는 개혁 신학자 두 사람의 진술을 살펴보기로 하자.

II. 칼빈의 이해

칼빈은, 대부분의 고전적 관점을 지니는 이들이 그러하듯이, 존재론적 삼위일체와 경륜적 삼위일체를 명확히 구분하면서 그 논의를 진행시키고 있지 않다. 그에게 있어 존재론적 삼위일체가 경륜적 삼위일체로 계시된 것이므로 이 둘을 구태여 구별할 필요가 없다는 의식이 있었던 듯하다. 그리고 이것은 대부분의 고전적 견해의 주장자들에게서 공통적으로 발견할 수 있는 현상이기도 하다. 그러나 칼빈과 다른 고전적 견해의 주장자들을 존재론적 삼위일체와 경륜적 삼위일체에 대한 오늘날의 논쟁의 상황 속에 세운다면 그들은 아주 명확히 하나님은 영원부터 불변적으로 삼위일체적 관계를 가지신 분으로서 창조와 역사의 진행 속에서도 당신님을 있는 그대로, 즉 삼위일체적으로 드러내신 것이라고 말할 것이다. 그리고 그들의 삼위일체에 대한 진술에는 이에 대한 시사점들이 나타나고 있는 것이다.

칼빈은 삼위일체 문제를 다루면서 먼저 성경에 나타나지 않은 여러 용어들("삼위일체", "위격들", "동일 본질" 등)의 사용이 성경의 해석을 도우며, 따라서 사용될 수 있고, 특히 잘못된 가르침을 드러내는 데 유용하다고 밝히는 일로부터 시작하고 있다. 그런 그의 입장은 어거스틴을 인용하면서 말하는 다음의 말에서 잘 드러난다. "그렇게 크고 위대한 일들에 대한 인간 언어의 부족함 때문에 '위격'(hypostasis)이라는 말이 필연적으로 우리에게 강요되었으니, 이는 성부, 성자, 성령이 어떻게 셋이심을 표현하기 위해서가 아니라, 그 사실에 대해서 말하지 않을 수 없었기 때문이다.'9 즉, "위격"이란 말을 사용해야만 하는 것은 그것이 하나님이 어떠하심을 정확히 표현하는 말이기 때문이기보다는 하나님이 성부, 성자, 성령이심에 대해서 말하지 않을 수 없기 때문이라는 것이다. 다시 말해서, 이런 용어들은 계시의 사실 앞에서 그것을 인간의 언어로 표현해 보려는 지난한 노력 가운데서 사용되는 용어들이라는 것이다. 따라서 이 부분에서 칼빈이 말하려는 바는 다음과 같은 진술 속에 잘 요약되어 있다: "하나님의 한 본질 안에 위격들의 삼위일체가 있다(in the one essence of God there is a trinity of persons)고 말하라. 그러면 당신은 한마디로 성경이 진술하는 것을 말하면서 공허한 잔소리를 다 줄일 수 있을 것이다"(*Institutes*, I, viii, 5, 128).

이렇게 시작된 칼빈의 삼위일체에 대한 진술은 "위격"(*hypostasis, persona*)을 하나님의 본질 안에 있는 다른 위격들과 연관되면서도 각기 비공유적인 성질을 가짐에 의하여 구별되는 한 "subsistence"라고 정의하고서는(128), 말씀과 성령의 신성을 밝히는 일, 즉 성자와 성령이 성부와 동일본질임을 드러내고 그 후에 어떻게 성부, 성자, 성령이 구별되시는가의 논의에로 나아간다.

성자(말씀)의 신성을 논의하면서 칼빈은 아주 조심스럽게 먼저 성육신하시기 전의 말씀, 소위 "육체를 가지지 않으신 말씀"(*logos asarkos*)의 신성을 말하고, 그후에야 "모든 사람들이 그리스도는 성육신하신 말씀(that Word endued with flesh) 이라고 해야만 하므로" 그리스도의 신성에 대한 증언들을 살피는 일을 포함시키고 있다. 이런 진술 방식은 우리의 논의와 연관하여 아주 중요한 시사가 아닐 수 없다. 왜냐하면 이는 칼빈이 그리스도의 성육신 이전의 말씀과 성부와의 관계를 어떻게 이해하고 있었는지를 보여 주는 것이기 때문이다. 즉, 존재론적 삼위일체에 대한 그의 이해가 여기서 드러날 수 있다는 말이다. 칼빈은 베드로전서 1:10-11을 언급하면서, "그리스도께서 아직 나타나지 않으셨으므로, [여기서]

---

⁹ John Calvin, *Institutes of the Christian Religion*, trans. Ford Lewis Battles (Philadelphia: The Westminster Press, 1960), I, viii, 5, 127. 이하에서는 *Institutes*로 약하고 이 절 안에서 『기독교 강요』로부터의 인용은 (*Institutes*, I, viii, 5, 127) 식으로 하여 본문 안에 삽입하기로 한다.

말씀은 시간 전에 성부에게서 낳아진 것으로(as begotten of the Father before time) 이해하는 것이 필요하다"고 말한다(*Institutes*, I, viii, 7, 129). 그리고서는 창세기 1장의 말씀으로의 창조를 언급한다. 칼빈은 이 "말씀으로의 창조"를 히브리서 1:2-3에 비추어 이해하면서, "여기서 우리는 말씀이 성부의 영원하고 본질적인 말씀이신 아들의 명령(the order or mandate of the Son, who is himself the eternal and essential Word of the Father)"이라고 이해되고 있음을 볼 수 있다"고 한다(*Institutes*, I, viii, 7, 129). 그러나 그 무엇보다도 분명히 말씀의 신성을 밝히는 것은 요한복음 1:1-3의 말씀이라고 한다. "왜냐하면 요한은 말씀에게 분명하고 영존하는 본질을 돌리면서 동시에 그 자신에게 독특한 어떤 것을 그에게 돌리고 있기 때문이다"(*Institutes*, I, viii, 7, 130). 이 모든 논의에 근거하여 칼빈은 "불변하는 말씀은 영원히 하나님과 하나시요, 하나님과 같으시며, 하나님 자신이다"라고 결론짓는다(*Institutes*, I, viii, 7, 130). 그 후에 아들의 신성은 인정하면서도 그의 영원성을 부인하는 사람들에 대해 언급하면서, 칼빈은 결론적으로 말하기를 "하나님에 의해서 시간의 시작 너머에서 낳아지는 말씀은 아버지와 함께 영원히 있는 것이다"라고 한다(*Institutes*, I, viii, 8, 131).

이렇게 영원하신 아들의 신성을 말한 후에야 칼빈은 구약에 나타난 그리스도의 신성(I, viii, 9)을 말하고 여호와의 사자에 대한 논의를 하고(I, viii, 10), 신약에 나타난 그리스도의 신성을 사도들의 증언(I, viii, 11)과 그리스도의 사역(I, viii, 12)과 이적에 근거해서(I, viii, 13) 논의하고 있다.

성령의 신성에 대해서는 그의 사역과 성령을 하나님과 동일시하는 명확한 표현들을 중심으로 논의한다.

그러므로 삼위일체 하나님에 대한 칼빈의 논의는 그 어디를 살펴보아도 하나님께서 영원 전부터 성부, 성자, 성령의 삼위일체적 관계를 가지고 계셨음을 분명히 하고, 경륜적 과정에서 하나님의 이 삼위일체적 관계가 잘 계시된 것으로 보고 있음이 분명하다. 그에게 있어서는 경륜적 삼위일체가 내재적 삼위일체를 구성하는 것으로 보는 일은 전혀 생각될 수도 없는 일이었다. 이는 아들의 영원성을 의심하는 이들에 대한 그의 반응에서 아주 잘 나타난다.

III. 헤르만 바빙크의 이해

헤르만 바빙크의 삼위일체에 대한 논의에서도 우리는 칼빈에게서와 같은 태도를 볼 수 있다. 더구나 바빙크의 견해가 이 문제를 다루는 우리에게 도움이 되는 것은 그가 삼위일체론을 거의 다 진술한 후에 존재론적 삼위일체와 경륜적 삼위일체의 관계에 대해서 명시적으로 말하고 있기 때문이다. 이 후의 진술을 통해서 우리는 그가 우리가 말한 의미의 관계를 염두에 두면서 삼위일체론을 진술하였음을 알 수 있다. 그도 그럴 것이 그가 이 둘의 관계에 대하여 말하는 것의 핵심은 위에서 우리가 정리한 것과 거의 일치하는 것이기 때문이다. 그의 몇 가지 진술을 인용해 보기로 한다.

> 존재론적 삼위일체에서 성부가 그 존재 사실의 순서에서 첫째이고 성자가 둘째이며 성신이 셋째이듯이, 계시사에서도 성부가 성자에 앞서며 성자가 성신에 앞서는 것이다.[10]

> 성자는 성부에 의해서 보내심을 받으시고(마 10:40; 막 9:48; 요 3:16; 5:23, 30, 37; 6:8 이하), 성신은 성부와 성자 모두에 의해서 보냄을 받으신다(요 14:26; 16:7).
> 그러나 이 시간 내에서 나오심은 존재론적 삼위일체 내의 삼위 간에 존재하는 내재적 관계의 반영이고 출생과 내어쉼심에 근거한다. 성자의 출생은 로고스의 성육신의 영원한 원형이고 성신께서 성부와 성자로부터 나오신 것은 성신의 쏟아 부어주심의 원형이다. 그러므로 교부들은 삼위일체의 삼위 내에 존재하는 영원하고 내재적인 관계들에 대한 지식을 시간 내에서의 이 관계에 대해서 계시된 바로 부터 이끌어내었다. 이 일에 있어서 그들은 옳았다(320=467f.).

이 진술들에서 바빙크는 계시사에 나타난 하나님의 삼위일체적 구조, 즉 경륜적 삼위일체의 구조를 존재론적 삼위일체의 구조의 반영으로 볼 수 있음을

---

[10] Herman Bavinck, *The Doctrine of God*, trans. William Hedriksen (Grand Rapids: Eerdmans, 1951; reprinted, Grand Rapids: Baker, 1977), 320=졸역, 『개혁주의 신론』 (서울: 기독교문서선교회, 1988), 467. 이 절에서의 이 책으로부터의 인용은 본문 안에 면수만으로 밝히기로 한다 앞의 면수는 영역판의 면수이고, 이후의 면수는 한역판의 면수이다.

말하며, 교부들이 경륜적 삼위일체에 대한 이해에서 존재론적 삼위일체에로 추론해 나간 것을 인정하고 그 과정에 동의하고 있다. 그러므로 바빙크에 의하면, 이미 교부들이 그 용어는 사용하지 않을지라도 그 내용상 경륜적 삼위일체와 내재적 삼위일체를 구분하며, 경륜적 삼위일체가 내재적 삼위일체를 반영함을 인정하고 있었다는 것이다.

이와 같이 고전적 관념은 하나님이 이미 영원으로부터 당신님의 어떠하심을 가지고 계셨으며 시간 내에서의 경륜적 과정이 하나님을 규정하거나 형성하는 데 전혀 영향을 미치지 못함을 분명히 하고 있다고 할 수 있다. 이런 뜻에서 다음과 같은 틸리케의 말은 고전적 삼위일체론의 의도를 잘 인식한 것이라고 할 수 있다: "본질적 삼위일체에 대한 정통 교리는 삼위일체는 하나님의 사역 이전에 이미 하나님 안에 있는 하나님에게 독특한 것이며, 하나님은 그 무엇을 창조하시거나 개인과 연합하시거나 또는 신자들과의 교제 중에 거하시기 이전부터 그 자체 안에서 영원히 성부, 성자, 성령이시다고 주장한다."[11]

정통적 견해를 견지하려는 많은 신학자들 외에도 현대 신학자들 중에서도 기본적으로 이런 고전적 이해를 지지하는 이들도 있다.[12] 예를 들어서, 하인리히 오트는 다음과 같이 말한다: "경세적 삼위일체는 불가피하게 내재적 삼위일체를 소급해서 지시해 준다. 하느님은 하느님이 있는 그대로 만나신다."[13] 또한 바르트의 삼위일체 이해를 언급하면서 푈만은 다음과 같이 말한다: "비록 바르트에게는 모든 역점이 계시의 삼위일체에 놓여 있기는 하지만, 내재적 삼위일체도 인정되고 있다. … 구원 경륜적 삼위일체는 내재적 삼위일체를 전제한다."[14] 그러나

---

[11] Thielicke, 176f.

[12] 현대 신학자들 중에서 기본적으로 이런 고전적 이해를 표명하는 이들을 열거하면 다음과 같다: Weber, 388; Thielicke, 176-81; Heinrich Ott, *Die Antwort des Glaubens* (Stuttgart: Kreuz, 1973), 김광식 역, 『신학해제』 (서울: 한국신학연구소, 1974), 115.

[13] Ott, 115. 그러나 김광식 교수는 오트의 이 말을 융엘의 의도와 비슷한 것이라고 언급하면서 인용하고 있다(김광식, 『조직 신학(1)』 [서울: 대한기독교서회, 1988], 171). 이는, 우리가 이 논문의 본문에서 말하려는 바와 같이, 오트의 이와 같은 진술이 다양하게 해석될 수 있음을 잘 보여 주는 대표적인 예라고 할 수 있다.

[14] Horst G. Poehlmann, *Abriss der Dogmatik* (1975), 이신건 역, 『교의학』 (서울: 한국신학연구소, 1990), 155, 156.

라너도, 심지어 헨드리쿠스 베르코프도 거의 비슷한 말을 하고 있고,[15] 오트와 푈만은 더 이상의 구체적인 설명을 하고 있지 않으므로 이는 라너의 말과 같이 여러 가지로 해석될 수 있는 진술이라고 할 수 있다.[16]

이에 비해서 근자에 유행하고 있는 새로운 십자가 신학의 관점은 좀 더 분명하게 최소한 경륜적 삼위일체가 하나님의 내재적인 삶을 풍성하게 하는 것이라고 보며, 경륜적 삼위일체만을 인정하는 관점은 경륜적 과정이 없이는 하나님이 삼위일체일 수 없음을 시사하고 있다.[17]

---

[15] Hendrikus Berkhof, *The Doctrine of the Holy Spirit* (John Knox, 1964), 109f: "We may believe that he is as he comes to us in his revelation."

[16] 바르트와 관련해서는 이 모호성이 가장 잘 나타난다고 할 수 있다. 따라서 그의 이해를 보는 여러 관점이 있을 수 있음에 유의해야 한다. 푈만과 이종성 교수는 바르트를 고전적 관점에 가깝게 놓고 이해하는 듯하고 (Poehlmann, 156; 이종성,『삼위일체론』[서울: 대한기독교출판사, 1991], 631f., 638), 김균진 교수는 바르트에게 그렇게 해석될 수 있는 여지가 있으나(Cf. KD, I /1, 411, 413, 435, 437, 489), 오히려 바르트에게 있어서는 "경륜적 삼위일체성은 내재적 삼위일체성 안에 포함되어 있다"고 보아야 한다고 주장한다("헤겔과 칼 바르트의 삼위일체론", in『헤겔철학과 현대신학』[서울: 대한기독교출판사, 1980], 105). 바르트에 대한 비슷한 해석으로 Richard Roberts, "Karl Barth," in *One God in Trinity*, eds. Peter Toon and James D. Spiceland (Westchester, Illinois: Cornerstone Books, 1980), 79-88, esp. 88, 91을 보라.

또한 이 주장을 한 뒤에 김균진 교수는 좀 더 과격한 주장을 펴고 있다. 그의 다음 진술들이 다 그대로 유지될 수 있을 수 있는지를 생각하여 보라: "(1) 내재적 삼위일체성은 이미 완결되고 고정된 것으로서 경륜적 삼위일체성의 피안에 있는 것이 아니라, 경륜적 삼위일체성의 생동성 속에 있으며 되어져 가는 과정 속에 있다. 달리 말하여 경륜적 삼위일체성은 내재적 삼위일체성의 전개를 말하며 내재적 삼위일체성은 이 전개의 과정 속에 있을 뿐이다.… 내재적 삼위일체성은 예수 그리스도 안에서 결정적으로 나타난 경륜적 삼위일체성 안에 있을 뿐이며 이것을 통하여 되어져 가는 과정이 있다. 그러나 이것은 내재적 삼위일체성이 폐기되거나 경륜적 삼위일체성을 통하여 비로소 형성된다는 것을 의미하지 않는다. (2) 오히려 내재적 삼위일체성은 하나님의 영원한 존재 안에 이미 존재하는 것으로 전제된다… 그러나 우리의 경험적, 역사적 세계에 대하여 그것은 아직 완성되지 않았고 도달되지 않은 미래적 차원(?), 종말론적 차원을 의미한다"(김균진,『헤겔철학과 현대신학』, 111, 이 글 안에 (1)과 (2)는 후에 논의를 쉽게 하기 위해서 필자가 붙인 것임). (2)의 내용을 말하려면 과연 (1)과 같이 주장할 수 있는 것일까? 이는 모순일까? 아니면 우리의 언어의 한계 내에서 삼위일체의 신비를 말하려다가 나타나는 사소한 문제점일까? 이런 문제의 제기는 차지한다고 해도 김균진 교수가 바르트를 후에 논의할 새로운 십자가 신학의 관점에 가깝게, 또는 그 관점의 빛에서 해석하려는 한다는 것이 분명해졌을 것이다.

[17] 이에 대해서는 이 책의 제9장 "새로운 십자가 신학의 삼위일체론에 대한 비판적 고찰"과 제11장 "헨드리쿠스 베르코프의 삼위일체론에 대한 비판적 고찰"을 자세히 살펴보라.

3. 존재론적 삼위일체와 경륜적 삼위일체의 관계에 대한 개혁주의적 입장 • 63

IV. 결론

이 글에서 우리는 개혁주의의 입장을 중심으로 소위 존재론적 삼위일체와 경륜적 삼위일체의 관계를 바라보는 고전적 관점을 살펴보았다. 고전적 관점은 삼위일체론에 대한 성경적, 고대 신학적 이해에 충실하여 존재론적 삼위일체가 경륜적 삼위일체의 존재 근거요, 경륜적 삼위일체는 존재론적 삼위일체의 인식 근거라고 주장하고 있다.

오늘날 제시되고 있는 새로운 십자가 신학의 관점은 어떤 점에서 보면 모호하여 여러 해석의 여지를 주고 있으나, 최대한 긍정적으로 말하자면 경륜적 삼위일체에 의해서 존재론적 삼위일체가 풍성해진다고 하며, 최대한 부정적으로 말하자면 경륜적 삼위일체가 역사의 과정에서 다 드러날 때에야 참으로 존재론적 삼위일체가 있다는 의미에서 존재론적 삼위일체를 종말론적 개념, 또는 종말론적 개념에 대한 예배 중에서의 송영적 선취라고 말한다. 현대에 유행하는 또 다른 관점인 경륜적 삼위일체만을 인정하는 입장은 좀 더 솔직하게 표현하여 기본적으로 영원부터 삼위일체적으로 계시는 하나님을 버리고, 오직 우리의 구원 경험을 중심으로 하나님을 이해하려는 것이라고 할 수 있다.

현대인의 취향에는 현대의 분위기를 반영하고 있는 새로운 십자가 신학의 관점이나 순전히 경륜적 삼위일체만을 중심으로 하고 있는 관점이 더 맞을 것이다. 그러나 문제는 어떤 것이 우리의 취향에 더 맞는가 하는 것이 아니라, 역사 가운데서 당신님을 나타내 보이신, 그리고 그것을 성경에 성문화하시어 그 성경의 계시를 통해서 당신님을 알게 하신 하나님 자신의 계시와 일치하는가 하는 것이다. 우리가 살핀 세 가지 관점 모두가 형식상으로는 모두 성경에 호소하고 있고 계시에 충실하려고 한다는 공언을 하고 있다. 그러나 각각의 관점의 논리적 결국을 살필 때 새로운 십자가 신학의 관점이나 경륜적 삼위일체만을 주장하는 관점에서는 이런 공언이 유지될 수 있으려는지에 대해서 질문하지 않을 수 없다. 예를 들어서, 오직 경륜적 삼위일체만을 인정하는 관점은 결국 삼위일체의 영원성을 상실하거나, 삼위일체 개념을 전통적인 개념과는 다른 의미에서 이해해 보려고 한다는 것이 드러난다. 그리고 새로운 십자가 신학의 관점에 대해서도 우리는 과연 이 관점이 말하는 경륜적 삼위일체와 존재론적 삼위일체의 관계에 대한 이해가 하나님 자신의 영원부터의 불변성을 유지하게 할 수 있는지를 묻지 않을 수 없다.

이런 우리의 질문에 대하여 새로운 십자가 신학의 관점을 가진 이들은 이런 우리의 질문이 성경의 하나님이 가지고 계신 속성이 아닌 희랍적인 불변성 개념을 상정하기 때문에 생기는 것이며, 우리의 질문은 결국 역사 속에서의 하나님의 활동을 무시하는 것이라고 말한다. 그러나 과연 하나님이 역사의 과정을 통해서 무엇인가를 얻는다고 하고 무엇인가를 새롭게 경험한다고 보아야지만 성경의 하나님의 역사에 충실한 것이며 역사 속에서의 하나님의 활동에 대해 공정한 것인가를 묻지 않을 수 없다. 그러므로 비록 상당히 유사한 언어가 사용되고 있다 하더라도, 고전적 관점과 새로운 십자가 신학의 관점 사이에는 상당히 깊은 사상적 전제의 차이가 있다는 것을 부인하기 어렵다.

어떤 면에서 살펴보면 역사의 과정과 역사와 시간 내에서의 하나님의 경험을 강조하는 새로운 십자가 신학의 관점은 20세기의 상황에서 (헤겔에 대한 모든 비판을 염두에 두면서 때로는 그 비판을 피할 수 있는 방향으로, 또 때로는 그 비판을 그래도 받으려고 하면서) 새로운 헤겔적 접근(neo-Hegelian approach)을 시도하는 것이라고 할 수 있다.

또한 경륜적 삼위일체만을 말하는 베르코프의 입장은 20세기의 상황에서 역시 슐라이어마허에 대한 비판을 염두에 두면서 때로는 그 비판을 피할 수 있는 방법으로 또 때로는 그 비판에 대항하여 서면서 다시 새로운 슐라이어마허 적인 접근(neo-Schleiermacherian approach)을 시도하는 것이라고 할 수 있다. 이처럼 오늘날의 신학계에서는 다시 헤겔과 슐라이어마허의 망령이 떠다니고 있다. 비록 새로운 옷을 입고, 새로운 전략을 가지고, 더 튼튼한 논리적 무기를 갖추고 나타나고 있기는 하지만 말이다.

이런 상황 가운데 있는 우리에게는 역시 19세기에 헤겔과 슐라이어마허의 사상과 그것의 신학적 함의와 더불어 싸우던 신학자의 지혜와 용기가 필요할 것이다. 그런 뜻에서 경륜적 삼위일체와 존재론적 삼위일체를 바라보는 고전적 관점이 어떻게 진술되어야 현대인들에게 잘 전달될 수 있으려는지를 생각하는 일이 필요함을 인정하면서도, 우리 시대의 정신에 맞도록 우리의 신학과 신관을 바꾸는 일이 발생하지 아니하도록 커다란 주의를 해야만 한다.

우리가 아직도 성경의 계시에 근거하여 놓치지 말아야 하는 것은 영원부터 영원까지 하나님의 존재에 변화가 있지 않다는 것이다. 그러하시기에 그의 내재적 삼위일체가 경륜적 삼위일체에서 계시된다. 만일에 경륜적 삼위일체에 의해 하나님 자신이 더 풍성해지거나 그에게는 오직 경륜적 삼위일체가 있을 뿐이라면, 하나님은 역사를 필요로 하시는 하나님이 되시고 따라서 이 시간의 과정이 없이는 온전한 하나님이 될 수 없을 것이다. 그러므로 역사의 과정을 중요시하며, 우리의 구원 역사를 중요시하는 **것처럼 보이는** 새로운 십자가 신학의 관점은 사실상 우리의 구원을 이루시며, 그의 뜻으로 이 과정을 만드시는 하나님 자신을 변화시키는 결과를 초래하게 된다. 따라서 우리는 우리의 필요에 따라 하나님 자신을 변화시키지 않도록 최선을 다해야 한다.

하나님 자신이 중요하고, 그가 우리를 구원하신다. 우리의 구원과 그 역사적 과정을 위해서 그를 변화시켜 놓으면 실상은 우리를 구원하시는 하나님 자신을 놓치게 된다. 하나님은 역사를 필요로 하지 않으시며, 역사에 의해 무슨 도움을 받지 않으신다. 역사가 도대체 그분께 무엇인가를 풍성하게 하여 드릴 수 있는 것이 없다. 오히려 역사가 하나님에 의해서 창조되고 진행된다. 하나님을 진정한 역사의 주님으로 인정하려면 하나님을 역사의 과정에 의해 풍성해지는 분으로 말할 수 없다. 그러기에 존재론적 삼위일체를 경륜적 삼위일체의 존재 근거로 인정하는 것이 필요하다. 온전한 존재론적 삼위일체가 영원에 있지 않으면 경륜적 삼위일체도 없다. 경륜적 삼위일체에 의해서 조금의 보충이라도 받아야만 하는 존재론적인 삼위일체는 엄밀하게는 하나님의 존재론적 삼위일체가 아니다. 오직 온전한 존재론적 삼위일체가 있어야 우리가 하나님을 인식할 수 있는 경륜적 삼위일체가 있을 수 있다.

이런 뜻에서 기독교적인 삼위일체론은 다음의 주장을 아무런 유보나 조건달음 없이 주장하는 데에 있다고 할 수 있다. 존재론적 삼위일체는 경륜적 삼위일체의 존재 근거이고, 경륜적 삼위일체는 존재론적 삼위일체의 인식 근거이다. 경륜적 삼위일체만을 인정하는 관점은 실상 그 존재 근거를 상실하고 있는 것이고, 새로운 십자가 신학의 관점은 인식 근거를 인식 근거 이상의 것으로 여겨 확대하고 있는 것이라고 할 수 있다.

4
고난과 기독교:
"고난의 신학"을 위한 한 시론(試論)

인간이 이 세상에서 사는 삶은 기쁨과 고난이 섞여 짜진 옷감과 같다는 생각을 이 세상을 살았던 사람들 거의 모두가 해 본 것 같다. 과거를 살았던 이들이 그렇게 느꼈듯이, 지금 이 시대를 살아가는 우리도 그렇게 느끼고, 미래에 이 세상을 살아갈 사람들도 그렇게 느낄 것임이 틀림없다. 그러므로 기쁨과 고난 모두가 우리가 심각하게 생각해 볼 만한 주제이나, 사람들은 대개 기쁨에 대해서보다는 고난에 대해서 좀 더 날카롭게 현실적으로 의식하는 듯하다. 그래서 고난이 없고 기쁨만으로 가득한 삶은 대개 비현실적인 것으로 취급될 정도이다. 그러므로 고난 또는 고통은 인간 실존의 엄연한 현실로 그 누구에 의해서나 인정된다. 고난의 사실 자체를 부인하는 사람은 하나도 없다. (막 태어난 아이들이라 할지라도 이 사실을 인정하듯이 최초의 울음으로 태 밖에서의 그 호흡을 시작하고, 그 생애를 시작하지 않는가?)

그러나 고난 또는 고통의 사실에 대해서는 누구나 동의하지만, 좀 더 심각하게 고난의 문제를 생각하면 사람들의 생각은 다 갈라진다. 도대체 이 세상에 존재한다는 것 자체를 고난으로 보며(소위 "本苦"), 이 고난으로부터의 탈출(소위 "解脫")을 추구하는 불교의 사상으로부터, 고난이 영혼을 참으로 정화시킬 수 있다고 보는 고행주의 사상은 극단적으로 대립되는 것 같으면서도 또 같이 서 있고, 사람들의 고난에 대한 생각은 극히 다양하다. 사실 고난의 사실 자체에 대한 해석에서부터 다양한 의견이 있다. 예를 들어서, 불교에서는 고난의 사실을 비롯한 이 세상과 우리의 모든 것이 모두 다 "환"(幻, illusion)이라고 하지 않는가? 더구나 그 고난의 기원, 성질, 해결 방법 등에 대해서 고난받는 사람들은 각기 다른 생각을 하며, 각기 다른 해결책을 제시한다. 심지어 성경에 근거한 기독교 사상을 가진다는 사람들조차도 이 고난 문제에 대해 통일된 의견을 가지고 있지 않은 듯이 보인다. 모두가 같이 겪고 있는 고난에 대해서 왜 이와 같이 생각들이 다양할까? 그것은 고난이 현존하는 이 세상을 보는 눈과 시각이 다 다르기 때문이다. 이러한 상황 가운데서 성경에 근거하여 사고하며, 모든 문제를 바라보려고 하는 그리스도인들은 고난에 대해서도 자신들이 깨달은 자신들 나름의 성경적 이해를 제시하고, 서로의 고난관(苦難觀)을 가지고 깊이 대화하여 어떤 의견이 좀 더 성경의 가르침과 일치하거나, 가깝게 가는 것인지를 논의하기 시작해야만 할 것이다. 이 글은 그런 대화를 위한 한 시론(試論)으로 쓰여졌다.

Ⅰ. 고난의 기원

성경은 하나님께서 고난을 창조하신 것이 아님을 분명히 한다. 하나님께서 이 세상을 창조하셨을 때 이 피조계에는 고난과 고통이 없었다. 이전에 막연히 생각한 것과는 달리, 우리가 정확히 사태를 알 수는 없지만 에덴 동산에서 잉태와 출산이 있었다면 그것은 고통이 없는 출산이었을 것이라는 생각을 강하게 하게 된다. 구약을 전문적으로 연구하는 이들 가운데서 타락 이전의 출산에 고통이 있었을는지에 대해서 명확하게 언급한 이들은 드물다. 대부분의 학자들은 그저 잉태와 출산에 따른 고통도 죄 때문에 온 것이라고 언급할 뿐이다. 예를 든다면, 고오든 웬함은 "그녀의 심판의 첫 부분은 어머니 됨에 고통이 동반되리라는 것이다"라고 간단히 언급하고 지나갈 뿐이다.[1] 그런데 이 문제에 대해서 좀 더

---

[1] Gordon J. Wenham, *Word Biblical Commentary,* vol. 1: *Genesis 1-15* (Waco, Texas: Word, 1987), 81.

관심을 가지고 언급하는 이들이 몇몇 사람이 있기는 하다. 예를 들어서, 칼빈은 다른 해석의 여지를 남기면서도 이렇게 말한다. "여인이 (창조 받은) 원 상태에 머물러 있었더라면 고통 없이 자녀를 생산을 하였으리라는 것은 신뢰할 만하다. 아니면 적어도 그렇게 큰 고통은 받지 않았을 것이다. 그러나 하나님께 대한 그녀의 반항이 그녀를 이런 종류의 불편 아래 있게 한 것이다."[2] 델리취는 좀 더 명확하게 죄가 있는 상태에서 주어진 심판 중의 하나가 아이 낳는 일에 고통과 슬픔이 함께 하는 것이라고 말한다. "여인이 아이들을 낳으리라는 것은 하나님의 본래적인 의지였다. 그러나 이제부터 슬픔 가운데서, 즉 자신의 생명과 아이의 생명도 위협하는 고통을 가지고 아이를 낳으리라는 것은 심판이다."[3]

이 문제에 대해서 가장 명확하게 말하는 이는 다음과 같이 말하는 해롤드 스티거즈이다. "… 출산시의 고통이 타락의 결과이므로 온전한 상태에서의 출산에서는 고통이 덧붙여지지 않았으리라고 믿어진다… 죄는 몸의 약화를 가져왔고, 그 결과가 특히 여인의 경우에 있어서는 출산하는 데서 나타나고 있다."[4] 개역 성경에 있는 "고통을 크게 더한다"는 말의 영향 아래서, 이는 이미 있던 고통에 고통을 더하는 것을 표현하는 말이라고 강하게 주장하지 않는다면[5] 이런 해석을 무리하게 볼 필요는 없을 것이다. 그러므로 우리는 하나님 보시기에 심히 좋았던 이 세상에는 고난이나 고통이 없었다고 말할 수 있을 것이다.

고난은 인간의 죄와 더불어 인간을 찾아 왔다. 모든 문제가 그러하듯이, 고난도 공포와 더불어서 죄에 빠진 인간에게 임하여 온 것이다. 창세기 3장을 신화적으로 보는 이들은 인간의 고난의 기원에 대한 신화적 설명밖에 가질 수

---

[2] John Calvin, *Commentaries on the First Book of Moses Called Genesis,* translated by John King, vol. 1 (Edinburgh: Calvin Translation Society, 1847; Reprinted, Grand Rapids, MI.: Baker Book House, 1993), 172.

[3] C. F. Keil and F. Delitzsch, *Commentary on the Old Testament,* vol. 1: *The Pentateuch,* translated by James Martin (Reprinted; Grand Rapids, MI, Eerdmans, 1976), 103.

[4] Harold G. Stigers, *A Commentary on Genesis* (Grand Rapids, MI: Zondervan Publishing House, 1976), 80.

[5] 스킨너는 "(여기서 의도된 것은) 물론 그녀가 원래 종속되던 고통을 심화시키는 것이 아니다"라고 말하기도 한다(John Skinner, *A Critical and Exegetical Commentary on Genesis* [Edinburgh: T. & T. Clark, 1930], 82).

없다(그러므로 그들은 고난의 기원에 대해서 아주 명확한 근거를 제기하는 일에서 좀 더 어려움을 가지고 있음을 의식하고 그런 작업을 해주어야 할 부담을 가진다고 할 수 있다). 그러나 창세기 3장을 "역사적 기사"(historical narrative)의 한 부분으로 보는 사람들은 고난의 기원에 대한 역사적 설명을 가질 수 있다. 우리는 이 창세기 3장에 기록된 하나님의 낯을 피하여 동산 나무 사이에 숨는 그 모습과 그 아내를 비난하는 그 모습 속에 일종의 심리적 고난을 볼 수 있다면, 수고하고 자식을 낳아야 하는 여인의 고난에 대한 언급과 저주받은 땅과 관련하여 종신토록 수고해야만 하고 "얼굴에 땀이 흘러야 식물을 먹을 수 있는" 남자의 고난에 대한 선언에서 물리적 고난의 시작을 찾아 볼 수 있다. 또한 이 저주들 속에는 남자와 여자의 세력 다툼으로 인한 고난에 대한 시사가 있고(16절), 고난의 극치 중 하나인 죽음에 대한 선언도 있다(19절).

결국 죄 때문에 이 모든 고난과 소위 "고난의 구조"(structure of suffering)가 이 세상에 도입된 것이다. 이후로부터 모든 사람이 고난과 "고난의 구조"에 노출되었다. 이 고난과 "고난의 구조"는 이 세상이 창조될 때는 없던 것이 죄와 더불어서 이 세상에 도입된 것이다. 죄로 인한 참상 가운데 있는 인간은 고난받는 인간이며, "고난의 구조" 아래 있는 인간이다.

II. 고난의 성질

그런데 죄로 인해 인간에게 찾아 온 고난은 단순한 것이 아니다. 죄가 복잡하며, 복합적이듯이, 고난도 **복잡하며 복합적이다.** 하나의 고난만을 받는다는 것도 없으며, 단순히 고난받는다는 것도 없다. 고난은 복잡한 것이다. 고난이 죄 때문에 왔다는 위의 명제를 단순하게 생각하면, 어떤 한 가지 죄를 지었으면 그에 상응하는 고난을 받는 것으로 생각하기 쉽지만, 고난 아래 있는 이 세상과 인간들에게는 이런 단순한 현실은 없다. 단순한 사고(思考)에 의하면, 죄 많은 사람은 이 세상에서 많은 고난을 당하고, 죄가 덜한 사람은 이 세상에서 덜한 고난을 받는다고 생각하기 쉽지만 그렇게 되지 않는다. 이는 이 세상을 사는 거의 모든 사람들이 조금만 깊이 생각하면 목도하는 현실이다. 조금만이라도 깊이 생각하는 이들은 이런 사실 앞에서 실족할 뻔도 한다. 우리를 대표해서 시인은 이렇게 말한다:

> 내가 악인의 형통함을 보고 거만한 자를 질시하였음이로다.
> 저희는 죽을 때에도 고통이 없고 그 힘이 건강하며,
> 타인과 같은 고통이 없고, 타인과 같은 재앙도 없나니,
> 그러므로 교만이 저희 목걸이요, 강포가 저희의 입는 옷이며,
> 살짐으로 저희 눈이 솟아나며,
> 저희 소득은 마음의 소원보다 지나며,
> 저희는 능욕하며, 악하게 압제하여 말하며, 거만히 말하며,
> 저희 입은 하늘에 두고, 저희 혀는 땅에 두루 다니는도다.
> … 볼찌어다, 이들은 악인이라 항상 평안하고 재물은 더하도다.
>
> (시편 73:3-9, 11)

이런 현실 앞에서 사람들은 심리적 고난을 더 받는다. 위에 언급된 악인의 모습과는 정반대로 좀 더 깨끗하고 바르고 선하게 살아 보려고 하는 이들이 "종일 재앙을 당하며, 아침마다 징책을 보므로"(14절), 그들은 이제 절망하고 냉소주의에 빠져서 "내가 내 마음을 정히 하며, 내 손을 씻어 무죄하다한 것이 실로 헛되도다"고 말하며(13절), 심지어는 더 나아가서 하나님을 비웃기까지 한다. "하나님이 어찌 알랴, 지극히 높은 자에게 지식이 있으랴?"(11절). 그리고 이를 생각하면 생각할수록 더욱 더 고난스럽다: "내가 어찌하면 이를 알까 하여 생각한즉 내게 심히 곤란하더니"(16절).

물론 이런 실족의 정황 가운데서 하나님은 적당한 때에 깨우침을 주신다. 시인은 "성소에 들어갈 때에 저희의 결국을" 깨닫는다(17절). 그래서 이렇게 고백한다: "주께서 참으로 저희를 미끄러운 곳에 두시며, 파멸에 던지시니, 저희가 어찌 그리 졸지에 황폐되었는가? 놀람으로 전멸하였나이다"(18-19절). 그는 "주를 멀리하는 자는 다 망하리니, 음녀같이 주를 떠난 자를 주께서 다 멸하셨다"는 것을 깨달았다(27절). 그러나 그런 일에 대한 확인은 그의 일생이 끝난 경우에야 올 수도 있다. 이 세상에 사는 한 사람이 당하는 고난은 단순하게 임하는 것이

아니기 때문이다.

따라서 이 세상에서 우리가 당하는 고난은 **애매성(ambiguity)**을 가진다. 어떤 경우에는 무죄한 사람이 애매하게 고난을 당하는 경우가 있다. 그리스도께서 이 세상에서 당하신 고난이 가장 대표적인 경우이다. 또한 인간의 죄 때문에 함께 고난 당하며 신음하는 피조계의 고난도 그런 애매한 고난의 한 부분이다(롬 8:19-22 참조). 대부분 우리들은 특정한 죄 때문에 보다는 우리가 죄 많은 세상, 타락 이후로 "고난의 구조"를 가지고 있는 이 세상에 살고 있기 때문에 고난을 당하는 경우가 많다.

그러므로 우리는 인간의 고난과 이 세상의 "고난의 구조"는 죄 때문에 있게 된 것임을 인정하면서도, 우리 자신을 비롯해서 어떤 이들이 고난을 당하고 고통 가운데에 있을 때에 그것이 어떤 특정한 죄 때문에 발생된 것이라고 **지나치게 개인주의적이며 기계적인 적용을 해서는 안 된다.** 사람들은 원래 그렇게 생각하기 쉽고, 예수님 당시에 유대인들도 일반적으로 그런 태도를 가지고 있었는데, 이런 태도를 우리 주님께서 수정해 주셨다.

한 번은 빌라도가 어떤 갈릴리 사람들의 피를 저희 제물에 섞은 일과 관련해서 주님께서는 이와 같이 말씀하셨다: "너희는 이 갈릴리 사람들이 이같이 해 받음으로써 모든 갈릴리 사람보다 죄가 더 있는 줄 아느냐?"(눅 13:2) 이는 결국 "아니라"는 대답을 기대하는 질문이다. 즉, 우리들 모두가 다 죄인임을 선언하시는 말씀이다. 또한 "실로암에서 망대가 무너져 치어 죽은 열 여덟 사람이 예루살렘에 거한 모든 사람보다 죄가 더 있는 줄로 아느냐?"(눅 13:4)는 질문도 "아니라"라는 대답을 이끌어 내는 질문이다. 때때로 이 두 질문 뒤에 나오는 "너희도 만일 회개치 아니하면 다 이와 같이 망하리라"는 말씀(눅 13:3, 5)으로부터 이는 결국 이 때 죽은 사람들이 죄 때문에 죽었음을 인정하시는 말씀이 아니냐고 교묘한 질문을 하는 사람들이 있으나, 이는 결코 이 본문에 대한 바른 이해에 근거한 추론은 아니다. 예수님께서는 당시에 발생한 가장 가공(可恐)할 만한 사건을 언급하시면서, 그 일에서 죽은 사람들이 어떤 특정한 죄 때문에 죽은 것이 아니라고 명백히 선언하시는 것일 뿐이다.

　　마치 우리들의 경우에 삼풍 백화점 붕괴 사고나 성수대교가 무너질 때 죽게 된 사람들에 대해서 그들이 어떤 특정한 죄 때문에 죽고 고난을 당했다고 할 수 없는 것과 같은 것이다. 여기에 우리가 "고난의 구조"라고 부른 것에 대한 인식이 나타나 있기도 하다. 이 두 사건 모두 사람들이 제대로 건축하지 않고, 제대로 관리하지 않아서 (즉, 죄 때문에) 발생한 일이지만, 이 사건들 속에서 죽은 사람들이 다른 사람들보다 더 죄가 많아서 죽었다고 생각할 수 없다는 말이다. 그들은 그저 죄 때문에 이 세상에 있게 된 죄악의 구조, 고난의 구조 때문에 죽게 되었기 때문이다.

　　특정한 죄 때문에 고난을 당한다고 생각하는 이들의 생각을 가장 자극하는 경우가 날 때부터 소경된 사람의 경우였다(요 9:1-41). 어떤 이가 살면서 소경이 되었으면 그 사람이 어떤 죄를 범해서 그렇게 소경이 되었다고 생각하던 유대인들은 날 때부터 소경된 사람의 경우에 대해서 더 많은 생각을 하게 되었다. "과연 이 사람이 소경된 것은 장차 이 사람이 죄를 범하리라는 것을 미리 보시고 그런 고난 가운데 태어나도록 하신 것인가, 아니면 그 부모의 죄 때문인가?"하고 말이다. 그래서, 유대인들의 이런 **지나치게 개인주의적이고 기계적인 인과응보식 사고 방식**에서 아직 벗어나지 못하던 제자들은 이렇게 물었다: "랍비여, 이 사람이 소경으로 난 것이 뉘 죄로 인함이오니이까? 자기오니이까? 그 부모이오니까?"(요 9:2) 이에 대한 예수님의 대답은 제자들의 이런 개인주의적이고 기계적인 인과응보식 사고 방식을 다 파괴하는 것이었다: "이 사람이나 그 부모가 죄를 범한 것이 아니라, 그에게서 하나님의 하시는 일을 나타내고자 하심이니라"(3절). (좀 대인논박식으로 말하자면) 이 대답 앞에서도 자신들의 지나치게 기계적인 인과응보적 사고방식을 버리려고 하지 않는 이들은 참으로 마음이 강퍅한 이들이라고 할 수 있다.

　　그러므로 우리는 인간의 고난 앞에서 단순하고 기계적인 생각을 해서는 안 된다. 인간의 고난 자체가 그렇게 복잡하고 애매한 성격을 지닌 것이기 때문이다. 고난과 "고난의 구조"는 죄 때문에 왔으나, 우리는 단순하게 기계적으로 고난에 들어가는 것이 아니고 복잡한 고난의 구조 아래서 신음하는 것이기 때문이다.

3. 고난의 극복과 해결

고난은 죄로 말미암아 온 것이므로 결국 사람으로 말미암아 은 것이다. 그러나, 아니 바로 그렇기 때문에 이 고난으로부터의 해방과 자유가 궁극적으로 사람의 힘으로는 주어질 수 없다. 물론 사람이 고난을 어느 정도 완화시키고, 줄이고, 경감시킬 수는 있다. 우리가 아플 때 의사 선생님들과 간호사 선생님들의 손길을 통해서 이것을 경험할 수 있듯이 말이다. 또 좋은 상담자와 나눈 몇 마디의 대화는 우리의 마음의 상처를 얼마나 잘 아물게 하며, 마음의 극한 고통을 얼마나 완화시켜 주는가? 그러므로 우리 모두는 자신에게 대해서와 다른 이들에게 대해서 이런 좋은 치료자와 상담자 역할을 감당하려고 애써 노력해야만 한다. 그러나 일반 은총으로 말미암아 우리에게 허락된 이런 치료와 해결책은 그저 안정제(sedative)와 비슷할 뿐이다. 인간의 모든 노력과 활동은 고난 문제에 대한 근본적 해결책이 못된다.

고난의 근본적 해결은 오직 하나님께로서만 온다. 그러므로 이 고난 문제의 해결을 위해서 새로운 십자가 신학이 시도하듯이 하나님을 고통 가운데 계신 분으로 생각하거나, 하나님의 본질을 고통과 고난으로 생각하는 것은[6] 참으로 무리한 생각이며, 결국 고난의 궁극적 해결의 희망을 앗아 갈 수도 있는 생각이라고 하지 않을 수 없다. 하나님 자신은 고난을 받으시지 않으시는 분이시다. 이는 우리가 희랍적인 신개념을 가지고 있어서 그렇게 주장하는 것이 아니고, 성경이 우리에게 제시하는 하나님의 모습이 고난에서 자유하신 "복되신" 분이기 때문이다. 그렇게 고난에서 자유로우신 성경의 하나님만이 우리의 고난의 문제를 해결하신다. 그 하나님은 창세 이전에 고난이 없는 기쁨과 온전한 교제 가운데 계셨고,

---

[6] Cf. Jürgen Moltmann, *The Crucified God*, trans R. A. Wilson and John Bowden (London: SCM Press, 1974), 255; *The Trinity and the Kingdom*, trans Margaret Kohl (London: SCM Press, 1981); E. Jüngel, *God as the Mystery of the World*, Translated by Darrell L Guder (Grand Rapids, MI.: Eerdmans, 1983), 373.

태초에 고난이 없는 세상을 창조하셨다. 그 하나님께서 종국적으로 이루실 하나님 나라의 극치 상태인 새 하늘과 새 땅도 모든 고난으로부터 자유로운 곳이다. 그 상태를 요한계시록은 다음과 같이 묘사해 주고 있다: "보라 하나님의 장막이 사람들과 함께 있으매 하나님이 저희와 함께 거하시리니, 저희는 하나님의 백성이 되고 하나님이 친히 저희와 함께 계셔서 모든 눈물을 그 눈에서 씻기시매 다시 사망이 없고 애통하는 것이나 곡하는 것이나 아픈 것이 다시 있지 아니하리니 처음 것들이 다 지나갔음이라"(계 21:3-4). 본질적으로 고난으로부터 자유로우신 복되신 하나님이 친히 함께 하시고 그가 친히 눈물을 씻기시며, 그가 위로하시기에 극치의 상태, 영광의 상태에는 고난이 없는 것이다.

그러나 이 영광의 상태는 아무 값을 치루지 않고 오게 된 것이 아니다. 이 영광을 가져다주시기 위해서 하나님께서는 먼저 인간의 죄악으로 말미암아 이 세상에 들어온 고난과 그 "고난의 구조"를 극복하셨던 것이다. 즉, 삼위일체 하나님께서는 당신님의 기쁘신 뜻에 의해서 자유롭게 인류를 죄악으로부터 구원하시기로 작정하셨고, 이 일을 위해 성자 하나님께서 성육신하시어 인간의 온전한 영혼과 몸을 취하시어 그 몸과 영혼으로 우리가 받아야 할 형벌로서의 고난을 다 받으셨다. 여기에 구속을 위한 성육신의 의미가 드러난다. 인성을 취하지 않으시면 고난을 당하실 수 없으시므로 구속을 위해 인성을 취하시어 그 인성으로 그리스도께서 특히 십자가에서 우리를 위한 고난을 당하신 것이다.

그러므로 그리스도 안에 있는 이들은 이제 형벌로서의 고난을 받지 않는다. 형벌로서의 고난은 그리스도께서 우리를 위해 다 담당하셨기 때문이다. 그러므로 우리가 진정으로 그리스도와 그의 십자가에서의 구속을 믿는다면 이제 우리는 더 이상 형벌로서의 고난과는 상관이 없다. 그의 십자가에서 하나님께서는 우리의 고난을 근본적으로 해결하셨다. 그러나 하나님께서는 역사적 과정을 무시하시는 분이 아니시다. 그래서 그리스도께서 "이미" 죄악과 고난을 영 단번에 극복하셨음에도 불구하고, 이 세상에는 아직도 죄악과 고난이 남아 있다. 그리스도 안에서 하나님 나라, 즉 천국이 이미 이 세상 안으로 임하여 와서(마 12:28) 그리스도 안에서 이미 새 것이 되었고 새로운 피조계가 존재함에도(고후 5:17) 불구하고,

아직 그 나라의 극치는 오지 않았기 때문이다. 그 "아직 아니"의 성격으로 말미암아 이 땅에는 아직도 고난이 있다. 이 세상과 비그리스도인, 그리고 피조계 전체가 여전히 고난하며 신음하지 않을 수 없다. 형벌로서의 고난이 그리스도로 말미암아 제거된 그리스도인들에게도 그가 이 세상에 있는 한 고난이 있다. 그리스도인에게 있어서의 고난의 의미가 무엇인지를 좀 더 생각해 보기로 하자.

4. 그리스도인의 고난과 그 의미

첫째로, 이미 하나님 나라 안에 있는 그리스도인들도 그들이 이 세상에 있는 한 이 세상의 "고난의 구조" 밖에서 사는 것이 아니므로 비그리스도인들과 같은 고난을 당한다. 이를 **그리스도인의 수동적 고난(passive suffering of the Christian)**이라고 할 수 있을 것이다. 즉, 그들도 이 세상에 있는 한 병에 걸릴 수도 있고, 그 병 때문에 큰 고통을 당할 수도 있으며, 그로 인해 죽을 수도 있다. 또 이 세상에서 빈발하는 자연적 재해의 희생물이 되어 큰 고통과 상실을 경험할 수도 있다. 또한 사람들이 잘못해서 일으키는 재해[소위 "人災"]의 희생물이 될 수도 있는 것이다(예를 들어서, 일제하에서처럼 나라 잃은 백성으로서의 고통을 당할 수 있고, 6.25 전쟁으로 큰 고난을 당할 수 있으며, 군사 독재 정권 하에서 인권을 유린당할 수도 있고, 소위 "I.M.F. 사태"의 희생물이 되어 도산하거나 실직할 수도 있다). 그리고 그리스도인들도 물리적인 죽음을 경험한다. 그러므로 이런 고난은 특별히 기독교적인 고난은 아니다. 그저 이 세상에 사는 모든 다른 사람들이 당하는 고난을 같이 당하는 것이다.

또 이와 비슷한 고난의 하나로 그리스도인 자신이 잘못해서 어려움을 당하는 경우가 있다. 예를 들어서, 본인들이 잘못해서 인간 관계를 해치거나 서로 불화하여 자신들과 교회 안에 많은 사람들에게 고난을 안겨줄 수 있다. 이런 것은 자신들이 행한 잘못의 자연스러운 열매를 거두는 것이다.

이 두 가지 경우에 있어서는 그 고난의 발생에 있어서는 기독교적 성격을 드러낼 수 없다. 그러나 이런 모든 사람에게 공통된 고난에 대해서도 그리스도인은 그 고난에 대처하는 방식과 고난에 임하는 태도에 있어서, 즉 고난을 수용하는 데서 기독교적인 성격을 드러낼 수 있다. 다 같이 당하는 고난이지만 그리스도인답게 그 고난을 대처하는 데서 그것도 기독교적 고난이 될 수 있다. 여기서 하나님의 역사를 주관하심과 그의 섭리를 믿는 믿음이 작용하여 그리스도인을 구별되게 만든다.

예를 들어서, 비그리스도인도 죽고, 그리스도인들도 죽는다. 그러나 그리스도인은 그리스도의 대속적 죽음을 믿으므로 자신의 죽음이 죄에 대한 형벌이라고 생각해서는 안 되고 오히려 자신의 영혼을 온전히 성화시키는 수단이라고 믿고 그렇게 죽음을 맞는 것이다. 여기에 같은 고난을 수납하는 데서 나타나는 그리스도인의 구별됨이 나타난다. 죽음만이 아니라, 이 세상의 모든 고난에 대해서 그리스도인은 이런 태도를 유지해야 한다. 그래서 야고보는 말한다. "내 형제들아 너희가 여러 가지 시험을 만나거든 온전히 기쁘게 여기라. … 이는 너희로 온전하고 구비하여 조금도 부족함이 없게 하려 함이니라"(약 1:2, 4). 심지어 잘못에서 온 고난에 대해서도 그리스도인답게 처리함으로써 아름다움과 선을 드러낼 수 있다. 그리스도인의 그리스도적 품성은 좋을 때뿐만이 아니라, 고난의 때에도 나타나야 한다. 우리가 고난에 처해 있을 때에도 우리의 얼굴과 태도와 행동과 처신을 바라보는 사람들이 "사랑과 희락과 화평과 오래 참음과 자비와 양선과 충성과 온유와 절제"가 조화된 성령의 온전한 한 열매를 찾아볼 수 있어야 한다.

그러나 성경이 좀 더 강조하는 그리스도인의 고난은 이런 수동적인 고난이 아니고, 좀 더 적극적인 고난이다. 이를 **그리스도인의 능동적 고난(active suffering of the Christian)**이라고 할 수 있다. 이는 이 세상 사람들이 다 당하는 고난을 기독교적인 방식으로 받는 것 정도가 아니고, 자신이 그리스도인임을 분명히 천명하고, 그리스도인 됨에 있어서 양보와 절충을 하려 하지 않고, 오히려 좀 더 적극적으로 나아가서 다른 사람에게도 복음을 믿고 그리스도인이 되는 것이 필수적이라는 것을 강조하며, 모든 것을 쳐서 그리스도에게 복종케 하려는 노력의 과정에서 당하는 고난을 뜻한다. 이것이야말로 기독교적인 고난이라고 할만

하다. 왜냐하면 이것은 그리스도인 됨을 포기하거나 양보하거나 절충하면 피할 수 있는 종류의 고난이기 때문이다. 그러나 그리스도인은 그가 그리스도인인 한 이런 포기, 양보, 절충을 할 수 없다.

바울이 디모데에게 "복음과 함께 고난을 받으라"라고 말했을 때(딤후 1:8) 의도된 고난이 아마 이런 적극적인 기독교적 고난이었을 것이다. 그러나 이 적극적이고 능동적인 고난은 어떤 특별한 종류의 그리스도인들만이 받고, 그렇게 많이 고난받은 이들이 나중에 큰 상을 받는 것처럼 생각해서는 안 된다. 오히려 그리스도인들은 모두가 적극적으로 능동적으로 이런 고난에로 나아가야 한다. 예수를 믿으면 만사가 잘 되고 형통한다는 것을 강조하는 것으로부터 우리는 이제 성경을 따라서 "무릇 그리스도 예수 안에서 경건하게 살고자 하는 자는 핍박을 받으리라"(딤후 3:12)는 것을 강조해야 한다. 그리고 그리스도인들은 복음 사역을 위해 "괴로움에 함께 참여해야" 한다(빌 4:14).

여기서, 바울이 자신의 고난에 대해서 말한 바와 같이, 그리스도인의 고난이 "그리스도의 남은 고난을 그의 몸된 교회를 위하여 [자신의] 육체에 채우는 것"(골 1:24)이라는 의미의 상승이 발생한다. 물론 그리스도께서는 구속을 위해서 필요한 고난에 무엇인가를 남겨 놓으신 일이 없다. 그러므로 그리스도인의 고난이 구속 사역에 기여하는 것은 전혀 없다. 그러므로 여기서 말하는 남은 고난이란 구속을 위한 고난이 아니다. 오히려 그리스도께서 교회를 당신님의 신비한 몸으로 여기시며, 따라서 교회가 당하는 고난을 당신님 자신의 고난으로 여기시는 것을 표현해 주는 것이다. 그러므로 교회와 그리스도인이 당하는 이런 고난을 주님께서는 당신님 자신의 고난으로 여기시는 것이다.

이 시대에 우리가 강조해야 하는 것은 이런 "고난의 복음"(gospel of suffering)이다.7 예수 믿어서 영광스러워지고 덕보려고 하는 이들에게 우리는 참으로 예수 믿는 것은 고난받으신 그리스도의 뒤를 따라서 고난의 길로 나아가는 것이라는 것을 선포해야만 한다. 우리의 주님께서 고난의 생애를 사셨는데 우리는 그

---

7 Cf. S. Kierkegaard, *Gospel of Suffering*, trans. A. S. Aldworth and W. S. Ferrie (London: James Clarks, 1955); *idem*, *Training in Christianity*, trans. Walter Lowrie (Princeton: Princeton University Press, 1944).

주님을 찬양만 하고 있어서는 안 된다. 따라서 주님을 바로 알고 참으로 그를 믿는 이들은 그를 높이고 찬양만 할 것이 아니라, 그의 뒤를 따라 가는 일도 해야 한다.

그러므로 이 땅 위에 있는 참된 교회는 항상 "전투하는 교회"(church militant)였지, 결코 승리의 교회(church triumphant)가 아니었고, 또 그럴 수도 없다. 천상의 교회만이 승리한 교회라고 했던 교부들과 개혁자들의 말은 성경의 가르침을 잘 반영한 참된 말이다. 따라서 그 전투하는 교회 안에 있는 그리스도인들도 끊임없이 그리스도의 뜻의 구현을 위해 싸워 나가며, 그 과정 가운데서 고난의 길로 나아가야만 한다. 하나님과 그리스도를 사랑하기에 그의 뜻을 따라서 이웃을 사랑하며, 이웃을 사랑하기에 그들을 위해서 자신의 불편과 고통을 감수하는 곳에 이런 적극적이고 능동적인 기독교적 고난이 있다. 이 고난은 사랑에 근거한 고난이다. 그리스도인들은 고난 자체를 위해서 고난에로 나아가는 고행주의자들이나, 영적 masochist들이 아니다. 하나님과 그리스도의 영광과 뜻의 구현을 위해서 이웃을 위해 기꺼이(willingly) 자신들을 내어놓고, 자신들을 다 허비하는 그 고난의 길로 나아가야 한다. 자신을 희생하고, 자신을 버리는 그 사랑의 실천이 기독교적 존재 방식이다.

복음은 우리를 그런 실존이 되도록 부른다. 이것이 신약 성경이 말하고, 우리 시대도 절실히 필요로 하는 "고난의 복음"이다. 이 고난의 복음에 대한 이 시대의 우리네 교회와 그리스도인들의 반응은 과연 무엇일까?

5
성령의 인도하심과 성도의 삶*

오늘날 한국 교회에는 이상스러우리만치 성령에 대한 오해가 많은 것 같다. 이런 현상은 과연 어떤 이유에 기인하는 것일까? 성령에 대한 바른 가르침이 없어서일까? 어쩌면 상당히 많은 이유는 그런 현실 가운데서 찾아야 할 것 같다. 한국 교회만큼 성령에 대한 언급이 많은 교회에서 성령에 대한 바른 가르침이 적다는 것은 좀 반어적(反語的)인 상황이 아닐 수 없다. 심지어 어떤 이들은 성령에 대해서 신학에서 정리가 아직 되지 않았기에 어려움에 빠진다는 말도 한다. 그런 말을 들을 때마다 전통적인 개혁 신학에서 비교적 성경에 충실하게 성령에 대해 말해 왔던 것을 어디에 제쳐두고 그렇게 말하는 것일까 하는 의혹을 갖게 된다.[1] 아마도 전통적 신학에서 말하는 바를 전혀 무시하고 있든가, 아니면

---

* 이 글은 「월간목회」와 「총신대보」 제223호 (1998년 12월 7일호): 2-3에 발표되었던 논문이다.

[1] 개혁신학 내에서의 성령에 대한 잘된 정리로는 다음을 들 수 있다. 무엇보다도 Abraham Kuyper, *The Works of the Holy Spirit,* translated by Henri de Vries (London: Punk & Wagnalls Company, 1900; reprinted, Grand Rapids: Eerdmans, 1979); John Owen, *The Holy Spirit: His Gifts and Power* (Grand Rapids: Kregel Publications, 1954; reprinted 1960, 1967, 1977, 1985); Edwin Palmer, *The Holy Spirit* (Philadelphia: The Presbyterian and Reformed Publishing Company, n.d.). 다행스럽게도 이 세 권의 고전적 성령론은 이미 우리말로 다 번역되어 있다. 특히 팔마의 『성령』은 최낙재 목사님에 의해서 아주 평이하게 옮겨져 있다(서울: 한국 개혁주의 신행협회, 1967; 2판, 1973; 3판, 1977).

그리고 이런 전통적 개혁주의 성령론과의 연관성 가운데 비교적 근자에 쓰여진 성령에 대한 좋은 이해로는 다음을 들 수 있다: John Stott, *The Baptism and Fullness of The Holy Spirit* (Leicester: InterVarsity Press, 1964); A. M. Stibbs and J. I. Packer, *The Spirit Within You* (London: Hodder and Stoughton, 1967; reprinted by Grand Rapids: Baker Book House, 1979); Richard B. Gaffin, Jr, *The Centrality of the Resurrection:*

그 제대로 된 정리에도 불구하고 그런 이해를 받아들인다는 것이 마음에 들지 않기 때문에 자기들 나름의 길을 가고 싶어서 그리하는 것일 것이다. 이 두 가지 모두가 심각한 문제를 가진 태도가 아닐 수 없다. 두 가지 태도 중 어떤 태도를 가지든지 일차적인 일은 과거의 신학적 전통 속에서 성령이 어떻게 이야기되었을지를 살피고, 일단은 그에 충실한 후에야 그런 이해가 성경의 진술과 사상에 맞지 않으면 그에 대해서 적절한 수정과 보완을 해나가야 할 것이다. 일차적으로 우리의 종교적 경험으로부터 출발해서 성경을 연관시키려는 태도와 방법의 문제점은 이미 많은 이들이 많이 지적한 이야기이다.

그러므로 이 글에서는 과거의 신학적 전통 가운데서 성령에 대해 진술된 기본적인 주장점들을 정리한 후에, 성령과 관련된 이야기 중에서 우리에게 가장 절실한 문제인 성령의 인도하심을 받아 나아간다는 것이 무엇인지를 생각해 보려고 한다.

I. 성령에 대한 논의에서 드러나야 할 기본적인 주장들

성령에 대한 말을 하든지, 글을 쓰든지, 그와 관련해서 어떤 작업을 할 때에 우리의 심중에 가장 먼저 떠올라야 하는 일종의 기본적인 전제들이 있을 수 있을까? 전통적 개혁 신학에서의 성령에 대한 논의의 가장 기본적인 주장 점들을 말한다면 아마도 다음과 같은 점들을 말할 수 있을 것이다.

A Study in Paul's Soteriology (Grand Rapids: Baker Book House, 1978), 66-74; idem, *Perspectives on Pentecost: New Testament Teaching on the Gifts of the Holy Spirit* (Phillipsburg: Presbyterian and Reformed Publishing Company, 1979); A. A. Hoekema, *Tongues and Spirit-Baptism: A Biblical and Theological Evaluation* (Reprinted; Grand Rapid: Baker, 1981); idem, *Saved by Grace* (Grand Rapids: Eerdmans, 1989), Chapter 3; James I. Packer, *Keep in Step with the Spirit* (Old Tappan, New Jersey: Fleming H. Revell Company, 1984); 그리고 고재수, 『성령으로의 세례와 신자의 체험』 (서울: 개혁주의 신행협회, 1989; 2판, 1991). 또한 Sinclair Ferguson, *The Holy Spirit* (IVP, 1996)을 말해야 할 것이다.

1-1. 성령은 신적 주체이시다.

가장 먼저 말해야 하는 점은 성령이 신적 주체이시라는 것일 것이다. 이는 일차적으로는 그가 삼위일체의 한 위이시며, 따라서 분명한 인격적 주체이심을 의미한다. 따라서 그는 언제나 그런 분으로 대우되셔야만 한다. 즉, 그는 언제나 주권적인 하나님이시다.

이 너무나도 자명한 말의 실천적 함의는 무엇일까? 무엇보다도 이는 그에 대한 논의나 그와의 관계에 있어서 성령께서 주체가 되셔야함을 시사해 준다.[2]

첫째로, 이는 우리의 성령에 대한 논의에 있어서 그 주체는 성령이셔야만 한다는 말이다. 우리가 논의를 한다고 해서 우리가 주체가 되어 우리가 그를 규정하고, 그를 좌지우지할 수 없다는 말이다(그렇다고 이는 논의를 하는 우리가 전혀 배제되고 성령만이 역사하여 우리는 일종의 무아지경의 말을 하는 것이라는 말도 아니다. 이에 대해서는 다음 네 번째 요점을 주의해서 읽어주기 바란다). 이렇게 성령이 주체가 되는 논의를 우리가 해나가는 일이 우리들의 바른 성령론일 수 있다. 여기에 신학의 신학으로서의 모습이 드러나게 된다.

둘째로, 그에 못지 않게 중요한 점으로, 아니 그보다 훨씬 중요한 점으로, 우리가 성령과 관련할 때에도 성령이 주체이심을 강조하지 않을 수 없다. 이는 우리가 성령께 무엇을 지시하거나 할 수 있는 관계가 아니라는 말이다. 성령과 우리의 관계는 성령이 주도권을 잡고서 관계해 나아가야 하는 관계이지, 우리가 원하는 것을 성령이 하도록 하는 그런 관계는 아니라는 말이다. 각종 은사를 주시는 분도 성령이시요, 이를 사용하시는 분도 성령이시다. 바울이 말하는 대로 "이 모든 일은 같은 한 성령이 행하사 그 뜻대로 각 사람에게 나눠주시느니라"(고전 12:11).

이는 성령과 관계된 일에 있어서 우리가 어떤 것을 요구하거나 명령할 수

---

[2] 이는 신학 자체의 특징이다. 이를 가장 강조해서 언급하고 있는 이는 게할더스 보스이다. 그의 『성경 신학』 (서울: 기독교 문서 선교회, 1985), 19f.을 보라. 그의 제자인 반틸(Cornelius Van Til)도 삼위일체 하나님이 신학의 주체이심을 강조한다. 그의 *Introduction to Systematic Theology* (Philadelphia: Presbyterian and Reformed, 1966)의 앞부분을 보라.

있지 않다는 말이다. 우리의 성령에 대한 관계는 그저 인도함을 받고, 순종하는 관계여야만 한다. 어떻게 하는 것이 그렇게 하는 것인가를 물을 때 다음의 두 가지 강조점으로 자연스럽게 나아갈 수 있을 것이다.

1-2. 성령은 자신의 사역과 모순을 일으키시는 방식으로 역사하지 않으신다.

성령께서는 그 스스로가 온전하신 인격이시요, 인격성의 원천이시므로, 참으로 인격적으로 사역하신다. 이러한 인격적 사역의 한 측면이 그의 사역하심에 내적 모순이 없으시다. 그는 결코 과거에 역사하신 것을 무시하고서 새로운 일을 하시지 않으신다. 즉, 그의 사역은 유기적 연관성을 가지고 있다. 한마디로 그는 구속 사역을 위해서 사역하신다. 따라서 그의 사역은 삼위일체의 다른 위격들인 성부나 성자의 사역들과 전혀 모순을 가지지 않는다. 즉, 그는 성부의 사역을 무시하거나, 성자의 사역을 저버리고서 사역하시는 일이 없다. 그는 성부의 사역에 기초해서, 성자의 사역을 적용하시기 위해 사역을 하신다. 성자께서는 성령의 임하심에 대해 말씀하시면서 "그가 내 영광을 나타내리니 내 것을 가지고 너희에게 알리겠음이니라"(요 16:15)고 하신 것이다. 또한 "보혜사 곧 아버지께서 내 이름으로 보내실 성령 그가 너희에게 모든 것을 가르치시고, 내가 너희에게 말한 모든 것을 생각나게 하시리라"(요 14:26)고 하셨다. 그러므로 이 삼위의 사역의 그 어떤 균열도 생각할 수 없다. 고대 교회의 교부들은 이런 이해를 삼위일체의 "밖으로의 사역은 나뉘어지지 않는다"(*opera ad extra sunt indivisa*)라고 표현하여 성령과 성부, 성자의 사역의 통일성과 내적 연관성을 잘 표현해 주었다. 이렇게 삼위일체의 다른 위격의 사역과 모순관계를 일으키지 않을 뿐만 아니라, 성령은 자신이 과거에 행하신 일과 모순되는 일을 일으키시지도 않으신다. 그가 과거에 행하신 일 가운데서 가장 중요한 일의 하나는 성경을 영감하시고, 이를 완성시키신 일이다. 여기서 다음 주장점이 나온다.

1-3. 성령은 성경을 사용하셔서 역사하신다.

성경을 우리에게 주신 신적 주체이신 성령은 이 성경을 무시하거나, 성경을 떠나서 역사하시는 법이 없다. 성경을 무시하는 것은 성령을 무시하는 것이기도 한다. 일단 성경을 완성시키신 성령은 늘 이 성경을 사용하셔서 역사하신다. 이는 성경과 상관 없이도 성령께서 역사하실 수 있다고 생각하는 이들과 성령을 성경 안에서만 역사하시는 분으로 생각하는 이들과는 다른 입장의 표현이다. 전통적으로는 개혁 신학에서 이런 이해를 발전시켜 왔으니, 이런 입장은 칼빈과 그를 따르던 개혁자들의 이른바 "말씀과 함께"(*cum verbo*)에서 잘 나타난다. 즉, 통상적인 경우에는 늘 "말씀과 함께, 말씀을 사용하셔서" 역사하신다는 말이다. 대부분의 우리의 경험은 이런 통상적인 경우에 해당하는 것이므로, 우리가 성령과 관계한다는 것은 말씀을 사용하시는 성령과 관계하는 것이 된다.

그렇다면 도대체 성령은 성경을 어떻게 사용하시는 것일까? 성경 말씀을 듣거나, 읽거나 할 때 그것을 깨닫게 하시고 우리의 삶에 적용하게 하시며, 그로부터 일종의 사상을 형성하게 하시어서 구체적인 삶의 정황 가운데서 잘 판단하여 하나님의 뜻을 깨닫고 나아가도록 하신다. 이런 성령의 사역은 우리가 성경을 읽고, 듣고, 공부하고, 암송할 때만이 아니라, 때때로 삶의 정황 가운데서 그렇게 배운 말씀을 생각나게 하시며, 그것을 깨닫게 하시고 적용을 찾을 수 있도록 하셔서 그 일을 하도록 하신다. 이는 다음의 강조점으로 우리를 자연스럽게 인도한다.

1-4. 성령은 우리를 인격적으로 대우하신다.

우리와 성령의 관계에 있어서 성령이 주체시라고 해서 성령이 우리를 압도해서 우리는 기계적으로 그에 의해서 움직여지는 것이 아니다. 성령은 신적 인격이시므로 가장 인격적이시다. 그가 인격성의 원형이시다. 따라서 우리와 관계하실 때에도 가장 인격적으로 관계하신다. 즉, 우리와의 관계성 가운데서 그의 지고한 인격성이 드러나며, 또한 우리를 참된 인격으로 대우하심이 드러난다.

그가 우리를 인격적으로 대우하신다는 것은 무엇을 뜻하는가? 이는 그가 우리를 창조하신 원리를 잘 드러내면서 우리와 관여하신다는 말이다. 그가 우리의 모든 기능을 만드셨으면, 그는 우리가 이 모든 기능을 다 사용해서 그와 관여하도록 하신다는 말이다. 우리는 전 인격을 다 해서 성령과 관여하는 것이다. 편의상 인격의 요소를 지, 정, 의로 말하던 19세기적 사유를 그대로 사용해서 표현한다면 우리는 지적인 기능, 정서적인 기능, 그리고 의지적인 기능을 다해서 성령과 관여해야 하는 것이다. 즉, 성령께서 가르쳐 주시는 바에 충실해서 성령과 관여하며, 그를 사랑하고, 깊이 신뢰하며, 그에 대해 기쁨을 가지고서 그와 관계해야 한다. 전통적으로는 이를 "구원에 이르는 신앙"(saving faith)이라고 표현하였거니와, 이런 구원신앙이 우리의 성령과의 관계에서도 발휘되어야만 한다. 따라서 성령과 관여하는 이는 무엇보다도 성령께서 성경에 가르치신 바 하나님의 어떠하심과 그의 사역에 대해 힘써 배워야만 한다. 그렇게 성령께서 성경에 주신 계시를 무시하는 사람은 성령 자체를 무시하는 사람이 되는 것이다. 또한 성령과 관여하는 사람은 자신의 지적인 기능을 잘 사용하여서 이미 배운 하나님의 말씀을 전체적으로 어떻게 체계화할 수 있는가에 신경 써야 한다. 이런 체계화는 구체적인 문제에 대한 말씀의 적용을 위한 좋은 준비가 되기 때문이다. 적용 자체도 성령께서 창조하실 때 주신 사유하는 기능을 다 사용해서 이루어야만 한다.

우리의 정서적 요소도 성령과 관여하는 데 사용된다. 성령과 관여하는 사람이 늘 슬프다거나, 다른 이들이 볼 때도 이상스러운 태도와 감정을 보인다거나 하지는 않을 것이다. 사도들도 항상 적극적인 정서적 반응이 성령과의 관여 가운데서 나오고 있음을 말하며 강조하고 있지 않은가? 그래서 성령과 관여하는 사람들은 항상 기뻐하고, 사랑과 희락과 화평과 온유와 자비가 넘치는 이들로 묘사된다(참조. 갈 5:22, 23; 롬 5:1-5 등). 물론 그 앞에 오는 성령의 뜻대로 하는 근심에서 오는 안타까움, 애통함, 미안해함 등의 요소가 있음도 무시해서는 안 된다 (참조. 고후 7:9-12). 요약하자면, 하나님을 경외함이라는 표현에 나오는 그런 두렵고 무서워하는 심정과, 또한 그 표현 가운데 있는 하나님을 신뢰하는 심정이 같이 있어야 하고 이것이 성령과의 관련 중에 있는 정서적 요소들이라고 할 수 있다.

그리고 성령과의 관여 가운데서는 그에 대해서 결단하고, 그의 뜻을 힘써서 이루려고 노력하는 의지적인 요소도 있다. 성령과의 관련 가운데 있는 사람은 상습적으로 죄를 짓는 사람일 수는 없다. 소위 은혜를 받은 사람, 즉 성령 충만을 받은 사람이 일상적인 생활 가운데서 다른 사람들을 무시하고, 욕하며, 다른 사람들에게 손해를 주는 일을 하며, 그것을 별로 문제되지 않는 것으로 여길 수는 없다. 따라서 그 열매가 아름답지 못한 사람들의 소위 성령 체험은 진정한 성령 체험이 아니라고 해야만 한다. "그의 열매로 그들을 알지니"(마 7:16)라고 하신 주님의 말씀은 거짓 선지자들에게만이 아니라, 성령 체험을 하였다고 하는 사람들에게도 적용될 수 있는 말일 것이다. (그렇다고 해서 소위 도덕적으로 좋은 생활을 한다는 것이 그들이 주장하는 성령 체험의 참됨을 보장해주는 것은 아니다. 이런 이들에게는 위해서 말한 세 가지 주장점이 적용되어야 한다. 즉, 그 가운데서 성령이 주체이신가?, 성경의 가르침과 모순된 것은 없는가?, 성령과의 관계 중에서 그의 전 인격이 사용되고 있는가?)

성령은 결국 우리도 인격적으로 만드신다. 그러므로 오랫동안 성령과의 교제를 하신 분들은 그 인격이 더 성화되어 있고, 성령의 온전하신 인격의 반영이라고 할 만하게 되어야 한다. 아담 안에서 상실되고 손상된 하나님의 형상, 그러나 그리스도의 구속에서 원리적으로 회복된 그 하나님의 형상의 현실적인 실현이 이런 성령과의 관계 가운데서 이루어진다. 원리상 신앙 생활을 오래 하면 반드시 이런 결과가 나오게끔 되어 있다. 원리적으로 그리스도 안에 있는 "이미"와 극치의 완성에 비추어본 "아직 아니"를 성령이 인도하셔서 극복하도록 하신다. 그러나 그렇지 못한 현실이 많은 것을 보면 우리의 신앙생활이 성령과 관계없이 이루어지는 일이 많음을 말해 주는 것이라고 생각된다. 그러므로 우리는 성령에 대한 말과 논의가 얼마나 많으냐 하는 데서 성령과의 관계성 여부의 시금석을 찾아서는 안 되고, 오히려 성령에 의해서 변화된 인격들에게서 그 시금석을 찾아야만 한다고 생각하게 된다.

II. 성령의 인도하심과 성도의 삶[3]

그러면 구체적으로 성령의 인도하심이라는 주제와 관련해서는 우리가 위에서 생각한 강조점들이 어떻게 적용될 수 있을까? 성령께서 인도하시고, 그리스도인은 그 인도하심을 따라 살아야 한다는 것은 재론할 여지가 없이 명백한 사실이다. 성경은 그리스도인의 삶을 성령의 인도하심을 받는 삶, 성령을 좇아 사는 삶으로 묘사하고 있다. 그리스도인이라고 하면서 성령을 따라 살지 않는 것은 어불성설이다. 예를 들어서, 바울은 말하기를 "무릇 하나님의 영으로 인도함을 받는 그들은 곧 하나님의 아들이라"(롬 8:14)고 하여서 하나님의 자녀는 성령의 인도함을 받은 이라고 하고 있다. 이처럼 성경의 묘사에 의하면 성도와 성령은 불가분리의 관계 가운데 있다. 그리스도 안에 있다는 표현이 더 많이 나오고 있지만, 이 "그리스도 안에"와 "성령을 좇아"와는 거의 동의어적이라고 해도 과언이 아니다. 이를 가장 잘 나타내주고 있는 문맥 중 하나는 로마서 8:1-17이라고 할 수 있다.

그러면 도대체 어떻게 하는 것이 성령의 인도하심을 받아 나아가는 것일까? 성경에 분명한 준칙이 발견되는 경우와 그렇지 않은 경우를 나누어서 생각해 보기로 하자.

2-1. 성경에서 하나님의 뜻이 분명하게 나타나 있는 경우

모든 그리스도인의 삶의 원리는 성경에서 찾아져야만 한다. 이런 점에서 성경은 우리의 삶의 준칙이요, 규범이다. 그러나 이는 성경이 바르게 해석되었을 때에야 비로소 그러한 역할을 하게 된다는 것을 잊어서는 안 된다. 성경을 바르지 않게 해석해 놓고서 그것이 하나님의 뜻이므로 우리는 그것에 순종해야만 한다고 하는 것은 성경을 파괴하는 일이다. 그러므로 우리는 무엇보다도 성경을 바로 해석하는 일을 힘써야 한다. 이 일을 위해서 성경을 해석하는 방법을 배우는

---

[3] 이에 대해서 가장 좋은 통찰을 주는 글로는 Palmer, 『성령』, 제 9장("성령과 인도하심")을 지적할 수 있다. 우리 학자가 쓴 글로는 김홍전, 『중생자의 생활』 (서울: 성약, 1985)과 그의 『목자와 양』 (서울: 성약, 1985)을 들 수 있다. 이하의 내용에서 나는 이 두 분에게 힘입은 바가 크다.

일도 귀한 도움을 줄 수 있다.

그리고 성경에 자명한 진술만이 우리에 대한 하나님의 뜻이 아니고, 그로부터 제대로 이끌어 낼 수 있는 교훈들도 성경에 나타난 하나님의 뜻이다. 이렇게 이해하기 위해서는 성경에 나타난 하나님의 경륜 전체에 대한 바른 이해를 가질 필요가 있다. 하나님께서 역사 전체를 통해서 무엇을 하시려고 하고, 그런 의미에서 인간들에게는 무엇을 요구하셨는지를 생각하면 지금 여기서 우리가 어떤 하나님의 말씀을 적용해야 하는지가 분명하게 될 수 있다.

예를 들어서, 어떤 젊은이가 앞으로 무엇을 해야 하는지를 고민한다고 해보자. 그가 그리스도인이라면 그는 자신에 대한 하나님의 뜻이 무엇인가하고 생각해야만 한다. 그런데 자신이 선택할 대안 중 하나는 자신에게는 막대한 경제적 유익이 돌아오지만 하나님의 유익과 이웃의 유익에는 전혀 보탬이 되는 것이 없고, 또 하나는 자신에게는 별로 경제적 유익이 없지만 하나님과 이웃을 잘 섬길 수 있는 일이라고 한다면, 이 경우에는 성경의 기본적인 원리에 따라서 후자를 선택하는 것이 하나님의 뜻을 따르는 것이며, 성령의 인도하심을 따르는 것이다.

좀 더 자명한 예를 들어보자. 그리스도인인 어떤 실업가가 있다. 그는 어떻게 사업을 수행해야 하는가 하고 고민할 것이다. 그 고민 중에 한 번은 유해물질을 흘려 보내면서 작업을 하면 경제적인 유익을 얻을 수 있는 상황 가운데서 어떻게 해야 하는가하고 고민을 한다고 해보자. '다른 사람들도 다 그렇게 하는데 … 이렇게 해서 돈을 좀 벌은 후에 조치를 하면 되지 않을까?' 심지어는 '이렇게 해서라도 돈을 벌고 하나님께 헌금하고 회개를 청하면 되지 않을까?' 등등의 별별 이상스러운 생각이 다 들 수 있다. 그러나 그가 그리스도인이고, 성령의 인도를 받기 원하는 사람이라면 성경의 원리에 따라서 '결코 그렇게 할 수 없다'는 것을 알 수 있게 될 것이다. 이처럼 성경에서 분명한 원리를 찾을 수 있는 경우는 사실상 하나님의 뜻이 무엇인지를 구별하기 쉽다. 성경의 원리가 있는데 그것을 무시하고서 성령께 별 다른 방법으로 우리를 인도해 달라고 하는 것은 성령을 모독하는 것이다.

이렇게 성경에 원리가 나와 있는 경우는 너무 자명한 경우인데도 너무나도 많은 이들이 실수하는 경우가 많으므로 두 가지 예를 더 들어보기로 하자. 한 자매가 두 사람 가운데 어떤 이와 혼인해야 하는가 고민하고 있다고 해보자. 두 사람 다 좋은데 한 분은 예수를 믿지 않는다. 그런데 그는 모든 외적인 조건을 잘 갖추고 있다. 가정이 좋고, 좋은 직장에 앞으로 부유한 삶이 보장되어 있는 듯이 보인다. 또 한 사람은 그 아버지를 일찍 여읜 사람이고, 성실하게 사는 그리스도인이나 앞으로 부유하게 살 수 있으리라고 생각되지 않는 경우이다. 이런 선택의 상황 가운데 있는 자매의 고민과 그 생각의 난감함을 충분히 동감적으로 바라 볼 수 있으나, 만일 그 자매가 그리스도인이고 하나님의 뜻을 따르기를 원하며, 성령의 인도하심을 받기를 원하신다면 "주 안에서"(고전 7:39) 혼인하라는 바울 사도의 교훈을 저버리는 결정을 할 수 없는 것이다. 그런데도 사실은 많은 이들이 하나님의 뜻이 아주 자명하게 성경 가운데서 제시되어 있는데도, 그것은 무시하고 이런 가운데서 어떻게 해야하는가 하고 고민하며, 기도한다고 하는 것을 많이 보게 된다. 이 얼마나 아이러니컬한 상황인가?

또 다른 예를 들어보자. 어떤 학생이 유학을 해야 하는 상황 가운데 있다. 모든 것이 다 잘 되어 있는데, 마지막 순간에 일종의 거짓말을 조금하면 그 유학을 갈 수 있고, 그 거짓말을 하지 않으면 그 유학을 할 수 없는 상황 가운데 있다고 해보자. 이런 경우에 그는 어떻게 해야 하는가? 그의 고민과 안타까움을 생각할 수는 있지만, 그가 성령의 인도하심을 받기를 원하는 사람이라면, 그는 "거짓증거하지 말라"는 성경의 말씀을(출 20:16 등) 무시할 수 없는 것이다.

그런데도 오늘 우리들은 이렇게 상당히 자명한 경우에도 성경에 가르치신 것은 무시하고서 마치 이런 가르침이 없는 듯이 고민하며, 이런 가르침과 상관없는 별다른 성령의 인도하심을 요구하는 경우가 있다. 그런 기도를 들으시는 성령의 마음은 어떠하실까? 도대체 성령이 자신이 성경을 통해 주신 하나님의 말씀을 무시하고서 다르게 그를 인도할 수 있다는 것일까? 어쩌면 이런 경우가 잠언서에서 말하는 "사람이 귀를 돌이키고 율법을 듣지 아니하면 그의 기도도 가증하니라"(잠 28:9)는 말씀에 해당되는 경우가 아닐까? 아마도 성령께서는 "너희는 왜 아직도 나를 이렇게 잘 모르느냐?'고 반문하시며 근심하실 것이다. 부디 이렇게 자명한 성경의 가르침에 대해서는 바른 판단을 하고 성경을 사용해서 우리를 인도하시는 성령님의 인도를 잘 받아 나아가는 우리가 되었으면 한다.

2-2. 두 가지 대안이 다 성경에서 가르치신 하나님의 뜻과 배치되지 않는 경우

그런데 사실상 우리를 당황하게 하고, 우리로 많은 생각을 하게 하며, 절실하게 성령의 인도하심을 간구하는 경우는 선택해야 하는 대안이 모두 성경에서 가르치는 하나님의 뜻에 배치되지 않는데 우리는 그 가운데서 어떻게 하는 것이 과연 하나님을 기쁘시게 하는 것인지를 잘 모르겠다는 경우이다. 이런 경우에야말로 성령의 인도하심에 대한 우리의 바른 이해가 필요한 경우이다. 이런 상황 가운데서는 성령과 우리의 관계의 성격을 잘 기억하는 것이 아주 필요하다. 우리는 위에서 (1) 성령이 신적 주체이시며, (2) 자신의 사역과 모순을 일으키지 않으시고, (3) 성경을 사용하셔서 우리를 인도하시며, (4) 우리를 인격적으로 대우하신다고 말한 바 있다. 따라서 우리의 성령과의 관계에서 이 네 가지 요점을 잘 드러내도록 해야 한다. 즉, 성령과 인격적으로 교제하는 가운데서 신적 주체이신 성령의 주도권을 인정해 드리고, 그가 성경에서 가르치시는 바 하나님의 경륜 전체 속에서 지금 이 상황 가운데서 성령의 인도하심을 받는 것은 기도하는 것이다. 그러므로 이런 상황 가운데서 성령의 인도하심을 믿는 것인 기도하는 과정 가운데서 진행된다. 모든 그리스도인들은 항상 기도해야 하고, 그 안에 계신 성령과 교제해야 하는데, 그 한 부분이 이런 양자가택(兩者可擇)의 경우에 하나님의 뜻이 무엇인지를 묻는 것이어야 한다.

이런 기도 중에서 성령은 어떻게 우리를 인도하시는가? 그가 하나님의 뜻은 어떻게 하는 것이라고 음성을 들려주시거나, 꿈을 꾸게 하시는가? 한국 교회의 많은 이들이 이런 것을 말하고, 그런 경험을 말해도, 성령의 인도는 그런 식으로 되는 것이 아님을 강력하게 말해야만 한다. 그 이유는 그가 이미 성경 계시를 종결하셨기 때문이다. 성경 계시가 종결된 후로는 하나님께서 음성을 들려주시거나, 꿈을 꾸게 하시는 특별 계시의 방도를 사용하지 아니하신다. 오늘날 이런 방도의 은혜의 수단이나 계시가 있다고 하는 이들은 성경을 종결하시며, 더 이상 새로운 특별 계시를 덧붙이지 아니하시는 성령을 무시하는 것이 된다. 그러므로 하나님의 음성을 구하거나, 꿈을 꾸어서 하나님의 뜻을 찾으려고 해서는 안 된다.

그렇다면 일종의 표적을 구하는 방식으로 하나님의 뜻을 찾을 수는 있는 것일까? 두 가지 다 하나님의 뜻에 반대되지 않는데 어떻게 해야 할지를 모를 때 일종의 제비 뽑기 식으로 "하나님 이러한 표적을 보여 주시면 그것이 나를 인도하시는 하나님의 뜻인 줄 알겠습니다"하고서 그런 표적을 기다리고, 그런 것이 나타나면 분명한 하나님의 뜻이 여기에 있는 것이라고 할 수 있을 것인가? 예를 들어서, 어떤 선교 지망생이 어떤 나라로 선교해야 하는지를 놓고서 고민하며 기도하는 중에 "육척 높이에 내가 갈 나라를 보여 주시면 그곳이 주님이 나를 부르는 곳인 줄 알겠습니다"라고 기도하고서는, 우연히 한 선교 대회장에서 육척 높이에 "인도"라고 글씨가 있는 것을 보고 이것이 주님이 나를 부르시는 표적이라고 할 수 있을 것인가? 그럴 수 없는 것이다. 성령은 우리를 그러한 방식으로 인도하시지 않으신다.

그렇다면 도대체 우리를 어떻게 인도하시는 것일까? 성령은 우리를 인격적으로 대우하신다고 하였다. 따라서 우리의 전 인격을 사용하셔서서 우리를 인도해 주신다. 따라서 성령의 인도하심을 받으려고 하는 사람들은 자신의 모든 인격적 기능을 사용하여서 그의 인도하심을 구해야 한다. 그러므로 먼저 자신의 모든 지적인 기능을 사용해서 선택 가능한 대안들이 과연 성경에 나타난 하나님의 뜻에 일치하는 것인지를 다시 한 번 점검하고, 그렇다고 하면, 그 둘 가운데서 하나님의 경륜 전체와 더 잘 부합되는 것인지를 찾고, 그 두 가지 대안에 관련된 모든 정보들을 가능한 한 빠짐없이 모아서 검토하여, 지금 현재의 상황 가운데서 과연 어떻게 하는 것이 하나님의 뜻을 가장 잘 구현하는 것인지를 기도하는 과정에서 찾아야 한다.[4]

그러나 이때에 정의적 기능도 중요한 역할을 해야 한다. 즉, 어떤 것을 하는 것이 마음에 기쁨과 평안을 가져다주는가 하는 것도 고려되어야 한다. 그러나 이것은 우리가 성화된 수준에 따라 달리 경험되기도 한다. 오랜 시간을 걸쳐서 하나님의 뜻을 잘 추구한 사람들에게는 하나님의 마음과 일치하는 일에 대한 기쁨이 더 잘 느껴질 수 있다. 그리고 이것이 지금 이 순간에 나를 향한 하나님의 뜻이라는 확신은 이런 정의적 요소와 밀접한 관계를 맺고 나타나게 된다. 물론 이런 확신은 성경 가운데 분명한 지침이 있는 경우들과는 달리 절대로 정확 무오한 것은 아니다. 그러나 우리가 하나님의 경륜 전체에 잘 주의하고, 성령께서 우리를 인도해 주시기를 기도하는 마음으로 나아가면, 그리고 우리를 성화시켜 주셔서 그 뜻을 잘 적용하게 해 주시기를 기원하면 우리가 잘못되지 않을 가능성 이 있다.

이렇게 우리의 인격 전체의 기능을 사용해서 하나님께서 우리를 인도해 나아가는 과정을 바울은 다음과 같이 묘사했다고 생각된다. "너희 안에서 행하시 는 이는 하나님이시니 자기의 기쁘신 뜻을 위하여 너희로 소원을 두고 행하게 하시나니"(빌 2:13). 이 구절을 우리가 마음속에 가진 육체적 소유욕을 정당화하는 방식으로 해석하고, 그런 식으로 이용해서는 안 된다. 즉, 우리 속에 있는 소원이 모두 다 하나님의 뜻이라는 식으로 여겨서는 안 된다. 일차적으로 우리의 소원하 는 바가 과연 하나님께서 원하시는 것인가 하고 비판적으로 검토할 필요가 있다. 인간이 얼마나 부패한 존재인가를 잘 아는 사람들은 더욱더 이 점에 신경을 쓰게 된다. 너무나도 많은 경우에 하나님의 뜻을 위한다고 하면서 자신의 유익을 구하는 것이 우리의 모습이기 때문이다. 따라서 하나님께서 이미 내신 계시의 말씀에 비추어서 하나님의 일반적이고 보편적인 경륜을 잘 깨닫는 일이 아주 필수적이다. 그리고는 이런 일반적인 경륜에 비추어서 지금 나의 마음속에서 이러저러한 방식으로 주님을 섬기어 나가려고 하는 것이 과연 정당화될 수 있는 지를 면밀히 생각해야 한다. 이런 성찰과 검토의 과정은 그리스도 안에서 성화되 어 가고 있는 사람다운 기도의 과정에서 이루어져야 한다. 만일 이런 심정으로

---

[4] 이에 대해서 좀 더 알기를 원하면 Palmer, 『성령』 121-23, 129를 자세히 읽어 보라.

주님의 뜻을 구한다면 그는 그의 심중에 오랜 기도와 성찰의 과정을 걸쳐서 이렇게 하는 것이 주님의 뜻이라고 여겨지는 것을 발견할 수 있을 것이다. 이때가 되면 그는 다시 그런 것이 과연 주님의 뜻인가 하고 물으며 하나님께서 인정해 주시기를 원하시는 기도를 하게 될 것이다. 이런 과정을 걸쳐서 주께서 그의 마음에 확신을 주시면 그는 발걸음을 옮겨 그 길로 나아가고, 또 그 상황 가운데서 주님은 어떻게 인도하시는지를 찾아야 하나님께서 힘을 공급하시는 과정이라고, 즉, 하나님께서 역사하시는(ἐνεργέω) 것이라고 할 수 있는 것이다.

이제 예를 들어서 이런 양자가택의 상황에서 성령의 인도를 받는 경우를 생각해 보자. 나의 친구 가운데 한 유능한 젊은이가 있었다. 대학을 졸업할 때가 되었을 때 그는 유학을 해서 기독교 철학을 하여 하나님을 섬기는 것이 좋겠다고 생각하고 있었다. 교수님들의 추천도 잘 이루어지고 유학하러 가야 할 모든 여건이 잘 성숙되었을 때, 그는 당시에 자신이 속하게 된 교회의 정황을 살피게 되었다. 오늘날과 같이 교회들이 무력해서 하나님 말씀의 본의(本意)에서 자꾸 이탈해 가면서 그 범위만 넓혀 가는 상황 가운데서 무엇보다도 중요한 것은 교회를 제대로 이루어가는 일임을 생각하게 되었다. 그의 마음속에는 둘 다 하나님의 말씀에 어긋나지 않고, 둘 다 하나님을 잘 섬기는 대안이 생겼다. 그는 이 둘을 놓고 과연 어떤 것이 자신을 향한 하나님의 뜻인가 하고 물으며 기도하기 시작하였다. 그에게 하나님의 음성을 들려주시거나, 꿈을 통해 지시하지 않았고, 그는 하나님의 말씀과 자신의 나라의 교회들의 상황을 살피면서, 이런 시대에는 무엇보다도 바른 하나님의 교회를 잘 이루기 위해 교인으로서 역할을 충실히 해가고 하나님의 말씀을 잘 받아 나아가는 것이 중요한 것이라는 판단을 갖게 되었다. 그가 이런 결론에 이르기까지 얼마나 그의 전 지성과 감정과 의지를 들어서 고민하고 하나님의 뜻을 구하였겠는가? 그 결과로 그는 자신이 속한 교회의 충실한 회원이 되어서 온 교우들과 함께 교회의 바른 모습을 잘 드러내며, 성숙한 의식을 다른 이들에게도 열심히 전달하는 삶을 살았다.

또 다른 예를 들어보자. 어떤 목사님이 하나님의 은혜로 공부를 많이 할 수 있는 혜택을 누리게 되었다. 해외에서 연구를 하고, 학위를 하고, 이제 어떻게 하는 것이 주님을 가장 잘 섬길 수 있는 길인가를 기도할 때가 되었다. 여러 가지 상황 때문에 그를 초빙하는 교회도 학교도 없는 그가 귀국을 할 것인가, 아니면 당시 자신을 청빙하고서 몇 년간만 목회를 해 주기를 원하는 어떤 현지의 교회의 청빙을 수락할 것인가를 놓고 기도한다고 해보자. 객관적인 여건으로는 이 두 가지 대안 모두가 잘못된 것이 없고 선택 가능한 여건이었다 (즉, 그 둘 다 약속을 어기거나 법을 저촉하는 일이 아니었다). 이런 대안을 놓고서는 성령을 무시하지 않는다면, 될 대로 되라고 한다던가, 어떻게 해보다가 하나가 안 되면 다른 것을 취한다든가 하는 태도를 가질 수 없을 것이다. 그가 참된 그리스도인이 라면 그는 이런 양자가택의 상황에서도 성령은 자신을 어디로 인도하시는가 하고 물어야 할 것이고, 이때 그는 그의 전 인격을 동원할 것이다. 전 지성을 다 동원해서 하나님의 경륜 전체와 자신을 지금까지 공부하게 하신 하나님의 뜻의 관계를 묻고, 이 두 가지 대안에 관련된 모든 요인들을 다 검토할 것이다. 그런 과정을 통해서 그는 자신에 대한 그 상황에서의 성령의 뜻을 발견해 자신의 발걸음을 옮겨야 한다. 그리고 그가 성령을 의지하고 이런 과정을 밟으며, 그 과정에서 성령이 그의 지성과 감성을 잘 사용해 주시고, 오류에서 벗어나도록 기도하면, 그가 잘못된 판단에 이르지 않으리라고 믿을 수 있는 것이다.

성령이 우리를 인도하시는 일은 이처럼 신비한 일이기는 하지만, 결코 기괴한 일은 아니다. 그리고 우리의 삶은 전체적으로 이렇게 성령의 인도하심을 받아 나아가는 과정이 되어야만 한다. 그러므로 그리스도인은 늘 성령께 민감한 삶을 살아야 한다. 그것은 성경에 주신 하나님의 계시를 통해서 하나님의 경륜 전체를 발견하고, 그 경륜에 비추어 자신의 사상 전체를 세우는 과정이며, 그런 세계관과 성경적 사상에 비추어 자신의 구체적인 문제를 성령과 교제 가운데서 해결해 가는 삶의 과정이다.

    부디 우리들 가운데 성숙한 그리스도인들이 이렇게 자연스럽게 성령의 인도 하심을 받아 나아가는 삶의 예들을 많이 드러내 주었으면 한다. 그런 구체적인 예들이 위에서 말한 어떤 진술보다도 더 강력하게 성령의 인도하심의 실재(實在)

를 말해 줄 수 있기 때문이다.

다시 한 번 강조하지만 전통적 개혁 신학에서는 성령에 대한 구체적인 가르침이 결여되어 있지 않았다. 오히려 그런 가르침에 따라 사는 삶의 구체적인 실례들이 우리 주변에 적었다. 이것이 많은 이들을 방황하게 하고 이상하고 기괴한 성령 체험에로 나아가게 하였다면, 가장 시급한 일은 이런 전통적 성령 이해에 충실한 신령한 자의 삶을 구체적으로 살아나가는 일이라고 여겨진다. 물론 이에 대한 학술적 검토도 계속되어서 성경의 가르침을 살피고, 잘 가르치고 하는 일도 병행되어야 하지만 말이다.

제2부

과거의 신학적 전통들과 대화하는 개혁신학

6
'중세적 종합'을 이룬
'천사 박사' 토마스 아퀴나스에 대한 한 고찰

교회 전체와 관련하여서 중요한 역할을 감당한 이들을 "교회의 선생님들"(*doctor ecciesiae*)이라는 의미에서 박사의 칭호를 붙이는 일이 있다. 그 중에서 토마스 아퀴나스(Thomas Aquinas, 1225-1274)는 그의 온유한 성격 탓인지 천사 박사(*Doctor Angellicus*)라는 별명을 가지고 있다. 이 아퀴나스는 중세 스콜라 신학의 완성자라고 여겨지고 있다. 그러므로 그에게서 중세 스콜라 신학의 거의 모든 특징을 찾아 볼 수 있다고 하여도 과언은 아니다. 그런 의미에서 그는 고전적 로마 가톨릭 사상의 대변자라고 할 수 있다(그러므로 어떤 의미에서는 고전적 가톨릭 사상을 자신의 사상으로 가지고 있는 분들이 그를 가장 잘 이해할 수 있다고 할 만하다).

Ⅰ. 위대한 종합을 이룩한 아퀴나스

아퀴나스가 종합을 이루었다는 것은 다음 두 가지 의미에서 생각할 수 있다. 그 하나는 그가 신학 또는 기독교 사상의 거의 모든 문제를 자세히 거의 다 다루었다는 의미에서 우리는 그를 위대한 종합자라고 할 수 있다. 그의 주저

『신학대전』(*Summa Theologica*)과 『이방인 대전』(*Summa Contra Gentiles*)에서 그는 그야말로 모든 신학적인 문제를 성경적 근거로부터, 고대 교부들의 사상, 그리고 당대 스콜라 신학자들의 사상을 망라하여 제시하고 나름대로의 결론을 내리고 있다. 그러므로 그의 책들을 자세히 보면 당대까지의 신학을 전반적으로 정리할 수 있다.

그러나 일반적으로 아퀴나스가 위대한 종합을 이루었다고 말할 때에 그 의미는 그가 기독교적 사상을 당대의 주도적 사상이었던 아리스토텔레스 사상과 (또 필요한 데에서는 플라톤주의 사상과) 연관시키고 독창적으로 종합한 것을 가리켜서 말하는 것이다. 사실 우리는 아퀴나스가 과연 어떤 의도에서 이런 작업을 하게 되었는지 정확히 알 길은 없다. 기독교 사상을 당대인들이 이해하는 사상적 용어와 틀로 설명하다보니 다른 이들이 보기에 기독교 사상과 아리스토텔레스주의의 종합으로 보이게 되었는지, 아니면 아리스토텔레스주의의 입장에서 작업을 하는 과정 중에 그저 자신이 믿게 된 기독교와의 상응성을 찾아 제시하게 되었는지 (이 경우에는 기본적으로 아리스토텔레스주의의 진리성이 더 강조된다) 정확히 알 길은 없다. 우리는 단지 그가 제시한 체계를 바라보면서 그것을 잘 이해해 보고, 우리의 입장에서 평가할 수밖에 없는 것이다.

II. 자연과 은총의 이원론적 체계

아퀴나스의 종합은 결국 자연과 은총의 이원론적 체계라고 정리될 수 있다. 그에 의하면 서로 상관되어 있기는 하나, 그래도 독자적인 두 영역이 있다. 그 하나는 자연의 영역이고, 또 하나는 은총의 영역이다. 자연의 영역과 관련해서는 인간의 이성이 그 판관(판단자)이고, 은총의 영역은 하나님의 계시로만 접근할 수 있는 영역이다. 이런 자연과 은총의 이원론이 그의 사상의 기본적인 구조다.

첫째로, 자연의 영역에 대해서 생각해 보자. 이 영역은 문제는 있기는 하나(그러므로 소위 타락의 영향을 말하기는 한다), 그래도 그런 대로 좋고 의미있는 질서의 영역이다. 따라서 우리는 우리에게 부여된 이성을 사용해서 이 영역을 잘 탐구해 갈 수 있다고 한다. 그리고 주어진 의지를 활용해서 비교적 선하고 아름다운 길을 제시하고, 그런 길로 나아갈 수 있다고 한다. 예를 들어서 아리스토텔레스와 같은 이들이 이 영역에서 제대로 된 길을 제시하는 대표적인 사람일 것이다. 그러나 이 자연의 영역만으로 모든 것이 완성될 수 있는 것은 아니다.

그러므로, 둘째로, 소위 은혜의 영역이 있다. 이 은혜의 영역은 하나님이 주시는 은혜로 구성되는 영역이다. 따라서 이는 계시와 신앙의 영역이다. 아퀴나스에 의하면, 이 영역은 이성으로는 접근할 수 없고, 오직 신앙으로만 접근할 수 있는 영역이다. 예를 들어서, 하나님께서 정확히 어떤 분이신가, 삼위일체 하나님이신가 등의 문제, 또 성육신의 문제, 육신의 부활과 마지막 심판 등의 "믿음의 조항"(*Acticuli fidei*)과 관련된 문제들은 오직 하나님의 계시를 믿음으로 접근 가능한 문제라는 것이다.

따라서 인간에게는 상호보완적인 이성과 신앙이 있어서 자연의 영역에 속한 것은 이성으로, 은총의 영역에 속한 것은 신앙으로 알 수 있다고 한다. 그러므로 아퀴나스에 의하면 소위 자연인은 은총의 영역에 속한 것만을 모를 뿐, 자연의 영역에 속한 것을 아는 일에 있어서는 하등 문제가 없는 것이 된다. 즉, 자연인은 그의 이성을 잘 활용하여서 이 세상을 옳게 잘 알 수 있다고 하는 것이다. 심지어 이성은, 예를 들어서 하나님에 대해서도, 그가 계신다는 사실과 그가 어떤 분이 아니신가 등은 알 수 있다고 한다.

더구나 아퀴나스의 유명한 명제 "은혜는 자연을 파괴하지 아니하고, 완성한다"(*gratia non tollit sed perficit naturam*)에 의하면, 그리스도인이 계시와 신앙으로 알게 되는 것도 이성으로 알게 된 것을 파괴하거나, 부인하는 것이 아니라, 오히려 이성으로 안 것을 보충하고, 완결시켜주는 역할을 할 뿐인 것이다. 이렇게 이성과 신앙은 서로 보완하고, 서로를 보충하는 것으로 이해된 것이다. 예를 들어서, 아리스토텔레스 같은 사람은 이성의 영역에 속한 것은 제대로 알았으나, 신앙의 영역에 속한 것만을 몰랐을 뿐이라는 것이다.

여기에 아퀴나스적 종합의 특징이 잘 나타난다. 기독교 사상을 가진다는 것은 아퀴나스에게 있어서는 이성을 아리스토텔레스와 같이 활용하고, 그것에 더하여 계시에 대한 믿음을 가지기만 하면 되는 것이다.

III. 하나님 존재 증명

위와 같은 입장을 가진 아퀴나스에게 있어서 이성에 의해서 파악되는 마지막 최고의 진리요, 계시에 의해서 드러나는 최초의 낮은 수준의 진리는 하나님께서 존재하신다는 사실이었다. 그래서 그는 하나님의 존재 사실에 대한 증명을 시도하였다. 누구나 이성을 가진 인간에게는 하나님이 자명하다는 것을 그 나름대로 보여 주려고 한 것이다. 『신학대전』 1, 2, 3장과 『이방인 대전』 1장과 13장에 나타나는 소위 "다섯 가지 길"(the Five Ways)이라고 알려진 그의 신 존재 증명은 간단히 말하면 다음과 같은 논리로 진행된다.

첫째는 움직임으로부터의 논증이다. 이는 다섯 논증 가운데서 가장 아리스토텔레스적인 것, 또는 아리스토텔레스에게서 직접 온 것이라고 할 수 있는 논증이다. 즉, 이 세상의 모든 움직임이 모두 원인을 가지고 있음을 살피면서, 이 모든 움직임 배후에 있는 "그 자체는 움직이지 않으면서 다른 모든 것을 움직이는 원인자"를 생각하고, 이 부동(不動)의 동자(動者)를 모든 이가 하나님이라고 말하는 것이다.

둘째는 인과 관계로부터의 논증인데, 모든 결과는 그 어떤 유효한 원인에 의해 설명될 수 있고, 인과율의 역추론은 무한히 할 수 없다는 전제에서, 그 자체가 다른 것의 결과가 아닌 첫 유효한 원인이 반드시 있을 것인데 그가 하나님이시라고 논증하는 것이다.

셋째는 우연성(contingency)으로부터 첫 원인의 필요성을 밝히는 논의이다. 이는 이 세상에 있는 것은 다 우연적인데, 이 우연적인 것들의 원인도 우연일 수는 없고, 또 무한한 역추론을 할 수 없다면, 이 세상을 설명하기 위해서는 최초의 필연적 존재(a first necessary being)가 있어야만 하는데, 이 최초의 필연적 존재가 하나님이시라는 것이다.

넷째는 사물 안의 온전성의 정도로부터의 논증이다. 이는 존재들이 제한된 온전성을 가지고 있다는 사실은 그것들이 그 자체로 온전한 존재에 의존함을 함의한다고 하면서, 온전함을 무조건적으로 제한없이 가지고 있는 존재가 하나님이시라고 논의하는 것이다.

다섯째는 목적으로부터의 논증이다. 모든 것은 다 목적을 지향하므로, 실제들의 종국적 목적은 모든 사물들을 그들의 자연적이고 목적적인 종국으로 이끄는 최고의 지성이 있기를 요청하는데, 이렇게 모든 목적이 지향하는 종국적 목적이 하나님이시라고 논의하는 것이다.

Ⅳ. 아퀴나스의 문제점

그러나 이런 유신 논증이 과연 하나님을 증명하는 것인지의 문제가 아퀴나스에게 가장 먼저, 가장 많이 제기되었다. 이는 결국 아리스토텔레스적인 부동의 동자 이상의 하나님을 보여 줄 수 있는가? 하나님이 그런 논의의 결과로 제시되는 분이라면 그는 기껏해야 개연적으로만(only probably) 존재하시는 하나님이 되고 마는 것이 아닌가? 또한 이는 마치 사람들이 하나님의 존재 사실에 대해 어떤 판단을 내릴 수 있는 위치에 있는 것처럼 만들지 않는가?

이는 결국 아퀴나스가 자연인의 이성에 미치는 죄의 인지적 영향을 충분히 고려하지 못한 결과라는 비판을 낳게 한다. 아퀴나스는 자연인의 이성이 자연의 영역에 대해서는 최고의 판단자가 되게 하였다. 그리고 바로 그 이성이 하나님과 관련해서도 아주 중요한 역할을 하는 것이 드러나고 있다. 적어도 그에게 있어서 이성은 죄에 의해서 크게 손상되지 않고 제 기능을 다하는 것으로 여겨진 것이다.

그리고 사실은 이성만이 아니라, 인간의 의지도 타락에 의해서 그렇게 심각한 파괴적 영향을 받지는 않은 것으로 여겨지고 있다. 따라서 비록 타락한 인간이라고 해도 어느 정도까지는 하나님의 뜻을 이룰 수 있으며, 이 의지의 자유를 가지고서 하나님 앞에서 공적적 선(善)도 낼 수 있는 것으로 논의되고 있는 것이다. 바로 이점 때문에 그와 그를 따르는 고전적 로마 가톨릭 사상이 반(半)펠라기안주의라는 평가를 받게 되는 것이다.

　이 모든 것을 고려할 때에 우리는 아퀴나스를 철저히 그의 시대의 아들로 여기지 않을 수 없다. 그 나름대로는 그 시대의 사상과 기독교 사상을 잘 연관시키는 종합의 사상가였으나, 인간 타락의 사실의 깊이를 그렇게 깊이까지는 파악하지 않은 결과로 타락한 사람의 이성과 의지가 상당히 그 나름의 정당한 역할을 할 수 있다고 여기는 사상을 내고야 만 것이다. 그 결과로 그는 교회에 큰 유익을 끼치기보다는 오히려 그의 위대한 종합의 결과로서 교회를 오랫동안 상당한 어두움 가운데 있게 한 책임을 가진다고 할 수 있다.

　이런 점에서 우리는 아퀴나스의 위대한 종합의 체계를 경이를 가지고 바라보며, 열심히 연구하고 이해해 보려고 하면서도, 그와 같이 당대의 사상과 기독교의 혼합을 낳는 일을 하지 않으려고 노력해야만 한다.

7

마르틴 루터의
복음에 충실한 개혁 사상과 우리

해마다 10월이 되면 개신교도들은 마르틴 루터를 생각하게 된다. 1517년 10월 마지막 날에 그가 교수로 있던 비르텐베르그의 성채교회(the Castle Church)의 문에 그가 학문적 토론을 위해 붙였던 95개조가 독일교회와 당시 유럽 교회와 사회 전역에 미치게 된 영향을 생각하면서 우리는 10월의 마지막 날을 기억하고 보내려고 한다.

그의 95개조 주장을 붙이던 일은 루터 자신에게 있어서 종교개혁을 이룬다든지, 아니면 그것이 유럽의 교회를 하나의 교회가 아닌 여러 교파의 교회로 만든다든지 등의 의도나 기대를 가진 것이 전혀 아니었다. 그는 그저 한 사람의 성직자로서, 또는 한 사람의 신학자로서 당시 자신이 속해 있던 교회(로마 가톨릭 교회) 안에 있는 문제를 학문적인 입장에서 제기함으로써 교회를 좀 더 교회답게 하는 일을 도우려는 지극히 작은 하나의 작업을 한 것이었다. 그러나 그의 주장이 유럽 전역에 마치 마른 풀밭에 불이 붙은 것처럼 전파된 것은 한편으로는 교회가 새로워져야 한다는 의식이 당시의 많은 사람들의 의식 속에 있었음을 의미하고, 또 한편으로는 (그와 비슷한 주장을 하던 이들이 전에 받은 비교적 냉담한 반응에 비하면) 그저 놀라와서 그를 통해 교회를 새롭게 하고자 하시는 하나님의 섭리를 말하게끔 하는 것이다.

사실 루터 자신도 이 10월의 마지막 날에 한 이 행위가 종교개혁이라는 놀라운 결과를 가져온 것에 대해 그저 놀랄 뿐이었다. 그러나 그는 엄청난 결과가 드러났을 때 놀라서 뒤로 물러가 버리거나, 칼빈이 맨처음에 그렇게 하려고 하듯이 그저 물러가 조용히 학문적인 삶을 가지려고 하지 않고, 자신의 생명과 명예와 영혼을 걸고서 옳은 주장을 위해 나아갔음은 1521년 보름스 제국 의회 앞에서 그의 주장을 철회하고 모교회(母教會)로 돌아오라는 말에 대항하여 했던 다음의 그 유명한 말에서 잘 나타나고 있다.

> 엄위하신 전하와 주군께서 단순한 대답을 요구하시니, 아무런 가식없이 말씀드리겠습니다(나는 교황이나 종교회의 그 자체를 무오한 것으로 여기지 않으니 이는 그들이 자주 잘못하고 실수를 범하고 서로 모순됨이 잘 알려졌기 때문입니다). 따라서 성경의 증거에 의해서와 분명한 이유에 의해서 확신되지 않는 한, 나는 내가 인용했던 성경에 붙잡혀 있고, 내 양심은 하나님의 말씀에 붙잡혀 있으므로, 나는 그 어떤 것도 취소할 수 없고, 취소하지도 않을 것입니다. 왜냐하면 그렇게 (하나님의 말씀과 양심에 반하여 취소하는 것은) 안전하지도 않고, 양심에 대해 충실한 것도 아니기 때문입니다. … 내가 여기 섰사오니, 하나님이여 나를 도우소서. 아멘(*Luther's Works*, volume 32 [Philadelpia: Muhlenberg Press, 1959], 112-13).

하나님의 말씀과 분명한 이유(또는 명백한 이성)에 붙잡혀 살았던 루터의 모습과 그의 사상에서 우리가 특히 관심을 가져야 할 것은 무엇일까? 무엇이 루터를 오늘 우리가 기억하는 그런 루터로 만든 것인가? 이 글에서 나는 루터의 사상을 그가 새롭게 깨닫게 된 복음에 대한 그의 이해와 관련해서 간략히 설명해 보고자 한다.

Ⅰ. 복음을 깨달은 루터

첫째로, 루터의 사상에서 가장 특기 할만한 점을 말하자면 그는 기독교가 증거하는 "복음"을 잘 깨달은 사람다운 사상을 가졌다고 말할 수 있다. 이 말이 아주 이상하게 들릴 수 있을 것이다. 그리고 로마 가톨릭 신자들은 어쩌면 큰 반발을 할 수 있다. "도대체 교회의 성직자요, 성경 교수였던 인물이 복음을 잘 깨닫게 되었다니? 그러면 그가 속해 있던 교회는 기독교가 아니었던가? 그 교회에서는 복음이 선포되지 아니하였던가?" 이는 자체를 기독교회로 여기는 모든 교회 안에서 늘 다시금 질문되어져야 하는 매우 중요한 질문이 아닐 수 없다.

루터가 자라나고, 그에 속해 있던 로마 가톨릭 교회에서도 오늘 우리들의 교회에서와 같이 예수, 그리스도, 그의 십자가의 죽음, 부활 등이 우리의 구원과 관련해서 아주 중요하다고 늘 이야기되긴 하였었다는 점을 간과해서는 안 된다. 이런 점들이 중요시되고, 그림으로도 그려지고 하지만, 결국 교회 전체의 가르침을 종합해 보면 그리스도의 십자가 사건 그 자체만으로 우리의 구원의 필요, 충분 조건이 다 만족된 것은 아니라는 인상을 받게 되었다.

그래서 루터는 "내가 그리스도를 믿지만 과연 의로우신 하나님 앞에 설 수 있을까?"를 가지고 많이 고민했다. 이런 고민에 대해 주어지는 교회의 공식적인 대답, "고해를 하여 모든 죄를 다 고백하라"에 대해서도 루터는 사소한 죄까지 다 고해 해보았지만 "과연 모든 죄에 대해서 다 고했다고 확신할 수 있을까?"하는 고민을 하게 되었다. 당시 교회의 가르침에 의하면, 참으로 예수를 믿는 사람들에게는 하나님의 은혜가 들어와서(주입되어서) 실제로 그들을 변화시켜서 하나님 보시기에 의로운 사람으로 만들어 준다고 했는데, 루터는 자신의 구체적인 삶과 태도에서 이를 확신할 수 없었다. 자신의 삶과 태도만 본다면 도무지 자신이 참으로 예수 믿는 사람으로 구원받을 소망이 없어 보였던 것이다. 이것은 루터가 사악하고 도덕적으로 방탕한 삶을 살았다는 이야기가 아니다. 자신이 최선의 노력을 하지만 노력을 하면 할수록 구원이 우리의 삶에 근거한다면 도무지 가능성이 없어 보인 것이었다. 따라서 루터는 절망하지 않을 수 없었다.

바로 이 절망의 상황 가운데서 성경 강의를 위해 준비하던 루터에게 로마서와 갈라디아서의 내용이 새롭게 다가오게 된다. "하나님의 의"가 무서운 의가 아니라, 십자가의 사건으로 말미암아 우리를 받아주시고 용납해 주시는 것으로 새롭게 보이기 시작한 것이다. 십자가 사건에 나타난 하나님의 의는 우리의 죄를 무섭게 심판하는 온전하신 의이지만, 동시에 그 아들의 온전한 희생을 보시고 우리를 의롭다고 인정해 주시는 "의"이기도 함을 깨닫게 된 것이다.

따라서 우리는, 루터의 유명한 말을 써서 표현하면, "동시에 의인이면서, 죄인"(*simul justus et peccator*)인 것이다. 우리 스스로를 돌아보면 우리는 아직도 여전히 죄인이다, 그러나 예수 그리스도의 십자가 사건과 관련해서 그것을 믿는 우리는 하나님이 온전한 의인으로 여겨 주신다. 앞서 묘사한 상황 가운데서 고민을 하던 루터와 당대 사람들에게 있어서 이는 "복음"의 재발견이 아닐 수 없었다.

II. 복음의 자유하게 함을 깨달은 루터

중세적 분위기 가운데서 다시 발견된 복음은 동시에 자유를 선사해 주었다. 무엇보다도 먼저 이 이해는 인간들이 스스로를 의롭게 만들려는 노력으로부터의 자유를 가져다 주었다. 타락하여 부패한 인간성에 대해서 철저히 절망하고서 복음을 깨닫게 되면 우리는 자연히 스스로의 의지나 노력으로 하나님 앞에서 의로와 보려고 하지 않게 되는 것이다.

둘째로, 이런 복음의 이해는 성경에서 우리에게 명령해 주신 것이 아니면, 인간들이 그렇게 하면 좋고, 경건에 도움이 되리라는 의도에서 만든 모든 비성경적 규제로부터의 자유를 가져다 주었다. 전통적인 교회의 관습 가운데서 성경에 근거가 없이 그저 우리의 경건 생활에 도움이 되리라는 생각 가운데서 만들어졌던 것들로부터의 과감한 해방이 선언된 것이다. 대표적인 예로 소위 사순절을 지키는 것, 그 기간 동안에 육식을 금하는 것 등에 대해서 루터는 그것을 지켜야 할 성경적 근거가 없음을 강조하면서 역설적으로 "마음껏 먹으라"고 했다. 물론 그의 의도는 그리스도의 십자가를 생각하는 것은 사순절 기간에만 행해져서는 안 되고, 그리스도인은 그의 평생을 십자가를 기억하면서 검소하고 소박하게 살아야 하는 것임을 강조하려는 것이었다.

성경에 근거가 없는 것을 사람이 경건을 위해 도움이 된다는 선한 동기에서라도 인위적으로 만들어서는 안 되며, 그렇게 만들어진 것들은 파괴될 필요가 있다는 것이 복음을 깨달은 루터의 새로운 통찰이었다. 이런 통찰을 온 세상에 알리려는 루터의 가장 대표적이고 상징적인 행위는 수도원에서 나온 수녀 캐터린 (Katherine von Bora)과의 혼인이었다. 수도사요 신부가 수녀와 혼인을 한 것은 사람들이 하나님을 위한다는 명목으로 만든 성직자 독신 제도의 부당성과 비성경 적임을 만방에 알리려는 행위였다고 할 수 있다. 우리는 성경에서 말씀하신 것 이외에 우리의 경건한 욕심을 따라 어떤 제도를 만들어 사람들을 가르치거나, 따르도록 해서는 안 된다. 엄밀히 말해서 그것은 복음의 정신을 가리우는 일임을 우리는 루터에게서 배워야 한다. 그래서 루터는 기독자의 자유를 강하게 역설하 고 나온다(*"The Freedom of a Christian,"* 1520).

복음에 대한 바른 이해는 기독자들 개개인만이 아니라, 제도로서의 교회도 온갖 비성경적인 제도로부터 자유하게 한다. 루터가 1520년에 쓴 "교회의 바빌론 유수"(*"The Babylonia Capitivity of the Church"*)는 당시 교회가 르마교회의 그릇된 가르침인 화체설에 사로잡히고 말았음에 대한 비판임과 동시에 교회를 비성경적 인 제도로부터 해방시키려는 루터의 의도를 잘 드러내고 있는 작품이다. 전통적 으로 그렇게 하여 왔다는 명목으로 교회를 얽어 맬 수 없다는 것은 교회는 오직 하나님의 말씀인 성경에 의해서만 가르침을 받아야 한다는 말이기도 하다. 오직 성경에만 충실한 것은 다른 모든 권위나 전통으로부터의 자유를 가져다 준다.

III. 복음의 풍성함을 깨달은 루터

복음은 우리를 자유하게 하기만 하는 것이 아니라, 복음 자체가 아주 풍성하고 폭 넓은 함의를 지닌 것임을 루터는 잘 깨닫고 가르쳤다. 복음은 그리스도 십자가 사건과 관련된 것이나, 이는 그저 십자가와 부활을 말한다고 해서 다 언급되지 않는 아주 풍성하고 호방한 것이기도 함을 우리는 루터에게서 배워야 한다. 복음은 우리의 삶 전체, 온 세상과 관련된 것이다.

그래서 루터는 복음이 우리를 자유하게 하나 이는 우리 삶 전체를 아주 책임감있게 함을 강조한다. 앞서 언급한 "기독자의 자유"의 앞 부분에서 루터는 다음과 같은 대립되어 보이는 듯한 두 가지 명제를 제시하고 있다. "그리스도인은 그 무엇에도 매이지 않은 모두에 대해 온전히 자유로운 주인이다. 그러나 그리스도인은 모두에게 복속하는 모두에 대한 온전히 의무있는 종이다." 이로써 루터는 복음의 자유하게 함이 방종을 낳기는커녕 모든 이에 대해 사랑의 통로(channel of love)가 되는 책임있는 삶을 낳음을 분명히 하는 것이다.

그러기에, 둘째로, 그리스도인의 직업은 하나님께서 그 일로 그를 부르신 소명으로 인식된다. 이제는 과거 중세에서처럼 성직자가 되는 일이나, 수사나 수녀가 되는 이들만이 하나님의 특별한 소명을 받은 것이라고 이해되지 않고, 그리스도인으로서 행하게 되는 직업의 수행이 하나님의 소명 가운데서 수행되는 것이라고 이해되는 것이다. 그리고 예배를 하거나 기도를 하는 삶의 어떤 특별한 영역만이 아니라, 그리스도인의 삶 전체가 하나님 앞에서 이루어지는 거룩하고 중요한 것이라는 인식이 생긴 것이다. 이처럼 복음은 우리의 삶 전체와 관련된 지극히 풍성하고 폭 넓은 성격의 것이다. 따라서 루터와 그의 사상을 존종하는 사람들에게는 복음의 이런 광대함과 그 폭넓은 함의를 이끌어 내고 실천해야 할 의무가 있다.

IV. 루터와 그를 사랑하는 우리

이상에서 우리는 오직 성경에만 충실하고자 하던 루터의 개혁 사상을 복음과 관련해서 간단히 살펴 보았다. 이제 우리는 어떻게 해야 하는가? 루터를 사랑하는 이들은 결국 루터가 깨달은 복음과 그 자유하게 함, 그 풍성함을 적어도 루터만큼 깨닫고서 감격하여 살며, 그것을 루터가 깨달은 것 이상으로 진전시켜야 하는 책임도 갖는다고 할 수 있다. 여기서 루터가 그 자신의 원리에 충실하지 못했던 부분을 극복하고 나아가는 선배와 후배의 참된 성도의 교통이 있을 것이다.

8
종교개혁 주간을 맞이하면서

20세기 말에 선 한국 교회는 성경이 제시하는 교회의 바른 모습[正敎]에 비추어 볼 때 과연 어떤 점들이 개혁되어야 할까? 여러 가지 개혁의 과제가 생각될 수 있으나 가장 기본적인 문제 하나만을 생각하기로 한다. 그것은 한국 교회 개개인 성도들에게 기본적인 '교회에 속한 한 분자로서의 의식'[敎會我 意識, 또는 肢體意識]이 희박하다는 것이다. 어쩌면 이것은 종교 개혁 이전의 교회가 가지고 있던 문제 보다 좀 더 심각한 것일런지도 모른다.

특히 소위 대형 교회가 많이 출현하고, 이런 교회들을 지향하는 움직임이 있는 상황에서 그저 교회의 공예배 중 하나, 둘 정도만 참여하면 교회의 성원으로서의 의무를 어느 정도는 다한 것이라고 생각하는 신자들이 늘어났다. 또한 비교적 그 규모가 작은 교회에 속한 성도들이라고 해도 적극적으로 그 교회를 세워 나가는 일을 책임 맡아 하기보다는 자리만을 채워주면 다 된다는 식으로 생각하는 일이 많은 것 같다. 그래서 오늘날 우리네 교회에는 참으로 그 교회의 성원 역할을 하는 교우가 드물다.

그러나 이것은 교회의 성격에서 너무나도 멀리 떨어진 현상이 아닐 수 없다. 왜냐하면 신약 성경의 가르침에 의하면 교회는 그리스도께서 당신님의 피흘리신 공로에 근거해서 얼마든지 불러모으시는 개인들의 공동체이기 때문이다. 그러므로 개개인의 성도는 그리스도께서 이미 그의 보혈로 하나되게 하신 것에 근거하고 성령의 하나되게 하심에 의지하여 자신들이 연합하여 교회를 이룬다는 생각을 해야만 한다. 이때 그 연합을 이루는 개개인들이 다 그 교회에 필수적인 성원이라는 의식이 없이는 참된 교회의 모습을 드러내기란 아주 어렵다. 만일에 교회에 속한 모든 개개인들이 교회는 객관적으로 있고 그 교회에 각자가 참여할 수도 있고 또 참여하지 못할 수도 있다고 생각한다면, 이 세상에 교회가 없어질 수도 있다. 그러므로 개개인 성도들이 참된 교회아 의식을 갖는 것 - 이것이야말로 우리 시대가 이루어야 할 가장 중요한 개혁의 과제가 아닐 수 없다.

참된 교회아 의식은 개개인 성도가 각기 교회를 이루는 구성 분자이고, 이 개개인이 다 없어지면 이 지역의 교회는 없다는 생각에서 출발한다. 따라서 개개인이 자기 나름의 생각과 인생의 계획과 삶의 스케줄을 가지고 그것이 허용하는 한도 내에서만 교회에 참여할 수도 있고, 참여하지 못할 수도 있다고 생각해서는 진정한 교회를 이룰 수 없다. 오히려 우리는 이 시대에서의 교회의 전진과 그 방향이라는 대전제에 근거해서 각자가 받은 은사와 사명을 따라서 어떻게 자신의 인생의 길을 가야 하는지를 결정해야 한다. 이런 의식이 없으므로 오늘날 교회에서는 자신의 스케줄에 맞추어 교회 모임의 참석 여부를 결정하고, 자신의 인생의 계획과 그 진전에 따라서 지역 교회를 옮기는 문제를 결정하는 일이 많다. 또한 자신의 취향과 기분에 따라서 교회에 들어오고 나오고 하는 문제를 결정해 나가는 일이 많다. 이런 것이야말로 교회아 의식의 결여를 드러내는 대표적인 예이다. 그것은 예수 그리스도께서 교회의 머리이시고, 그가 교회를 통치하신다는 것을 무시하는 행위가 아닐 수 없다. 그러므로 진정한 교인은 그런 식으로 자신과 교회의 관계를 생각해 가서는 안 된다.

참된 성도는 일단 자신이 현재 속해 있는 교회가 참된 교회인지를 점검해야 한다. 참 교회는 개혁자들이 제시하고 강조해온 교회의 표지들을 구비하고 있는 교회이다. 즉, 그리스도에 대한 바른 복음이 선포되고, 눈에 보이는 말씀인 성례가 제대로 집행되며, 이 성례에 제대로 참여하도록 교우들을 다스리는 일[治理]이 잘 이루어지는 교회가 참된 교회이다. 일단 이런 표지들을 구비하고 있는 교회라면, 그 교회와 관련하여 개개인 성도는 마치 그곳을 떠나면 죽는 듯이 늘 그 교회와 관련하여 살아야 한다. 왜냐하면 하나님께서는 기본적으로 교회를 통해서 그의 말씀과 은혜를 내려주시기 때문이다. 하나님의 은혜를 갈구하는 자는 이처럼 중요한 기관인 교회를 자기 마음대로, 자기 기분에 따라서 떠날 수 없다.

만일에 그 교회 내에 수많은 문제가 있으면 어떻게 하는가? 만일에 그 문제들이 위에 언급한 표지들과 관련한 문제들이라면 신중히 생각하고 검토하여 그 교회가 참 교회인가 아닌가를 결정해야 하지만, 그런 경우가 아니라면 아무리 많은 문제가 있어도 마음대로 교회를 떠나서는 안 되고, 겸손과 눈물과 기도와 사랑으로 그 교회가 그 문제들을 해결해 나갈 수 있도록 해야 한다. 그것이 바른 교회아 의식을 가지고 있는 성도들의 마땅한 모습이어야만 한다. 그리하여 그 성도들의 눈물어린 기도와 성령 안에서의 힘씀으로 그 교회가 그 문제들을 해결해 갈 때에 그 교회는 비로소 교회로서 전진하여 나가는 것이 된다. 이렇게 바르게 전진하는 교회는 그 공예배와 성경 공부를 통해서 하나님의 말씀을 바르게 해석하여 은혜를 나누어주어 그 성원들을 말씀 안에서 잘 자라게 하여, 이 사회 속에서도 튼튼한 한 사회인 역할을 잘 감당하게 하는 것이다. 이렇게 하여 각자가 자신의 은사와 사명에 따라 봉사하는 곳에서 교회와 연관하여 그리스도의 정병 구실을 잘하게 되면 그 교회는 성숙해 가는 교회요, 성장하는 교회이다. 그러므로 개개인의 교회아 의식의 성장은 교회의 성숙과 매우 밀접한 관계가 있다.

이런 성숙한 교회는 그 교회의 성원들간의 유대 관계가 매우 깊지 않을 수 없다. 신약 성경이 '교제'(fellowship, *koinonia*)라고 부르는 이 성도들 간의 유대는 기본적으로 성도들 간의 교제일 뿐만이 아니라, 예수 그리스도와 하나님 아버지와 함께 하는 교제다(요일 1:3). 그러므로 이는 삼위일체 하나님의 하나되심을 그 모델로 하는 교제이다. 따라서 이 교제는 하나님의 어떠하심을 알아 갈수록 더욱 깊어진다. 하나님을 본받아 나가는 성도들이 각기 하나님을 닮아 가는 모습을 보여 주며, 서로 격려하고, 싸매주며, 고쳐주고 그리하여 더욱 더 하나님을 닮았다는 것을 드러내야 한다. 그러므로 이 교제는 아주 구체적으로 표현되어야 한다. 우리네 교회의 상황과 관련해서는 공예배 시간에 옆에서 함께 예배드리는 성도가 과연 어떤 분인지를 잘 아는가, 그 분들과 받은 말씀의 은혜와 그 적용을 같이 나누는가, 그리고 필요한 문제에 대해서 같이 나눌 준비가 되어 있는가 등의 질문을 하여 보면, 우리의 교제의 수준이 어느 정도인지를 알 수 있을 것이다.

이런 질문에 근거해서 우리 자신을 살펴본 후에 우리가 좀 더 힘써 나가야 할 일이 있으면 시간을 좀 더 내어서 교제하는 일에 힘써야 한다. 교회는 교제하는 성도들의 공동체이기 때문이다. 교회의 공예배 시간 후에 남아서 많은 이야기를 나누고, 또 집으로의 초대들도 하고 하여 정말 깊이 알아 가는 일이 많아져야 한다. 그렇게 많은 시간을 같이 보내면서 성경을 읽고, 설교를 듣고 얻게 된 생각들을 나누며 서로를 성경의 이상에 근접시켜 가는 일 - 그것이 우리가 이루어야 할 교제이다. 이 교제가 정말 깊어지고 이상적인 것일 때 교회는 온 세상에 하나님께서 이 땅에 있기를 원하신 참된 사회의 모습이 어떤 것인지를 잘 드러내는 역할을 하게 된다. 그 때에 교회는 세상에 하나님을 아는 빛을 비추는 것이 된다. 온 세상에 이런 사랑의 깊은 교제가 가득찰 날을 향해서, 그리고 하나님 나라의 극치에서 그것이 이루어질 때까지 교회는 이와 같은 깊은 교제 가운데서 전진해 나가기를 계속해야만 한다.

이 땅의 교회를 참 교회답게 만들려고 애썼던 종교개혁을 기념하는 주간에 우리네 한국 교회 성도들의 교회아 의식을 다시 한번 더 생각해 보았다. 우리 각자가 참된 교회아 의식에 충실하여 우리네 교회를 참된 교회로 만들어 가시는 성령 하나님의 사역에 동참할 수 있기를 바란다.

제3부

현대주의 신학에 대한 개혁신학적 비판

9

존재론적 삼위일체와 경륜적 삼위일체의 관계에 대한
새로운 십자가 신학의
삼위일체론에 대한 비판*

"새로운 십자가 신학"이란 독일 튜빙겐 대학교 개신교 신학부의 유르겐 몰트만 (Jürgen Moltmann, 1926-현재)과 게르하르트 융엘(Gerhart Jüngel, 1934-2021)이 제시한 신학을 지칭하는 말이다. 그들은 예수의 십자가 사건을 중심으로 신학을 새롭게 했다. 그리고 그들은 자신들의 이런 입장이 루터가 말한 십자가 신학 (*theologia cruxis*)을 20세기의 정황 가운데서 새롭게 하는 것이라고 했다. 그러나 그들의 입장을 루터의 십자가 신학과 동일시하기는 어려워 보인다. 그래서 그들의 신학적 입장을 "새로운 십자가 신학"의 입장이라고 한 것이다.[1] 그것은 여러 면에서 입증될 수 있다. 나는 이 논문에서 존재론적 삼위일체와 경륜적 삼위일체의 관계에 대한 몰트만과 융엘의 입장을 검토하여 그들의 입장이 어떻게 (루터도 그 한 대표자로 서 있다고 생각되는) 고전적인 입장과 다른지를 보이려고 한다.

새로운 십자가 신학의 관점이 말하는 것은 어떤 면에서 보면 고전적 관점과

---

* 이 글은 제1장, 제10장과 함께 1998년 11월 한국개혁신학회 정기논문 발표회에서 발표했던 논문이다.

[1] 흔히 그들의 입장을 "십자가의 신학"이라고 칭하는 때도 있다. 그러나 주의 깊은 논의에서는 늘 "새로운 십자가 신학"이라고 지칭된다. Cf. 이승구 편, 『현대영국신학자들과의 대담』 (서울: 엠마오, 1992), *passim*.

일치하는 것으로 해석될 수 있고, 그들이 말하는 명제 자체가 고전적 관점과의 관련 가운데서 나온 것이라고 할 수 있다. 그러나 새로운 십자가 신학의 주장자들이 다음 명제를 쓸 때의 의미가 고전적 관점의 의미와 어떻게 다른가 하는 것은 본 논문의 본문 중에서 잘 드러날 수 있다. 새로운 십자가 신학의 관점은 최소한 경륜적 삼위일체가 하나님의 내재적인 삶을 풍성하게 하는 것이라고 본다. 이제 새로운 십자가 신학의 관점을 자세히 살펴보면서 이를 드러내어 보기로 하자.

I. 기본적 진술

<명제>

"경륜적 삼위일체는 존재론적 삼위일체이고, 그 역도 성립한다."

이 명제는 해석하기에 따라서 여러 가지 의미로 해석될 수 있는 명제이다. 칼 라너가 이 명제를 가장 먼저 그의 삼위일체론에서 사용하였고, 몰트만과 융엘 등이 이를 적극적으로 동감하면서 인용하고 이로부터 그들 나름의 이해를 발전시켰다. 그러나 그들이 이 명제에 부여한 의미는 다소 모호하다.

어떤 면에서 보면 그들은 이 명제를 우리가 위에서 고전적 관점이라고 언급한 것에 가깝게 제시하는 듯도 보인다. 라너는 어거스틴 등으로부터 나타나고 있는 심리적 삼위일체론을 비판하면서, 이를 주창하는 이들이 "하나님의 자기 전달 가운데서 우리에게로 향하시는 하나님이 그 만남의 삼위일체적 성격 안에서 그 안에 계시는 하나님의 존재 자체이시며, 은혜와 영광 가운데서의 하나님의 자기 전달이 참으로 그 자신 안에 계신 하나님을 우리에게 주시는 것이려면 반드시 그러해야만 한다는 것을 잊었다"고 하면서 위의 명제를 제시하고 있다.[2] 더구나 경륜적 삼위일체는 내재적 삼위일체론에 근거하고 있다는 말도 하고, 따라서 내재적 삼위일체가 경륜적 삼위일체를 선행하며 그 기초가 된다고도

---

[2] Karl Rahner, *Foundations of Christian Faith: An Introduction to the Idea of Christianity*, trans. William V. Dych (New York: Crossroad, 1989), 135.

하므로 그가 전통적 입장을 현대에 맞도록 제시하는 것인가 하는 생각을 할 수도 있다. 그러므로 어떻게 보면 이 명제의 의미는 그 내용상 경륜적 삼위일체는 존재론적 삼위일체이고 존재론적 삼위일체는 경륜적 삼위일체이므로, 그 둘은 그 내용상 본질적 차이가 없다는 것을 진술하는 명제로 이해될 수도 있다. 예를 들어서, 몰트만이나 융엘이 다음과 같이 말할 때 우리는 그들이 거의 고전적 관점을 반복하는 것이 아닌가 하는 생각을 할 수도 있다.

> 인식의 순서에 있어서는 경륜적 삼위일체가 내재적 삼위일체보다 선행하며, 존재의 순서에 있어서는 내재적 삼위일체가 경륜적 삼위일체보다 선행한다.[3]

> 하나의 유일한 신적인 삼위일체가 있고, 하나의 유일한 하나님의 구원 역사가 있을 뿐이다. 삼위일체 하나님은 다른 방식으로가 아니라, 그가 계신 그대로(as he is in himself) 역사에 나타나실 수 있으실 뿐이다. 그는 구원 역사에서 나타나신 대로 그 자신 안에 계신다.[4]

> 내재적 삼위일체에 대한 진술들은 경륜적 삼위일체에 대한 진술들과 모순될 수 없다. 경륜적 삼위일체에 대한 진술들은 내재적 삼위일체에 대한 찬미의 진술들과 상응할 수밖에 없다.[5]

> 영원하신 아버지로서 하나님은 영원에서 이 아들과 함께 존재하신다. … 하나님은 성자의 아버지로서 성부이시다. 그러므로 영원하신 아버지로서의 하나님을 믿는다는 것은 동시에 영원하신 아들로서의 하나님을 믿는 것도 의미한다.[6]

> 창조함은 받지 아니하고 성부 하나님으로부터 영원히 오시는 하나님의 영원하신 아들 안에서, 영원히 하나님으로부터 오시는 이 하나님의 아들 안에서 하나님은 시간적으로 하나님께서 오는 그 사람을 목적으로 한다.[7]

---

[3] Moltmann, *Trinity and the Kingdom of God*, 152-53=187.

[4] Moltmann, *Trinity and the Kingdom of God*, 153=188.

[5] Moltmann, *Trinity and the Kingdom of God*, 154=188.

[6] Gerhard Jüngel, *God as the Mystery of the World*, trans. Darrel L. Guder (Grand Rapids: Eaerman, 1983), 382.

그는 또한 영원히 낳아지신 아들(eternally begotten Son)이시기도 하시다. 그리고 그런 분으로서 그는 성부 하나님과 완전히 같으시다.[8]

그러나 위의 인용문들이 주는 인상에도 불구하고 그들의 글을 잘 분석해 보면 그들은 고전적 관점을 반복하고 있지 않음이 드러난다. 그리고 몰트만은 자신이 존재론적 삼위일체와 경륜적 삼위일체에 대한 전통적 구별을 포기하였다고 분명히 밝히고 있기도 하다.[9] 또한 1973년도에 발표된 그의 한 논문에서도 몰트만은 비슷한 주장을 하고 있다: "만일 삼위일체론이 십자가상의 사건으로부터 전개된다면 '하나님 그 자신'(*Gott an sich*)과 '우리를 위한 하나님'(*Gott für uns*)의 구별뿐만 아니라 내재적 삼위일체와 시대 경륜적 삼위일체 간의 구별도 폐기되는 것 같다. … 하나님은 우리와 삼중적으로 관계를 맺으신다. 그리고 우리와 맺는 이러한 삼중적 (자유로운 값없는) 관계는 단지 내재적 삼위일체의 모형이나 유비가 아니라 내재적 삼위일체 그 자체이다."[10]

그러면 그들은 무엇을 말하는 것일까? 그들의 글을 잘 읽어보면 몰트만과 융엘은 "경륜적 삼위일체는 존재론적 삼위일체이고 그 역도 성립한다"는 명제를 사용하면서, 이를 경륜적 삼위일체와 존재론적 삼위일체가 사실은 같은 것을 지칭하나 경륜적 삼위일체는 역사 과정 내에서의 하나님이 자기 드러냄을 중심으로, 존재론적 삼위일체는 그것의 송영적 의미를 드러내는 형이상학적 요약으로 볼 수 있다는 의미로 사용하는 듯하다. 즉, 단적으로 말한다면 이 새로운 십자가 신학의 관점에 의하면 영원에 삼위일체의 내적 관계가 이미 있어서 그것이 시간 과정 안에서 드러나는 것이 아니라는 것이다. 오히려 하나님의 경륜적 자기 계시를 보면서 우리가 논리상 하나님 내의 삼위일체적 구조를 상정하는 것이며,

---

[7] Jüngel, *God as the Mystery of the World*, 384.

[8] Moltmann, *Trinity and the Kingdom of God,*, 383.

[9] Moltmann, *Trinity and the Kingdom of God*, 160=195.

[10] Moltmann, "Gesichtspunkte der Kreuzestheologie heute," *Evangelische Theologie* 33 (1973): 362f., H. G. Pöhlmann, *Abriss Der Dogmatik* (1975), 이신건 역, 『교의학』 (서울: 한국신학연구소, 1990), 157에서 재인용.

따라서 존재론적 삼위일체는 마지막에 가서야 있을 수 있으나 예배 중의 송영적 언급으로 미리 하나님께 대해 이를 언급할 수 있다고 보는 것이다. 그러므로 몰트만과 융엘에게 있어서 실질적으로 중요한 것은 경륜적 삼위일체가 된다. 그들에게 있어서는 **적어도 경륜적 삼위일체가 하나님의 존재를 풍성하게 하는 것이 될 수 있다는 것이다.** 그들은 바로 이런 의미에서 경륜적 삼위일체가 존재론적 삼위일체라고 하는 것이다. 그러면 이제 몰트만과 융엘의 진술을 구체적으로 살피면서 그들의 주장이 과연 어떠한 것인지를 검토해 보기로 하자.

II. 몰트만의 이해

1972년에 낸 『십자가에 달리신 하나님』에서 몰트만은 하나님의 삼위일체성을 십자가와만 연관해서 이해해 보려고 시도한다.[11] 그래서 그는 말하기를 "삼위일체론의 내용적 원리는 그리스도의 십자가이고, 십자가 인식의 형식적 원리는 삼위일체론이다"라고 한다(241＝253). 그는 심지어 "삼위일체론적 십자가 신학은 <하나님>이라는 개념이 의미하는 바를 십자가로부터 전개시켜 나간다(247＝260)고까지 말하면서 신개념의 혁명을 요청하는 것이다(152＝162). 몰트만은 이렇게 말한다:

> 십자가에서 일어난 것은 하나님과 하나님 사이에 일어난 사건이다. 그것은 하나님 안에서 일어난 균열이었다. 왜냐하면 하나님께서 하나님을 버리셨으며 자기 자신과 모순되었기 때문이다. 동시에 그것은 하나님 자신 안에 있는 융합이었다. 왜냐하면 하나님께서 하나님과 일치하셨으며 자기 자신과 상응하였기 때문이다(244＝257).

즉, 십자가에서 하나님은 자신을 스스에게로부터 소외시키시고 스스로에게 다시

---

[11] Moltmann, *Der gekreuzigte Gott,* 2nd edition (Munich: Christian Kaiser Verlag, 1973), E. T. *The Crucified God,* trans. R. A. Wilson and John Bowden London: SCM, 1974). 1972년 독일어 판으로부터의 한역, 김균진 역, 『십자가에 달리신 하나님』 (서울: 한국신학연구소, 1984). 이하 몇 문단에서 이 책으로부터의 인용은 면수만을 본문 중에 삽입하는 것으로 한다. 앞의 면수는 영역 판의 면수이고, ＝ 이후의 면수는 한역 판의 면수이다.

상응시키시는 분으로 드러내셨다는 것이다. 몰트만은 이를 다음과 같이 표현하기도 한다:

십자가에서 아버지와 아들은, 아들의 버림받은 상태 속에서 가장 깊이 분리되어 있으며 이와 동시에 아들의 내어줌 속에서 가장 깊이 하나로 결합되어 있다. 아버지와 아들 사이에 일어난 이 사건으로부터 발생하는 것이 성령이며 이 성령은 하나님 없는 자들을 의롭다고 인정해 주며 버림받은 자들을 사랑으로 채워주고 죽은 자들마저 살게 한다(244=257).

그러므로 몰트만에 의하면, 십자가에서 하나님의 삼위일체성이 나타난다. 이는 십자가 사건이 하나님의 사랑의 표현이므로 십자가에서 하나님의 어떠하심이 나타났다는 의미나, 십자가에서 경륜적 삼위일체성이 드러난 것으로 이해할 수 있는 것일까?

그의 다음 진술은 그가 그 이상의 함의를 그 십자가 신학에 두고 있음을 드러내 보여 준다. "신앙은 그가 경험한 해방을 통하여 십자가의 사건을 아들의 사랑과 아버지의 아픔의 사건으로 이해한다. 즉, 하나님과 하나님 사이에 일어난 사건, 내재적 삼위일체의 사건으로 이해한다"(249=262). 이처럼 몰트만에게 있어서는 십자가 사건이 경륜적 삼위일체적 사건일 뿐만 아니라, 이 십자가 사건 자체가 "내재적 삼위일체의 사건"이다. 아니 보큄의 해석을 따라서 표현하자면, "십자가 사건은 내재적 삼위일체의 경륜적 행위가 아니라, 십자가 사건이 삼위일체이다"라고 까지 말할 수 있는 것이다.[12] 따라서 몰트만은 "그리스도의 역사는 하나님 자신의 내적 삶"이라고 말하기도 하며, 삼위일체성이 "예수의 고난과 죽음 속에서 일어난 사랑의 사건"이라고 하기도 한다(249=262). 그리고 그는 자신의 삼위일체론을 이렇게 정리하고 있기도 한다: "… 우리는 십자가 사건을 삼위일체론적으로 파악하여 인격들 상호간에 일어난 관계의 사건으로 해석하였으며,

---

[12] Richard Bauckham, "Jürgen Moltmann," in *One God in Trinity: An Analysis of the Primary Dogma of Christianity*, eds. Peter Toon and James D. Spiceland (Westchester, Illinois: Cornerstone Books, 1980), 120.

이 사건에 있어서 인격들은 상호간의 관계 속에서 그 자신들을 구성한다고 생각하였다"(245=258). 그러므로 삼위의 위격의 구성도 십자가 사건에서 되어지는 것으로 이해된다. 그래서 몰트만은 자신이 "하나님의 삼위일체성은 미리 그 자신[하나님 자신] 속에, 신성 안에 있는 것이라고 생각하지 않았다"고 한다 (245=258). 즉, 존재론적 삼위일체가 먼저 있고 후에 경륜적 삼위일체가 드러나고 하는 것이 아니라는 것이다. 오히려 십자가 사건에서 하나님의 존재론적 삼위일체가 수립되는 것으로 보는 것이다.13 보큠이 말하듯이 좀 더 조심하면서 말하자면, "몰트만은『십자가에 달리신 하나님』에서는 명확히 이것을 [하나님이 삼위일체가 된다는 말은] 하지는 않지만, 이것은 그가 말하는 것과 모순되거나 조화되지 않은 것은 아니다."14 사실 이런 뜻에서 몰트만은 자신의 삼위일체론적 사유의 출발점이 "내재적 삼위일체론과 경세적 삼위일체론, 하나님의 본성과 그의 내적 삼위일체성 사이의 이분법을 극복한다"고 본다(245=269) 그는 이에 대해서 다음과 같이 설명하고 있다:

> … 삼위일체성은 사랑과 해방의 역사인 하나님의 역사를 의미한다. 그러므로 역사를 위한 사건을 의미하는 삼위일체성은 삼위일체론적 완성을 지향한다. 그리하여 <삼위일체성이 모든 것 안에서 모든 것이 되게 한다> … 기독교 신앙의 삼위일체론적 사고에 의하면 버림받은 인간은 그리스도의 버림받음을 통하여 <신적인 역사>에로 이미 통합되어 있으며 우리는 <하나님 안에 살고 있다>. 왜냐하면 우리는 그리스도의 죽음의

---

13 리차드 보큠은『희망의 신학』이후『십자가에 달리신 하나님』이 쓰여질 때까지의 기간 동안 "몰트만은 하나님이 예수의 역사 안에서 삼위일체가 되는 것으로(becoming) 생각하고 있다"고 한다(보큠 자신의 강조). 또한 덧붙여 말하기를 "이런 식으로 말하는 방식을 그의 후기 작품에서는 회피하지만, 하나님의 시간성 문제로부터 이는 또 다시 나타나게 된다. 몰트만은 성부와 성자의 삼위일체적 관계를 예수의 역사에서, 특히 십자가에서 발생하는(happens) 관계로 이해하기를 아주 소망하고 있으며, 이 발생이 단순히 초시간적 진리의 반영이 되는 것을 허용하지 않으려고 한다"(Bauckham, "Jürgen Moltmann," 116f., his own emphasis). 이는 십자가에 달리신 하나님에 대한 우리의 관찰에서도 확증될 수 있는 옳은 주장이라고 판단된다. 보큠도『십자가에 달리신 하나님』과 관련하여서도 이를 말한다 (120f.).

14 Bauckham, "Jürgen Moltmann," 121. 보큠은 몰트만이『성령의 능력 안에 있는 교회』에서는 좀 더 전통에 가깝게 십자가 사건에서 하나님이 삼위일체 하나님으로 계시된다(96)고 말하고 있음을 지적하면서 몰트만의 표현의 변화를 주목한다. 그러나 다음에 살필(보큠은 다루지 않았던)『삼위일체와 하나님 나라』에서는 초기의 강조점이 또 다시 나타남을 볼 수 있을 것이다.

힘으로 하나님의 종말론적 삶에 참여하고 있기 때문이다. … 사랑이 고통을 당하는 거기에서 하나님은 우리 안에서 고통을 받으신다. 우리는 하나님의 삼위일체론적인 역사의 과정에 참여하고 있다(255=269-70).

그러므로 몰트만에게 있어서는 우리의 역사적 과정이 하나님의 역사로서 그의 삼위일체론적 완성을 지향하는 것이다.

1980년에 나온 『삼위일체와 하나님의 나라』에서도 몰트만은 비슷한 논의를 하고 있다.[15] 그러나 그는 이 책에서 훨씬 더 자신을 조절하면서 진술하여 나간다. 먼저 경륜적 삼위일체와 존재론적 삼위일체의 어의를 정확히 설명한 후에 이 구별이 과연 필요한가를 물으면서 그는 이 구별이 "하나님의 자유와 그의 은혜를 안전하게" 하며, 따라서 "[이 구별은] 하나님의 구원적 계시를 바르게 이해하는 데 논리적으로 필요한 전제이다"라고 아주 정확하게 지적하고 있다(151=186). 그러나 그 바로 뒤에 그는 바르트를 따르는 신학자들에게서 흔히 나타나는 흥미로운 반전을 시도하고 있다. 즉, 만일 자유와 필연성이 서로 대립하는 상황에서는 방금 말한 바와 같이 결론 내려야 하겠지만, 하나님은 사랑이신데 그는 어떤 외적이거나 내적인 필연성에 의해서 사랑하시도록 강요받으시는 분이 아니시므로 이 구별이 필요한 것이라고 보기 어렵다고 한다. 더 나아가서 그는 말하기를, "구원을 전달하시는 사랑이 없이 단지 그 스스로만 계시는 내재적 삼위일체 개념은 신개념에 자의적인 요소를 도입하는 것이고, 이는 기독교적 개념의 파기를 의미한다"고 한다(151=186). 그래서 몰트만은 그 둘을 "하나의 연속성을 이루는 것으로, 서로에게로 연합해 들어가는 것으로"(The two rather form a continuity and merge into one another) 보려고 한다(152=186). 그래서 단지 교회의 송영에서 내재적 삼위일체의 여지가 있다고 한다. 이런 의미에서 몰트만은 "선포적 신학과 실천 신학의 대상은 경륜적 삼위일체이고, 송영적 신학의 내용은 내재적 삼위일체이

---

[15] Moltmann, *Trinitaet und Reich Gottes* (Muenchen: Christian Kaiser Verlag, 1980), E. T. *The Trinity and the Kingdom: the Doctrine of God*, trans. Margaret Kohl (London: SCM, 1981). 독어 판으로부터의 한역, 김균진 역, 『삼위일체와 하나님의 나라』 (서울: 대한기독교출판사, 1982). 이하 몇 문단에서 이 책으로부터의 인용은 면수만을 본문 중에 삽입하는 것으로 한다. 앞의 면수는 영역 판의 면수이고, = 이후의 면수는 한역 판의 면수이다.

다”라고 한다(152=187).

그러므로 몰트만에게 있어서는 언제나 경륜적 삼위일체가 먼저 생각된다. 이런 의미에서 그는 말하기를 “구원의 역사와 구원의 경험의 총괄 개념을 뜻하는 경륜적 삼위일체의 인식은 내재적 삼위일체보다 선행한다”(152-53=187)고 하며, “죽임 당한 어린양 없이는 내재적 삼위일체와 하나님의 영광은 애초부터 생각될 수 없다”(159=194)고 한다. 이렇게 경륜적 삼위일체가 먼저 생각될 뿐만 아니라, 십자가 사건은 몰트만에게 있어서는 내재적 삼위일체에 영향을 미치며 심지어 그것을 구성하는 사건이기도 하다. 그런 의미에서 몰트만은 “경륜적 삼위일체는 내재적 삼위일체를 계시하기만 할 뿐 아니라, 내재적 삼위일체에게 작용한다”(160=195)고 말한다. 물론 그는 헤겔처럼 역사의 과정이 하나님의 자기 전개라고 하지 않으며 애써서 자신과 헤겔의 입장을 구별하려고 하고 있다(166=202). 그러나 세계의 역사는 하나님의 수난(God's passion)으로 하나님에게 영향을 미치는 과정임을 그는 강하게 말하려고 한다.

그러므로 몰트만에게 있어서는 오직 구원의 역사와 경험이 완성될 때에야, 즉 세상의 역사가 마쳐질 때에야 내재적 삼위일체가 완성된다는 것이 된다(161=196). 이렇게 볼 때 몰트만에게 있어서는 경륜적 삼위일체가 내재적 삼위일체를 이루는 과정이든지, **적어도 내재적 삼위일체에 영향을 미치는 것이 된다.**[16]

III. 융엘의 이해

이 문제에 대한 융엘의 견해는 경륜적 삼위일체가 “사람과 함께 하시는 하나님의 역사”(God's history with man)를 다룬다면, 내재적 삼위일체는 그것을 요약하는

---

[16] 몰트만에게 있어서 **최소한 십자가 사건이 하나님에게 영향을 미치고 있음**과 관련하여 특히 좋은 지적으로 Bauckham, “Jürgen Moltmann,” 128, 129를 보라. 이런 점에서 보든지 또한 몰트만에게 삼위일체론의 전반적인 정향에서 볼 때 김광식 교수의 다음과 같은 주장이 과연 견지될 수 있으려는지 의문을 표하지 않을 수 없다. “위르겐 몰트만이 바르트와 라너에 반대하여 내세운 삼위일체론은 결국 신니케아파[그는 이로써 카파도기아 교부들을 의미한다]의 삼위일체론을 재론한데 불과하다”(『조직신학(1)』, 186).

개념으로 하나님의 역사성(God's historicity)을 말하는 것이라고 하는 그의 말에 잘 요약되어 있다고 할 수 있다.[17] 이때 하나님의 역사라는 말로써 그는 예수 그리스도의 십자가에서 그가 일어난다고 이해하는 "하나님의 사람에게 오심"(God's coming to man)을 지칭한다.

이렇게 말할 때 융엘은 과연 무엇을 의미하는 것인가? 그에 의하면, 예수의 부활에서 하나님은 자신을 십자가에서 죽은 예수와 동일시하셨는데, 바로 이 동일시에서 하나님은 인간 예수를 하나님의 아들로 정의하고(364), 여기서 하나님의 하나님에 대한 구별(differentiation)이 일어난다는 것이다(363). 즉, 부활에서 우리는 하나님이 자신을 다른 이와 동일시하되, 그가 예수의 "하나님에게서 버림받음"에 참여하는 방식으로 예수의 죽음에서 자신을 만나신다는 것이다(368). 그런데 이 말이 의미를 가지려면 하나님과 하나님 사이에 참된 구별이 가능해야 한다고 그는 주장한다. 그러므로 버리시는 아버지 하나님과 버림을 받는 아들 하나님의 구별이 십자가에서 나타난다는 것이다. 그래서 그는 말하기를 "예수의 죽음에서 그는[하나님은] 자신을 그 안에서 분리시키지 않으면서 (without being disunited in himself) **성부 하나님과 성자 하나님**으로 만나신다"고 한다(368, 융엘 자신의 강조). 그뿐 아니라 하나님은, 십자가에서 일어나는 이 성부와 성자의 구별과 만남에서 성부와 성자가 하나가 되게 하는 성령 하나님이시기도 하다고 한다. 그리하여 십자가에서 하나님은 그의 통일성 가운데서 삼중의 방식으로 구별되신다고 한다. 즉, 성령으로 서로 연관되는 성부와 성자의 만남 가운데서 삼위일체 하나님의 세 가지 존재 방식이 드러나는 것이다(368).

이와 같이 융엘은 부활의 선포를 통해서 십자가에서 삼위일체 하나님을 찾는다. 마치 십자가를 떠나서는 삼위일체 하나님을 도무지 발견할 수 없는 듯이 여기는 십자가로의 집중이 그의 신학적 사유에도 나타난다. 이런 뜻에서 융엘은 "하나님이 자신을 죽은 예수와 동일시할 때 하나님은 자신을 정의한다고 말해야 한다."고 한다(364). 그리고 모든 기독교적 신지식은 하나님이 예수의

---

[17] Jüngel, *God as the Mystery of the World*, 246-47. 이 절에서 융엘로부터의 인용은 그 영역 판의 면 수를 본문 중에 삽입하는 것으로 하기로 한다.

인격 안에서 사람에게로 오셨다는 것에서 시작해야 한다고 말한다(383). 이렇게 예수의 십자가에서 정의된 하나님은 사랑이신 분(the one who is love, 164)이요, 자기 자신을 전적으로 내어주심(the total self-surrender)이요, 자기 내어줌 자체의 사건(the event of self-surrender)이고, 사랑이라고 한다(368-69). 즉, 융엘에게 있어서 하나님은 예수의 죽음에서 모든 사람을 위하여 자신을 전적으로 내어주신 것이다 (368). 이는 사랑의 행위일 뿐만 아니라(369), 하나님 자체를 절대적으로 무사(無私) 한 본질로 더 잘 이해되는 사랑이신 하나님으로 규정하는 사건이기도 하다. 따라서 그에게 있어서는 흔히 대조되어 제시되는 경륜적 삼위일체와 내재적 삼위일체가 전혀 그렇게 대조되어 제시될 필요가 없는 것이 된다. 하나님을 넘쳐 흐르는 사랑으로 이해하는 문맥에서 그는 우리가 새로운 십자가 신학의 명제로 제시한 라너의 명제(“경륜적 삼위일체는 존재론적 삼위일체이고, 그 역도 성립한다”)를 무조건적인 찬동을 표시하면서 인용하고 있다(369-70). 그는 이렇게 말한다. “하나님 자신이 예수의 하나님으로부터 버림받음과 죽음에서 발생하므 로 이 명제는 옳다”(370).

하나님 자신이 발생한다(God himself takes place)는 것은 무슨 뜻일까? 이제까 지의 논의에 비추어 보면 이것은 십자가에서 일어나는 일이 바로 하나님 자신을 규정하는 일이라는 뜻일 것이다. 하나님이 영원 전부터 어떤 고정된 본질과 실존을 가지고 있어서 그것이 십자가 사건에서 계시되거나 드러나게 된다고 융엘은 이해하지 않고, 오히려 십자가에서 일어나는 것이 하나님의 신성 자체의 사건이라는 것이다(372). 이런 식의 말을 하고서 바로 융엘은 덧붙여 말하기를, “바로 이 이유 때문에 경륜적 삼위일체는 존재론적 삼위일체이고, 그 역도 성립한 다”고 한다(372). 그러므로 우리는 이 명제로써 융엘은 십자가 사건으로부터 하나님의 삼위일체성을 찾아 볼 수 있다고 할 뿐만 아니라, 하나님의 삼위일체 되심도 십자가 사건에서 찾을 수 있다는 생각을 표현하려는 것임을 알 수 있다. 그리고 융엘은 자신의 이런 이해가 자기 나름대로 이해한 루터의 기독론과 헤겔 의 철학에서 배운 새로운 신학임을 인정하고 있다(373).

이렇게 융엘이 십자가에서 발견한 사람과 함께 하시는, 그리고 사람에게 오시는 하나님의 역사(history of God)를 요약적으로 진술하면, 그것은 바로 하나님의 역사성(God's historicity)이 된다. 앞에서 언급하였듯이, 이 하나님의 역사성을 융엘은 내재적 삼위일체라고 본다. 이 하나님의 역사성을 잘 요약하는 명제가 "하나님의 존재는 생성 중에 있다"(God's being is in becoming)는 명제이다. 융엘은 이 진술이 "하나님의 존재는 그가 자기 자신에게로 오는(또는 자기 자신이 되는) 사건"임을 함의한다고 말한다(380). "하나님은 영원히 자기 자신에게로 오신다(자기 자신이 되신다)"는 것이다(380). 그런데 하나님은 반드시 자기 자신으로부터 오시니, 그가 자기 자신의 절대적 기원이시다. 그가 그 자신의 목적이시다. 여기서 융엘은 성자를 생각한다. 그리고 또한 하나님은 그 자신의 매개이기도 하시다. 즉, "하나님은 성령으로서 오는 과정에서 전적으로 남아 계신다"(381).

그러므로 융엘에게 있어서는 하나님이 자기 자신으로 오는 그 과정이 중요하며, 여기서 삼위일체의 삼위일체 됨이 있게 되는 것이다. 물론 하나님이 하나님 자신에게로 오심을 융엘은 하나님에게의 독특한 존재론적인 진술이라고 말하여, 헤겔의 절대 정신의 역사 내에서의 자기 전개와 구별하고는 있으나, 그 구별에도 불구하고 그 유사성과 특히 그 생성 과정에의 중시는 융엘의 이해가 고전적인 이해와는 현격하게 다른 것임을 분명히 한다.

이상에서 살펴 본 새로운 십자가 신학의 관점에 대해서 우리는 다음과 같이 정리해 볼 수 있을 것이다. 최소한으로 말하면 십자가의 삼위일체적 사건을 중심으로 하는 새로운 십자가 신학은 경륜적 삼위일체가 내재적 삼위일체를 풍성하게 한다고 본다. 그리고 좀 더 나아가서 말하면 이는 경륜적 삼위일체의 최종적, 종말론적 실체가 내재적 삼위일체로서, 우리가 송영 중에 언급하는 내재적 삼위일체는 역사의 종국에 가서야 완성될 삼위일체에 대한 선취적 고백이라고 보는 것이 된다. 이와 같은 경륜적 삼위일체를 중시하는 관점의 논리적 결과는 몰트만에게 융엘에 많이 의존하면서 자신의 견해를 제시하는 김균진 교수의 다음 진술에서도 나타나고 있는 특성이다:[18]

---

[18] 김균진, "형이상학적 유신론과 십자가의 역사: 유신론에 대한 근대 무신론의 비판 및 십자가 사건과 삼위일체론의 관계", 『헤겔철학과 현대신학』, (서울: 대한기독교출판사, 1980), 274f.

1. 하나님의 내재적 삼위일체성은 십자가의 사건 이전에 하나님의 어떤 영원한 내적 존재 안에 있는 것이 아니라 바로 이 십자가 사건에 있을 뿐이다. 이 사건을 떠난 하나님의 내재적 삼위일체성은 생각될 수 없으며, 만일 생각될 경우 그것이 반드시 기독교적이라고 말할 수 없다. …

2. 따라서 내재적 삼위일체성과 경륜적 삼위일체성은 분리되어 생각될 수 없다. 소위 말하는 하나님의 내재적 삼위일체 되심은 십자가 위에서 일어난 경륜적 삼위일체 되심을 말하며 이 경륜적 삼위일체성이 하나님의 내재적 삼위일체성을 말한다. …

3. 따라서 십자가 사건을 떠난 하나님의 영원한 내적 본질이란 것도 생각될 수 없다. 하나님의 영원한 내적 본질, 영원한 존재는 먼저 십자가의 사건에 있을 뿐이다. …

4. 십자가의 사건에 있어서 하나님은 바로 그의 존재 자체에 있어서 활동하셨다면 이 십자가의 사건은 하나님의 삼위일체 되신 존재에서 일어난 사건이라 말할 수 있다.

이 인용을 시작하면서 우리가 말한 바와 같이, 김균진 교수도 몰트만과 융엘에 근거하여 경륜적 삼위일체를 중시하며, 영원이 아니라 바로 십자가의 삼위일체적 사건에 하나님의 내재적 삼위일체가 있다고 보고 있다. 그는 심지어 경륜적 삼위일체와 존재론적 삼위일체의 "구분을 말하는 것만으로는 부족하다"고 말하면서 다음의 말을 덧붙이고 있다: "이 구분은 결국 어느 하나가 다른 하나로 해소되는 것을 초래할 수 있다. 오히려 이 양자는 상호 관계에 있는 것으로 이해되어야 한다. 경륜적 삼위일체는 내재적 삼위일체를 계시할 뿐만 아니라 이것을 형성한다."[19] 이 마지막 문장이 몰트만 등의 의견을 잘 나타내고 있는

---

[19] 김균진, "삼위일체론", 『헤겔과 바르트』 (서울: 대한기독교출판사, 1983), 264, n. 38. 이 주장과 관련하여 그는 다음 두 문헌을 제시하고 있다: W. Kasper, "Revolution im Gottesverstaendnis," in *Diskussion ueber "Der gekeuzigte Gott,"* ed., M. Welker (Muenchen, 1979), 140ff.; J. Moltmann, *Trinität und Reich Gottes,* 177. 어떤 면에서 보면 그의 『기독교조직 신학 I』 (서울: 연세대학교출판부, 1984)에서는 이 문제가 좀 더 전통적인 방식으로 진술되고 있다고 생각될 수 있다. 예를 들자면, 그는 "내재적 삼위일체는 경륜적 삼위일체의 초월적 근거이며, 경륜적 삼위일체는 내재적 삼위일체를 계시할 뿐만 아니라 내재적 삼위일체의 현실이라고 이해되어야 할 것이다"고 말하는가 하면(248), 조금 말을 바꾸어서 "그리스도 안에 나타나는 하나님의 경륜적 삼위일체는 하나님의 내재적 삼위일체에 근거되어 있고 이것을 계시하는 동시에 이것의 역사적 삶이다"라고 말하기도 한다(249). 그러나 그 바로 뒤에 나타나는 이 진술의 의미에 대한 설명에서 그는 결국 하나님이 하나님이시려면 우리를 구원하셔야 하며, 그 구원 역사가 하나님을 형성하는 것이라는 시사를 주고 있다: "하나님의 구원의 사건, 구원의 역사는 하나님의 존재 자체 안에 예정되어 있으며 하나님의 존재 자체 안에서 일어난다. 그것은 하나님 자신의 삶을 형성한다"(249). 또한 그는 곳곳에서 그가 몰트만 등을 따라 전통적이고 고전적 관점을 비판하고 수정하면서 이 문제를 해결해 보려고 함을 명확히 드러내고 있다(Cf. 248, 255f.).

것이라면, 우리가 위에서 행한 새로운 십자가 신학의 관점에 대한 관찰과 평가가 참된 것임을 확인할 수 있다.

IV. 결론

이 글에서 우리는 소위 존재론적 삼위일체와 경륜적 삼위일체의 관계를 바라보는 새로운 십자가 신학의 관점을 정리해 보았다. 새로운 십자가 신학의 관점은 어떤 점에서 보면 모호하여 여러 해석의 여지를 주고 있으나, 최대한 긍정적으로 말하자면 경륜적 삼위일체에 의해서 존재론적 삼위일체가 풍성해진다고 하며, 최대한 부정적으로 말하자면 경륜적 삼위일체가 역사의 과정에서 다 드러날 때에야 참으로 존재론적 삼위일체가 있다는 의미에서 존재론적 삼위일체를 종말론적 개념, 또는 종말론적 개념에 대한 예배 중에서의 송영적 선취라고 말한다.

우리가 고전적 관점에서의 존재론적 삼위일체와 경륜적 삼위일체의 관계에 대한 입장을 정리해 본 대로 존재론적 삼위일체는 경륜적 삼위일체의 존재 근거이고 경륜적 삼위일체는 존재론적 삼위일체의 인식 근거이다.[20] 그런데 새로운 십자가 신학의 관점은 인식 근거를 인식 근거 이상의 것으로 여겨 확대하고 있는 것이라고 할 수 있다. 그러므로 새로운 십자가 신학의 입장은 삼위일체에 대한 이해에 있어서도 비판받아야만 하는 것이다. 다른 개혁자들과 마찬가지로 루터도 삼위일체론에 있어서는 고전적 관점에 충실하였다. 이에 비해서 새로운 십자가 신학의 삼위일체론은 고전적 관점과 다를 뿐만 아니라, 그것을 파괴하고 나가는 것이라고 할 수 있다.

---

[20] 이에 대해서는 이 책의 제1부 3 "존재론적 삼위일체와 경륜적 삼위일체에 대한 개혁신학적 입장"을 참조하라.

10
헨드리쿠스 베르코프의
삼위일체론에 대한 비판적 고찰

근자에는 교회의 전통적 교리를 오늘날의 새로운 이해(또는 그들의 주장에 의하면, 성경에 대한 학문적 이해)에 비추어서 새롭게 제시해 보려는 노력들이 많이 나타나고 있다. 그들 자신의 주장에 의하면 보다 성경적이고 보다 기독교적이려고 하는 이런 시도들이 과연 그들이 주장하는 바에 부합하는지를 살펴보는 작업은 우리 모두의 과제가 아닐 수 없다. 그런 전통에 대한 수정 요구의 하나로 헨드리쿠스 베르코프(Hendrikus Berkhof, 1914-1995)의 삼위일체론을 생각할 수 있다. 화란의 라이덴 대학교(the University of Leiden)의 교의학과 성경 신학 교수를 오래 하다 은퇴하여 명예교수로 있다가 1995년에 세상을 떠난 헨드리쿠스 베르코프는 삼위일체론과 관련하여 전통적 삼위일체론은 아리스토텔레스적인 신개념과 그 영향 아래서 오랫동안 정태적 존재론적 삼위일체를 계시적 삼위일체로부터 아주 멀리 떨어지게 했었다고 비판하면서 새로운 견해를 내놓고 있는데, 그 자신은 성경과 기독교 신앙의 언약적 구조에 충실한 것인가? 만일 우리가 이 질문에 긍정적으로 답해야 한다면, 우리는 그를 따라서 전통적인 니케아-콘스탄티노플-칼시돈적 삼위일체론을 버리고 수정된 삼위일체론으로 나아가야 할 것이다. 그러나 과연 그의 수정 요구를 우리가 받아들일 수 있는 것일까? 바로 이것이 이 글에서 묻고자 하는 핵심 질문이라고 할 수 있다.

이 글에서 나는 헨드리쿠스 베르코프의 삼위일체론이 기본적으로 슐라이어마허적 접근을 가진 것으로서, 이것은 전통적인 삼위일체론과 조화될 수 없을 뿐만 아니라, 기독교 신앙의 언약적 구조를 반영하고 있는 것도 아님을 드러내고자 한다. 따라서 이 글의 주장이 세워질 수 있다면, 삼위일체론에 관한 한 헨드리쿠스 베르코프의 입장은 성경적 기독교의 삼위일체론을 따르지 않는 것일 뿐만 아니라, 실질적으로는 그것을 가리우고 기독교적 삼위일체론에서 일탈해 나가는 것으로 여겨져야 한다. 결국 헨드리쿠스 베르코프의 삼위일체론이 가지고 있는 신-슐라이어마허적 접근은 오늘날 유행하고 있는 몰트만과 융엘 등의 신-헤겔적 접근과 함께 삼위일체의 용어와 개념을 유지해 보려고 하지만 결국은 전통적 삼위일체론과는 다른 방향으로 지적될 수 있을 것이다.

여기서 내가 헨드리쿠스 베르코프가 그의 삼위일체론에서 슐라이어하머적인 접근을 하고 있다든지, "신-슐라이어마허적 접근"을 하고 있다고 말하는 용어의 의미는 헨드리쿠스 베르코프의 삼위일체론이 슐라이어마허의 삼위일체론을 그대로 따르고 있다든지, 그가 마치 슐라이어마허에 대한 비판을 전혀 고려하지 않는 듯이 그의 삼위일체론을 슐라이어마허적으로 제시하고 있다는 의미가 아니다. 이는 단지 슐라이어마허에 대한 모든 비판을 고려하고, 베르코프를 포함한 오늘날의 많은 신학자들이 바르트 이후(post-Barthian)에 있다는 상황을 고려하고서도, 베르코프의 삼위일체론은 슐라이마허적인 접근법을 사용하고 있다는 의미다. 즉, 베르코프는 19세기와 20세기의 슐라이어마허 비판을 의식하면서, 그 비판을 한편으로는 피하고, 한편으로는 끌어 안으면서, 그러나 기본적으로는 슐라이어마허적인 접근을 포기하지 않고, 그것을 20세기 상황에 맞게 발전시키고 있다는 의미다. 여기에 소위 "신-슐라이어마허적 접근"이라는 용어 사용의 근거가 있다.

---

[1] Cf. Jürgen Moltmann, *The Crucified God*, trans. R. A. Willson and John Bowden (London: SCM, 1974); idem, *The trinity and the Kingdom: The Doctrine of God*, trans. Margaret Kohl (London: SCm, 1981); idem, "The Christian Doctrine of the Trinity Doctrine" (Philadelphia: Fortress Press, 1981); idem, "The Trinitarian Story of Jesus" and "The Social Understanding of the Trinity," in Elizabeth and Jürgen Moltmann, *Humanity in God* (New York: The Pilgrim Press, 1983), 70-89, 90-106.

이 글의 주장을 드러내기 위해서 나는 다음과 같은 세 가지 측면에서 헨드리쿠스 베르코프의 삼위일체론을 검토해 보고자 한다. 먼저 그의 삼위일체론 자체를 분석하기로 한다(Ⅰ). 여기서 나는 그가 말하는 소위 성경의 언약적 구조에 충실한 삼위일체론 진술이 과연 성경적이며, 전통과 잘 조화될 수 있으려는지를 고찰할 것이다. 결국 소위 경륜적 삼위일체 중심의 그의 삼위일체론의 근본적 의도가 드러나게 될 것이다. 둘째로는 그의 교의학적 구조로부터 그의 이런 결론이 슐라이어마허적 구조를 따른 것임을 밝힐 것이다(Ⅱ). 셋째로는 삼위일체론에 대한 베르코프 자신의 역사적 고찰을 분석함으로써 그가 삼위일체론에서 의식적으로 슐라이어마허의 접근과 친화성을 가지고 있으며, 바로 이것이 그의 경륜적 삼위일체 중심의 삼위일체론의 성립 근거가 되었음을 지적할 것이다(Ⅲ).

이상의 검토는 주로 그의 1985년판 『기독교신앙』(*Christelijk Geloof*)을 우드스트라(Sierd Woudstra)가 영역한 영어 개정판을 중심으로 진행될 것이다2(따라서 이 책으로부터의 인용은 본문 가운데 괄호 안에 면 수만으로 밝히기로 한다). 그런 점에서 이 글은 그의 모든 저작에 대한 분석이 아니라는 제한점을 지닌 검토임을 밝힌다.

Ⅰ. 헨드리쿠스 베르코프의 삼위일체론 진술 자체

헨드리쿠스 베르코프의 삼위일체론은 다음 두 가지 진술로 요약될 수 있는 성격을 가지고 있다. (1) 베르코프의 삼위일체론은, 그가 피하려고 하는 전통적인 용어를 써서 표현하자면, 경륜적 삼위일체를 이해해 보려고 한다. 그리고 (2) 그 실질적 진술에 있어서는 전통적 삼위일체의 개념을 파기한다. 이제 이 두 가지를 차례로 살펴 보기로 한다.

첫째로, 베르코프는 경륜적 삼위일체만으로 삼위일체를 이해해 보고자 한다.

---

2 Hendrikus Berkhof, *Christelijk Geloof*, Revised Edition (Nijkerk, the Netherlands: Uiteverij G. F. Callenbach, 1985); idem, *Christian Faith: An Introduction to the Study of the Faith*, trans. Sierd Woudstra (Grand Rapids: Eerdmans, 1986).

즉, 그는 그 자신으로 계시는 하나님이 아니라, 우리와의 관계 가운데 있는 하나님만으로 삼위일체를 이해하려고 한다. 사실 그는 도대체 삼위일체를 이렇게 나눈다는 것 자체를 마땅해 하지 않는다. 내재적 삼위일체 혹은 존재론적 삼위일체는 경륜적 삼위일체 개념에 근거하고 있다고 보는 것이다(337). 이 구별을 거부하는 그의 생각은 그의 삼위일체론의 분석을 통해 보면 결국 경륜적 삼위일체만으로 삼위일체를 이해하려는 것임을 알 수 있다.

이를 위해서 그가 중요시하는 개념은 하나님과 인간 사이의 언약, 또는 언약 사건이다. 그래서 삼위일체론을 다루는 절의 제목도 "삼위일체성으로서의 언약"(the Covenant as Tri-(u)nity)이다. 이 언약은 우리네 인간들을 하나님의 아들들과 딸들로 만들어 하나님과 언약적 교제를 갖게 하는 사건이다. 이는 "하나님으로부터 일어나는, 그리고 영에 의해 수행되는 하나의 사건인데, 이 사건은 기본적으로 두 인격, 하나님과 예수 사이에 일어나는 사건이나, 그 안에 항상 새로운 인격들이 연관되는 사건"이라고 한다(336). 그래서 그는 삼위일체라는 말을 하나님 자신의 어떠하심, 그의 말대로 하면 언약의 한편 상대인 하나님의 구조(the "structure" of the one covenant partner, God)를 묘사하는 말로 보아야 한다고 한다(336). 따라서 그는 삼위일체를 "하나의 본질을 가진 삼위"(one essence in three persons)로 말할 수 없다고 한다(336). 즉, 삼위일체는 영원 안에 있는 한 존재를 지칭하는 말이 아니라, "시간 안에 있는 한 역사"(*one* history in time)를 구성하는 말이라고 하고 (336), 또 다른 곳에서는 "계시와 언약에서 하나님과 인간 사이에 일어났고, 일어나고 있는 것에 대한 묘사"라고 하기도 한다.[3]

이렇게 역사적으로 나타나는 삼위일체 사건은, 그의 본성에 속하는 결정인 축복의 하나님이 되시려는 하나님의 자결정에 근거한 것이라고 한다(337). 즉, 하나님은 그의 주권적 사랑으로 우리와 함께 이 역사의 과정에 관여하시고, 이것이 하나님께도 무엇인가를 일으키고, 하나님을 풍성케 한다는 것이다(337). 결국 역사의 과정 가운데서 하나님은 삼위일체가 되신다고도 할 수 있는 결론에 이른다. 물론 베르코프 자신은 삼위일체가 되신다는 표현을 피하려고 애쓰고

---

[3] Berkhof, *Introduction to the Study of Dogmatics*, 106.

있다. 그래서 그는 "삼위일체 사건은 하나님의 본성에서 일어난다" 또는 "삼위일체는 하나님께 본질적인 것이다"(the Trinity is natural [essence] for God) 등의 표현을 한다(337). 그러나 그 바로 뒤에 말하기를 삼위일체는 "하나님이 어떻게 그의 영원한 목적에 따라서 그 자신의 삶을 시간 안에서 확대하고 수행하여 그 생명을 사람과 함께 나누고자 하시는지를 묘사한다"(337)고 함으로써, 삼위일체 사건은 시간 안에서 우리와의 연관 가운데서 이루어지는 사건이고, 이것이 하나님 자신도 더 확대하고, 풍성케 하는 사건이라고 베르코프가 보고 있음을 잘 드러내고 있다. 그러므로 그에게 있어서 삼위일체란 "사람을 향해 계속적이고 개방된 사건"(a continuing and open event, directed to man)을 지시하는 말이다(336).

따라서 사람들은 이 삼위일체적 사건에 참여하도록 초청을 받는다. 즉, 우리가 아버지와 아들 사이의 관계에 참여하게 된다는 것이다(336). 물론 이 때에 아버지와 아들 관계의 독특성이 사라지게 되는 식으로 참여하는 것이 아님을 베르코프는 분명히 밝히고 있다. 그래서 "다-일체"(multi-unity)란 표현을 쓰지 않고 "삼위일체"(tri-unity)란 말을 계속 사용한다는 것이다(336). 삼위일체 간의 관계와 인간의 하나님에 대한 관계의 "본질상의 차이"(the distance in essence)를 여전히 전제하기 때문이라는 것이다. 그러나 그 차이가 오직 기원에 있어서의 차이일 뿐, 그 내용에서는 전혀 차이를 가지지 않은 것임을 그는 예수에 관해 논하면서 분명히 진술하고 있다.

이상의 분석에서 베르코프의 삼위일체론이 기본적으로 경륜적 삼위일체를 중심으로 하고 있음이 분명히 드러났을 것이다. 그는 이 계시 사건으로부터 본체론적 삼위일체로 나아가려고 하지 않는다. 그런 시도 자체가 잘못된 삼위일체론으로 나아가는 것이라고 본다. 그는 역사의 과정에서 나타나는 삼위일체 사건으로 하나님을 이해하려고 한다. 그가 말하는 대로, "삼위일체는 추상적인 '자신-안에-있는-하나님'(an abstract God-in-himself)이 아니라, 계시된 '우리와-함께-하시는-하나님'(the revealed God-with-us)에 대한 묘사"라는 것이다(337).

이제는 위에서 말한 두 번째 요점, 즉 베르코프의 이런 삼위일체론은 전통적 삼위일체론을 파기한다는 요점에 대한 검토로 나가 보기로 하자. 우리는 첫째로 그가 "영"을 어떻게 이해하고 있는지를 통해서, 그의 "영" 이해가 전통적 "성령" 이해와 어떻게 다른지를 지적해 보는 일로 이 작업을 시작하기로 한다.

지금까지 우리가 살펴본 바와 같이, 베르코프는 하나님과 사람 사이의 언약적 관계, 즉 하나님과 사람 사이의 함께함(coming-together of God and man)에서라야 삼위일체를 말할 수 있다고 보는 바, 이 하나님과 사람의 함께함은 "성부에게서 성자에게로 나오시고, 또한 성자로부터 사람들에게로 나오시는 영" 안에서 이루어진다고 한다(335). 이 하나님과 사람의 함께함의 사건 가운데서 우리는 창조하시고, 움직이시며, 고난을 받으시고, 투쟁하시는 "움직임 가운데 있는 하나님의 존재"(the being of God in action)를 보게 된다고 하는 것이다(335). 그런데 이 밖으로의 활동들 가운데 있는 하나님의 인격성을 표현하는 이름이 "영"이라고 한다(336). 그리고 그 자신의 다른 저서 『성령론』에서는 영이란 "부활하신 그리스도의 활동"이요, "높여지신 주의 현존에 대해 주어진 이름"이라고 한다.[4] 그래서 베르코프는 영이란 "세상을 향한 움직임 가운데 있는 하나님의 이름"이라고 하기도 한다(335). 즉, 영은 바로 "인격으로서의 하나님, 관계 가운데 계신 하나님"(God-as-person, God-in-relation)이라는 것이다(336). 그러므로 그에게 있어서 "영"은 전통적 삼위일체론이 말하는 하나님의 한 위(位)가 아니라, 인간들과의 언약 관계 가운데 계신 하나님에 대한 이름인 것이다.

그런데 하나님의 "영으로서의" 최고의 행위는 "참 아들인 새 사람의 창조"(the creation of the new man, the true Son)라고 한다. 이 사람과 영의 관계에 대해서 그는 다음과 같이 말한다:

> 이 사람 안에서 언약이 확립되었고, 그 안에서 영이 땅에 존재하게 되었다. 이후로부터는 영과 그리스도는 일치한다. 전적으로 신실한 언약의 상대자로서 예수는 영의 형태요, 영을 땅으로 부르고, 영을 위한 여자를 창조한다. 이제부터는 영의 활동은 하나님과 예수의 절대적 언약적 하나됨과 이 하나됨 가운데서 그가 우리를 위하여 얻으신 새로

---

⁴ Berkhof, *The Doctrine of the Holy Spirit* (John Knox, 1964); idem, *Introduction*, 109; idem, *Christian Faith*, 329-32.

운 삶의 작용 방식으로 존재한다(331).

그래서 베르코프는 "아버지-아들-영" 또는 "아버지-영-아들"의 세 이름들은 "언약 사건의 요약적 묘사"라고 한다(335). 그리하여 베르코프에게 있어서는 아버지는 이 사건의 신적 상대이며, 아들은 인간의 대표, 또는 인간적 상대이고, 영은 그 둘 사이의 유대요, 따라서 아들과 그 아들이 아버지에게로 이끄는 아들들과 딸들의 유대로 이해된다(335-36). 영을 이와 같이 아버지와 아들 사이의 사랑의 유대(the *vinculum amoris*)로 이해하는 것은 어거스틴의 전통을[5] 따르고 있는 것과 같이 보이나, 기본적으로 어거스틴에게 있어서 영은 삼위일체의 한 위로 이해된 데 비해서, 베르코프에게 있어서는 관계 가운데 계신 하나님을 지칭하는 이름 정도로 이해되고 있으므로, 그의 영 이해와 어거스틴적 전통을 일치시키기는 어렵다.

이렇게 "영"이 삼위의 한 위로서가 아니라 '인격이신 하나님, 관계 가운데 계신 하나님'을 말하는 것이라면, 아버지와 아들은 어떻게 이해되는 것인가? 베르코프에 의하면, 옛 선지자들이 예언하던 하나님과 인간 사이의 새로운 시작 이 실현된 것이 예수에게서인데, 이 예수는 하나님의 독특하고 새로운 창조 행위에 의해서 있게 된 "참 사람이요, 신실한 언약의 상대자"이고(286-87), "그의 하나님께서 창조하신 하나님과의 관계 가운데서 언약이 갱신되고 영원히 수립 된" 아주 뛰어난 의미에서의 아들(the Son *par excellence*)이라고 한다(287). 즉, 예수는 "위로부터 온 새로운 시작"으로 아들됨(sonship)을 종국적으로 실현한 자요, 그러기에 "그 아들, 독생하신 아들"(the son, the "only-begotten" son)이라는 것이다(287). 즉, 예수에게 대해서 "하나님이 독특하게 아버지이시다"고 한다. 그러나 베르코프에 의하면 선재하는 아들인 성자는 없다.[6] 물론 예수는 베르코프

---

[5] Augustine, *De Trinitate*, trans. Authur West Hadan, revised by William G. T. Shedd, *St. Augustine: On the Trinity*, in *Nicene and Post-Nicene Fathers*, vol. III (Edinburgh: T. & T. Clark, 1887), Book VIII and Book IX.

[6] 베르코프의 기독론에 대한 같은 판단으로는 다음을 보라. Klass Runia, *The Present-day Christological Debate* (Leicester, England and Downers Grove, IL.: Inter-VarsityPress, 1984), 74. "It is obvious that Berkhof has no place … for the idea of pre-existence in an ontological sense."

에게 있어서 다른 인간들과는 다르고, 다른 아들들과는 다른 분이다.7 그래서
그는 "그 아들"이라고 불리우고, "독생하신 아들"이라고 불리우나, 그 의미는
영원에 성부에 의한 성자의 낳음과 같은 것이 있다는 의미는 아니다.8 물론 베르코
프는 예수의 아주 뛰어난 아들됨이 인간의 종교적, 도덕적 순결의 열매나 절정으
로 된 것이 아님을 분명히 한다. 오직 하나님의 독특하고 새로운 창조 행위
덕분에 그가 독특한 아들이시라는 것이다.9 그래서 아버지와 아들 사이에는 언약
적 관계만이 있는 것이 아니고, 기원의 관계, 독특한 기원의 관계에 근거한 새로운
언약적 관계가 있다고 한다(287).

그러나 예수와 다른 인간들의 관계, 즉 그의 아들됨과 우리들의 하나님의 아들됨
의 관계가 과연 어떤 것인지의 문제는 늘 모호하게 남는다. 그도 이를 의식했는지
한 곳에서 이에 대해 다음과 같은 설명을 해주고 있다. "기원과, 따라서 대표하는
능력에 있어서는 예수의 아들됨은 독특하다. 그러나 그 내용에 있어서 그것은 온
인류가 이스라엘의 언약적 방식을 통해 부름받은 그것이다"(288). 즉, 이스라엘이,
또한 이스라엘의 대표됨이 했었어야만 하고, 그런 것이어야만 한 것, 그러나 그들이
실패한 그것, 즉 하나님의 아들됨을 예수가 종국적으로 수행했다는 것이다. 이는
그저 우리가 예수를 본받고, 그와 같이 되어야 한다는 시사 이상의 것인 듯 싶다.
예수가 비로소 "하나님께서 의도하신 언약과 아들됨이 종국적으로 그 충만한 발전
에 이르른 인간 실존의 새로운 방식에로 들어가셨다"는 것이다(288).10

이는 인간들이 추구하고 나아가야 하는 그 방향에서 그 인간의 참된 모습을

---

7 이하의 몇가지 각주에서 나는 베르코프와 슐라이어마허의 비슷한 견해를 보이는 슐라이어마허
로부터의 인용을 할 것이다. 편의상 논의 없이 본문에 나타나는 베르코프의 생각과 비슷한 슐라이어마
허의 글만을 인용할 것이다. Cf. F. Schleiermacher, *The Christian Faith*, trans. Mackintosh and Stewart
(Edinburgh: T. & T. Clark, 1928), 378f.: "We must conclude that ideality is the only appropriate expression
for the exclusive personal dignity of Christ."

8 Cf. Schleiermacher, *The Christian Faith*, 473: one should not think that the divine in Christ is
"something special existing from eternity, its descent to earth takes on the appearance of a humiliation."
See also Paul Avis, *The Method of Modern Theology: The Dream of Reason* (Marshall Pickering, 1986),
17ff.

9 Cf. Schleiermacher, *The Christian Faith*, 427: "the creative divine activity."

10 Cf. Schleiermacher, *The Christian Faith*, 381, 400, 702.

드러내시는 분으로 예수가 존재하게 되었다는 말이다. 이런 의미에서 베르코프는 "하나님의 아들로서의 이스라엘의 길과 인류의 역사에 들어온 순전히 수직선적인 일("침입," in-cident, "intrusion")이 아니다"(286)라고 말한다. 결국 하나님의 아들됨의 내용에 관한 한 예수와 우리 사이의 차이가 제거되기 때문이다. 예수는 단지 그 기원과 대표력에서만 우리와 다른 독특한 아들이라는 것이다.

예수가 그의 기원에서 독특하다는 것은 무엇을 뜻하는가? 베르코프는 그가 하나님의 독특한 창조 행위에 의해 있게 된 존재라고, "성령에 의해서 잉태된 하나님으로부터의 새로운 시작"이라고 한다(291).[11] 그리고 바로 이렇게 사람이기에 그는 참 하나님의 아들이라고 한다.[12] 이와 같은 진술이 분명히 해 주듯이 베르코프에게서 예수는 단순한 사람일 뿐인데, 그에게서 하나님의 주체(the "I" of God)가 그의 인간의 주체(the "I" of man)를 온전하고도 철저히 충만케 한 분이다(291).[13] 한 곳에서는 이 하나님의 주체를 "하나님의 영, 즉 하나님 자신"으로 표현하기도 한다(291). 이 충만, 또는 파고듦 때문에 그는 "아버지의 온전한 도구가 된다"고 한다(291). 그리고 이 완성된 언약 관계가 우리의 경험과 상상을 초월하는 하나님과 사람 사이의 새로운 연합을 뜻하게 된다고 한다. 그러나 그 초월은 우리의 인간성을 폐기하는 것이 아니라, 그것의 최고 성취를 가져오는 것이라고 한다.

그리고 이 연합도 단번에 이루어진 정태적인 것이 아니라, 수많은 내적 고통

---

[11] 그러나 이는 베르코프가 동정녀 탄생을 받아들인다는 말은 아니다. 그는 동정녀 탄생에 대한 성경의 기사들은 이 예수가 하나님의 새 창조에 의해 있게 된 아주 뛰어난 아들임을 시사하는 전승에 대한 후기의 확대일 뿐이라고 본다. Cf. Berkhof, *Christian Faith*, 298: "In our opinion, therefore, it seems most probable that it is later enrichment of the tradition, to give concrete expression to the confession that Jesus, the Son by pre-eminence, could not be generated by man … ." See also Runia, *The Present-day Christological Debate*, 74.

[12] Berkhof, *Introduction to the Study of Dogmatics*, 106.

[13] Cf. Schleiermacher, *The Christian Faith*, 385: Christ "is like all men in virtue of the identity of human nature, but distinguished from them all by the constant potency of His God-consciousness, which was a veritable existence of God in Him"; 397: "the distinction between the redeemer and us others is established in such a way that, instead of being obscured and powerless as in us, the God-conciousness in Him was absolutely clear and determined each moment, to the exclusion of all else …"

과 투쟁을 통해서 비로소 아버지의 삶과 이 세상에서의 아버지의 사역에 충분히 참여하게 된 것이라고 한다(291). 그는 이렇게도 말한다: "신약은 죽기까지 하신 그의 온전하신 순종 때문에 인간 예수가 하나님의 삶과 통치에 참여하게 된 역사를 우리에게 보여주고 있다"(292). 그러므로 베르코프에게 있어서 예수는 그의 역사적 삶 가운데서 하나님에 의해서 충만케 된 사람이다. 그러므로 그에게 있어서 예수는 신성과 인성을 가진 신인(the God-man)이 아니다. 그는 양성을 언급하는 것 자체가 그의 인격의 통일성을 모호하게 하는 일이라고 보고 있다 (292). 그러므로 그의 입장을 전통적인 용어를 써서 표현하자면 그는 신적 인격의 "비인격성"(*anhypostasis*)을 주장하는 것이라고 할 수 있다. 물론 이는 전통적으로 사용되던 이 용어를 완전히 도치해서 사용하는 것이니, 전통적으로는 그가 취하신 인성의 비인격성을 말하는 데 이 용어가 사용되었기 때문이다.[14] 또한 베르코프 자신은 이런 용어의 사용 자체에 대해 반감을 표할 것이니, 그는 전통적 양성론의 문제 자체를 회피해 보려고 하기 때문이다.[15]

그러므로 베르코프에게 있어서 아버지와 아들도 삼위의 두 인격이 아니다. 그는 하나님과 예수라는 두 인격(336)을 말하기는 해도, 아버지와 아들을 직접적으로 두 인격으로 말하지는 않는다. 물론 그가 아버지와 아들 사이의 관계 등의 말을 쓰고 있는 것은 사실이다. 그러나 우리가 강하게 받는 인상은 아버지는 하나님과 인간의 언약 관계에서 신적인 상대자를 지칭하는 것으로, 아들은 인간의 대표를 지칭하는 것으로 보고 있다는 것이다. 결국 그에게 있어서는 한 하나님의 언약적 관계의 세 측면을 지칭하는 명칭들로 아버지, 아들, 영의 용어가 사용되는 듯한 인상을 받게 되는 것이다.

---

[14] 이 용어의 전통적 사용에 대한 잘된 정의를 위해서는 다음과 같은 표준적 교의학 서적을 참조하라. Louis Berkhof, *Systematic Theology*, Fourth Revised and Enlarged Edition (Grand rapids: Eerdmans, 1941), 322; Charles Hodge, *Systematic Theology*, vol. II (Grand rapids: Eerdmans, 1977), 391; Otto Weber, *Foundations of Dogmatics*, vol. 2, trans. Darrell L. Guder (Grand rapids: Eerdmans, 1947), 121-24. 이 외에 이 용어 사용에 대한 비판과 그 자신의 견해를 덧붙이고 있는 이에 대한 설명으로 D. M. Baillie, *God was in Christ: An Essay on incarnation and Atonement* (London: Faber and Faber Limited, 1947), 85-93도 참조하라.

[15] Cf. Berkhof, *Introduction*, 105; Runia, *The Present-day Christological Debate*, 74.

결국 그는 기독교 신앙의 언약적 구조에 일치하는 삼위일체론을 제시한다고 하면서 실상은 삼위일체의 내용을 파기하고, 인간과 관련하시는 하나님 안의 인격성의 새로운 삼위일체론, 그리고 전통적 삼위일체의 입장에서 보면 도대체 삼위일체론이라고 해야 하는지도 의심스럽게 된 대안을 제시하는 것이다.

이상에서 우리는 베르코프의 삼위일체론이 소위 경륜적 삼위일체를 중심으로 할 뿐만 아니라, 실질적 내용에 있어서는 전통적 삼위일체론을 파기함을 살폈다. 그런 의도를 가진 과거의 교의학적 시도 가운데서 우리는 (각주에서 비교되는 부분을 제시한 바와 같이) 슐라이어마허의 시도와의 유사성을 생각하지 않을 수 없다. 소위 경륜적 삼위일체를 중심으로 생각하는 점이나, 예수에 대한 이해에서 슐라이어마허의 "신의식에 가장 충만한 이"로서의 예수와 베르코프의 "하나님의 주체에 의해서 그 인간 주체가 충만케 된 이"로서의 예수의 유사성, 그리고 전통적 삼위를 극복해 보려는 노력에서 슐라이어마허와 베르코프의 삼위일체론의 친근성이 드러난다고 할 수 있다. 이는 그들의 교의학적 구조의 유사성에 대한 다음 검토에서 더욱 잘 드러나게 될 것이다.

II. 베르코프의 교의학적 구조와 삼위일체론의 위치

이제는 베르코프의 삼위일체론이 그의 교의학적 구조 중에서 어떤 위치를 차지하고 있는지를 살피기로 하자. 베르코프는 자신의 교의학에서 일반적 서론과 계시를 논의한 뒤에 하나님을 말하고, 창조를 언급한 후 이스라엘과의 언약적 관계를 논의한다. 그는 자신이 이스라엘을 신약과 함께 오랜 언약사 안에 위치시키고 있음을 강하게 주장한다. 즉, 이스라엘은 언약의 상대자로서의 사람의 실패가 나타나게 된 "실험장"으로 드러나서, 구약이 참된 언약의 상대자인 그리스도를 부르고 있음을 보여 주었다는 것이다.[16] 그리고는 이 실패한 이스라엘 대신 그

---

¹⁶ Berkhof, *Christian Faith*, 225-70; idem, *Introduction*, 101.

언약을 이루신 아들 예수를 논의하고, 그에 의해 존재하게 된 새로운 공동체를 언급하고, 사람의 갱신이란 제목하에서 전통적 구원론과 관련된 논의를 한 뒤에 세상의 갱신과 만물의 새롭게 됨을 논의한다.

이런 구조 자체를 살피면 전통적 교의학의 구조에서 세상의 갱신에 대한 논의가 추가되고 구원론과 교회론의 위치만 바뀌었을 뿐 별 다른 변화없이 그 논의가 진행되고 있다는 인상을 받게 된다. 그러나 이 전체적인 구조 내로 들어가면, 우리의 주제인 삼위일체론과 관련해서 전통적 교의학과의 심각한 차이가 한 가지 드러난다. 즉, 흔히 삼위일체론이 논의되리라고 기대되는 하나님에 대한 논의에서 삼위일체론이 나타나고 있지 않은 것이다. 일반적으로는 하나님의 본질과 속성을 논의한 후에 삼위일체론이 오거나, 삼위일체에 대한 논의 후에 그런 삼위일체 하나님의 속성에 대한 논의가 오는 것이 관례이다. 그런데 베르코 프에게 있어서는 예수에 대한 논의를 한 후에 영을 논의하고 그 후에야 삼위성으로서의 언약을 말한다.

베르코프 자신이 자신의 구조와 전통적 구조의 이런 차이를 아주 잘 의식하고 있다. 그래서 그는 삼위일체성에 대한 논의의 앞 부분에서 그가 이런 구조를 제시한 변론(*apologia*)을 제공하고 있다. 그가 보기에는 하나님의 존재와 속성을 이야기한 후, 그 다음 제목인 만물의 원천으로서의 하나님을 언급할 때 "삼위성 (triuneness) 같은 것을 그에게 돌릴 이유가 없다"(335)는 것이다. "세상의 창조자로서, 언약의 수립자로서, 그리고 자신을 우리에게 계시하신 분으로서 우리는 그를 한 하나님, 한 인격으로(as the *one* God, as a person) 안다"는 것이다(335). 물론 베르코프는 하나님은 이 단수성 가운데서도 무한히 풍성하시고, 그의 단수성은 우리가 말하는 단수성을 무한히 초월하는 것임을 인정한다. 그러나 그로부터 삼위일체로서의 하나님에 대한 교리로 나갈 수는 없다는 것이다. 그런 이해를 가지고 그는 전통신학에서 신론에서 삼위일체론을 다룬 것은 별 상관없는 부록 이상의 것이 안 된다고 비판한다(335). 오직 그리스도와 영의 사역을 논의한 뒤에라야 기독교 신앙의 모든 것이 그에 걸리는 하나님과 사람 사이의 함께함 (coming-together of God and man)은 "성부에게서 성자에게로 나오시고, 또한 성자로부터 사람들에게로 나오시는 영" 안에서 이루어짐을 말할 수 있다는 것이다(335). 즉, 자신이 말하는 대로 삼위일체성을 하나님과 인간 사이의 언약 사건의 요약적 묘사로 보아야 한다는 것이다.

여기서 우리는 베르코프가 굳이 이런 구조를 생각하는 이유가 무엇인가를 물을 수 있다. 만일 그가 성경에서 주어진 계시적 삼위일체의 계시를 중요시해서 이런 구조를 고집하는 것이라면, 이는 긍정적인 수납을 요구할 수도 있는 구조의 제시가 될 것이다. 현대의 분위기가 인간의 인식의 순서를 중요시하여 그 순서대로 모든 것을 진술하기를 원하는 것이라면 이런 구조 체계를 크게 문제 삼을 수는 없다. 그러나 내가 보기에는 베르코프의 삼위일체론에는 그가 이런 구조를 말하게 되는 그 이상의 어떤 필연성조차 있어 보인다. 위에서 살핀 바와 같이 그에게는 인간과의 관계성, 이 언약 사건 이전에 존재하는 삼위일체 하나님은 없다. 또한 베르코프가 이 언약 사건에서 찾은 하나님도 전통적인 의미의 삼위일체 하나님이 아니라, 언약의 신적 상대자로서의 아버지, 언약의 인간적 상대자로서의 아들, 그리고 그 언약 관계 속에 있는 하나님의 인격성의 삼위일체이다. 그러므로 베르코프에게는 이 언약 사건 이전에 영원부터 삼위일체로 계신 그런 하나님은 없는 것이다. 그는 그런 그 자신으로서의 하나님을 추상적이라고 판단한다(337). 따라서 그에게는 삼위일체성에 대한 언급이 하나님 자체를 말할 때나 그의 창조를 말할 때가 아니라, 그의 인간과의 언약 관계를 이야기하고, 그 언약이 참 사람이요, 신실한 언약적 상대자인 예수에게서 영의 작용으로 말미암아 충족되었을 때에라야 나올 수밖에 없는 그의 독특한 교의적 필연성이 있는 것이다.

삼위일체를 다른 문제에 대한 논의 배후로 미루는 베르코프의 이런 구조는 그 세세한 부분에서는 아니지만 과거의 신학 중에서 상당히 유사한 구조를 가진 신학을 생각하도록 한다. 다름 아닌 슐라이어마허는 삼위일체론을 그의 교의학의 맨마지막에 배치시켜서 부록으로 다루고 있다. 그 이유는 삼위일체 교리가 교회 안에서 형성된 것이지, 기독교적 자의식에 대한 직접적 언급은 아니기 때문이라는 것이다.[17] 또한 그는 이 교리가 완결된 교리라고 생각하지 않고 후에

---

[17] Schleiermacher, *The Christian Faith*, Paragraph 170.

다시 처음부터 정리될 필요를 가진 교리라고 본다. 베르코프는 슐라이어마허의 이런 생각을 매우 높이 산다. 그래서 그도 의식적으로 소위 계시적 삼위일체를 중심으로 하는 삼위일체론을 전개해 보고자 한다. 물론 베르코프의 삼위일체론과 슐라이어마허의 그 이해를 비교하면 그 두 입장이 정확히 같은 것이라고 하기 어려운 점이 있다. 그러나 예수의 성자됨에 대한 이해의 유사성 등은 베르코프의 이해가 그저 나온 것이 아니라, 한편으로는 슐라이어마허의 시도를 좀 더 진전시키고자 하는 시도에서 나온 것임을 짐작하게 한다. 교리사를 살피는 베르코프의 논의에는 이를 적극적으로 시사하는 말을 찾을 수도 있다.

III. 삼위일체론의 역사에 대한 베르코프의 검토에 나타난 시사점들

그 나름의 삼위일체론을 제시한 뒤에 베르코프는 그 동안 삼위일체론이 진전된 역사를 검토하고 있다(이는 바르트의 교의학 진술 방법에 따르는 듯 작은 글씨로 제시되고 있다). 이 삼위일체론의 역사에 대한 베르코프의 검토를 간략히 살펴보는 데서도 그와 슐라이어마허의 친화성이 드러나게 될 것이다.

그는 먼저 니케아 신조의 성부와 성자의 동일 본질에 대한 규정까지를 언급한 후, 이런 해결책은 실상은 해결책이 아니라, "하나님이 어떻게 하나이면서 셋인가"하는 새로운 문제를 제기하는 것이라고 주장한다. "한 본질을 가진 삼위"라는 진술은 문제를 해결하는 것이 아니라, 감추기만 하는 것이라는 것이다.[18]

그는 이 전통적 삼위일체론이 본질의 삼위일체를 중심으로 하는 방향으로 나아갔다고 하면서, 이런 경향은 다음과 같은 세 가지 가르침에서 그 극치에 이르렀다고 한다. 첫째는 다메섹 사람 요한(John of Damascus, *De fide orthodoxa* 1.8ff.)에 의해서 정식화된 삼위의 순환, 또는 상호침투(*perichoresis, circumincessio*)에 대한 가르침, 둘째는 어거스틴의 삼위일체론(*De trinitate* 1.4)에서 그 기초가 마련된 "밖으로의 사역은 나뉘어질 수 없다"(*opera ad extra sunt non divisa*)는

---

¹⁸ 그는 여기서 모리스 와일즈의 입장을 긍정적으로 인용하고 있다. Cf. Maurice Wiles, *The Making of the Christian Doctrine* (1967), 124-40.

규칙, 그리고 셋째로, 어떤 사역을 삼위 중 한 위에게로 돌리는 것은 우리 정신에 상응시키기 위한 것이라는 가르침(*appropriationes*)이다(338). 전통적 삼위일체론이 이런 가르침 속에서 잘 정리되었다고 하며, 이런 가르침이 소위 아타나시우스 신조(Athanasian Creed, or *Symbolum quicumque*)의 앞 부분에 잘 구현되어 있다고 보는 베르코프의 관찰은 정확하다. 그러나 이런 가르침으로 말미암아 본질의 삼위일체가 계시적 삼위일체와는 전혀 관계가 없는 것이 되었다는 그의 지적(338)은 너무 지나친 것일 뿐만 아니라, 그 설득력도 없다고 여겨진다.

삼위일체에 대한 전통적 진술 중에서 베르코프가 애호하는 것은, 소위 계시적 삼위일체가 중심적으로 나타나고 있는 진술들이다. 예를 들자면, 그는 이레니우스의 다음 진술들을 긍정적으로 인용한다 (이사야 6:1과 관련하여) 이는 "기름 부으시는 아버지와, 기름 부음을 받는 아들과 기름 부음, 즉 성령"을 지시한다고 보는 것(AH III. 18. 3), 구원받는 이들은 "영을 통하여 아들에게로, 또 아들을 통하여 아버지에게로 올라간다"고 말하는 부분(AH V. 36. 2), 그리고 그가 좀 더 신중심적이라고 일컫는 인용문, 즉 "영은 하나님의 아들 안에서 사람을 참으로 준비시키고, 아들은 그들을 아버지에게로 인도하며, 아버지께서는 하나님을 뵈옵는 사실에서 모든 사람에게 오는 영생에의 '불멸성'을 부여해 주신다"(AH IV. 20. 5).

그러나 이레니우스가 이런 진술들이 오직 계시적 삼위일체에 대한 정보를 주는 것으로 여겼는지는 상당한 논란의 여지가 있다고 하지 않을 수 없다.[19] 전통적 신학은 늘 계시적 삼위일체로부터 본체론적 삼위일체로의 추론을 하여 왔기 때문이다. 그리고 이레니우스에게는 하나님의 이 세상과의 관계가 시작되기 이전부터 하나님이 삼위일체적으로 계심을 시사하는 말들이 있기 때문이다. 예를 들자면, 이레니우스는 한 곳에서 이렇게 말한다. "아담 이전에만이 아니라, 모든 창조 이전부터도 말씀은 아버지 안에 있으면서 그의 아버지를 영화롭게 하였고, 아버지에 의하여 영광을 받으셨다. 그 자신이 다음과 같이 선언하고

---

[19] 우리는 여기서 내용은 좀 다르지만 칼빈이 말하였던 이레니우스에 대한 오해의 또 하나의 예를 볼 수 있다고 여겨진다. Cf. John Calvin, *the Institutes of the Christian Religion*, I. xiii. 27.

있듯이 말이다: '아버지여! 창세 전에 내가 아버지와 함께 가졌던 영화로써 지금도 아버지와 함께 나를 영화롭게 하옵소서.'"[20] 더구나 이레니우스가 자신의 진술들이 베르코프적 삼위일체론을 지지하는 구절로 생각하려는지에 대해서는 더한 의문이 제기될 수 있다.

우리는 정확히 같은 말을 어거스틴이 삼위를 "사랑하시는 아버지, 사랑받는 아들, 사랑 자체이신 영의 관계"로 표현하는 것(*De trinitate*, Ⅷ, Ⅸ)에 대한 베르코프의 동감에 가득찬 인용(339)에 대해서도 말할 수 있을 것이다. 어거스틴의 이 표현 자체는 베르코프의 언약의 신적 상대자이신 아버지, 인간적 상대자인 아들, 언약 관계 가운데 있는 하나님의 인격성이신 영이란 표현과 유사성을 가지고 있고, 사실 베르코프는 어거스틴의 이 표현을 생각하면서 삼위를 이와 같이 표현해 보려고 한 듯싶다. 적어도 삼위에 대한 베르코프의 진술을 읽으면서 우리는 그러한 느낌을 갖게 된다. 그러나 베르코프 자신이 의식하고 있듯이(그래서 그는 어거스틴의 삼위일체론을 상당한 추상화로 특징짓고 있는 것인지도 모른다), 어거스틴이 사랑으로 하나님을 설명한 것과 베르코프의 이해가 실상은 다른 것이라고 말할 것이다.

전통적 삼위일체 진술에 대한 그의 검토 가운데서 가장 공정하지 못한 것이라고 생각되는 부분은 칼빈의 삼위일체론에 대한 그의 언급이다. 그는 루터와 칼빈이 전통적 삼위일체론을 비판하거나 공격하지 않았다고 정확히 지적하고 있으나(339), 이에 덧붙여 말하기를 그들의 마음이 이에 있지 않았다고 한다(340). 그 예로서 그는 구속 사역에 있어서 성부와 성자의 관계를 말하면서 "이 실천적 지식이 그 어떤 게으른 사변보다 더 확실하고 확고하다"는 칼빈의 말을 인용한다(*Institutes*, Ⅰ, XⅢ, 13). 이로써 베르코프는 마치 칼빈이 본체론적 삼위일체에 대한 논의를 게으른 사변으로, 확실하고 확고하지 못한 것으로 여겼다는 인상을 주고 있다. 그러나 칼빈의 『기독교 강요』의 신론 부분을 읽은 이들은 누구나

---

[20] Irenaeus, "Against Heresies," in *The Ante-Nicene Fathers,* vol. 1: *The Apostolic Fathers-Justin Martyr-Inenaeus* (Edinburgh: T. & T. Clark, 1885; reprinted American Edition, Grand Rapids: Eerdmans, 1989), Ⅳ, xiv, 1, 478.

잘 느낄 수 있듯이 칼빈은 본체론적 삼위일체를 무시해도 좋은 듯이 생각하는 것을 견딜 수 없어 했던 것이다.21 또한 베르코프는 1537년 로잔의 목사였던 베르코프 까롤리(Pierre Caroli)가 초대교회의 세 가지 신조(사도 신조, 니케아 신조, 아타나시우스 신조)에 대해서 서명할 것을 요구했을 때, 칼빈이 이에 대해 거부한 것을 언급하고, 니케아 신조가 반복이 심한 언어로 이루어졌음을 비판했다고 말하여(34), 마치 칼빈이 니케아 신조를 포함한 세 신조에 대해 동감적이지 않은 듯한 인상을 주고 있다. 더구나 그는 이 문제를 말한 뒤에 다음과 같은 말을 덧붙이고 있다: "그러나 이것이 개혁자들로 하여금 급진적 비판과 개정을 하도록 하지는 않았으니, 이는 그들이 다루어야만 하는 다른 더 중요한 문제가 있다고 느꼈기 때문이다"(340). 이는 마치 다른 시급한 문제들이 없었으면 칼빈이나 루터나 전통적 삼위일체론을 급진적으로 비판하고 개정하였을 것이었으리라는 말처럼 들린다. 그러나 신중한 칼빈 연구가들이 인정하고 있듯이 삼위일체론에 관한 한 칼빈은 전통적 삼위일체론이 잘못된 것이었다고 전혀 생각하지 않았다.22 그리고 까롤리는 칼빈 등의 개혁자들이 아리우스주의자라고 잘못 주장하면서 위와 같은 요구를 하였었음을 잊어서는 안 된다. 이에 대해서 칼빈은 자신의 견해가 아리우스주의가 아니요, 전통적 삼위일체론을 따르고 있음을 분명히 하면서, 까롤리의 해명 요구를 거절한 것이기 때문이다. 즉, 칼빈은 자신이 전통적

---

21 너무 자명한 것이어서 인용문을 밝힐 필요도 없지만 굳이 밝힌다면 *Institutes*, I. xiii. 7-13("성자의 영원한 신격"); I. xiii. 14-15("성령의 영원한 신격"); I. xiii. 23; 그리고 II. xiv. 5. 칼빈은 여기서 그리스도는 영원 전부터 하나님의 아들이심을 말하며, 영원한 낳아지심을 동감적으로 말하고 있다. 또한 II. xiv. 6에서는 그리스도가 "진정한 본질상의 아들"임을 분명히 한다. 구체적인 인용을 하나만 한다면 다음 구절을 인용하고 싶다: "말씀은 시간의 시작 저편에서 벌써 하나님과 함께 계셨고, 영원토록 그와 더불어 존재하신다고 말하게 되는 것이다"(*Institutes*, I. xiii. 8).

22 Cf. Ronald S Wallace, *Calvin, Geneva and the Reformation: A Study of Calvin as Social reformer, Churchman, Pastor and Theologian* (Edinburgh: Scottish Academic Press, 1988), 239-41; Benjamin B. Warfield, "Calvin's Doctrine of the Trinity," *Princeton Theological Review* (1909): 553-652; Hugh Y. Reyburn, *John Calvin: His Life, Letters, and Work* (London: Hodder and Stoughton, 1914), 69f, 166-190; R. N. Carew Hunt, *Calvin* (London: the Centenary Press, 1933), 71-73; Robert Whitfield Miles, *That Frenchman, John Calvin* (London and Edinburgh: Fleming H. Revell Company, 1937), 87f.; Louwens Penning, *Genius of Geneva* (Grand Rapids: Eerdmans, 1954), 137f.; James Mackinnon, *Calvin and the Reformation* (New York: Russell and Russell, 1962), 62-64; Richard Stauffer, "Calvin," in *International Calvinism, 1541-1715*, ed., Menna Prestwich (Oxford: Clarendon Press, 1985), 31.

삼위일체론에 대해 불만이 있어서 세 신조에 대해 서명하지 않은 것이 아니라, 지금 이단 혐의를 받고서 당회의 재판 중에 있는 까롤리의 요구에 따라 그런 서명을 해야 할 이유가 없다고 여긴 것이다.[23]

그러므로, 베르코프의 칼빈과 개혁자들에 대한 이상스러운 시사는 그 나름의 삼위일체론적인 이해에서 나온 것으로 여겨진다. 이런 삼위일체에 대한 그 나름의 이해 가운데서 베르코프는 소시니안주의의 반(反)-삼위일체론, 특히 그들의 위 개념에 대한 비판을 그 방향에 있어서는 옳은 것이었다고 지적한다. 물론 그들의 비판이 "너무 합리주의적인 동기에서 나온 것이고 제한된 것이어서 삼위일체 교리의 갱신에 공헌할 수 있기에는 너무 부정적이었음"은 베르코프도 인정하지만 말이다(34).

그렇다면 베르코프는 누구에게 삼위일체론의 갱신에 대한 적극적 시사를 발견하는 것일까? 그의 삼위일체론에 대한 진술로부터 짐작할 수 있듯이, 그는 슐라이어마허가 그런 적극적이고 긍정적 기여를 할 수 있다고 여기고 있다. 그는 말하기를 19세기까지도 계시적 삼위일체에 우선성을 부여한 사람이 극히 드물다고 한다. 그리고는 덧붙이기를, "극히 소수만이 슐라이어마허의 대담한 혁신을 그와 같은 강도로 따랐던 것이다"(340)고 한다. 베르코프가 슐라이어마허의 『기독교 신앙』의 마지막 부분을 인용하면서 긍정적으로 생각하는 부분은 슐라이어마허가 계시적 삼위일체는 인정하면서 "최고 존재 안의 영원한 구별"에 대해서 우리는 아무것도 모른다고 시사하는 부분이다. 이에 근거해서 베르코프는 말하기를 "슐라이어마허는 내재적 삼위일체에 대한 자신의 거부를 준비적 단계로 여기고서, 그리스도와 영에 관한 신약의 진술들로부터 다시 이 문제를 바라 보는 더 나은 기회를 기다렸다"고 한다(340). 이로써 베르코프는 자신의 삼위일체론이 이런 슐라이어마허의 기다림을 충족시켜 주는 것으로 여기고 있음을 어느 정도 드러내고 있다고 할 수 있다.

---

[23] 사실 깔롤리는 베른 회의(the Synod de Berne, 1537년 5월 7일)에서 정죄 당하여 추방령을 받았고, 그 후 스위스를 떠나 그 뒤에도 계속 가톨릭 교회와 개신교 사이를 방황하다가 로마의 한 병원에서 죽은 인물임을 기억하라. Cf. Reyburn, 70; Hunt, 73; Miles, 87-89; Mackinnon, 63.

물론 19세기 이후에 슐라이어마허가 시사한 방향으로 시도를 하여 본 신학 사상들이 있음도 베르코프는 잘 알고 긍정적으로 언급하고 있다. 예를 들자면, 유럽 대륙에서는 중재신학(*Vermittlungstheologie*)과 리츨 등의 윤리적 신학자들이 이에 속한다고 한다. 그러나 여기서는 성경적 증언과 독일 관념론의 연합의 결과로 하나님의 인격성, 자의식, 사랑의 개념 들의 관점에서 존재론적 삼위일체를 발전시키는 온갖 시도가 나온 것을 안타까운 듯이 말하고 있다(34). 이에 비해서, 이 시기의 영국의 삼위일체론적 사유는 경험론적 경향으로 말미암아서 계시적 삼위일체에 대한 강한 집착과, 심지어 삼신론적 진술에의 경향까지도 보이고 있다고 한다(341). (그는 이에 대해서 하지슨[L. Hodgson]의 『삼위일체론』 [*The Doctrine of the Trinity*, 1943]과 램지[A.M. Ramsey]의 『고어로부터 템플까지』 [*From Gore to Temple*]의 부록 C와 D를 보라고 한다). 베르코프가 이보다 더 중요하다고 여기는 것은 하나님의 자기를 내어 주심(화평)과 종속을 하나님 자신의 영원한 본질에 속하는 것으로 여기는 모리스의 입장이다(Cf. F. D. Maurice, *Theological Essays*, 1853, 1957 ed., 78).

20세기의 삼위일체론을 말하면서는 계시는 인격과 인격의 만남이라는 사실로부터 존재론적 삼위일체에 대한 지식을 이끌어 내는 부룬너와 존재론적 삼위일체를 당신님을 전달하시고, 자신을 그 전달의 수납자로 하려는 하나님의 절대적 자결정에 근거한 것으로 보는 라너의 입장이 존재론적 삼위일체에 대한 관심을 다시 일으킨 것이나, 전통적 삼위일체에 대한 비판을 내포한 것임을 말한다. 이와 연관해서 바르트와 그의 학파에 의해서 계시적 삼위일체와 존재론적 삼위일체의 통일성을 회복하려는 더 강력한 시도가 이루어졌음을 말한다. 바르트의 『교회 교의학』 IV, 1, para 59, 1와 IV, 2, 330-48가 그런 시도를 드러내고 있음을 말하고, 이런 방향으로 나아가는 독일의 세 신학자, 판넨베르크, 몰트만, 융엘을 언급하고 있다. 그런데 이들에 대해서 베르코프는 그들의 접근이 헤겔적임을 분명히 잘 지적하고 있다(341f). 그는 현대의 또 하나의 삼위일체적 견해인 계시적 삼위일체를 존재론적 삼위일체와 동일시하는 이런 시도가 자신의 시도보다 더 사변적인 것이라고 여기면서 이를 비판하는 것이다.

　　이런 베르코프의 삼위일체론의 역사에 대한 검토를 보았을 때도 우리는 그가 다른 어떤 접근법보다 슐라이어마허적 접근을 애호하면서, 이를 발전시키려고 하고 있음을 확신할 수 있게 된다.

Ⅳ. 결론

이 글에서 우리는 헨드리쿠스 베르코프의 삼위일체론의 독특성은 현대의 그 어떤 삼위일체론보다 소위 경륜적 삼위일체를 중심으로 하고 있으며, 이런 경륜적 삼위일체에 대한 집중에서 실질상 삼위일체론의 구조를 깨고, 언약 관계의 신적 상대자로서의 아버지, 그 언약 관계의 인간적 상대자인 참 사람이요, 신실한 언약의 사람인 예수, 그리고 그 언약 관계 가운데 계신 하나님의 인격성이란 관계성의 개념으로 삼위일체론을 대치하는 시도에 있다는 것을 살펴보았다. 그리고 이런 시도는 그 내용에서나, 그 교의학적 구조에서나 19세기의 슐라이어마허 신학과 유사성을 지니고 있으며, 이는 삼위일체론의 역사에 대한 베르코프의 검토로부터도 확증될 수 있음을 살폈다.

　　베르코프는 자신이 제시하는 이런 새로운 삼위일체론이 그의 교의학과 함께 현대인들에게 더 잘 도전할 수 있으며, 기독교 신앙의 언약적 구조에 일치하는 것이고, 전통적 삼위일체론이 제기하는 "어떻게 하나가 셋이고, 셋이 하나인가?" 하는 난제를 그 질문조차 제기 하지 않게 하는 장점을 가진 것이라고 한다. 그러나 우리가 판단할 때 이는 잘못하면 삼위를 앗아가는 새로운 삼위일체론을 제시함으로써 전통적 삼위일체를 파괴하고, 따라서 기독교 신앙의 구조에 일치되기보다는 그것을 파괴할 수 있는 위험성을 더 가졌다고 여겨진다. 그러므로 기독교 삼위일체론을 현대인들에게 잘 전달해 보려는 베르코프의 기본적 동기를 높이 사면서도 우리는 그 구체적인 방향이 베르코프의 신-슐라이어마허적인 접근법은 될 수 없다고 결론내리지 않을 수 없다. 개혁자들이 성경에 일치한 것이라고 받아들인 니케아-칼케톤적인 접근법이 우리에게도 여전히 더 성경의 가르침을 요약, 정리하고 있는 것으로 여겨지는 것은 우리가 너무나도 수구적이고, 전통에 사로잡혀 있기 때문이라고 할 수 있을까? 이에 대해서 우리는 강한 부정의 반응으로 "아니다"*(Nein)*를 외치며 이 글을 맺게 된다.

11
판넨베르크 신학에 대한 개혁주의적 질문
- 김영선 교수의 "판넨베르크의 기독론 연구"에 대한 논평[1] -

김영선 교수님의 판넨베르크의 기독론에 대한 좋은 정리 논문에 대해 논평할 수 있는 것을 감사하게 생각합니다. 우리 나라 학자들이 쓴 판넨베르크의 기독론에 관심하는 글이[2] 그렇게 많지 않았는데, 김영선 교수님께서 박사 학위를 하시면서 가지신 관심을 계속 유지하셔서 판넨베르크의 기독론을 잘 소개하는 논문을 써 주신 것에 대해서 감사드립니다.

김 교수님은 판넨베르크가 기독교 신앙의 지적 책임성을 논증하려는 관심을 (1) 가지고서 신학적 작업을 하였으며, 그런 노력에서 기독론은 결국 그 함의가 되는 신론, 특히 삼위일체론과 함께 그의 신학의 중심이 되는데(13) 이런 기독론을 전개함에 있어서도 역사적으로 그리고 학문적으로 숙고될 수 있는 바탕 위에서

---

[1] 김영선, "판넨베르크의 기독론 연구,"「한국개혁신학」제1권 (서울: 한국개혁신학회, 1997): 280-308. 이 논문에 대한 이 논평은 한국개혁신학회 학술지인「한국개혁신학」1 (1997): 317-28에 실렸던 논평임을 밝힌다.

[2] 판넨베르크의 기독론에 관한 글로는 김이태,『판넨베르크의 기독론의 방법론적 구조 비판』(서울: 장로회신학대학 출판부, 1985)을 들 수 있다. 판넨베르크 신학 일반에 관한 글로는 다음 여러 글들을 생각할 수 있을 것이다; 김영한, "판넨베르크의 해석학으로서의 보편사 신학",「기독교 사상」(1979년 7월호)=『하이데거에서 리꾀르까지』(서울: 박영사, 1987), 362-79; "판넨베르크의 현상학으로서의 보편사 해석학",「기독교 사상」(1981년 11월호)=김영한,『하이데거에서 리꾀르까지』, 382-403; "판넨베르크의 보편사 해석학적 사고", 김영한,『하이데거에서 리꾀르까지』, 406-28; "쿨만의 구속사 신학과 판넨베르크의 보편사 신학",『신학사상』30, 31 (1980년 가을호, 겨울호); "판넨베르크의 보편사 신학과 라아너 학파의 보편 구속사 신학",「신학정론」3/1 (1985. 5): 100-34; 김균진, "판넨베르크의 역사이해",「신학논단」15 (1982): 197-236.

작업을 하였다고 하시면서(1) 그의 기독론의 전개를 잘 설명하시고 그런 신학적 방법이 과연 성공적인지를 비판적으로 제시하셨습니다.

김 교수님께서는 이 논문에서 판넨베르크의 기독론적 작업이 두 가지 점에서 공헌을 하였고, 두 가지 점에서 문제점을 나타내 보인다고 결론 내리셨습니다. 김 교수님이 말씀하시는 판넨베르크 기독론의 공헌은 첫째로 역사에 "유추 없는 부활에 대한 역사적 신뢰성을 위한 공간(room)을 제공한 것"(12)이고, 또 하나는 아래로부터의 방법이 "현대 신학의 진보를 이루고, 또한 학문적 접근의 르네상스를 이루는 데 크게 공헌하고 있다"는 점이라고 합니다(13). 그러나 이 두 가지 공헌점이라고 언급된 것은 김 교수님께서 제시하신 두 가지 문제점에 비추어 살펴볼 때 과연 성공적인 공헌이었는지를 묻게 됩니다.

첫째로, 김 교수님은 콜린 건톤의 비판을3 따르면서, 판넨베르크의 아래로부터의 기독론의 방법은 유한으로부터 무한으로 나아가는 문제("어떻게 유한한 나사렛의 인간 예수가 무한하신 하나님의 아들과 동일시될 수 있는가?"의 문제)를 "푸는 데 있어서 성공적이지 못한 것처럼 보인다"(4, 12)고 잘 지적하고 있습니다. 또한 둘째로 "그가 기독론을 발전시키는 과정에서 나타난 그의 방법론은 순수한 예수의 역사적 사실에 의존하기보다는 Apocalypticism의 역사 이해를 통한 신학적 전제에 의존하는 듯이 보인다"(12)는 점을 잘 지적하셨습니다.4 따라서 "부활의 역사성에 대한 그의 증거는 큰 설득력을 얻지 못하고 있는 듯이 보인다"(12)라고 결론내려 주셨습니다.

그러므로 결국 신학적 작업을 학문적인 것, 합리적인 것으로 보이게끔 하려고 했던 판넨베르크의 시도가 그리 성공적이지 못했음을 김 교수님께서는 잘 지적해

---

3 Colin E. Gunton, *Yesterday and Today* (London: Darton, Longman & Todd, 1983), 19-23, 57.

4 이 점에 대한 또 다른 지적으로 김영한, "판넨베르크의 보편사 해석학적 사고", 422를 보라. 또한 몰트만의 "부활절 메시지는 '종말이 이미 임하였다'고 선포하였으며, 그럼으로써 묵시 문학의 본질을 깨었다"고 말하는 옳은 지적에 유의하라. Cf. Jürgen Moltmann, *The Crucified God*, trans. R. A. Wilson and John Bowden (London: SCM Press, 1974), 197, n. 13. 또한 몰트만의 *The Way of Jesus Christ*, trans. Margaret Kohl (San Francisco: Harper Collins, 1990), 221에 나타나고 있는 당대 유대교의 묵시문학적 전통에 의한 주의 현현에 대한 해석은 제자들의 개인적 해석에 비해 이차적인 것이라고 말하는 비판에도 유의하라.

주신 것입니다. 판넨베르크 신학 전공자에게서 우리가 예상할 수 있는 판넨베르크 신학에 대한 경도에서 벗어나 그의 신학의 이런 근본적 문제점을 잘 드러내어 주신 이 논문에 대해서 우리는 김 교수님께 감사를 드려야 할 것입니다. 결국 김 교수님은 판넨베르크의 신학적 작업이 우리가 배우고 따라가야 하는 작업이 아니라는 것을 잘 드러내어 주신 것입니다. 그럼에도 불구하고 판넨베르크 신학에 대한 매력을 떨쳐 버리지 못하시면서 신학의 학문성과 "신앙에 대한 기독교인의 이해를 위한 지적인 구조의 제공"(1)이 이런 판넨베르크적인 시도에 의해서 주어질 수 있으리라고 생각하시는 김 교수님께 다음의 몇 가지 질문과 요청을 하게 됩니다.

Ⅰ. 판넨베르크 해석과 이 논문과 관련하여

먼저는 이 논문이 판넨베르크의『조직신학』, 제2권이 출간된 이후의 작업이라는 점과 관련하여서 우리는 판넨베르크의 이전 작업에 대한 분석과 함께 그의 근저인『조직신학』제2권에서의 기독론의 전개를 좀 더 비교하고 분석하고 싶다는 욕구를 갖게 됩니다. 특히 근저에 이전 작업과는 다른 어떤 특성이 나타나고 있다면 우리는 그의 신학의 새로운 전개 여부에 관심을 가지게 됩니다. 그런데 이 논문에서는 세 곳의 각주에서만(2, n. 6; 7, n. 39; 12, n. 71)『조직신학』이 언급되어 있으므로 상당한 아쉬움을 가지게 됩니다. 김 교수님의 이 논문이 판넨베르크의 이전 작업과 1991년의 작업을 좀 더 깊이 있게 비교하는 내용을 담고 있었더라면 더욱 큰 공헌을 하였으리라고 생각됩니다.

둘째로, 김 교수님의 이 논문에서는 판넨베르크 기독론의 기초가 되는 그리스도의 부활에 대해 그 성격을 분명히 하지 않고 진술하셔서 마치 판넨베르크가 신약 성경에 나타나는 부활에 대한 모든 진술을 그대로 받아들이며, 또한 부활 사실도 전통적으로 이해했듯이 받아들이는 듯한 인상을 주고 있습니다. 그러나 판넨베르크는 복음서에 나타나고 있는 부활에 대한 언급들을 전설적인(legendary)

것으로 여기고, 따라서 고린도전서 15장에 나타나는 바울의 이야기를 중심으로 그의 부활에 대한 논의를 하고 있습니다. 이에 대해서 우리는 클로스터 교수와 함께 "어떤 전제가 그로 하여금 이런 결정을 내리도록 하는지를" 물어야 할 것입니다.[5] 또한 판넨베르크는 부활을 "단지 은유(Metapher; metaphor)나 비유적인 어귀 또는 상징적인 표현"(eine gleichnishafte Wendung; a symbolic expression)으로 여기고 있다는 사실을 지적했어야 하는 것이 아닌가 싶습니다.[6]

판넨베르크는 "어떤 현실이 우리에게 있어서 이 비유에 상응하게 될지 우리는 아직 모르기 때문에 예수에 있어서 그 당시 본래적으로 무엇이 일어났는지 우리는 아직도 모른다"고[7] 말하고 있지 않는지요? 판넨베르크가 부활은 단지 비유적으로만(nur gleichnishaht) 기술되어질 수 있다고 말하는 그 의도에 대해서 좀 더 비판적인 태도를 취해야 하지 않을까요?[8] 이에 대해서 맥쿼리는 판넨베르크가 말하는 "부활의 표상"(image of resurrection)이라고 말하려고 하며, 이 부활의 표상은 "문자적으로 이해되어서는 안 되며, 그러나 불트만이 말하려는 바와 같이 신화적인 것도 아니라는 말을 듣게 된다"고 잘 지적하고 있습니다.[9] 이런 조심스러운 태도가 판넨베르크의 부활에 대한 이해에 더 공정한 것이 아닐까요?

II. 판넨베르크적 신학과 관련하여

결국 우리에게 남는 제일 중요한 질문들은 김 교수님께서 잘 소개해 주신 판넨베르크적 신학 작업이 과연 바른 것이고 우리가 따라갈 수 있는 것인가와 관련된

[5] Fred H. Klooster, "Historical Method and the Resurrection in Pannenberg's Theology," *Calvin Theological Journal* 11 (1976): 23.

[6] Pannenberg, "Was ist Wahrheit," in *Grundfragen systematischer Theologie,* I (Goettingen: Vandenhoeck und Ruprecht, 1967), 220-22="What is Truth," in *Basic Questions in Theology,* II, trans. George H. Kehm (London: SCM Press, 1971), 24-25, 26.

[7] Pannenberg, *Grundfragen systematischer Theologie,* 136, 221=25.

[8] 이에 대한 비판적인 언급에 대해서는 김영한, "판넨베르그의 보편사 해석학적 사고", 『하이데거에서 리꾀르까지』 (서울: 박영사, 1987), 421-23을 보라.

[9] John Macquarrie, *Jesus Christ in Modern Thought* (London: SCM Press, 1990), 327.

질문입니다.

첫째로, 판넨베르크가 자신의 기독론과 신학을 위한 기초로 강조하는 그리스도의 부활에 대해 트뢸취 등의 실증주의적 역사적 방법을 잘 비판하면서 부활하신 주의 출현 전승과 빈 무덤 전승에 근거하여 부활의 역사성에 대한 신뢰성의 여지를 제공한 것은 좋으나, 김 교수님께서도 잘 지적하다시피 그 "역사성을 위한 증거를 충분히 제시하지 못하고 있는 듯이 보이며"(6), 또한 부활의 실제를 이런 전승들의 발전과 연속성을 위한 "가장 그럴듯한 설명"(the most probable explanation) 정도로만 말하는 것이 과연 옳은 것일까를 묻게 됩니다. 그렇다면 기독교 신학은 확실한 사실에 근거한 것이 아니라, 그저 주어진 정황에 대한 가장 개연성 있는 설명에 근거할 수 있다는 것인지요? 그렇다면 기독교의 주장은 확실한 진리가 아니라, 가장 개연성 있는 설명에 근거한 해석들에 불과한 것이 되지 않는지요?

또한 계시의 공적으로 드러난 성격[開示性]을 강조하기 위하여 판넨베르크가 애써 주장하듯이 보편 역사가 전부 다 하나님의 간접적인 계시라고 할 때에 그리스도의 부활이 종말의 선취요 종국적 계시라고 할 수 있는 근거가 과연 무엇인가에 대해서, 판넨베르크는 유대 묵시문학적 사유 방식 속에서는 그렇게 이해된다고 대답하지만, 그것의 객관적 근거를 묻는 질문은 또 다시 제기될 것입니다. 그러므로 결국 많은 학자들이 판넨베르크에 대해서 지적하고 있듯이 그가 순전히 역사적인 사실에 근거해서가 아니라 사실은 기독교를 믿기에 부활에 근거한 그리스도의 어떠함을 말하려는 것이 사실이라면, 계시의 보편적으로 드러난 성격을 강조하면서도 죄의 인지적 영향(noetic effects of sin) 때문에 사람들이 이 계시를 그 의도대로 받아들이지 않음을 지적하고, 따라서 신학의 출발점이 신앙이며 이 신앙은 맹목적인 것이 아니라 그 안에 인지적인 요소를 가지고 있는 신앙이어서 중생한 이성이 신학적 작업에 관련하는 것이라고 말하는 것이 더 옳지 않을까요? 판넨베르크는 죄의 인지적 영향을 심각히 생각하지 않음으로 그의 이성관(view of reason)에 결함과 문제가 있음을 강하게 지적해야 하지 않을까요?10

둘째로, 과연 (슐라이어마허의 생각에11 따르면서) 칼케톤적 기독론을 비판하고 벗어 나가는 것이 옳은 것이고, 기독교 신앙에 도움이 되는가에 대한 질문입니다. 그리스도의 양성 교리를 버리고서 "예수와 하나님과의 인격적 일치"(8, Cf. JGM, 323), "의지적 일치"(10, Cf. JGM, 334) 등을 말하는 것이 과연 옳은 것이고, 과연 성경적이며, 기독교 신앙에 과연 도움이 되는 것일까요? 그리고 이런 의지적 일치에서 "본질적 일치"에로 가는 것이 과연 성공적일 수 있을까요? 이는 결국 "본질적 일치"에 말로만 기여(lip-service)하는 것에 머무르지 않는지요? "본질적 일치"를 말하기는 하나, 성경과 전통 신학이 말하는 "본질적 일치"를 부인하는 결과를 낳지 않는지요?

다음과 같은 인용문을 통해 보면 판넨베르크의 기독론이 자신의 부인에도 불구하고 결국은 일종의 기능적 기독론이 되고 마는 것은 아닌지요?

> 예수 자신은 미래의 하나님 나라의 완전한 실재를 선취하는 가운데 하나님의 섭리와 함께 한 자로서, 스스로를 기능적으로 이해했으며, 그러므로 그의 메시지와 그로 규정된 그의 전 활동의 - 이것이 그의 공생애를 결정지었다 - 기능 안에서 하나님 자신과 함께 한 자로서 이해했다는 것은 자명한 이치이다.12

결국 판넨베르크는 김 교수님이 인정하시는 대로 "헤겔적인 이해와 방법에 의해서"(11) 기독교 신앙의 내용을 변경시키는 것이 아닌지요?

셋째로, 부활 이전의 예수에 대한 판넨베르크의 평가는 과연 성경의 진술과 증언에 충실한 것이라고 할 수 있을까요? 판넨베르크는 부활 이전의 예수는 동정녀에 의해서 탄생한 것으로 볼 수도 없고,13 "스스로를 메시야 (혹은 하나님의 아들)라고 지칭하지도 않았을 뿐 아니라, 다른 사람들로부터 그러한 고백을 받지

---

10 이에 대한 좋은 지적으로 Klooster, "Historical Method," 30, 32를 보라.

11 F. Schleiermacher, *The Christian Faith*, section 96.

12 Pannenberg, *Jesus - God and Man*, trans. Lewis L. Wilkins and Duane A Priebe (London: SCM, 1968).

13 Cf. Pannenberg, *Jesus - God and Man*, 143: "아들됨은 동시에 선재로 구성되는 것도 아니고, 마리아에게서 신적으로 출생하는 데서만 그 기원을 가지는 것이 아니다."

도 않았다"고 하며, "예수가 미래의 심판을 위해 구름을 타고 도래할 인자를 언급했을지 모르나 만일 그럴 경우 예수는 자신과는 다른 한 인물을 염두에 두었을 것이다"라고 합니다.[14] 그러나 후에 그 예수가 부활의 빛에서 "더 이상 인자와 구분되지 않았고, 그 자신이 미래에 도래할 인자로서 간주되었으며, 예수에 관한 세부적인 전승들이 인자 대망과 관련을 맺게 되었다는 것이 명백해졌다"고 판넨베르크는 말합니다.[15] 그러므로 판넨베르크가 부활의 소급하는 능력에 대해서 말하여 그 소급하는 힘에 의해서 부활 이전의 예수도 이미 하나님과 하나이신 분이었다고 말한다고 해도 판넨베르크 자신의 인정에 의하면 부활 이전의 예수는 오류를 범할 수 있고 또 실제로 범했고 사실상 자신이 진정 누구인지도 모르는 한 인간이었다는 것이 되는데, 이것이 성경의 계시와 일치될 수 있을까요? 이는 다음의 인용문들에서 잘 드러나고 있는 판넨베르크의 내적 모순이라고 여겨집니다.

> 예수는 부활 이전에는 파악될 수 없을 뿐 아니라, 부활 사건 없이는 (지금의) 그가 될 수도 없었다.[16]

> 예수의 부활 없이는 그의 지상의 여정 시초부터 하나님께서 이 사람과 함께 했다는 것은 진실이 아닐 것이다. 예수의 부활 때문에 영원 전부터 이것은 진리가 된다. 그의 부활까지 예수의 하나님과의 일체성은 다른 사람들에게 가리워졌을 뿐 아니라 - 이는 전승의 비평적 연구의 결과로 나온 것인데 - 예수 자신에게조차도 가리워졌던 것이다. 그것은 궁극적인 결정이 아직도 주어지지 않았기 때문에 가리워졌던 것이다.[17]

이런 말들은 결국 "예수는 스스로 자신에 관해서 알기 이전에 (이미) 그 자신이었던 것이다"고 말하는[18] 판넨베르크의 말에도 불구하고, 부활 이전의 예수에 대한

---

[14] Pannenberg, *Jesus - God and Man*, 327.

[15] Pannenberg, *Jesus - God and Man*, 69.

[16] Pannenberg, *Jesus - God and Man*, 137.

[17] Pannenberg, *Jesus - God and Man*, 321.

[18] Pannenberg, *Jesus - God and Man*, 141. 이런 점들에 대한 비판적 고찰로서는 김이태, 『판넨베르

우리의 이해를 의심스럽게 하는 것이 아닐 수 없습니다. 갈로웨이가 잘 지적하듯이 판넨베르크의 설명은 "예수로 하여금 - 그의 주체적 경험 가운데 - 출생에서 죽음에 이르는 기간을 온전히 그리고 단순히 인간으로 살게 했다"고 할 수 있습니다.[19] 그러므로 우리는 고(故) 김이태 교수를 따라서 다음과 같이 비판적으로 말할 수 있을 것입니다: "결국 그가 부정함에도 불구하고 판넨베르크의 논리는 부활 사건이 예수를 그 사건이 없었다면 될 수 없었을 어떤 인물로 만들었다는 것을 내포하고 있다. … (그러나) 예수는 그가 이미 하나님의 사랑하시는 아들이었기 때문에 죽은 자 가운데서 일으킴을 받은 것이지, 부활 때문에 하나님의 아들이 된 것이 아니다. 예수의 부활은 예수가 하나님과 하나라는 것을 확실히 드러내는 표적(sign)이지, 예수를 하나님과 하나 되게 만드는 능력의 원천이 아니다."[20] 이는 다음과 같은 김균진 교수의 비판적 언급 속에서도 잘 지적되고 있는 점이라고 여겨집니다.

> 부활은 역사적 예수에 대하여 새로운 그 무엇을 첨가할 수 없다. … 그렇다면 판넨베르크의 견해에 반하여 부활이 역사의 예수와 케리그마의 그리스도 사이의 영속성을 비로소 형성한다고 말할 수 없다.… 그러므로 우리는 (이 연속성은) 부활을 통하여 비로소 형성되거나 근거되는 것이 아니라, 본래부터 양자 사이에 있었던 것이라고 보아야 할 것이며, 부활은 이에 대한 증명이라고 보아야 할 것이다.[21]

넷째로, 그리스도인들이 아버지에 대한 헌신에서 "예수의 신적인 인격성을 공유"한다는(12, Cf. JGM, 347) 그 발상은 결국 판넨베르크의 그렇게 해보지 않으려는 노력에도 불구하고 예수의 독특한 아들됨이라는 것이 내용과 질에서의 차이이기보다는 그 정도에 있어서만 우리의 하나님의 아들됨과 다른 것이라는 여지를 열어 놓지는 않는지요? 김균진 교수가 "판넨베르크가 예수에게서 인정하는 신성

크 기독론의 방법론적 구조 비판』, 260-63을 보라.

[19] Allan D. Galloway, *Wolfhart Pannenberg* (London: George Allen & Unwin Ltd., 1973), 84.

[20] 김이태, 『판넨베르크 기독론의 방법론적 구조 비판』, 261f.

[21] 김균진, 『기독교 조직 신학II』 (서울: 연세대학교 출판부, 1987), 151f.

이 과연 예수에게만 해당하는 것인지 아니면 … 모든 인간 속에 부분적으로 내재하는 신성의 총화 내지 가장 순수한 형태인가의 여부는 매우 의심스러운 문제이다"라고 지적하는 것이[22] 너무 지나친 비판일 수 없는 어떤 시사가 판넨베르크 신학 내에 잔재하고 있지 않는지요? 판넨베르크가 예수를 "하나님 앞에서 친히 인간의 운명을 완수한 인간의 대표자"라고 하며, 십자가와 부활에서 "하나님을 향한 인간의 궁극적 운명, 곧 인간의 죽음으로부터 새생명으로 일으킴을 받을 운명이 완성되었다"고 할 때[23], 또한 "세상에 대한 사람의 무한한 개방성은 세상을 넘어선 그의 운명으로부터만 나오는 것이다"라고 할 때[24], 그의 의도 속에 이런 동기가 있는 것이 아닌지요? 결국 이는 또 하나의 헤겔적인 움직임으로 결국은 예수 그리스도의 구속을 위한 구체적인 신-인(the God-man) 되심을 앗아가 버리고, 이 신인 되심을 인간성 자체의 승귀라는 보편적인 것으로 설명해 버리는 시도가 아닌지요?

이런 질문들을 김 교수님과 개혁신학회의 여러 신학자들에게 제기하면서 다시 한번 더 김 교수님의 논문에 대해서 감사를 표합니다.

---

[22] 김균진, 『기독교 조직 신학 Ⅱ』, 161.

[23] Pannenberg, *Jesus - God and Man*, 192, 197.

[24] Pannenberg, *What is Man?*, trans. Duane A. Priebe (Philadelphia: Fortress Press, 1970), 12.

12
과정 신학에 대한 서론적 비판

과정 신학을 이해하고 비판하기 위해서 본 소논문에서는 먼저 과정 신학 일반을 이해하기 위해 그 신학 전반의 구도를 검토하고서, 이에 대한 비판을 시도해 보기로 한다. 이는 개혁주의적 관점에서의 과정 신학 비판의 한 시론(試論)이 될 것이다.

I. 과정 철학(Process Philosophy)과 과정 신학(Process Theology) 일반에 대한 이해

일반적으로 과정 신학은 Alfred North Whitehead (1861-1947)가[1] 제시한 독특한 형이상학적 이해와 그의 제자 Charles Hartshorne (1897-2000)이[2] 제시한 새로운

---

[1] 그의 저작들로 다음을 참조하라. *An Inquiry Concerning the Principles of Natural Knowledge* (Cambridge: Cambridge University Press, 1919); *The Concept of Nature* (Cambridge: Cambridge University Press, 1920); *The Principle of Relativity with Applications to Physical Science* (Cambridge: Cambridge University Press, 1922); *The Aims of Education and Other Essays* (The Macmillan Co., 1929); *Science and the Modern World* (Macmillan Co., 1925); *Religion in the Making* (Macmillan, 1926); *Process and Reality* (Macmillan, 1929); *The Function of Reason* (Princeton: Princeton University Press, 1929); *Symbolism: Its Meaning and Effect* (Macmillan, 1927); *Adventures of Ideas* (Macmillan, 1933); *Modes of Thought* (Macmillan, 1938). 그리고 Lucien Price, *Dialogues of Alfred North Whitehead* (Little, Brown & Co., 1954).

[2] 그는 박사학위 후 1925년부터 화이트헤드의 강의를 듣고 조교로 활동했고, 1928년부터 1955년까지 시카고 대학에서 가르쳐서 소위 "시카고 학파의 형성자"라고 할 수 있다. Cf. *The Philosophy and*

신 이해(神理解)에 근거하여 기독교 신학을 재구성해 보려고 하는 시도를 일컫는다. 그러므로 과정 신학을 이해하기 위해서는 일차적으로 화이트헤드의 형이상학적 체계를 생각해 보고 이해하는 일이 필요하다.

영국 성공회 사제의 아들로 태어났고 일생 동안 종교에 대한 관심을 가졌던 화이트헤드는 캠브리지(1884-1910), 런던 대학교(1910-1914), 런던 왕립 대학(Imperial College of London, 1914-1924) 그리고 하바드 대학교의 교수(1924-1947)를 역임하면서 자기 나름의 자연 철학을 제시하였다. 그가 1929년에 출판한 『과정과 실재』(*Process and Reality*)에서 그는 실재는 대상들의 정태적인 우주가 아니라 생성의 과정(a process of becoming) 가운데 있는 것이라는 독특한 형이상학적 주장을 하였다. 그러므로 그에게 있어서는 신을 포함해서 자충족적 존재란 없는 것이다. 그는 이 세상이 자신이 "실제적 기연들"(actual occasions)이라고 부른 사건들을 원자로 삼아 구성된다고 본다. 그에 의하면, 그 각각의 사건들은 과거로부터 취하여져서 미래에 기여하는 새로운 사건에로의 새로운 가능성들에 통합되는 과정의 한 점이다. 이런 화이트헤드에게는 창조성이 매우 중요한데, 이는 선(善)을 극대화하는 창조적 진보 가운데 있는 새로움을 만드는 것이기 때문이다.

II. 과정 신학의 신론

과정 신학의 하나님에 대한 이해도 이런 형이상학적 주장에 따른다. 이런 이해 속에서 신은 거의 전적으로 "생성되는 전체 과정의 실재"(the reality of the total

---

Psychology of Sensation (Chicago: The University of Chicago Press, 1934); *Beyond Humanism: Essays in the New Philosophy of Nature* (Willett, Clark & Co., 1937); *Man's Vision of God and the Logic of Theism* (Willett, Clark & Co., 1941); *The Divine Relativity: A Social Conception of God* (Yale University Press, 1948); *Reality as Social Process: Studies in Metaphysics and Religion* (Beacon Press, 1953; reprinted with corrections, Hefner Pub. Co., 1971); *The Logic of Perfection, and Other Essays in Neoclassical Metaphysics* (La Salle, Ill.: The Open Court Publishing Co., 1962); *Anselm's Discovery: A Re-examination of the Ontological Proof for God's Existence* (La Salle, Ill.: The Open Court Publishing Co., 1962); *Creative Synthesis and Philosophic Method* (La Salle, Ill.: The Open Court Publishing Co., 1970).

process in becoming)로 이해된다.3 그러므로 과정 신학의 신 이해(神理解)는 대개 다음 같은 두 가지 제목 하에서 고찰될 수 있다.

1. 양극적 신 개념(a diapolar concept of God)

하나님은 그의 근원적 본성(the primordial nature of God)에서는 "자유롭고, 온전하며, 원초적이고(primordial), 영원하지만, 잠재적일 뿐이고, 무의식적이다"(*Process and Reality*, 593). 그렇게 이해된 정신(Mind)으로서의 신은 각각의 사건들의 새로운 목적들, 또는 새로운 가능성들을 제시한다. 그는 단지 모든 사건에 처음 방향(initial direction)만을 제공하고(supplies), 각 사건의 가능성을 창조할 뿐이다. 그는 이런 식으로 세상을 설득한다. 이것이 하나님의 유인하심(the lure of God)이라고 불린다.4 그러나 과정 신학에서는 신(神)도 사건들을 미리 결정할 수는 없다고 이해된다.

그러나 신(神)은 또한 그의 "결과적 본성"(the consequent nature of God)에서는 "이미 결정되어 있고, 불완전하며, 결과적이고, 지속적이지만 완전히 현실적이고, 의식적이다"(*Process and Reality*, 594). 이런 변화하고 심지어 성장한다고 말할 수도 있는 본성에서는 신이 과정을 물리적으로 경험하고 알며, 그 과정을 사랑한다. 이런 의미에서는 우주적 과정이 신이라 불리기도 하며, 이 세상 안에 있는 모든 사건은 다 신의 경험이다. 화이트헤드에게 있어서 신(神)은 모든 사건을 느끼는 주체성일 뿐이다.

이런 신의 양극적 본성을 하트숀(Hartshorne)은 신의 완전성 개념을 가지고 표현하면서 신은 "완전히 관계적(상대적)"(perfectly relative)이라고 표현한다.5 신

---

3 Nels F. S. Ferré, "God Without Theism," *Theology Today* 22/3 (October, 1965): 376.

4 Cf. Norman Pittenger, *The Lure of Divine Love: Human Experience and Christian Faith in a Process Perspective* (Edinburgh: T. & T. Clark; New York: The Pilgrim Press, 1979); Lewis Ford, *The Lure of God: A Biblical Background for Process Theism* (Philadelphia: Fortress Press, 1978).

5 그는 두 책에서 이 점을 강조하며, 드러내고 있다. (1) *Man's Vision of God and the Logic of Theism* (Willett, Clark & Co., 1941). 이 책의 주된 논의는 하나님이 어떤 점에서는 절대적으로 완전하고 어떤 점에서는 상대적으로 완전하시다고 보는 견해가 그 어떤 다른 논리적 가능성들보다 합리적이고 종교적

은 존재하는 모든 것을 다 느끼고 보유함으로(retains) 그가 될 수 있는 모든 것이라고 한다. 그런데 이렇게 계속해서 새로운 사건들을 포함시키시므로 신은 계속적인 변화 가운데 있고, 더 새롭고 복잡한 상태에 이르게 된다. 따라서 하트숀의 신은 그가 포함시키는 우주를 경험함에 따라서 창조적 진보에로 더 성장해 가는 신이다.6

그러므로 과정 신학자들에 의하면 신은 동시에 절대적이며 상대적이고, 동시에 무한하고 유한하며, 동시에 창조자이고 창조함을 받는 자라고 이해되는 것이다.

2. 만유재신론(Panentheism)

그러나 하나님은 이 우주나 세상과 동일시될 수 있는 것은 아니다. 왜냐하면 그는, 위에서 말한 그의 근원적 본성에 따라서, 이 세상에 대해 항상 새로운 가능성을 제공하는 존재이기 때문이다. 그러므로 그는 우주 이상이며, 우주를 넘어서 존재한다(God is more than or exiting beyond the universe). 하트숀과 슈베르트 옥덴은 이를 사람의 몸에 대한 관계와 비교하고 있다. "나는 나의 몸이지만 그 이상이듯이"("I am my body, but I am more than it), 신도 이 세상의 경험을 경험하지만 그것을 초월하고 정신으로써 미래 사건들의 가능성을 안다는 것이다. 그러나 하나님과 세계 사이에는 공생 관계(symbiotic relationship)가 있어서 각자가 서로에게 의존하고, 각자가 다른 것과 함께 오며, 각자가 전개의 끝없는 과정 안에서 다른 것에 의해 산다고 한다.7

이런 신 개념에 대해서 우리는 어떻게 반응할 것인가? 하트숀은 화이트헤드의 과정 신학적 신 개념이 "철학적으로 더 뛰어나고, 신학적으로도 사랑의 하나님

으로 더 뛰어난 것이라는 것이다. (2) *The Divine Relativity: A Social Conception of God* (Yale University Press, 1948). 이 책에서도 하트숀은 부분적으로는 토마스주의에 반하여 하나님은 절대적이면서 또 상대적이어야만 한다고 논의하고 있다.

6 Cf. Colin E. Gunton, *Becoming and Being: The Doctrine of God in Charles Hartshorne and Karl Barth* (London: Oxford University Press, 1978).

7 Cf. John B. Cobb. Jr., *God and the World* (Philadelphia: The Westminster Press, 1969).

에 대한 성경적 견해에 더 적합하다"고 말하고 있다.[8] 그러나 우리는 다음과 같은 내쉬의 평가가 더 공정한 것이라고 말하지 않을 수 없다. "본질적으로 전능하거나 전지하지도 않고, 주권적이고 독립적인 창조자도 아닌 그런 존재는 우리의 경배를 받기에 적합하지도 않고 '신'이라는 이름을 받을 만하지도 않다."[9]

III. 과정 신학적 인간론과 구원 이해

과정 신학의 인간론은 하이데거와 불트만 등의 실존적 인간론과 매우 유사한 면을 가진다. 이런 점을 잘 드러내고 강조한 이는 역시 슈베르트 옥덴(Schubert Ogden)이다.[10] 단지 실존주의적 인간론이 인간 중심적이기만 하다면, 과정 신학의 인간론은 전체 과정의 한 부분으로서의 인간 이해라는 특징을 가졌다고 할 수 있다. 그러므로 이 우주적 과정이 일련의 사건으로 이해되듯이 인간도 일련의 사건으로 이해되어야 한다는 것이다. 그런데 그 각각의 사건은 모두에 대해서 연관적이고 하나님과도 연관되어 있으나, 자결정적이라고 한다. 그것은 그 나름의 실존적 결단에 의존한다고 하면서 우리는 우리가 지금 결정하는 것이라고까지 한다.

이런 입장에서는 구원이란 과거의 악을 받아들이고, 그것을 선으로 바꾸시며 각 개인을 참된 가치의 참된 수용을 향해 계속해서 유인하시는 신의 자발성, 준비되어 있음이라고 이해된다. 그러므로 구원받는 경험은 개인들이 공동체에 불충성하였음을 인정하고, 그리스도의 몸의 지체가 되라는 하나님의 유인을 기꺼이 받아들이는 것이라고 이해된다.[11] 그런데 옥덴은 이점에 있어서 불트만이

---

[8] Hartshorne, "Is Whitehead's God the God of Religion?" *Ethics* 53/3 (April, 1943): 219-27.

[9] Ronald Nash, "Process Theology and Classical Theism," in *Process Theology* (Grand Rapids: Baker, 1987), 27.

[10] 그는 Perkins School of Theology of Southern Methodist University의 교수로 다음과 같은 책을 썼다. *Christ Without Myth: A Study Based on the Theology of Rudolf Bultmann* (New York: Harper and Row, 1961); *The Reality of God and Other Essays* (New York: Harper and Row, 1963); *The Point of Christology* (San Francisco: Harper & Row, 1982), 변선환 역, 『기독론의 초점』 (서울: 대한 기독교서회, 1985).

철저하지 못했다고 비판하면서, 그리스도 안에서 표현된 것은 모든 사람들에게 열려 있는 하나님의 사랑에 대해 반응할 수 있는 인간의 근원적 가능성이라고 논의하고 있다. 이는 과정 신학의 기독론이 어떤 방향으로 전개되려는지를 시사하여 주고 있다.[12]

Ⅳ. 과정 신학의 기독론

과정 신학자들의 기독론을 살피기 위해 그들 가운데서 이 문제에 가장 많은 관심을 오래도록 기울여 왔던 노르만 피틴져(Norman Pittenger, 1905-1997)의 기독론을 중심으로 고찰하기로 한다.[13] 그는 과정신학적 기독론을 전개함에 있어서 '말씀'과 '인간성'의 두 인격적 중심에 호소하고 있다. 이 점에서 피틴져의 기독론은, 데이비드 웰스가 잘 지적하고 있듯이, 상당히 네스토리안적인 것으로 들린다![14]

피틴져는 특히 예수의 온전한 인간성을 강조한다. 그는 예수께서 참된 중심, 자아를 가진 온전한 사람이라고 말한다. 그러나 온전한 사람이기에 동시에 우리처럼 오류를 범할 수 있고 잘못 생각하기 쉬운 존재라는 것이다. 그런데 만일에 신적인 말씀이 예수에게서 오직 한 번만 성육신하셨다면, 예수의 인간성은 온전히 우리와 같지 않을 것이라고 한다.

---

[11] Cf. John B. Cobb, Jr. and David Ray Griffin, *Process Theology: An Introductory Exposition* (Philadelphia: The Westminster Press, 1976); Lewis Ford, *The Lure of God: A Biblical Background for Process Theism* (Philadelphia: Fortress Press, 1978).

[12] Cf. Pittenger, *Cosmic Love and Human Wrong: The Reconception of the Meaning of Sin in the Light of Process Thinking* (New York, 1978); John B. Cobb, Jr., *The Structure of Christian Existence* (Philadelphia: The Westminster Press, 1967).

[13] 그가 과정 신학적 기독론을 처음 제시한 것은 *Christ and the Christian* (1941)이었고, 이를 잘 발전시킨 것이 *The Word Incarnate: A Study of the Doctrine of the Person of Christ* (New York: Harper and Brothers, 1959)이다. 후에 다른 신학자들의 비판의 빛에서 이를 수정한 것이 *Christology Reconsidered* (London: SCM Press, 1970)이다. 그의 다른 저작들에도 기독론에 대한 그의 견해가 부분적으로 나타나 있다.

[14] David F. Wells, *The Person of Christ* (Illinois, Westchester: Crossway Books, 1984), 졸역, 『기독론: 그리스도는 누구신가?』 (서울: 엠마오, 1994), 334=개정판, 『기독론』 (서울: 부흥과개혁사, 2015), 312.

그러므로 과정 신학적 이해에 의하면 그리스도는 신성의 배타적 계시자가 아니라, 신성의 예증자일 뿐이다.[15] 즉, 그리스도는 신적인 것이 놀랍게 나타난 예일 뿐이고, 피조계 전체를 통해 일반적으로 경험된 신적인 성육신 행위의 구체적이고 특히 중요한 한 경우이다. 그에 의하면, "예수는 신성을 다 드러내 주지도 않는다."[16] 피틴져의 다음 말은 이런 과정 신학적 기독론을 잘 나타내 준다:

> 다른 곳에서 확산된 것이 우리 주 예수 그리스도 안에서 집중되어졌다. … 그러나 확산 과 집중의 차이는 내게는 기껏해야 정도의 차이로 여겨진다. 하나님과 사람 사이의 연합은 언제나 있는 것이었는데 … 예수 그리스도 안에서 그 연합은 다른 모든 것이 지시하는 연합이 되었다.[17]

따라서 과정 신학의 이해에 의하면 그리스도의 사역도 하나님께서 모든 사람들 안에서 할 수 있는 것의 한 상징일 뿐이다. 왜냐하면 과정 신학에서는 이 세상의 있는 모든 현실성은 그것이 인간 안에 있든지, 비인간적인 형태로 있든지를 막론하고 하나님의 성육신이라고 보기 때문이다. 과정 신학의 이러한 성육신 개념의 확대(inflation)를 통해서 모든 것이 다 신성의 시사요, 성육신으로 이해된 다. 그들에 의하면, 인간의 삶 안에 '다양한 신성의 시사들'이 있는데, 이는 인간의 삶이 어디에나 항상 인간과 신적인 것으로 있는 실재를 표현하려고 노력할 때 나타난다는 것이다. 이는 19세기의 슐라이어마허의 그리스도 이해와 비슷한 점이라고 할 수 있다.[18] 그들에 의하면 기독교는 실재의 진화의 가장 뛰어난 예들 중의 하나일 뿐이며,[19] 초자연적인 것은 자연적인 것에서 발견되는 것이다.

---

[15] Cf. Pittenger, *The Word Incarnate: A Study of the Doctrine of the Person of Christ* (New York: Harper and Brothers, 1959), 255-68.

[16] Pittenger, *The Word Incarnate*, 119.

[17] Pittenger, "Degree or Kind? A Christological Essay," *Canadian Journal of Theology* 2/4 (October, 1956): 193.

[18] Cf. Schleiermacher, *The Christian Faith*, 387. 비슷한 지적으로 Wells, 『기독론』, 316도 보라.

[19] Pittenger, *The Word Incarnate*, 150-53.

V. 과정 신학의 성경 이해

과정 신학자들의 성경에 대한 이해는 그들의 신론에 함의된 것을 생각하는 것으로부터 시작되어야 한다. 그들이 말하는 신의 양극성, 즉 절대적인 측면과 상대적이며 변하시는 성격에 비추어 볼 때, 과정 신학에 의하면 기록된 성경은 결코 절대적인 것일 수 없다고 이해되리라는 것을 쉽게 짐작할 수 있다. 또한 그들의 기독론에도 이런 이해가 함의되어 있다고 할 수 있으니, 그들은 성경 기자들을 그들이 이해한 대로 예수와 같이 (그러나 좀 더 낮은 수준과 정도로) 하나님에 의해 감동된 존재들로 이해한다. 따라서 그들의 진술 내용은 결코 절대적일 수 없는 것이고, 다른 문헌과 사람들이 말하는 내용과 같은 수준의 것이라고 이해한다.[20]

VI. 과정 신학에 대한 비판적 고찰

이와 같이 살펴 본 과정 신학은 이런 시도와 이해가 전통적 유신론의 이해보다 좀 더 성경에 충실하며, 특히 그들이 강조하는 과정(process)으로서의 이 세상에 더 상응하는 것이므로, 사람들에게 더 잘 이해되고 잘 받아들여 질 수 있다고 생각한다. 그러나 과연 그런 결과가 나타날 수 있을까? 그러므로 우리는 과정 신학에 대해서 우리는 다음과 같은 여러 측면에서의 비판적 질문을 제기해 볼 수 있을 것이다.

(1) 신 개념의 문제점을 말할 수 있다. 즉, 과정 신학의 하나님을 참으로 삼위일체 하나님으로 이해할 수 있는 가능성이 있는가? 물론 이를 시도하는 노력이 없는 것은 아니다. 예를 들자면, 피틴저는 과정 신학적 삼위일체 이해를 제시해 보려고 하였다.[21] 이런 점에서 피틴져는 참으로 포괄적으로 과정 신학의

---

[20] 이들의 성경에 대한 직접적인 언급을 잘 정리한 글로는 Norman Geisler, ed. *Challenges to Inerrancy: A Theological Response* (Grand Rapids: Zondervan, 1984), 권성수 역, 『성경 무오: 도전과 응전』 (서울: 엠마오, 1988), 320-72를 보라.

함의를 이끌어 내려고 시도했음을 알 수 있다. 그러나 과연 이런 시도가 성공적인 것일 수 있는지에 대해서 의문을 표하지 않을 수 없다. 많은 사람들은 이런 시도에 대해서 그것이 과연 기독교의 삼위일체 하나님에 대한 표현으로 이해될 수 있는지에 대해서 의문을 표시할 것이다. 그들의 신 이해는 다분히 성부 중심적이라는 생각을 갖게 한다.

(2) 과정 신학은 진정한 신정론을 제시할 수 있는가? 데이비드 그리핀은 이런 점에 착안해서 과정 신학을 소개하고 발전시키고 있다.[22] 그러나 결국 그들이 말하는 전제를 받아들이는 한에서라야 신정론이 될 수 있으므로 전통적 유신론보다 더 나은 신정론일 수 있다는 그들의 약속은 지키기에 너무 큰 약속이라고 하지 않을 수 없다.

(3) 그리스도론적 문제를 말해야 한다. 그들이 제시하는 기독론을 보면서 결국 묻게 되는 질문은 "과정 신학의 그리스도는 결국 기능적 그리스도로 환원되고 마는 것이 아닌가?"하는 것이다. 그들이 제시하는 그리스도는 온전한 신성을 가진 그리스도와는 거리가 먼 것이며, 그들이 그리스도의 인성에 충실해 보려고 하지만 결국은 성경이 말하는 그리스도의 인성에도 충실하지 못한 그리스도라는 점을 지적하지 않을 수 없다. 그러므로 과정 신학적 기독론을 제시하는 피틴져에 대해서 칼케톤 신조에 적대적이라고 평가한 데이비드 웰스의 평가는 옳고 공정한 것이다.[23]

(4) 과정 신학적 구원과 종말의 문제를 말해야 한다. 결국 모든 것이 신의 기억 속에 있게 되는 것으로 구원을 말하는 것인가? 아니면 그 이상의 구원 가능성을 시사하는가? 그 이상에 대한 시사가 모호하며 주어져 있지 않은 듯하다.

(5) 계시와 성경 이해의 문제점을 말하게 된다. 과정 신학은 성경의 기능적

---

[21] Cf. Pittenger, *The Divine Trinity* (Philadelphia: United Church Press, 1977); "God - 'The One in Three, but Three in One,'" *Religion in Life* 40 (Spring 1970), 93-100. 그 외에도 좀 더 온건한 시도를 하고 있는 Bruce A. Demarest, "Process Trinitarianism," in *Perspectives in Evangelical Theology*, Kenneth S. Kantzer and Stanley N. Gundry, eds. (Grand Rapids, 1979), 15-36을 보라.

[22] Cf. David R. Griffin, *God, Power, and Evil: An Process Theodicy* (Philadelphia: Westminster Press, 1976).

[23] Wells, 『기독론』, 312.

권위만을 말하여 결국은 성경의 권위를 손상시키는 것이 아닌가? 절대적 권위로서의 성경이 무시되면 그들의 신학의 진정한 규준은 결국 그들의 철학적 전제가 아닌가?

이와 같은 비판에 근거해서 우리는 과정 신학이 이 세상의 과정(process)에 더 충실하여 더 설득력 있는 유신론을 제시하기보다는 전통적 기독교의 내용을 바꾸는 하나의 시도라고 결론 짓게 된다. 그러므로 과정 신학자들은 과정 신학이 기독교 신학의 한 이해라고 하거나 더 나은 이해라고 제시하기보다는 그들이 비록 기독교적 전통을 가지고서 작업한다고 해도 결국은 자신들이 새로운 종교적 이해를 제시하고 있음을 명확히 해야 할 것이다. 적어도 객관적으로 과정 신학을 바라보는 이들은 그러한 평가를 내려야 할 것이다. 그런 인정의 터 위에서 이와 같이 과정 신학적으로 이해하는 것과 전통적 기독교의 이해로 이해하는 것 중에 과연 현대인들에게 진정한 도전을 줄 수 있는 것이 무엇인지를 논의할 수 있다. 우리는 과정 신학은 배교한 현대인들의 이해에 맞추어 나가는 이해이므로 현대인들을 진정으로 도전하여 하나님 앞에서 살 수 있도록 할 수 없는 사상 체계라고 결론 내리지 않을 수 없다.

과정 신학에 대한 참고 도서

■ 과정 신학 일반

Cobb, John B., Jr. and David Ray Griffin. *Process Theology: An Introductory Exposition.* Philadelphia: The Westminster Press, 1976.

__________________________________. *Process Theology as Political Theology.* Manchester: Manchester University Press; Philadelphia: The Westminster Press, 1982.

Ford, Lewis. *The Lure of God: A Biblical Background for Process Theism.* Philadelphia: Fortress Press, 1978.

Griffin, David R. *God, Power, and Evil: An Process Theodicy*. Philadelphia: Westminster Press, 1976.

Pittenger, William Norman. *The Divine Trinity*. Philadelphia: United Church Press, 1977.

__________________________. *The Lure of Divine Love: Human Experience and Christian Faith in a Process Perspective*. Edinburgh: T. & T. Clark; New York: The Pilgrim Press, 1979.

Shaw, D. W. D. *Who is God?* London: SCM Press, 1968.

■ 과정 신학의 기독론 _ 연대순

Pittenger, Norman. *The Word Incarnate: A Study of the Doctrine of the Person of Christ*. New York: Harper and Brothers, 1959. 최초의 화이트헤드적 기독론.

________________. *Process Thought and Christian Faith*. New York: Macmillan, 1968.

________________. *Christology Reconsidered*. London: SCM Press, 1970.

Griffin, David R. *A Process Christology*. Philadelphia, 1973.

Cobb, John B., Jr. *Christ in a Pluralistic Age*. Philadelphia: Westminster, 1975.

■ 한국에서의 소개와 전개 _ 연대순

김상일. 『한철학: 한국철학의 과정 신학적 이해』 서울: 전망사, 1985.

김경재, 김상일 편. 『과정 철학과 과정 신학』 서울: 전망사, 1988.

한인철. "존 캅의 다원주의적 기독론과 선교." 『종교다원주의와 신학의 미래』 변선환 박사 회갑 기념 논문집 간행위원회 편. 서울: 종로서적, 1989: 283-304.

송성진. "슈베르트 오그덴의 기독론 연구." 『종교다원주의와 신학의 미래』: 305-18.

"비교적 온건한 과정 신학자 쇼 교수(Prof. D. W. D. Shaw)와의 대담." 이승구 편. 『현대 영국신학자들과의 대담』 서울: 엠마오, 1992: 452-74.

이상직. "과정 신학." 조성노 편. 『최근신학개관』 서울: 현대신학연구소, 1993: 61-94.

■ 비판서

Gunton, Colin E. *Becoming and Being: The Doctrine of God in Charles Hartshorne and Karl Barth.* London: Oxford University Press, 1978.

Gruenler, Royce. *The Inexhaustible God: Biblical Faith and the Challenge of Process Theism.* Grand Rapids: Baker, 1983.

Nash, Ronald H. (Ed.) *Process Theology.* Grand Rapids: Baker, 1987.

Wells, David F. *The Person of Christ.* Illinois, Westchester: Crossway Books, 1984. 한역. 『기독론: 그리스도는 누구신가?』 서울: 엠마오, 1994: 331-40=개정판, 『기독론』 서울: 부흥과개혁사, 2015: 310-19.

제4부

키에르케고어에의 개혁신학적 한 접근

13
키에르케고어에게 있어서
기독교적 자아됨의 의미*

(1998년 8월에 창립된 한국 기독교 철학회의 창립을 알리며 축하하고, 한국 기독
교 철학회의 초대 회장으로 피선되신 손봉호 박사님의 화갑(華甲)을 기념하는
일의 일부로 이 논문을 이 책에 싣습니다. 학부 2학년 때 손 박사님으로부터
인식론 강의를 듣고, 항상 계속되는 손 박사님의 사회적 교육의 영향 하에서
손 교수님을 귀한 선생님으로(특히 *Doctor ecclesiae*로서) 모시고 살 수 있는 것을
큰 특권과 영광으로 여기는 후학의 한 사람으로서, 이런 귀한 일에 이미 19세기초
에 예언자적으로 진정한 기독교 철학의 한 부분을 감당했다고 여겨지는 키에르케
고어의 기독교적 자아됨에 대한 이 글을 두려움과 떨림으로 제출하면서 다시
한 번 더 감사의 마음을 전해 드리고 싶습니다).

이 논문에서 나는 키에르케고어가 제시하는 기독교적 입장에서의 자아에
대한 이해에 대해서 살펴보고, 그것이 키에르케고어가 이해하는 윤리적 자아
이해와 어떻게 다른지를 분석하려고 한다. 특히 나는 기독교적인 의미의 자아
됨과 윤리적 의미의 자아됨의 방식에 아주 분명한 차이가 있고, 따라서 그로부
터 결과된 기독교적 자아와 윤리적 자아 사이에도 아주 큰 차이가 있음을
밝히려고 한다. 이런 논의는 키에르케고어가 제시한 윤리적 단계와 기독교적

단계 사이의 연속성을 강조하는 일련의 학자들의 주장에1 반하여, 실상은 그 둘 사이에 윤리적 차이, 존재론적 차이, 그리고 인식론적 차이가 있어서 결코 연속적인 것으로 볼 수 없음을 분명히 하려는 큰 기획의 한 부분으로 이루어진 것이다. 그리고 이 논의는 키에르케고어에게 있어서 그리스도인이 된다는 것이 무엇을 의미하는가를 밝히는 작업의 한 부분으로 키에르케고어의 이해에 의하면 그리스도인이 될 때에 그의 자아 됨에 있어서 어떤 변화가 있어야 한다고 하는지를 살피려는 것이다.

윤리적 자아와 기독교적 자아의 이러한 차이점과 비연속성을 보여주기 위해서 우리가 이 논문에서 분석할 주된 책은 키에르케고어가 안티-클리마쿠스(Anti-Climacus)라는 익명을 사용하여 출간한『죽음에 이르는 병』(*Sickness unto Death*)이다.2 우리가 이 책의 내용을 논의할 때 우리는 이 책 전체가 키에르케고어가 말한 바 가장 충실한 기독교적 익명의 저자를 내세워3 기독교적 관점에서

---

* 이 논문은 좀 축약된 형태로 「목회와 신학」 1999년 2월호: 195-207에 발표되었다.

1 대표적으로 다음 학자들의 다음 글들을 생각할 수 있을 것이다. Stephen N. Dunning, *Kierkegaard's Dialectic of Inwardness: A Structural Analysis of the Theory of Stages* (Princeton: Princeton University Press, 1985), 특히, 4, 104, 246-56; S. U. Zuidema, *Kierkegaard*, trans. David H. Freeman (Nutley, New Jersey: Presbyterian and Reformed Publishing Company, 1977), 25, 32; Mark C. Taylor, *Kierkegaard's Pseudonymous Authorship: A Study of Time and The Self* (Princeton: Princeton University Press, 1975), 77; idem, "Love and Forms of Spirit," *Kierkegaardiana* 10 (1977): 110; Louis Dupre$_n$, *Kierkegaard as Theologian* (New York and London: Sheed and Ward, 1963), 74, 76; Jerry H. Gill, "The Ethico-Religious, Introduction," in *Essays on Kierkegaard*, ed. J. H. Gill (Minneapolis: Burgess Publishing Co., 1969), 152; Arland Ussher, *Journey Through Dread* (London: Darwen Finlayson, 1955), 44; Reider Thomte, *Kierkegaard's Philosophy of Religion* (Princeton: Princeton University Press, 1949), 103f.; James Collins, *The Mind of Kierkegaard* (Chicago: Chicago University Press, 1983), 46; David F. Swenson, *Something about Kierkegaard* (Minneapolis: Augsburg Publishing Co., 1953), 163; Eduard Geismar, *Lectures on Religious Thought of Soren Kierkegaard* (Minneapolis: Augsburg Publishing House, 1937), 58-59; Libuse Lukas Miller, *In Search of the Self: The Individual in the Thought of Kierkegaard* (Philadelphia: Muhlenberg Press, 1962), 12f., 299. 이들의 견해에 대한 설명과 비판으로 필자의 "The Relation of Christianity to the Ethical Sphere in the Thought of Soren Kierkegaard" (Ph. D. dissertation, The University of St. Andrews, 1990), 5-14를 보라.

2 Søren Kierkegaard, *The Sickness unto Death*, trans. Howard V. Hong and Edna H. Hong (Princeton: Princeton University Press, 1980). 앞으로 이 책으로부터의 인용은 키에르케고어 학계의 관례대로 SUD, x. 식으로 하며 본문에 삽입하기로 한다. Walter Lowrie의 옛 번역판(1954)에 익숙한 독자들을 위해 그 뒤에 SUDL, y를 덧붙였다(그러므로 SUD, x=SUDL, y. 식으로 인용될 것이다). 이는 근자의 번역판과 이전의 로우리의 번역판을 같이 대조해 보도록 하기 위한 것이다.

3 "안티-클리마쿠스"라는 익명의 저자의 철저한 기독교적 성격에 대한 키에르케고어의 설명으로

쓰여졌다는 것을 염두에 두어야만 한다.

이 작업을 하는 데 있어서 가장 먼저 해야 할 작업은 안티-클리마쿠스가 제시하는 '자아 됨의 문제가 서로 달리 제시되는 세 가지 다른 상황'이 있음을 분명히 하는 일이다. 그 세 가지 다른 상황이란 (1) 우리가 자아됨의 가능성을 가진 상황, (2) 우리가 자아가 될 수 있는 가능성을 잃어버린 상황, 그리고 (3) 우리가 자아가 될 수 있는 가능성을 다시 한 번 더 부여받은 상황이다.

첫째 상황에서는 각 개인에게 자아가 될 수 있는 가능성과 책임이 주어진 상황이고, 이 상황에서는 자아가 될 수 있는 가능성과 책임을 주신 하나님과 관련하여 자신이 될 수 있다. 둘째 상황은 하나님과의 관계를 상실하여 절망 가운데 있는 상황이다. 이 상황 가운데서 사람은 자아가 되지 않으려고 하든지, 아니면 잘못된 방식으로 스스로 자아가 되려고 한다. 셋째 상황에서는 이미 절망을 경험한 후에 절망을 극복하고 다시 자아가 되는 것이다. 따라서 여기서는 죄와 절망에 대한 용서의 문제가 중요한 문제로 떠오르며, 따라서 이 죄 용서를 가져다주시는 분이 자아됨에 있어서 사활적인 요소로 관여된다. 그러므로 이런 상황에서는 그 죄 용서를 가져다주시는 분과의 관계를 통해서 자아가 될 수 있다. 그러면 이 세 상황과 각 상황에서의 자아됨에 대한 논의를 중심으로 키에르케고어에게 있어서의 기독교적 자아됨의 의미를 고찰해 보기로 하자.

Journals of Søren Kierkegaard, edited and translated by Alexander Dru (London and New York: Oxford University Press, 1938), No. 755=Pap. VIII A 651을 보라. (이하 이 책으로부터의 인용은 *Journals,* #로 하기로 한다). 그러므로 안티-클리마쿠스는 키에르케고어 자신도 따라갈 수 없을 정도로 철저한 그리스도인의 전형으로 내세워진 인물이다. 키에르케고어는 자신의 일기 중에서 대개 자신의 견해를 안티-클리마쿠스와 같은 기독교적 익명의 저자들의 견해와 동일시하며, 아주 드물게 자신의 연약함과 무력함을 드러낸다. 이 논문에서는 키에르케고어의 입장을 안티-클리마쿠스의 입장과 거의 동일시하며 논의하여 나갈 것이다. 따라서 일기문들로부터의 인용이 『죽음에 이르는 병』으로부터의 인용과 병립될 것이다. 일기문으로부터의 인용은 대개 *Søren Kierkegaard's Journals and Papers,* 7 vols. trans. H. V. Hong and Edna V. Hong (London and Bloomington: Indiana University Press, 1967-78)나 *Journals*의 숫자만으로 인용하는 것이 현행 키에르케고어 학계의 동향이나, 과거의 관례에 익숙한 분들을 위해 비교를 위해서 덴마크어판 *Papirer*의 번호도 일일이 찾아 병기하였다.

I. 자아가 될 수 있는 가능성이 주어진 상황

첫째로, 하나님과의 직접적인 관계를 통해서 자아가 될 수 있는 상황이 있었다. 이는 『죽음에 이르는 병』의 첫 부분에(특히 I, II) 대한 이해에서 나온 말이다. 안티-클리마쿠스는 이렇게 말한다: "자아란 그 자신을 그 자신과 연관시키는 관계, 혹은 그 관계 가운데서 그 자신을 자신과 연관시키는 관계의 관계시킴이다; 자아는 관계가 아니라, 그 자신을 자신과 연관시키는 관계의 관계시킴이다"(SUD, 13=SUDL, 146). 그런데 개인 자신이 생각할 수 있는 자아는 거짓된 자아라고 여겨진다. 안티-클리마쿠스에 의하면, 자아는 다른 이에 의해서 정립되어야만 한다. 이것은 키에르케고어 자신의 견해이기도 하다. 그의 일기 중에서 그는 이렇게 말한 적이 있다: "자아 밖에 있어서 그를 강요하는 제 삼의 요소가 없는 진정한 자기-반복은 불가능한 것이고, 그것은 그런 실존을 환상(an illusion)이나 실험(an experiment)으로 만드는 것이다."[4] 그러므로 자아는 "전체 관계를 정립한 분과 자신을 관련시키는 관계이다"(SUD, 13=SUDL, 146). 그러므로 그 다른 이와의 연관성 없이 자신과 관련하려고 시도한다면 우리는 자신이 될 수 없다. 그 다른 이와의 관련 가운데서 자신과 관련할 때에만 우리는 진정한 의미에서 자아가 될 수 있다.

여기서 안티-클리마쿠스가 말하는 그 "다른 이"(another)란 누구인가 하는 중요한 질문이 제기될 수 있다. 이 책의 첫 부분에서는 이 "다른 이"가 좀 모호하게 나타나고 있다는 것은 사실이다. 때때로 안티-클리마쿠스는 "전체 관계를 정립한 힘"(the power that established the entire relation) 또는 "그것을 수립한 힘"(the power which posited it)과 같은 표현을 사용한다(SUD, 14=SUDL, 147). 안티-클리마쿠스가 "힘"이라는 모호한 용어를 사용하기 때문에 이 용어에 대한 다른 해석들이 있었다. 두 가지 다른 해석을 하나씩 살펴보기로 하자.

콜(J. P. Cole)은 이 힘을 '존재의 힘'(the Power of being) 또는 자아됨의 힘(the

---

[4] *Journals*, No. 1041=Pap. X 2 A 396.

Power of selfhood)으로 해석한다. 『죽음에 이르는 병』(로우리 영역판) 147면을 인용한 후에 콜(Cole)은 다음과 같이 말하고 있다:

그러므로 이 힘은 자아됨의 힘 또는 존재의 힘이니, 자아는 이 힘에 의존하는 것이기 때문이다. 자아가 이 힘에 근거하는 한, 자아는 존재한다. 그리고 자아가 이 힘에 근거하지 않는 한 자아는 존재하지 않는다. 그러므로 이 힘은 자아에 대한 존재의 힘임에 틀림이 없다. 그리고 이 힘과의 관계는 자아가 되느냐, 못되느냐의 문제인 것이다. 키에르케고어는 이 힘(Power)을 영(Spirit)이라고 부른다. 그것이 자아됨의 세 번째 본질적 요소를 구성하는 것이다. … 그러므로 영은 인간 존재의 힘으로서(Spirit, as the Power of human being) 인간의 실존과 함께 주어져 있다.[5]

이 강한 주장으로 콜(Cole)은 인간 실존에 이미 주어져 있는 '존재의 힘'의 중요성을 강조한다. 그러므로 콜(Cole)에 의하면, 자아의 힘 또는 존재의 힘으로서의 영만이 자아의 두 가지 다른 요소인 몸(body)과 혼(soul)을 통합할 수 있다는 것이다. 이 존재의 힘은 "실현될 수 있는 가능성으로서 처음부터 사람 안에 있는 것이다."[6] 콜이 이렇게 말할 때, 그는 다음과 같은 의미에서 이 말을 하는 것이다: "이 몸과 혼의 통일체(this body-soul unity) 안에 잠재해 있는 것이 … 자기-결정의 가능성인 영(Spirit)이다. 영은 몸과 혼의 통일체의 수동적 통일성을 방해하면서, 또 그것으로 하여금 자신에 대해서 책임을 지도록 유혹하면서 존재의 가능한 방식으로(as a possible mode of being) 자신을 계속해서 투사하는 것이다."[7] 그러므로 이런 영이 그 가능성을 실현할 때, 우리는 자아가 된다고 한다. 더 나아가서

---

[5] J. P. Cole, *The Problematic Self in Kierkegaard and Freud* (New Haven and London: Yale University Press, 1971), 14. 콜(Cole)은 그의 이 저작 전체에 걸쳐서 『죽음에 이르는 병』으로부터의 직접적인 인용의 경우를 제외하고서는 '영'이란 말을 대문자로 시작하고 있다(Spirit). 이는 『죽음에 이르는 병』에 대한 일반적 해석의 경우에도 벗어나며, 이 책에 대한 모든 영역 판의 규례에서도 벗어난 일이다. 더구나 콜(Cole)은 그의 책의 마지막 장에서는 이 '영'(Spirit)과 '성령'(the Holy Spirit)을 서로 호환적으로 사용하고 있다. 나는 그가 왜 이 '영'이란 말을 대문자로 시작하는 'Spirit'로 쓰는지, 또 자아로서의 영을 어떻게 '성령'과 동일시하는지 이해할 수 없다. 왜 콜(Cole)의 이런 용례가 지지될 수 없는지는 이하에서 분명해질 것이다.

[6] Cole, *The Problematic Self*, 14.

[7] Cole, *The Problematic Self*, 16.

콜(Cole)은 심지어 "영이 키에르케고어의 신 개념이라고 말하는 것이 더 정확할 것이다"고 까지도 말한다.[8]

물론 콜(Cole)이 이렇게 말할 때 그는 우리의 투사된 자아상들(images of the self)이 하나님과 같다고 말하는 것은 아니다. 그런 상들은 "사실상 우상들이요, 새겨 만든 상들이고, 거짓된 신들"이라고 콜(Cole)은 분명히 말하기 때문이다.[9] 그럼에도 불구하고 그는 우리의 자아상이 신으로 기능할 수 있는 가능성이 있다고도 주장한다. 더 나아가서 그는 『죽음의 이르는 병』에서 키에르케고어가 결국 주장하고자 하는 것은 그리스도의 존재 방식 안에 실존하는 것(to exist in Christ's mode of being)이라고 한다. 그래서 콜(Cole)은 이렇게 말한다: "그러므로 우리가 그리스도의 존재 방식 안에 실존할 때에, 우리의 실재는 무한히 강화된다. 왜냐하면 우리가 자아가 되었기 때문이다."[10] 콜(Cole)에게 있어서 그리스도의 중요성은 그리스도께서 우리가 자아가 되는 일에 있어서 모범(example)이 되신다는 점에만 있다. 콜(Cole)은 다음과 같이 말한다:

> 성자의 종교 안에서 그리스도는 하나님의 새로운 형상이 아니라, 자아의 형상이다. 그리스도는 자아의 범례(the paradigm of selfhood)이고, 하나님의 변증법적 성육신이다. … 짧게 말해서, 그는 하나님과 사람 사이의 관계의 범례인 것이다. 그러한 분이신 그를 키에르케고어는 '신-인'(the God-Man)이라고 부른다.[11]

그러므로 콜에 의하면 그리스도가 '신-인'이라고 불린 이유는, 전통적 신학과 키에르케고어가 그리하였듯이, 그가 독특한 의미에서 참 하나님이요, 동시에 참 사람이시기 때문이 아니고, 오히려 헤겔과 그를 따르는 이들이 그렇게 보듯이

---

[8] Cole, *The Problematic Self*, 20. 또한 그의 "The Existential Reality of God: A Kierkegaardian Study" (originally published in *The Christian Scholar* 48 [1965]: 224-35), in *Kierkegaard's Presence in Contemporary American Life*, ed. Lewis A. Lawson (Metuchen, New Jersey: The Scarecrow Press, 1971), 95도 보라.

[9] Cole, *The Problematic Self*, 20.

[10] Cole, *The Problematic Self*, 31.

[11] Cole, *The Problematic Self*, 228. 그러나 이런 그리스도는 키에르케고어가 그토록 비판했던 헤겔의 그리스도가 아닌가!

그가 "사람과 하나님 사이의 관계의 범례"이기 때문이라는 것이다. 콜은 그를 또한 "자아됨의 범례"라고도 부른다. 키에르케고어를 이렇게 자기 식으로 (그리하여 헤겔 식으로) 해석했으므로 콜은 그의 연구의 마지막 장에서 다음과 같이 이상한 주장을 할 수 있었던 것이다:

> 키에르케고어가 영(Spirit)이란 말로써 의미하는 바는 무한하고 영원한 가능성이다. 그러므로 영은 역사 신학에 있어서 근본적 범주이다. 영은 인간 존재의 힘이다. 왜냐하면 그것이 없이는 자아의 변증법이 무너지기 때문이다. 그것은 자아의 기능에 있어서 신으로서의 기능을 행사한다. 그것은 항상 초월적인 것, 그리고 전혀 소진될 수 없는 자아의 지평으로 인간 실존의 절대적 목표(telos)이다. 그것은 인간 존재의 창조적 원천이요, 신성이다.[12]

> 우리는 또한 절대적인 영이 상대적인 신이 되는 역사적 과정에 대한 이런 이해가 살아 계신 하나님의 근거라는 것을 주목해야만 한다. 성령은 무한하고 영원한 가능성으로서 절대적이지만, 성부는 상대적이다. 그는 역사의 상대성들과 역사가 생성해 내는 문화에 종속하기 때문이다. 그러므로 신-개념 자체가 역사적이다. 그것 자체가 영의 변증법과 역사의 교정(the corrective of history)에 종속하는 것이다.[13]

우리가 이 인용문들에서 분명히 보아 알 수 있듯이, 콜(Cole)은 키에르케고어를 그 나름의 방식대로 해석함으로써 헤겔적 신학의 흔적을 찾아 볼 수 있는 이상스러운 신학을 키에르케고어로부터 만들어 내고 있다. 키에르케고어에 대한 기괴한 해석을 통해서 콜(Cole)은 키에르케고어를 그가 일생 동안 그토록 혐오하고 비판하였던 일종의 헤겔로 만들고 있는 것이다.

영을 "긍정적인 세 번째 용어"(a positive third term)와 동일시하면서 이를 해석하고 있는 뮬렌(John Douglas Mullen)의 해석도 좀 단순하고 소박하기는 하지만 이 용어를 내재주의적으로 생각하려고 한다는 점에서 콜(Cole)의 해석과 비슷하다. 뮬렌(Mullen)은 이 "긍정적 세 번째 용어"라는 말로 키에르케고

---

[12] Cole, *The Problematic Self*, 223.

[13] Cole, *The Problematic Self*, 227.

어는 인간의 의지를 뜻한다고 본다. 그는 이렇게 말한다: "자아는 항상 대립할 대립적 성향들의 종합으로 구성되는데, 그것은 영(의지)에 의해서 연관되는 것이다."[14]

그러나 대부분의 키에르케고어 연구가들은 콜(Cole)이나 뮬렌(Mullen)과 같은 방식으로 생각하지 않는다. 왜냐하면 안티-클리마쿠스가 자아됨을 말하는 맥락과 이 책을 쓴 전체적 의도가 "다른 이"를 자아의 힘으로 해석하는 것을 거의 불가능하게 하기 때문이다. 대부분의 해석가들은 "자아를 정립한 힘"이란 말로써 안티-클리마쿠스가 하나님을 의미한다고 해석한다.[15] (우리가 콜[Cole]의 해석에서 본 바와 같은 자아의 힘이라고 이상스럽게 해석된 하나님이 아닌 하나님으로 말이다). 나 자신도 이것이 옳은 해석이라고 생각한다.

나는 이미 그렇게 보아야 하는 두 가지 이유를 언급한 바 있다. 즉, (1) 안티-클리마쿠스가 자아됨에 대해서 말하고 있는 문맥, (2) 이 책을 저작한 전반적인 의도. 그러나 이외에도 (3) 이 자아됨에 대한 논의의 가까운 문맥 안에서 안티-클리마쿠스가 실제로 "하나님"을 언급하고 있다는 사실을 언급할 수 있다. 예를 들자면, 그는 이렇게 말한다: "바른 관계 가운데서의 그 종합이 원래 하나님의 손으로부터 온 것이 아니라면, 그는 절망할 수도 없을 것이다"(SUD, 16=SUDL, 149). 더 나아가서 이 주제에 대한 안티-클리마쿠스의 논의가 더 진행됨에 따라서 오직 하나님과의 관계성 가운데서만 우리가 자신이 될 수 있다는 더 분명한 주장이 나오고 있다(SUD, 29, 30, 38-46, 50=SUDL, 162, 163, 171-180, 184). 그러므로 앞 부분에서 안티-클리마쿠스가 "다른 이"

---

[14] John Douglas Mullen, *Kierkegaard's Philosophy: Self-Deception and Cowardice in the Present Age* (New York: New American Library, Mentor Books, 1981), 47. 또한 같은 책의 45, 53, 75도 보라.

[15] 예를 들어 다음 같은 학자들의 해석을 보라. Calvin O. Schrag, *Existence and Freedom: Towards an Ontology of Human Finitude* (Northwestern University Press, 1961; 2nd edition, 1972), 167f.; Brita K. Stendahl, *Søren Kierkegaard* (Boston: Twayne Publishers, 1976), 187; Kresten Nordentoft, *Kierkegaard's Psychology*, trans. Bruce H. Kirmmse (Pittsburgh: Duquesne University Press, 1978), 87; Michael Theunissen, "Kierkegaard's Negativistic Method," in *Kierkegaard's Truth: The Disclosure of the Self*, ed. Joseph H. Smith (New Haven and London: Yale University Press, 1981), 402, 403.

또는 "힘"과 같은 모호한 용어를 사용하고 있을지라도, 그가 처음부터 말하고자 했던 것은 우리의 우리 자신에 대한 관계에 반드시 관계되는 하나님과의 관계 가운데서만 우리는 자아가 될 수 있다는 것이다. 즉, 우리의 본질적 관계를 정립하신 하나님과 관련할 때에야 우리는 자신과 관련할 수 있는 것이다.

우리의 탐구와 관련하여 중요한 점은 우리의 자아됨이 처음에는 가능성으로 제시되었다는 사실이다. 그러나 이 자신이 될 수 있는 가능성(즉, 자아가 될 수 있는 가능성)은 동시에 절망의 가능성, 즉 자신이 될 수 없는 가능성이기도 하였다. 인간은 자신이 될 수 있는 가능성과 자신이 될 수 없는 가능성 앞에 섰었던 것이다. 자신이 될 수 있는 가능성은 자신이 자신과 바른 관계 가운데 있고, 자신과의 관계성 가운데서 하나님과 바른 관계 가운데 있을 때에야 현실적인 것이 된다. 이 가능성은 인간에게 주어진 조건이었다. 즉, 하나님께서는 인간이 하나님과의 관련 가운데서 자신을 자신과 관련시켜서 자아가 될 수 있는 존재로 만드셨던 것이다. 안티-클리마쿠스는 이렇게 하나님과의 관계성 가운데서 자아가 되는 것이 '영'(spirit)이 되는 것이라는 독특한 말을 한다.[16] 그리고 그에게 있어서 영(즉, 자아)이 된다는 것은 자신에 대한 자신의 관계에 있어서 우리의 몸(body)과 혼(soul), 즉 유한한 것과 무한한 것, 시간적인 것과 영원한 것, 필연성과 자유를 하나님과의 관계성 가운데서 통합하는 것을 의미한다. 그러므로 사람에게는 그런 자아, 즉 영이 될 수 있는 가능성이 주어졌다. 그리고 이 가능성은 그저 가능성으로만이 아니라, 그의 과제로도 주어졌다. 그래서 안티-클리마쿠스는 이를 "인간에 대한 최고의 주장"(the highest claim upon him)이라고 말하기도 한다(SUD, 22=SUDL, 155). 이 가능성은 인간의 인간으로서의 이점이며 동시에 책임이었던 것이다.

---

[16] 여기서 전통 신학적 인간론과의 차이를 생각할 수 있다. 전통적으로는 인간은 몸과 영(spirit) 또는 혼(soul)의 두 부분으로 구성되어 있다고 말한다. 영과 혼은 같은 실체에 대한 다른 이름이라고 보는 것이다. 이에 반해서 안티-클리마쿠스는 인간은 몸과 혼(soul)으로 구성되었는데, 이 두 요소를 잘 통합하는 것이 영(spirit)이라고 하는 것이다. 이는 영 개념에 대한 그의 독특한 용법으로 이해해야 할 것이다. 그러므로 전통적 신학 개념의 영혼이 안티-클리마쿠스의 soul 개념과 동일시될 수 있고, 안티-클리마쿠스의 독특한 "영"(또는 자아) 개념이 나타나고 있는 것으로 이해해도 좋을 것이다. 그러므로 본고에서는 안티-클리마쿠스의 soul을 그저 '영혼'이라고 하고, 그의 spirit를 '영'이라고 옮길 것이다.

II. 자아됨의 상실: 절망의 현상학

그러나 안티-클리마쿠스에 의하면, 스스로 자아가 된 사람은 한 사람도 없다. 물론 모든 사람은 그가 사람인 한 "몸과 영혼의 통합체"(a body-soul entity)로, 즉 유한과 무한, 시간적인 것과 영원한 것, 필연성과 자유(가능성)의 종합으로 존재한다. 그러나 그렇게 여겨지는 한 "인간의 존재는 아직 자아는 아니다"(SUD, 13=SUDL, 146). 자아의 통합은 아직 이루어지지 않았다는 말이다. 그래서 자신들이 자신에 대하여 바른 관계 가운데 있다고 주장하는 사람들도 사실은 절망, 즉 자신에 대한 바르지 못한 관계 가운데 있는 것으로 드러난다. 이렇게 절망의 현상학은 보편적이다. 도대체 절망 가운데 있지 않은 사람이 없다(SUD, 22=SUDL, 155). 안티-클리마쿠스는 이것은 전혀 과장도 아니고 지나치게 말하는 것도 아니며, "일관성 있게 발전된 기본적 관점"이라고 한다(SUD, 22=SUDL, 155).

그러나 이 절망의 보편성은 절망이 "인간성 자체 안에 붙박여 있는 어떤 것"이라는 뜻은 아니다(SUD, 16=SUDL, 148). 만일 그렇다면, 사람을 이와 같은 식으로 만드신 하나님이 인간 절망의 조성자였을 것이다. 그러나 안티-클리마쿠스에 의하면, 하나님은 사람을 절망하게 하려고 하신 것이 아니라, 자아가 (즉, 영이) 될 수 있는 커다란 유익을 주시려고 한 것이다. 그런데 사람이 잘못된 관계(disrelationship)를 만들어 내었다. 절망은 사람에게 그저 발생한 것이거나 사람이 어떻게 하다 보니 수동적으로 그런 상황 가운데 있음을 발견하게 된 어떤 결여, 예를 들어서 "어떤 연약성, 육욕성, 유한성, 무지 등"이 아니다. 이러한 문제들은 밖에서 오는 것이지만, 절망은 사람 자신에게서 기원하는 것이다. 이런 의미에서 안티-클리마쿠스는 이 바르지 못한 관계(즉, 절망)를 "영의 병"(SUDL, 157), 또는 "영의 조건"이라고 부른다(SUD, 24).

안티-클리마쿠스에 의하면, "영으로 정의될 수 있음을 의식하지 못하는 것이 바로 절망이다"(SUD, 25=SUDL, 158). 그리고 절망 가운데 있는 모든 사람은 다 죽음에 이르는 병을 앓고 있는 것이다. 이것이 인간 존재에 대한 기독교적 이해라고 한다(SUD, 8=SUDL, 145). 그의 일기 가운데서 키에르케고어 자신도 다음과

같이 말한다:

> 만일에 자기 자신을 자신과 관련시키면서 자신을 절대적으로 하나님과 관련시킨다면,
> 절망은 전혀 없을 것이다. 그러나 그렇지 못한 모든 순간마다 어떤 절망이 있는 것이다.
> 결과적으로 사람이 자신을 자신과 관련시키면서 자신을 하나님과 관련시킨다면, 모든
> 절망은 소멸될 것이다.[17]

그런데, 안티-클리마쿠스에 의하면 그런 잘못된 관계(즉, 절망)는 근본적으로
두 가지 형태를 가지게 된다. 즉, 자신이 되지 않으려고 하는 절망과 절망적으로
자신이 되려고 하는 절망이다. 물론 자신들이 자아를 가진다고 하는 것조차
의식하지 못하는 어떤 사람들도 있다는 것을 안티-클리마쿠스는 인정한다. 그들
은 "자신들의 절망을 인식하지 못하는 절망적인 개인들"이라고 언급된다(SUD,
44=SUDL, 177). 그리고 절망의 형태들은 또한 종합으로서의 자아를 구성하는
요인들을 - 즉, 유한성과 무한성의 요인들, 필연성과 가능성의 요인들, 시간성과
영원성의 요인들을 - 성찰함으로 관찰될 수도 있다고 한다.

여기서 한 가지 흥미로운 질문이 제기될 수 있다. 그것은 유한성과 무한성의
측면에서 본 절망(Part 1, III, A, a)과 가능성과 필연성의 측면에서 본 절망(Part
1, III, A, b)과 의식의 측면에서 본 절망(Part I, III, B)에 대한 안티-클리마쿠스의
논의에, 어떤 학자들이 찾아보려고 노력하는 바와 같이, 차서적 질서가 있는가
하는 것이다. 그러나 나는 이 부분이 반드시 어떤 차서적 질서를 가진 것으로
보아야 한다고는 생각하지 않는다. 다음 몇 단락 가운데서 나는 이 부분을 차서적
인 질서를 가진 것으로 보아야만 한다고 주장하는 이들의 견해를 검토하면서,
이는 일련의 발전적 절망의 형태에 대한 논의이기보다는 절망의 각기 다른 측면
들에 대한 논의라는 것을 밝히고자 한다.

이 부분을 절망의 발전적 형태에 대한 논의로 보면서 이 논의 내의 일종의

---

[17] *Søren Kierkegaard's Journals and Papers,* trans H. V. Hong and Edna H. Hong, vol. I (London
and Bloomington: Indiana University Press, 1967-1978), 749=Pap. VIII 2 B 168:6. 앞으로 이 일기 번역판으
로부터의 인용은 키에르케고어 학계의 관례에 따라 JP, I, 749 식으로 하기로 한다.

차서적 질서를 생각하는 가장 대표적인 학자로 펜실베니아 대학교의 스티브 더닝(Stephen Dunning)을 생각할 수 있다.[18] 그는 (1) 의식에 대한 고려 없는 절망(part 1, III. A)과 (2) 의식된 절망(part 1, III, B)과 (3) 하나님 앞에서의 죄인으로서의 자의식(part 2, I) 사이에 분명한 발전이 있다고 시사하면서, 그 각각을 "즉자적 절망"(despair in-itself), "대자적 절망"(despair for-itself), 그리고 "즉자대자적 절망"(despair in-and-for- itself)이라고 이름 붙인다.[19] 이 논의에 대한 그 자신의 요약을 인용해 보기로 하자:

첫째로 즉자적 절망은 의식에 대한 고려 없이 나타난다; 둘째는 외화된 의식으로서 대자적 절망을 표현한다; 그리고 즉대자적 절망은 하나님 앞에서의 죄인의 자의식이다. 추상적 수준에서 보면 여기서는 발전의 과정이 아주 분명히 나타난다. 의식에 대한 고려 없는 절망에서는 내면적인 것과 외면적인 것 사이의 구별 또는 자아와 타자 사이 의 구별에 대한 의식이 아직 없다. 그런 의식은 의식된 절망에서라야 처음으로 나타난 다. 여기서 단순한 요소들(즉, 즉자적 절망의 두 가지 대립체들)로서의 자아가 의식의 형태로서의 절망 개념에 의해서 부정되어진다. 그러나 이 움직임에서의 의식은 아직도 영원한 것에 대립하는 자율적인 인간 자아의 의식일 뿐이다. 의식이 여러 단계에 걸쳐 서 발전하는 동안 - 즉, 영 없음(spiritlessness), (자기 자신이 되지 않으려고 하는) 연약성 의 단계, (자기 자신이 되려고 하는) 반항과 도전의 단계를 거쳐 발전하는 동안에 대자 적 절망 가운데 있는 자아는 자아의 참된 본성으로부터 소외되어 있는 것이다. 즉, 자아 를 정립시킨 힘 안에 투명하게 안식하는 것으로부터 소외되어 있는 것이다. … 자의식 의 탄생이 하나님으로부터의 소외의 새로운 의식을 표현한다는 사실은 자의식을 죄의 식으로 규정한다. 이런 죄의식으로서의 절망은 악마적인 절망을 걸쳐서 기독교의 구속 적 실천에 의해서, 즉 그리스도를 모범으로 삼아 따르라는 그리스도의 초청을 받아들 임으로써 변혁되어진다. 이로써 절망의 변증법과 의식의 발전이 완성되는 것이다.[20]

그리하여 더닝에 의하면, 『죽음에 이르는 병』과 『기독교의 훈련』 두 권의 전체적 구조는 (1) 암묵리의 의식(즉자적 절망)으로부터 (2) 소외로서의 의식(대자적 절

---

[18] Stephen N. Dunning, *Kierkegaard's Dialectic of Inwardness* (Princeton: Princeton University Press, 1985), 215-33, 239-41.

[19] 특히 Dunning, 239를 보라.

[20] Dunning, 239f.

망)을 거쳐 (3) 하나님 앞에서의 죄의식(즉대자적 절망)에 이르는 의식의 변증법적 구조를, 따라서 의식의 발전적 구조를 보여준다는 것이다. 더닝의 이러한 논의는 이 책의 "구조의 체계적 성격"을 잘 보여주고 있다.

존 글렌(John D. Glenn) 역시도 다양한 절망의 형태들 사이에 차서적 질서가 있음을 시사하고 있다. 그는 다음과 같이 말한다:

> [키에르케고어는] 절망의 다양한 형태들을 분석하여 나간다. 즉, 그는 (a) 종합으로서의 자아의 구성 요소들 사이의 잘못된 관계에서 비롯되는 절망들, (b) 다양한 정도의 자의식과 자기-주장에 의해서 특징 지워질 수 있는 절망들, 그리고 종국적으로 (c) 죄로서의 절망을 분석하는 것이다. 『죽음에 이르는 병』의 이 세 절은 자아됨의 세 차원과 상응한다. 그리하여 자아의 정의는 이 책의 나머지 부분의 구조를 결정하며, 또 한편 그 나머지 부분의 자세한 논의들은 [자아의] 정의의 내용을 더 구체화하는 것이다. … [자아의] 이 차원들과 키에르케고어의 초기 익명의 저작들에서 묘사된 실존의 세 단계 사이에도 비슷한 관계가 있다고 할 수 있다.[21]

같은 생각을 계속하면서 글렌은 다음과 같은 말도 한다: "반성적 심미가의 실존은 자아의 정의의 첫째 차원에서 살고 있다고 할 수 있다(즉, 무한과 유한, 영원과 시간, 자유와 필연성의 종합의 차원에서 살고 있다고 할 수 있다)."[22] 그래서 글렌은 "종합으로서의 자아"(the self as synthesis)를 "자아의 심리적-심미적 차원"이라고 하고,[23] "자기-관련성으로서의 자아"(the self as self-relating)를 "자아의 윤리적 차원"이라고 하며,[24] "하나님께 의존하는 자아"를 "자아됨의 종교적 차원"이라고 부르기까지 한다.[25] 이 논의를 통해서 글렌이 우리에게 보여주려고 했던 것은 안티-클리마쿠스가 다양한 절망의 형태를 논의하고 있는 『죽음에 이르는 병』의

---

[21] John D. Glenn, Jr., "The Definition of the Self and the Structure of Kierkegaard's Work," in Robert L. Perkins, ed., *International Kierkegaard Commentary: The Sickness unto Death* (Macon, Georgia: Mercer University Press, 1987), 6.

[22] Glenn, 11.

[23] Glenn, 6.

[24] Glenn, 11.

[25] Glenn, 15.

세 절이 실존의 세 단계가 가지고 있는 차서적 질서와 비슷한 차서적 질서를 가지고 있다는 것이다.26

안티-클리마쿠스가 이 책에서 절망의 주제를 발전적인 구도로 논의하고 있는 어떤 부분이 있는 것은 사실이다. 예를 들어서, 그가 무의식적인 자아, 자기 자신이 되지 않으려고 하는 절망(연약성의 절망), 그리고 절망적으로 자신이 되려고 하는 절망(반항적 절망) 등에 대해서 논의할 때, 우리는 일종의 발전적 구도 또는 진보적 구도를 생각할 수 있다. 이런 부분과 관련해서는 더닝이 "자아에 대한 무지"(self-ignorance)에서 "자기 부정"(self-rejection)을 거쳐 "자기 소외로서의 자기 주장"(self-assertion as self-alienation)에로의 진전이 있다고 말한 것은 아주 옳은 관찰이다.27

그러나 "절망의 형태들"에 대한 안티-클리마쿠스의 논의 전체와 관련해서는 "구성 요소들의 측면에서 본 절망"과 "의식의 측면에서 본 절망"에 대한 논의들을 일련의 발전적(혹 진보적) 형태의 절망들에 대한 논의로 보다는 절망에 대한 두 가지 다른 측면들에서의 논의로 보는 것이 더 나은 것이지 않을까 생각한다. 왜냐하면, 안티-클리마쿠스는 종합의 요소들에 대한 성찰에서 본 절망에 대한 논의를 "추상적" 논의라고 하고 있기 때문이다(SUD, 29=SUDL, 162). 아마도 그는 여기서 논의된 것은 사람이 무한과 유한, 가능성과 필연성 등의 종합이라는 사실에서 나온 논리적 가능성이라고 여기기 때문에 "추상적" 논의란 말을 한 것 같다. 그래서 이 논의는 근본적인 중요성을 지닌 것이 아니라고 여긴다. 이에 비해서 의식의 범주에서 본 절망에 대한 논의는 근본적인 것(primary or principal)이라고 한다. 그러므로 구체적인 개인의 절망은 추상적으로는 자아를 이루는 요소들을 성찰함으로써 관찰할 수 있으나, 근본적으로는(principally) 의식의 범주 아래서 관찰되어야만 하는 것이다. 밀러(Miller)가 키에르케고어는 "우리에게 절망의 형태가 관찰될 수 있는 적어도 두 가지 다른 방식을 제공하고 있다"고 말할

---

²⁶ 스텐달도 절망의 현상을 일련의 발전적 단계들로 보려고 한다. Stendahl, *Søren Kierkegaard*, 189-91를 보라.

²⁷ Dunning, 225.

때,[28] 그는 여기서 우리가 취한 입장과 비슷한 견해를 시사했었다고 할 수 있다. 절망의 형태에 대한 안티-클리마쿠스의 논의를 자세히 검토해 보면 이러한 견해가, 즉 "종합의 요소들에 대한 성찰에서 본 절망에 대한 논의"와 "의식의 범주에서 본 절망에 대한 논의"가 서로 다른 관점에서의 절망에 대한 논의들이라는 견해가 더 옳다는 것이 분명히 드러날 것이다. 이제 다양한 형태의 절망에 대한 안티-클리마쿠스의 논의를 고찰해 보기로 하자.

안티-클리마쿠스는 먼저 몸과 영혼의 관계와 관련된 요소들의 빛에서 절망에 대해 논의한다. 그런데 그는 여기서 유한성/무한성의 범주와 필연성/가능성의 범주에서만 논의하고 있다(우리는 왜 그가 이 두 가지 범주 하에서만 논의하고, 이전에 몸과 영혼의 관계와 관련하여 언급했던 또 하나의 범주인 시간성과 영원성의 범주 하에서는 절망에 대해 논의하지 않는지 알 수 없다). 그래서 이 첫 부분에서는 그가 "무한성의 절망," "유한성의 절망," "가능성의 절망," 그리고 "필연성의 절망"이라고 부르는 것들을 논의한다. 이들 절망들은 영혼과 몸의 종합의 한 측면만을 지나치게 강조하여, 그와 연관된 다른 한 측면을 전혀 염두에 두지 않는 절망들로 특징지어 질 수 있다.

예를 들어서, 어떤 이를 환상적이고 무제한한 데로 나아가게 하는 "무한성의 절망"은 유한성에 대한 의식의 결여에서 나오는 것으로 이해될 수 있다. 이런 절망 가운데서는 사람이 "추상적 무한화나 추상적 고립 가운데서 계속하여 자아를 결여하는 환상적 실존(fantasized existence)이 되어 점점 더 멀리 가게 된다"(SUD, 32=SUDL, 165). 왜냐하면, "환상적인 것은 일반적으로 그를 자신으로부터 멀어지게 하여 그 자신에게로 다시 오는 것을 방해하는 방식으로 사람을 무한성에로 인도하기 때문이다"(SUD, 31=SUDL, 164). 그래서 어떤 경우에는 어떤 이의 감정이 환상적인 것이 되고, 그 결과로 그 사람이 "일종의 추상적 감상성"(a sort of abstract

---

²⁸ Miller, *In Search of the Self*, 259f. 또한 Martin V. Heinecken, *The Moment before God* (Philadelphia: Muhlenberg Press, 1956), 192, 196도 보라. Paul Ricoeur, "Two Encounters with Kierkegaard: Kierkegaard and Evil, Doing Philosophy after Kierkegaard," in *Kierkegaard's Truth*, 320에서도 비슷한 견해가 제시되고 있다.

sentimentality)이 된다. 그런 추상적 감상성은 비인간적인 것이니, 그것은 "감상성을 어떤 추상적 운명 - 예를 들어서 추상적 인간(humanity *in abstracto*)과 비인간적으로 연관시키는 것이다"(SUD, 31=SUDL, 164).

또 어떤 경우에는 지식과 관련해서 환상적일 수도 있다. 그런 사람에게는 "지식이 증대하면 할수록, 그것이 점점 더 일종의 비인간적 지식이 되고, 그 지식을 획득하는 데서 그 사람의 자아는 상실된다"(SUD, 31=SUDL, 164). 이를 말할 때 안티-클리마쿠스는 아마도 헤겔의 '전포괄적 체계-구성'을 생각하는 듯하다. 그러나 이는 그 어떤 종류의 비인간적인 체계화에도 다 적용된다. 왜냐하면, 우리가 키에르케고어의 일기 중 한 곳에서 볼 수 있듯이, 헤겔의 추론뿐만이 아니라, "순수 이성도 환상적인 어떤 것(something fantastical)이기 때문이다. 그리고 한없는 환상적인 것은 부정적인 개념들이 없는 곳에 친숙히 속하고, 이런 상황에서 그는 마치 모든 것을 다 먹다가 심지어는 자신의 위장까지 먹고만 마술사와 같이 모든 것을 다 이해해 보겠다고 덤벼드는 것이다."29

또 다른 경우에는 의지가 환상적이게 될 수도 있다. 그런 환상적인 의지는 환상적인 감정의 경우와 같이, 추상적이고 무한한 것들에만 관심을 가지고 "바로 오늘, 바로 이 시간, 바로 이 순간에 수행될 수 있는 일의 지극히 작은 부분은" 무시한다(SUD, 32=SUDL, 165). 알바우흐와 알바우흐는 지식과 의지에 있어서 환상적이게 된 이의 예로 다음과 같은 경우를 들고 있다:

> 그리하여 지극히 작은 것을 이해하는 일에 너무 골몰해서 자의식 가운데서 성장하기를 잊는 과학자는 병적인 것이다. 또한 온 인류를 위한 무한한 선을 의도하여 자신이 책임져야만 하는 매일의 의무에 대해 맹목적인 꿈꾸는 환상가도 마찬가지로 병적인 것이다.30

심지어는 "환상적인 종교적 인물"(a fantasized religious person)도 있을 수 있다(SUD,

---

²⁹ JP, I, 7=Pap. X 2 A 354.

³⁰ George E. Arbaugh and G. B. Arbaugh, *Kierkegaard's Authorship: A Guide to Writings of Kierkegaard* (Rock Island, Illinois: Augustana College Library, 1967), 324.

32=SUDL, 165). 그런 사람은 자신의 하나님과의 관계(God-relationship)를 무한화하여 자신이 될 수 없다.

더닝(Dunning)이 잘 요약한 바와 같이, "이 모든 경우에 있어서 사람들은 통제할 수 없는 상상력 가운데서 자신을 잃는다. 그리하여 결국은 종합의 유한한 요소에 대한 모든 감각을 상실한다."31 그래서 "무한하게 되었다고 생각하거나 무한하고자 했던" 모든 사람들이 "무한성의 절망" 가운데 빠지게 된다(SUD, 30=SUDL, 163).

"유한성의 절망"은 이와는 대조적으로 "무한성의 결여로" 특징 지워진다. 그런 절망을 하고 있는 이들의 특성으로 안티-클리마쿠스는 세속성, 맹목적으로 사회적 유행과 관습을 따르는 것, 옳지 않은 자기 만족, 윤리적 인색함과 좁음, 자충족성 등을 들고 있다. 안티-클라마쿠스는 이런 사람에 대해서 다음과 같이 말한다:

> 떼거지 사람들에 둘러 싸여서 온갖 세속적인 일들에 빠져 있으면서 점점 더 세상에서 일을 처리하는 방식에 노련해지는 그런 사람은 자신을 잊고, 고귀한(divinely understood) 그의 이름을 잊고서, 감히 자신을 믿으려 하지 않으며, 자신이 된다는 것은 너무 위험한 일이라고 여기고, 따라서 다른 이들과 같이 되는 것, 모방자가 되는 것, 숫자 중의 하나가 되는 것, 대중 속의 하나가 되는 것이 훨씬 쉽고 편하다고 생각하는 것이다(SUD, 33f.=SUD, 166f.).

그러므로 유한성의 절망 가운데 있는 사람들도 자신들이 아니다; "영적으로 말하자면, 그들은 자아를 가지고 있지 않다. 그들은 그것을 위해서 모든 것을 걸 만한 자아, 즉 하나님 앞에서의 자아를 가지고 있지 않다"(SUD, 35=SUDL, 168). 무한성의 절망 가운데 있는 이들은, 우리가 앞 문단에서 살펴 본 바와 같이, 자아를 무한화하다가 자신을 상실한데 비해서, 유한성의 절망 가운데 있는 자들은 자아를 유한화함으로써 참된 자아를 상실한 것이다.

이제는 두 번째 범주, 즉 가능성과 필연성의 범주에서는 절망이 어떻게 분석

---

31 Dunning, 217.

되는지 보자. 여기서 안티-클리마쿠스의 요점은 간단하다: "가능성을 갖지 않은 자아도 절망한 것이고, 마찬가지로 필연성을 갖지 않은 자아도 절망한 것이다"(SUD, 35=SUDL, 168). 이를 좀 더 자세하게 차례대로 생각해 보면 다음과 같다.

"가능성의 절망" 가운데 있는 이는 가능성들의 수면 위에서 몰아치는 파도와 같이 가능성에 밀려다닐 뿐 그 중 어느 하나도 실현하지를 못한다. 그런 사람은 "추상적 가능성이 되었고," "자신에 대한 신기루가 되었다"(SUD, 36=SUDL, 169). 왜냐하면, 그는 "가능성을 필연성에로 취하여 들이는 대신에, 가능성만을 추구하다가 결국은 되돌아오는 길을 잃고 말았거나", 아니면 "종국적으로 그를 자신에게서 오도해 내는 불안의 가능성 중 하나를 추구하다가 불안의 희생자가 되거나 자신이 극복될까봐 불안해하는 것의 희생자가 되기 때문이다"(SUD, 37=SUDL, 170). 더닝(Dunning)은 그런 자들을 "현대 정신치료적 용어로 각기 조증(躁症, manic)과 우울증(憂鬱症, depressive)에 근접하는 전형들"이라고까지 말한다.32

이에 반하여, "필연성의 절망"은 가능성의 결여로 특징 지워져서, 이런 필연성의 절망 가운데 있는 이에게는 "모든 것이 필연적인 것이 되거나"[운명론], 아니면 "모든 것이 사소한 것이 된다"[속물주의, philistinianism](SUD, 40=SUDL, 173). 그런데 안티-클리마쿠스에 의하면, 운명론자에게는 하나님이 없는 것이다: 그는 "하나님을 상실했다"(SUD, 40=SUDL, 173). 그래서 그는 가능성과 자신까지도 상실한 것이다. 왜냐하면, 안티-클리마쿠스의 기독교적 관점에 의하면, 가능성은 결론적으로 오직 하나님께만 속하며, 따라서 하나님을 가진 사람만이 자아(自我)를 가지는 것이기 때문이다. 그러므로 운명론은 "영적인 절망"이다. 이에 비해서 속물주의는 "영 없는 절망"(despair of spiritlessness)이다(SUD, 41=SUDL, 174). 그러므로 속물주의자도 "자신의 자아와 하나님을 상실했다"(SUD, 41=SUDL, 174).

여기까지가 의식을 고려하지 않은 채 절망을 관찰할 때 나타날 수 있는 절망의 형태들이다. 마르틴 하이네켄이 말하는 바와 같이 "그것들은 사람이

---

³² Dunning, 217.

무한과 유한, 가능성과 필연성의 종합이라는 사실로부터 나온 논리적 가능성들을 나타낼 뿐이다."33

그 후에 안티-클리마쿠스는 절망에 대한 **근본적** 논의로 나아가 의식의 관점에서 절망을 논의한다. 의식의 관점에서 보았을 때, 절망은 근본적으로 (1) 자신이 되어야만 한다는 것을 의식하지 못하는 무의식적인 절망(unconscious despair), (2) 연약함의 절망(despair of weakness)과 (3) 반항의 절망(despair of defiance) 등으로 나누어 볼 수 있다. 그러나 이 세 가지 절망들은 절대적 의미에서 다른 것은 아니다. 여기서의 대조는 "그저 상대적인 것일 뿐이다"(SUD, 49=SUDL, 182). 왜냐하면, "반항(defiance)으로부터 전적으로 자유로운 절망은 없고", 동시에 "가장 반항적인 절망도 그 어떤 연약성으로부터 전적으로 자유로울 수는 없기 때문이다"(SUD, 49=SUDL, 182). 그러므로 우리는 노르덴토프트와 함께 "반항은 깊은 연약성이며, 연약성은 깊은 반항이다"라고도 말할 수 있다.34 더 나아가서 연약성의 절망과 반항의 절망이 "절망 가운데 있다는 것을 의식하는 절망"이기는 하지만 (SUD, 47=SUDL, 180), 최종적으로 분석해 보면 이 두 가지 절망 가운데 있는 사람들도 그리스도인에 의해서 죽음에 이르는 병으로 이해된 "절망에 대한 철저하고 참된 개념"을 가지고 있지는 않기 때문이다. 연약성의 절망 가운데 있는 사람들이 '영원한 자아를 가지고 있다는 것을 절망적으로 의식하지 못하는 사람들'보다 자의식을 더 가지고 있다는 것은 사실이다. 또한 반항의 절망 가운데 있는 사람들은 연약성의 절망 가운데 있는 사람보다 더 큰 자의식을 가지고 있으며, 반항의 절망은 그 어떤 절망보다 더 강렬하다는 것도 사실이다. 그러나 이 반항의 절망 가운데 있는 사람들, 따라서 더 큰 의식을 가지고 있는 사람들이 반드시 절망에 대해서 더 정확한 개념을 가지고 있는 것은 아니다. 이런 의미에서 우리는 기독교적 관점에서는 반항의 절망 가운데 있는 사람도 자신이 정확하고 바르게 이해된 절망 가운데 있다는 것을 의식하고 있지 못하고 있다고 말할 수도 있다. 안티-클리마쿠스가 "이 병을[즉, 절망을] [날카롭게] 의식하는 것이

---

³³ Heinecken, 196.

³⁴ Nordentoft, 287.

자연인에 대한 그리스도인의 우월성이다"라고 말하는 것을 상기할 때(SUD, 15=SUDL, 148), 우리는 그리스도 없이 가장 의식적인 사람도 자신이 절망이라는 죽음에 이르는 병을 앓고 있는 자신의 처지를 정확히 알지 못한다는 것을 확언할 수 있다. 그러므로 우리가 다음 몇 문단에서 이들 절망들 사이의 구체적인 내용과 그 차이점들을 살필 때에, 이 차이점들이 오직 상대적인 차이일 뿐이라는 것을 유념해야만 한다.

무의식적 절망 가운데 있는 사람은 "(자신이) 영(Spirit)이라는 것에 대한 개념을 가지고 있지 않다"(SUD, 43=SUDL, 176). 이렇게 자신이 절망 가운데 있다는 것을 몰라도 상황은 매한가지니, 그는 절망 가운데 빠져 있다(SUD, 44=SUDL, 177). 안티-클리마쿠스는 이런 사람의 경우를 다음과 같이 폐병을 앓는 사람의 경우와 비교하고 있다: "그 병이 가장 심각할 때, 그는 괜찮다고 느끼며, 자신의 건강이 아주 좋다고 느끼고, 다른 이들에게 빛내는 듯 건강을 과시할 수도 있다"(SUD, 45=SUDL, 178). 안티-클리마쿠스는 이런 형태의 무의식적 절망이 이 세상에서 가장 흔한 것이라고 한다.

그러나 우리가 바로 전에 지적한 바와 같이, 이런 상태는 무의식적 절망 가운데 있는 사람들에게만 적용되는 것은 아니다. 모든 사람은 그들이 절망 가운데 있는 한, 참된 의미에서의 절망을 의식하지 못하는 특성을 가지고 있기 때문이다. 연약성의 절망 가운데 있거나 반항의 절망 가운데 있는 사람들은 자신들이 절망하고 있다는 것을 의식한다. 그러나 그들의 이 절망 의식은 그들의 참된 절망적 상황을 바로 의식한 것이 아니다. 그러므로 안티-클리마쿠스가 말하듯이 자신이 "영으로 규정된다는 것을 의식하지 못하는 것 - 바로 그것이 절망이다"(SUD, 25=SUDL, 158). 그러면 이제 '연약성의 절망'과 '반항의 절망'을 좀 더 자세히 살펴보기로 하자.

안티-클리마쿠스는 "연약성의 절망"("여성적인 절망")을 (1) "지상적인 것에 대한 절망"과 (2) "영원한 것 또는 자신에 대한 절망"으로 나눈다. 지상적인 것에 대한 절망은 또 "순전한 직접성"의 경우(SUD, 50-54=SUDL, 184-87)와 "직접성이 자기 성찰을 취할 경우"(SUD, 54-67=SUDL, 187-94)로 나뉘어 논의된다. 순전한 직접성의 경우의 절망은 사람의 내적 자아가 어떤 외적인 것들에 의해 규정되는 경우이다. 이런 경우는 어떤 재난이 일어날 때에 절망을 경험하게 된다. 그러므로 이때는 절망 개념이 잘못된 것이라고도 할 수 있다. "여기서는 자아에 대한 무한한 의식이 없고, 절망이 무엇인지에 대한 의식도 없으며, 절망적인 상태가 어떤 것인지에 대한 의식도 없는 것이다"(SUD, 50f.=SUDL, 184). 이런 사람은 외적 정황이 변하면 자신도 다시 살 수 있을 것이라고 생각하거니와, 그가 이렇게 생각한다는 것 자체가 그가 참된 절망이 무엇인지를 모른다는 것을 드러낸다. 안티-클리마쿠스는 이런 사람을 "자신이 입은 옷과 자신을 아주 문자적으로 동일시하는 사람"이라고 풍자하고 있다(SUD, 53=SUDL, 187).

직접성이 어느 정도의 자기-성찰을 갖게 되면, 절망이 좀 변하게 된다. 그리하여 자아에 대한 의식이 좀 있게 되고, 그런 사람이 절망 가운데 있다고 말하는 것이 어느 정도 의미 있는 것이 된다(SUD, 54=SUDL, 187). 그러나 그는 "자아 안에 어떤 영원한 것이 있을 수도 있다는 희미한 개념"을 가질 뿐(SUD, 55=SUDL, 188), 궁극적으로 보면 그도 무한한 자아에 대한 의식이 없는 것이다. 그러므로 그의 경우에는 "그의 어려움이 지속되는 한, 그는 감히 자신에게로 오려고 하지 않고, 자신이 되려고 의지를 갖지도 않는다"(SUD, 55=SUDL, 189). 그래서 이런 절망은 "연약함 가운데 있는 절망이며, 자아의 피동적인 수난(passive suffering)이다"(SUD, 54=SUDL, 188). 안티-클리마쿠스는 이런 사람도 진정한 의미에서는 참된 절망 개념을 가지고 있지 못하다고 다음과 같이 풍자적으로 말한다: "그가 절망 가운데 있다고 말하기를 원한다는 것이 코미디 같은 것이다. 그리고 그가 말하는 절망이 극복된 후에도 그는 사실상 여전히 절망 가운데 있으니 더 섬뜩한 것이다"(SUD, 56=SUDL, 190). 여기에 절망에 대한 두 가지 개념이 나타나고 있다:

이 사람이 말하고 있는 절망과 그리스도인인 안티-클리마쿠스가 말하고 있는 절망이 그것이다. 이 사람의 절망 개념에 의하면, 그는 절망을 극복했고, 따라서 그는 자기 자신의 견해에 의하면 더 이상 절망 가운데 있지 않다. 그러나 기독교적 관점에서 보면, 그는 지금도 여전히 절망 가운데 있는 것이다. 그러므로 이 사람이 극복했다고 말하는 절망은 그리스도인이 생각하고 있는 절망이 아니다.

이런 "지상적인 것에 대한 절망"은 "연약함 가운데 있는 절망"인 데 비해서, "영원한 것 또는 자신에 대한 절망"은 "자신의 연약함에 대한 절망"이라고 불린다 (SUD, 61=SUDL, 195). 그러나 늘 그렇듯이 이것도 "상대적인 차이일 뿐이다." 안티-클리마쿠스는 이런 절망 가운데 있는 사람을 다음과 같이 묘사하고 있다:

> 절망하고 있는 사람은 지상적인 것을 그렇게 중요하게 만드는 것이 연약함이라고, 절망하는 것이 연약함이라고 이해한다. 그러나 이제 절망으로부터 신앙에로 분명히 돌이키고 자신의 연약함 아래서 자신을 겸손하게 하는 대신에 그는 자신을 절망 가운데 더 굳게 하고 자신의 연약함에 대해서 절망하는 것이다.(SUD, 61=SUDL, 195)

그래서 결국 그는 "아마도 위대한 작업들의 흐름"에로, 또는 삶에로 자신을 던져 버리거나(그리하여 "잊고자 애쓰는 안정을 모르는 영"이 되어 버리거나), 아니면 "육욕적 감각성 안에서의 망각, 아마도 마음대로 사는 삶 가운데서의 망각"을 추구한다("그래서 절망 가운데서 직접성에로 다시 돌아가고자 하지만, 언제나 그가 되고 싶어하지 않는 자아 의식을 가지고 그리하는 것이다") (SUD, 66=SUDL, 199). 그래서 그는 하나님께는 자신의 연약성을 극복하는 것이 가능하다는 가능성도 허용하지 않는다. 이런 의미에서 그는 하나님께는 모든 것이 가능하다는 것을 받아들이지 않는 '필연성의 절망' 가운데 있는 사람과 비교될 수 있다.

이와는 대조적으로 "반항의 절망"(despair of defiance), 즉 "남성적 절망"(despair of manliness) 가운데 있는 사람은 자신을 주장한다; 그는 자기 스스로 자신이 되려고 한다. 그는 자신을 정립시킨 힘에 저항해서 반항적으로 그리고 절망적으로 자신이 되려고 하는 것이다. 그의 이런 교만하고 의식적인 반항 가운데서 그는 자신이 하나님에게 근거하고 있음을(being grounded in God) 부인한다. 그래서 비록 "자아 의식의 성장이 있기는 하지만", 그의 무한한 자아에 대한 의식은 그리스도인에 의해서는 "실제로는 가장 추상적인 형태, 자아의 가장 추상적인 가능성으로" 여겨진다(SUD, 67f.=SUDL, 201). 즉, 반항적인 사람은 자아에 대한 점증하는 의식을 가지고 있음에도 불구하고, 이런 반항적 절망 가운데 있는 사람의 자기 의식은 참된 자아 의식이 아니다.[35] 왜냐하면, 키에르케고어가 그의 일기 중의 한 곳에서 말하고 있듯이, "하나님에 대한 지식 없이는 또는 하나님 앞에 서는 것 없이는 참된 자기 지식은 없기" 때문이다.36 마찬가지로, "절망이 무엇인지에 대한 더 큰 의식이 있다"고 해도, 그가 스스로 절망을 극복할 수 있다고 생각하는 한, 그의 절망 개념은 옳은 것이 아니다.

이제까지 우리는 다양한 형태의 절망에 대한 안티-클리마쿠스의 논의를 검토해 보았다. 이로부터 우리는 절망은 두 가지 다른 관점에서 논의될 수 있다는 것을 발견할 수 있었다. 즉, 절망은 인간 존재를 구성하는 요소들의 관점에서 논의될 수도 있고, 또한 동시에 의식의 관점에서도 논의될 수 있는 것이다. 이 두 가지 논의는 같은 절망에 대한 두 가지 다른 관점에서의 논의로 볼 수 있다.

이 논문의 논지와 관련해서 중요한 것은 안티-클리마쿠스에 의하면, 모든 사람이 다 이런 저런 형태의 절망 가운데 있다는 사실이다. 그리고 안티-클리마쿠스의 기독교적 관점에서는 절망은 죄이고, 절망 가운데 있는 이들은 죄인들이다. 그리고 "죄의 상태에 머물러 있는 것은" "새로운 죄보다 더 큰 죄"로 여겨진다(SUD, 106=SUDL, 237). 또한 사람이 죄 가운데 있는 한, 그는 참된 의미에서 그 자신이 아니다. 이런 의미에서 안티-클리마쿠스는 "자기 자신에 대해서 절망하는 것, 절망 가운데서 자기 자신을 제거하려고 하는 것 - 그것이 모든 절망의 형태"라고 말한다(SUD, 20=SUDL, 153). 물론 반항적 절망 가운데 있는 사람들처럼 자신의 힘으로 자신이 되려고 애쓰는 사람들도 있다. 이런 사람들은 자기 자신들을 제거하려고 하지 않는다. 그러나 안티-클리마쿠스는 이에 대해서 다음과 같이 다시 설명한다:

글쎄, 그런 것처럼 보인다. 그러나 자세히 살펴보면 [결국] 같은 모순이 있다는 것이 분명해진다. 그가 절망적으로 되려고 하는 자아는 자기 자신이 아닌 자아이다. … 즉, 그는 자신을 정립시킨 그 힘[즉, 하나님]으로부터 자기 자아를 떼어 내기를 원하는 것이다(SUD, 20=SUDL, 153).

---

35 이 주제에 대한 비슷한 해석을 위해서는 Miller, 279, 280; Heinecken, 209f.; 그리고 Patrick Gardiner, *Kierkegaard* (Oxford: Oxford University Press, 1988), 110f.을 보라.

36 JP, IV, 3902=Pap. X 4 A 412.

그러므로 절망 가운데 있는 모든 사람은 하나님께서 규정한 의미에서의 자신이 되지 않으려고 하는 것이다. 밀러(Miller)가 말하는 것처럼, "하나님 앞에서의 자아를 상실하는 것이 절망이고, … 더 정확하게 말하자면 … [그것은] 죄이다."[37]

III. 자아됨의 제2의 기회

그런데 모든 사람이 절망 가운데, 즉 죄 가운데 있을 때에 죄 용서를 통해서 자신이 될 수 있는 가능성이 제공되었다. 이것은 자아됨에 대한 기독교적 이해의 세 번째 상황을 구성한다. 이 셋째 상황은 예수 그리스도와 밀접하게 관련된다. 왜냐하면 죄 가운데 빠진 인간을 구하러 이 세상에 오신 신인(神人, the God-man)으로서의 예수 그리스도의 존재는 그들 스스로 이루지 못하던 것을 사람들에게 주시는 것이기 때문이다. 이제 절망하는 외톨이가 신인(神人, the God-man)과 마주친 것이다(SUD, 113=SUDL, 244f.). 이 절망하는 외톨이에게 요구되는 것은 한편으로는 자신의 무력성을 인정하고, 또 한편으로는 하나님의 능력에 맡기는 신앙의 행위이다.

여기에 죄 용서함을 받는가, 아니면 걸려 넘어지는가[失足]의 가능성이 있다. 만일에 이 외톨이가 바른 방식으로 죄 용서의 메시지와 연관한다면, 그의 절망이 해결되고 그는 참된 자아가 된다. 신앙을 가진 이가 되는 것이다. 이런 의미에서 안티-클리마쿠스는 신앙을 다음과 같이 정의한다: "신앙이란 자아가 그 자체 안에 있으며 그 자체가 되려고 하면서 하나님 안에 투명하게 안식하는 것이다"(SUD, 82=SUDL, 213). 여기서 우리는 키에르케고어에게는 "하나님 앞에 있다는 것은 그리스도 앞에 있는 것"이라는 콜레트의 말을 상기해야 한다.[38]

그리고 여기서 "절망이 완전히 뿌리 뽑혔을 때의 자아의 상태를 묘사하는"

---

[37] Miller, 305. 또한 Ronald E. Hustwitt, "Two Views of the Soul," in Richard H. Bell and Ronald E. Hustwitt, eds., *Essays on Kierkegaard and Wittgenstein* (Wooster, Ohio: The College of Wooster, 1978), 66도 보라.

[38] Jacques Colette, *Kierkegaard: The Difficulty of Being Christian*, trans. Ralph M. McInerny and Leo Turcotte (Notre Dame and London: University of Notre Dame Press, 1968), 71.

다음의 말을 상기해야만 할 것이다: "자신을 자신과 연관시키며, 자신이 되려고 하면서 자아는 자신을 정립시키신 그 힘 안에 투명하게 안식한다"(SUD, 14=SUDL, 147). 이 말과 위에서 언급한 신앙에 대한 정의를 비교하면 우리는 그 둘이 아주 유사하다는 것을 볼 수 있을 것이다. 사실 그 내용은 정확히 같은 것이다. 그래서 우리는 르페브르(LeFevre)와 같이 "자신의 자아를 투명하게 하나님 안에 근거 지운다는 것은 신앙에 상당하는 표현"이라고 말해야만 한다.39 결국 이것은 우리가 그리스도에 대한 신앙을 통해서 참된 의미에서의 자아가 되는 과제를 완수할 수 있다는 것을 뜻한다. 이것이 안티-클리마쿠스가 자아됨의 문제와 관련하여 제시한 세 가지 상황 가운데서 가장 마지막 상황이다. 여기서야 비로소 처음 상황에서 가능성으로만 있었던 것의 실현을 보는 것이다. 그러므로 안티-클리마 쿠스에 의하면 우리는 우리의 자아됨에서 그리스도 안에서 하나님께 전적으로 의존하는 것이다.

여기서 우리는 그리스도인의 그리스도인으로서의 자의식을 살펴 볼 수 있을 것이다. 사실 우리는 이미 그리스도인의 자의식의 모든 중요한 요소들을 언급했다고 할 수 있다. 그것은 (1) 죄의식, (2) 죄 용서함을 받았다는 의식, 그리고 (3) 신앙이다. 이미 이들에 대해서 언급했으므로 이들을 기독교적 의식으로 좀 더 체계적인 정리하는 일만이 남았다고 할 수 있다. 이들을 각각 논의하기 앞서서 먼저 이 세 가지 요소들은 서로 나뉘어질 수 있는 것이 아니라는 것을 유념해야 한다. 이 세 가지는 항상 나란히 같이 있는 것이다. 그것은 로버츠의 용어를 사용해서 말하자면 "논리적으로 통합된 한 묶음"(a logically integrated package)이 다.40 그러므로 우리가 여기서 하듯이 그리스도인의 의식의 각 요소를 따로 따로 논의하는 것은 그리스도인의 자의식을 보다 명확하게 알기 위한 순전히 자의적인 구분일 뿐이다.

죄의식에 대한 논의로부터 시작해 보기로 하자. 키에르케고어는 죄의식은

---

39 Perry D. LeFevre, *The Prayer of Kierekegaard* (Chicago: The University of Chicago Press, 1956), 171.

40 Robert C. Roberts, "Grammar of Sin and the Conceptual Unity of *The Sickness unto Death*," in *International Kierkegaard Commentary: The Sickness unto Death*, 145.

모든 기독교의 필수 조건(*conditio sine qua non*)이며, 계속 그럴 것이라고 하고,[41] "기독교는 … 죄론으로부터 시작한다"고 말하기도 한다.[42] 따라서 기독교로 들어가는 유일한 길은 죄의식을 통한 길이다. 죄의식이 사람을 기독교와 연관시키는 것이다.[43] 그러므로 어떤 이가 어떤 방식으로든지 죄의식과 상관없어지면 그는 그리스도인이 될 수 없다. 과거와 현대의 이교주의에 결여(缺如)되어 있는 것이 바로 이 죄의식이다.

그렇다면 죄의식에서 문제가 되는 죄는 무엇인가? 기독교적 개념에 의하면 죄는 몇 가지 잘못한 행위의 문제가 아니다. 사람이 그저 어떤 것은 잘했고 어떤 것은 못했다고 생각한다면, 그는 아직도 죄에 대한 기독교적 의식이 없는 것이다. 왜냐하면 하나님의 면전에서는 모든 것이 하나님의 절대적 기준에 의해서 측정되기 때문이다. 이런 의미에서 죄는 덕(virtue)과 대립되는 것이 아니고, 신앙(faith)과 대립되는 것이다. 신앙은 하나님 앞에서 존재하는 바른 방식이다. 그래서 키에르케고어는 "죄는 믿지 않는 것"이라고 말한다.[44] 그러므로 자연인의 최고의 진리인 자연인의 주체성은 "하나님 앞에서"는 비진리이다.[45] 왜냐하면, 브루스 키름제(Bruce H. Kirmmse)가 말하는 바와 같이, 죄는 "실존적 상태이고, 의도된 상태요, 키에르케고어가 말하듯이 하나의 입장(a *position*)"이기 때문이다; 죄는 "능력의 오용이고, 계속적인 잘못된 관계 또는 자세(posture)이다."[46] 또한

---

[41] SUD, 120f.=SUDL, 251f.을 보라. 또한 JP, 1, 452=Pap. V A 10도 보라.

[42] SUDL, 238. 또한 다음도 보라. *Training in Christianity,* trans. Walter Lowrie (Princeton: Princeton University Press, 1944), 72; *Thoughts on Crucial Situations in Human Life,* trans. David F. Swenson (Minneapolis: Augsburg Publishing House, 1941), 9, 24, 25, 27; *Attack upon Christendom, 1854-1855,* trans. Walter Lowrie (Princeton: Princeton University Press, 1944), 213; *The Last Years,* trans. Ronald Gregor Smith (New York: Harper and Row, 1965), 188=Pap. XI 2 A 14; *Journals,* No. 926=Pap. X 1 A 467; and JP, IV, 4486=Pap XI 1 A 564.

[43] JP, VI, 6251=Pap. IX A 310을 보라. 또한 JP, IV, 4039=Pap. X 3 A 180도 보라.

[44] JP, IV, 4020=Pap. X 12 A 348.

[45] 이 점에 대한 비슷한 지적으로 Harvey Albert Smit, *Kierkegaard's Pilgrimage of Man: The Road of Self-Positing and Self-Abdication* (Delft: W. D. Menema, N. V.; Grand Rapids: Eerdmans, 1965), 136을 보라.

[46] Bruce H. Kirmmse, "Psychology and Society," in *Kierkegaard's Truth,* 174, 171(강조점은 키름제의 것이다).

뷔르데니우스가 말하는 바와 같이 "기독교적인 죄는 신의 법에 대한 범과 이상의 것이다; 그것은 하나님이신 '당신'에 대항하여 자아인 '나'를 강퍅하게 하는 것이다."[47] 그러므로 그런 이가 하는 모든 것이 다 죄가 된다.[48] 그러므로 "[모든] 특정한 죄는 … 죄된 존재의 상태의 표현일 뿐이다."[49] 죄의 범위와 세력은 인간의 선함과 인간적 노력이 능히 그것을 이길 수 없을 정도의 것이다. 죄의 세력은 인간의 공로나 도덕적 노력으로 극복할 수 있는 것보다 훨씬 더 크다. 죄인이 얼마나 철저히 죄의 세력 안에 있는지, 그는 죄의 세력에 의해 눈멀어 있을 정도인 것이다. 포즈만(Pojman)이 분명히 하듯이 "죄의 부패는 전적인 것이다. 이는 사람의 의지나 직각(intuition)에만 영향을 미치는 것이 아니고, 그의 이성(reason)에도 영향을 미친다."[50]

여기서 우리는 키에르케고어와 안티-클리마쿠스의 죄의식 개념의 해석에 있어서 한 가지 중요한 점을 유념해야만 한다. 그것은 그 앞에서 죄의식을 느끼는 "하나님"이 신 일반(deity in general)이 아니라는 것이다. 예를 들어서, 윤리적 단계를 대표하는 윌리엄 판사(Judge William)도 일종의 신(神)을 염두에 두고 있다. 그리고 그의 신(神)은 상당히 기독교적인 색채를 가지고 있다. 그러나 윤리적 단계에 있는 사람이 관련하는 신은 그로 하여금 여기서 우리가 말하는 의미의 죄의식을 갖게 하지 않는다. 또한 종교성 A에 있는 이는 "죄책 의식"(Guilt -consciousness)을 갖는다. 그러나 키에르케고어는 "죄책 의식"과 "죄의식"을 면밀히 구별하고 있다.[51] 죄책 의식을 가진 사람은 자아가 그것이 가능한 한도 내에서 최대한의 자기 주장을 한다. 그리고 자의식에 있어서는 자기 성찰이 자신의

---

⁴⁷ W. J. Verdenius, "Plato and Christianity," *Ratio* 5 (1963): 25.

⁴⁸ JP, IV, 4047=Pap. X 4 A 173을 보라.

⁴⁹ Calvin O. Schrag, *Existence and Freedom: Towards an Ontology of Human Finitude* (Northwestern University Press, 1961; 2nd edition, 1972), 170. John A. Gates, *Christendom Revisited: A Kierkegaard's View of the Church Today* (Philadelphia: The Westminster Press, 1963), 144도 보라.

⁵⁰ Louis P. Pojman, *The Logic of Subjectivity: Kierkegaard's Philosophy of Religion* (Alabama: University of Alabama Press, 1984), 21.

⁵¹ 이 점에 대한 논의로 다음 글들을 보라. Schrag, 168; George Connell, *To Be One Thing: Personal Unity in Kierkegaard's Thought* (Macon, Georgia: Mercer University Press, 1985), 172f.; Mullen, 145ff.

실존을 구성한다고 보는 내재주의적 입장을 지닌다. 그러므로 여기서는 내면적 자기 성찰의 과정이 자아를 이해하고 자아가 되는 방도라고 여긴다. 그런데 죄의식을 가진 그리스도인은 이런 내재주의 밖에 있다. 그래서 그리스도인은 "그 어떤 사람도 [그 스스로는] 그 자신이 얼마나 큰 죄인인지 알 수 없다"고 말한다.52 그리고 죄의식을 가진 사람은 자신이 자신이 될 수 있는 능력을 가지고 있지 못하다는 것을 의식한다. 즉, 죄의식 가운데서는 실존하는 외톨이가 자신 안의 소외와 하나님으로부터의 분리를 전혀 극복할 수 없다는 것을 인정한다. 오직 하나님이 죄를 용서하시고 새로운 피조물을 만들어 주실 때에야 하나님과 바른 관계를 가질 수 있다고 인정하는 것이다. 이런 의미에서 키에르케고어는 클리마쿠스의 입을 통해서 "그 역사적 사실(시간 안에 계신 하나님)과의 관련성 이 죄의식의 조건이다"라고 말하게끔 한다.53

그러므로 키에르케고어에게는 "죄의식이 … 시간 안에 계신 하나님[즉, 성육 신하신 하나님이신 그리스도]의 역사적 계시에 의존하며", "죄의식은 신적 계시 를 통해 중재된다"고 말하는 엘로드(John W. Elrod)의 관찰은 옳다.54 즉, 키에르케 고어에 의하면, 오직 그리스도와의 관계에서만 우리는 죄의식을 가질 수 있다.55 역사 가운데로 들어오신 하나님이신 성육신하신 그리스도와 관련할 때에 자의식 의 근본적 변화가 일어나고, 여기서 "내재주의와의 단절"이 발생한다. 그러므로

---

52 JP, II, 1216=Pap. VIII 1 A 675. 또한 JP, I, 514=Pap. X 2 A 420도 보라. 같은 점에 대한 강조로 John Heywood Thomas, *Subjectivity and Paradox* (Oxford: Basil Blackwell, 1957), 109도 보라.

53 Kierkegaard, *Concluding Unscientific Postscript,* trans, David S. Swenson (Princeton: Princeton University Press, 1961), 517.

54 John W. Elrod, *Being and Existence in Kierkegaard's Pseudonymous Works* (Princeton: Princeton University Press, 1975), 215, 224. 같은 점을 잘 지적하고 있는 다음 글들도 보라. N. H. Søe, "The Last Period," in *Kierkegaard's View of Christianity,* N. Thulstrup and M. M. Thulstrup, eds. (Copenhagen: C. A. Reitzels, 1978), 147; Heinecken, 212f.; Jean Sperna Weiland, *Humanitas Christianitas* (Van Gorum and Co., 1951), 33; LeFevre, 185, 187; Dupre, 78f.; Thomas, 167; Adi Shmueli, *Kierkegaard and Consciousness,* trans. Naomi Handelman (Princeton: Princeton University Press, 1977), 173; Kirmmse, "Psychology and Society," 173; Nordentoft, 172f., 365; 그리고 Sylvia Walsh Utterback, "Kierkegaard's Dialectic of Christian Existence" (Ph. D. dissertation, Emory University, 1975), 126.

55 Cf. JP, III, 2461 (Pap. VII 1 A 192); JP, IV, 4021 (Pap. X 1 A 433), 4026 (Pap. X 2 A 400), 4035 (Pap. X 2 A 473), 4472 (Pap. X 4 A 251).

키에르케고어에게 있어서 죄는 초월적인 범주이다. 키름제(Kirmmse)가 말하는 대로 "죄 자체는 계시된, 교의적인, 기독교적 범주이다."[56]

그러므로 그리스도인은 더 이상 자신의 내면적 자아 성찰의 과정을 통해서 자신을 이해하고, 자신이 될 수 있다고 생각하지 않는다.[57] 우리가 바로 위에서 살펴 본 바와 같이, 그리스도인은 오직 그리스도와의 관계에서만 자신이 될 수 있다고 주장한다. 신인(the God-man)이신 그리스도와의 대면에서 그는 자신이 하나님 앞에서 죄인임을 인식한다. 즉, 자신이 근본적으로 하나님과의 관계가 바르지 못하고, 불순종으로 특징지어지는 존재를 가지고 있음을 인식한다(SUD, 8, 20f., 22=SUDL, 145, 153f., 155). 그리고 자기 스스로 이 바르지 못한 관계를 바로잡을 수 없음도 인식한다. 그가 자신의 힘으로 하나님과 바른 관계를 가질 수 있다고 생각하는 한, 그는 죄 가운데 있는 것이다. 왜냐하면, 사실상 이는 자신의 죄성이 얼마나 심각한 것인지를 알지 못하고 있음을 의미하기 때문이다.[58] 그러므로 우리는 쉬무엘리(Shmueli)와 같이 "죄인은 자신의 내재성 안에로 자신을 가두고서 그것을 자신의 현실성이라고 반항적으로 생각하는 사람이다"고 말할 수 있다.[59] 진정한 죄의식을 가진 사람은 자신의 죄의 상태를 스스로 제거할 수 없고, 오직 하나님의 죄 용서만이 이를 제거한다고 생각한다. 이런 의미에서 안티-클리마쿠스는 기독교의 요구는 인간에게는 "그의 정신이 파악할 수 없을 정도로" 너무 높은 것이라고 한다(SUD, 85=SUDL, 216, Cf. JP, III, 3078).

따라서 진정한 죄의식은 항상 하나님께서 죄를 용서하셨다는 의식과 같이 있다.[60] 자신의 죄성의 문제를 스스로 해결할 수 없을 정도로 죄에 빠져 있다는 인식은 그로 하여금 전적으로 하나님께만 의존하게 한다. 이런 의미에서 키에르

---

[56] Kirmmse, "Psychology and Society," 173.

[57] Cf. Michael Heymel, *Das Humane lernen: Glaube und Erziehung bei Søren Kierkegaard* (Göttingen: Vandenhoeck und Ruprecht, 1988), 10.

[58] Cf. JP, IV, 4027 (Pap. X 2 A 403).

[59] Shmueli, 162.

[60] Cf. JP, IV, 3991 (Pap. 1 A 92). 또한 Dupré, 92; Stephen Decatur Crites, *In the Twilight of Christendom: Hegel vs. Kierkegaard on Faith and History* (Chambersbrug: American Academy of Religion, 1972), 81f.; Utterback, 112-212, 특히 142, 164를 보라.

케고어는 "죄 용서는 내가 하나님과 관련되어 있다는 것에 근거한 전체의 규정
(total-qualification)"이라고 말한다.[61] 그러므로 하나님께서 그리스도 안에서 죄
용서를 제공하시면, 진정한 죄의식을 가진 사람은 그런 용서는 불가능하다고
말하지도 않고, 또 그렇게 말할 수도 없다(SUD, 109-12=SUD, 240-44. Cf. JP, IV,
4029=Pap. X 2 A 429).

더구나 그는 하나님께서 죄 용서를 제공하는 방식을 제시할 수도 없다. 예를
들어서, 하나님께서는 완전한 도덕적 모범을 제공하셔서 우리로 그 모범을 본받
게 하시고 그렇게 그를 따라감에서 우리의 죄를 용서하셔야 한다거나, 또 하나님
은 모든 사람의 죄를 다 용서하시는 것이 마땅하다는 식으로 말할 수 없다.[62]

죄 용서를 믿는 사람은 하나님께서 제공하신 것을 그저 받아들이고, 하나님께
서 용서하시는 방식과 용서의 범위, 그리고 용서의 특성까지도 그대로 받아들인
다. 그러므로 죄 용서에 대한 의식을 가진 사람은 신인이신 그리스도의 중보
사역을 통해 하나님과 관련한다. 이런 뜻에서 그의 일기 중의 한 부분에서 키에르
케고어는 이렇게 말한다:

> 죄 용서 의식은 그리스도께서 온전히 나타나신 그 외적인 사건과 연관된다. 이는 우리
> 에게 낯설다거나 우리와 관련 없다는 의미에서 외적인 것이 아니고, 이것이 역사적
> (historical)이란 뜻에서 외적인 것이다(JP, II, 1100=Pap. III A 39).

그리고 키에르케고어에 의하면, 죄 용서를 믿는 사람만이 영(spirit)이 되는 사람이
다(JP, I. 67=Pap. VIII 1 A 673). 그런데 『죽음에 이르는 병』에서 영이 된다는
것은 자아가 된다는 것을 의미했었다. 그러므로 죄 용서를 믿지 않는 사람은
바른 의미에서 자기 자신이 아닌 사람이라고 간주된다. 그리스도의 죄 용서를
믿는 사람만이 영이며, 자아가 된 것으로 인정된다(JP, IV, 4333=Pap. X 2 A 445).

셋째로, 위에서 시사한 바와 같이, 죄의식과 죄 용서받았다는 의식은 항상

---

[61] JP, II, 1218 (Pap. IX A 482).

[62] 이 두 가지 예는 키에르케고어 자신이 그의 일기 중에서 있을 수 없는 것이라고 예시하는 예이
다. Cf. JP, IV, 4524=Pap. X 4 A 639.

신앙과 함께 발견된다. 참된 죄의식을 가진 이는 그 죄를 용서받았다는 의식도 가지며, 그는 신앙으로 산다.63 신앙으로 사는 사람은 자아의 통합이 있다면, 그것은 하나님에 의해서 그리스도 안에서 주어진다고 주장한다. 왜냐하면 하나님과 관련하여 자기 자신이 되려면 자기 자신의 힘으로 자신이 될 수 있다는 생각을 부정해야 하기 때문이다(Cf. JP, I, 53=Pap. V B 196). 그러므로 신앙의 삶은 하나님께 전적으로 의존하는 삶이다. 그런데 이 의존은 자원하는 의존(willing dependence)이다.64

　　이제 신앙의 사람은 자신이 하나님으로부터 독립하려고 애쓰는 한, 그는 진정한 의미에서 자신이 될 수 없다는 것을 인식한다. 그는 이제 더 이상 자신의 힘으로 자신을 실존적으로 통합시킬 수 있다고 믿지 않는다. 자신이 되는 일도 하나님께 의존하는 것이다. 그리하여 그는 이제 자아(a self)다.65 따라서 안티-클리마쿠스는 이렇게 말한다: "[기독교적 모토는] '믿음에 따라 네게 될지어다', 또는 '믿는 대로 된다'(as you believe, so you are), '믿는 것은 존재하는 것이다'(to believe is to be)라는 것이다"(SUD, 93=SUDL, 224). 왜냐하면, 결국 믿음이란 자아의 상실된 통합이 "시간 안에 계신 하나님"(즉, 성육신하신 성자)의 구속적 사역을 통해 회복되었다는 믿음이기 때문이다. 이런 의미에서 우리는 다음과 같이 말하는 엘로드(Elrod)에게 기꺼이 동의할 수 있다: "실존 가운데서 자아가 된다는 것과 [신인의] 역설을 믿는 것은 두 가지 서로 다르고 상관이 없는 과제들이 아니다. 그 두 가지 과제는 사실상 나누어질 수 없게 연관되어 있다. … [신인의] 역설에 대한 믿음이 없이 개인이 자신이 된다는 것은 불가능하다."66 여기서도 우리는 기독교적 의식 가운데에서는 죄의식과 죄 용서함을 받았다는 의식과 그리스도를 믿는 믿음을 나눌 수 없음을 다시 한번 더 발견하게 된다.

---

63 Cf. JP. II, 1215=Pap. VIII 1 A 663. 또한 JP, IV, 4036=Pap. X 2 A 477도 보라. 그리고 비슷한 지적으로 Elrod, *Being and Existence*, 232; and Mark C. Taylor, *Kierkegaard's Pseudonymous Authorship: A Study of Time and the Self* (Princeton: Princeton University Press, 1975), 313도 보라.

64 이 점에 대한 비슷한 지적을 위해서는 Elrod, *Being and Existence*, 234를 보라.

65 비슷한 관찰로 Shmueli, 43과 Gates, *Christendom Revisited*, 143을 보라.

66 Elrod, *Being and Existence*, 235.

IV. 윤리적인 자아의 자아됨과의 비교

이제까지 살펴본 기독교적 자아됨은 윤리적 단계에 있는 사람의 자아됨과 어떤 관계를 지니는 것일까? 이제 우리의 주된 관심인 이 두 가지 자아됨의 비교의 문제에로 나아가 보기로 하자.

『이것이냐/저것이냐』의 제2부에 나오는 판사 윌리엄이 대표하는 윤리적 단계에 있는 사람은 자아됨의 과제란 전적인 자율성이라는 특성을 지닌 과제라고 생각한다.[67] 그런데 기독교적 익명의 저자 안티-클리마쿠스와 키에르케고어 자신에 의해서 이해된 그리스도인은 자신이 스스로 자신이 되려고 애쓰는 한, 그는 절망 가운데 있다고 생각한다. 그리스도인의 이해에 의하면 신인이신 그리스도와의 바른 관계(신앙의 관계)를 가지고 있지 않은 모든 사람들이 다 절망 가운데 있는 것이다. 그러므로 스스로가 스스로의 힘으로 자아가 되려고 하는 윤리적인 단계의 사람은 안티-클리마쿠스에 의해서 절망적으로 자신이 되려고 하는 절망 가운데 있다고 판단된다(SUD, 67=SUDL, 200). 그러므로 윤리적 단계에서의 자아 이해와 기독교적 자아 이해 사이에 차이와 비연속성이 있다는 것은 아주 명백한 일이다. 우리가 키에르케고어의 저작들과 그의 일기를 살펴 볼 때, 이런 차이점들과 비연속성은 무시해 버릴 수 없을 만큼 너무나도 분명하게 나타나고 있다.

그런데도 어떤 비평가들은 이런 차이점들과 비연속성을 주목하면서도 윤리적 자아 이해와 기독교적 자아 이해 사이의 일종의 연속성을 발견해 보려고 노력한다. 예를 들어서, 엘로드(Elrod)는 다음과 같이 말한다:

> 신앙은 자아의 정의와 실존의 과제가 개인이 실존 가운데서 자신을 실현하고 이해해야 하는 윤리적인 과제라는 개념을 전제로 한다.…
>
> [신앙은] 영(Spirit)의 이전 발전과 외현적으로(explicitly) 그리고 이해할 만하게 (understandably) 연속적이다. 신앙은 개인의 자아가 종합이며, 그가 실존 가운데서 관계 (통일성)으로서의 그 종합을 실현해야 하는 윤리적 과제를 가지고 있다는 것을 이미

---

[67] 이 주제에 대한 분석과 논의를 위해서는 필자의 "The Relation of Christianity to the Ethical Sphere in the Thought of Søren Kierkegaard," Chapter 2, Section 2, 151-76을 보라.

기정 사실로 받아들인다.…

　　신앙은 영의 발전의 이전 단계인 윤리-종교적 단계와 외현적으로(explicitly) 연속적이다.68

그러므로, 엘로드(Elrod)에 의하면, 자아의 정의와 우리가 실존 가운데서 자신을 실현하고 이해해야만 하는 과제를 가지고 있다는 개념은 근본적으로는 윤리적 단계에 있는 사람의 개념을 그대로 가져 온 것이다. 그리스도인이라고 해도 자아에 대한 윤리적 정의를 그대로 받아들이고, 자아의 실현이라는 윤리적 과제를 가진다는 것이다. 또 다른 곳에서 엘로드는 이렇게 말하기도 한다. "키에르케고어에게 있어서는 이전의 그에 상응하는 인간적 노력, 즉 다른 이들을 목적으로서 원하는 윤리적 행위 없이는 결코 은혜를 받을 수 없다. 그런 행위가 진지하게 이루어질 때 그것은 은혜로 가득 차게 될 그릇이 되는 것이다."69 그러므로 엘로드에 의하면, 자아-발전의 이전 과정은 기독교적 자아의 자아됨에 긍정적인 기여를 한다. 어떤 사람의 영적인 발전이 그의 자아됨의 사활적인 요소라는 말이다.

　　그러나 우리는 여기서 엘로드(Elrod)의 이와 같은 해석이 과연 정당한 것인가에 대해서 의문을 제기하지 않을 수 없다. 물론 윤리적인 단계에 있는 사람의 자아에 대한 이해와 기독교적 자아 이해 사이에 어떤 유사성이 있다는 것은 사실이다. 그래서 얼핏 보기에는 기독교적 자아 이해와 윤리적 자아 이해가 비슷하게 보일 수도 있다. 그리스도인과 윤리적 단계에 있는 사람이 모두 사람은 어떤 의미에서는 이미 자신이며 동시에 아직 자신이 아니므로 자신이 되어야만 한다고 한다. 또한 자신이 되기 위해서는 종합으로 인간을 구성하는 두 요소, 즉 영혼(영원한 것, 무한한 것, 가능한 것)과 몸(즉, 시간적인 것, 유한한 것, 그리고 필연적인 것) 사이의 통합을 이루어야만 한다고 그 둘 모두가 주장하는 것이다. 더구나, 그 둘 모두가 다 자아는 이 두 요소들의 통합의 산물이며, 동시에 이

---

⁶⁸ Elrod, *Being and Existence*, 223, 234, 242. 비슷한 해석으로 Paul Ronald Sponheim, *Kierkegaard on Christ and Christian Coherence* (New York: Harper and Row, 1968; New York: Greenwood Press, 1975), 38와 Smit, 152도 보라.

⁶⁹ Elrod, "The Social Dimension of Despair," in *International Kierkegaard Commentary: The Sickness unto Death*, 119.

두 요소를 통합시키는 주체라고 본다. 이런 점에서 윤리적 자아 이해와 기독교적 자아 이해 사이에 공통점이 있음은 사실이다.

그러나 우리가 키에르케고어의 글을 자세히 분석할 때에 윤리적 자아 이해와 기독교적 자아 이해 사이에 연속성이 있다는 엘로드(Elrod)의 주장에 대해서 의문을 제기하지 않을 수 없다. 특히, 기독교적 자아의 정의가 근본적으로는 윤리적 자아의 정의라고 생각하는 것은 거의 불가능해 보인다. 이하에서 나는 다음 네 가지 문제를 중심으로 윤리적 자아와 기독교적 자아 사이의 연속성이 있다는 주장에 대한 반대 논의를 시도하려고 한다; (1) 윤리적 단계에 있는 사람이 생각하는 자아의 무한성(영원성, 가능성)과 기독교인이 생각하는 무한성은 과연 같은 것인가? (2) 자아가 되는 방식에 대한 이해가 같은 것인가, 아니면 적어도 비슷한 것인가? 또한 (3) 그 결과로 나타나는 자아(즉, 윤리적 자아와 기독교적 자아)가 비슷한가, 아니면 그 둘 사이에 연속성을 말할 수가 있는가? 그리고 (4) 윤리적 자아와 기독교적 자아의 신인(神人, the God-man)에 대한 태도는 어떠한 가? 이 문제들을 차례로 고찰해 보기로 하자.

첫째로, 무한성에 대한 이해를 생각하기로 하자. 키에르케고어의 글을 면밀히 살펴 볼 때 우리는 윤리적 자아가 생각하는 자아의 무한성과 기독교적 자아가 생각하는 자아의 무한성의 큰 차이를 생각하지 않을 수 없다. 키에르케고어가 이해하는 그리스도인에게 있어서는 이 무한성(가능성)이 주어진 것이고 따라서 자아를 구성하는 요소이기는 하지만, 그래도 이것은 하나님과의 관계에서만 있는 무한성(가능성)이다.[70] 그리스도인에게는 "인간적으로 말하면, 가능성이라 고는 없다"(SUD, 38=SUDL, 171). 안티-클리마쿠스의 이 말은 무슨 뜻일까? 이는 인간 존재가 영혼, 무한한 것, 가능성을 그 안에 가지고 있지 않다는 말인가? 그의 "인간적으로 말하면"이라는 복음서에 때때로 나오는 표현에 유의해 보면, 이는 "인간적으로 말하면 불가능하나, 하나님에게는 가능하다"는 의미이다. 그러 므로 그는 인간 안에 있는 무한성(영원성, 가능성)이 오직 하나님과 관련해서만 가능한 것이라고 본다.[71] 즉, 하나님과의 관계성이 없으면 사람은 마치 영혼을

---

[70] Cf. JP, III, 3343=Pap. IX A 352. 또한 같은 점을 지적하고 있는 Shestov, 95도 보라.

가지지 않은 것과 같다는 말이다. 비록 그가 살아 있어도, 그의 영혼은 죽은 영혼이다. 다시 말해서, 그의 영혼은 그것이 기능해야만 하는 대로 기능하지 않는 것이다.

이에 반해서, 윤리적 단계에 있는 사람의 무한성(영원성, 가능성)은 그 자신 안에 내재해 있는 "내재적"인 것이다. 즉, 그것은 단지 인간적인 가능성일 뿐이다. 그러나 기독교가 주장하는 것은 자아와 관련된 무한성도 초월적인 것이어야 한다. 그러므로 그리스도인은 윤리적인 자아가 말하는 무한성을 추상적인 무한성으로, 내재적인 무한성(immanent infinitude)으로 여긴다. 윤리적인 자아의 무한성은 그저 "시간 안에 있는 것이다."[72] 두프레(Dupré)도 윤리적 자아의 "무한에 대한 관계는 유한 안에 있을 뿐이다"라고 말한다.[73]

안티-클리마쿠스의 생각은 다음과 같이 전개되고 있다고 요약할 수 있다. 윤리적인 자아는 무한한 자아를 의식하는 자아이다(SUD, 67f.=SUDL, 201). 그러나 그는 진정한 의미에서는 자신이 될 수 없으므로 이 무한한 자아는 "실제로는 가장 추상적인 형태, 자아의 가장 추상적인 가능성이다." 안티-클리마쿠스는 이렇게 계속하여 말한다: "그리고 이것은 어떤 사람이 자아를 그것을 정립시킨 힘과의 그 어떤 관계로부터도 떼어 내거나, 또는 그런 힘[하나님]이 계시다는 개념과도 떼어 내면서 절망 가운데서 되려고 하는 자아이다"(SUD, 68=SUDL, 201).

그러므로 윤리적 단계에 있는 사람이 진정한 자아라고 생각하는 것은 안티-클리마쿠스에 의해서, "자아의 가장 추상적인 가능성"일 뿐이라고 여겨진다.[74] 윤리적 단계에 있는 사람이 심미적 단계에 있는 사람을 비판하듯이, 윤리적인 단계에 있는 사람은 그리스도인에 의해서 추상적으로 자신이 되려고 하는 이라고, 또는 오직 가능성으로만 자신이 되려고 하는 이라고 비판받는다. 심미적 단계에 있는

---

[71] Cf. JP, IV, 6135 (Pap. VIII 1 A 650), 6514 (Pap. X 2 A 112).

[72] Kierkegaard, *Stages on Life's Way,* trans. Walter Lowrie (Princeton: Princeton University Press, 1940), 116.

[73] Dupré, 47.

[74] SUD, 68=SUDL, 201. *Journals,* No. 1041=Pap. X 2 A 396도 보라.

사람은 그의 필연성과 제한성에 대한 의식을 의식하지 못하고 있다. 이런 의미에서 심미가는 가능성의 세계에서만 사는 것이다. 이에 반해서 윤리적인 자아는 자신의 구체성을 분명히 의식한다(SUD, 68=SUDL, 201-202). 그러나 윤리적 자아는 자신을 자기 스스로 구성해 보려고 한다(SUD, 68=SUDL, 202). 이런 의미에서 윤리적 자아의 인생관은 안티-클리마쿠스에 의해서 "스토아주의"라고 불린다(SUD, 68=SUDL, 202). 그러나 그가 이 말을 할 때 독자들로 하여금 철학사에 있는 "스토아주의"만을 생각하지 말라고 경고한다. "스토아주의"라는 말로써 안티-클리마쿠스는 자기-구성적인 인생관 모두를 뜻하는 것이다. 그런데 안티-클리마쿠스에 의하면, 사람이 스스로의 힘으로 자신을 이루려고 하면 그는 추상적인 방식으로 생각하는 것이다. 왜냐하면 그는 불가능한 것을 생각하는 것이기 때문이다. 이처럼 윤리적 자아의 무한성은 그로 하여금 불가능한 방식으로 생각하게 한다.

이와 같은 윤리적 자아의 무한성에 대한 이해에 반해서 무한성에 대한 기독교적 이해는 자신이 스스로 자신이 될 수 없다는 구체적인 사실을 받아들이게 하는 근거가 된다. 그러므로 우리는 무한성에 대한 기독교적 이해는 무한성에 대한 윤리적 이해와 아주 다르다고 말할 수 있다.[75]

무한성에 대한 이 논의 안에는 이미 우리의 논의의 두 번째 요점에 대한 언급도 들어 있다. 이제까지의 첫째 논의가 시사하듯이, 윤리적 자아와 기독교적 자아 사이의 차이점은 무한성(영원성, 가능성)에 대한 이해에만 있는 것이 아니라, 자아가 되는 방식에 대한 이해에서도 나타나고 있다. 윤리적 자아는 근본적으로 스스로의 힘으로 자신이 되어 보려고 한다. 물론 그는 이 일에 있어서 "능동적"일 수도 있고, "피동적"일 수도 있다. 그러나 그 모든 상황에서 자신을 통제하는 이는 바로 그 자신이다. 그러므로 오직 하나님과의 관계성에서만 자아가 될 수 있다고 생각하는 그리스도인에 의하면, 윤리적인 자아는 스스로의 힘으로 자신이 되려고 노력함으로써 절망 가운데 있는 것이다; 그는 반항하는 것이다.

---

[75] 영원에 대한 내재주의적 이해와 기독교적 이해 사이의 차이점에 대한 비슷한 논의를 위해서는 Smit, 71f.을 보라.

따라서 "키에르케고어의 입장은 결국 **개인의 자유를 무한화시키며, 그럼으로써 인간의 주체성을 절대화한다**"고 말하는 매키(Mackey)의 말은[76] 윤리적 자아에 대해서는 적용될 수 있지만, 기독교적 자아에는 해당할 수 없는 말이다.

그러므로, 셋째로 자아가 되는 과정의 차이로 말미암은 이 차이 때문에 그로부터 결과하는 자아에도 큰 차이가 있음을 말해야 한다. 하나님과의 관계성 가운데서 자신을 통합하는 기독교적 자아는 자원해서 하나님께 의존하는 신율적인 자아라고 할 수 있다. 이런 자아의 입장에서 키에르케고어는, 바울의 말을 연상시키면서, 이렇게 말한다: "나의 나 된 것은 오직 순전히 하나님을 믿고 순종함으로 말미암은 것이다"(JP, V, 5125=Pap. VIII 1 A 602). 이와는 대조적으로 스스로의 힘으로 스스로를 통합해 보려고 노력하는 윤리적인 자아는 전적으로 독자적인 자아, 자율적인 자아이다. 그러므로 기독교적 자아의 관점에서는 윤리적 단계에 있는 자율적인 자아는 반항적인 자아이다.

이런 반항의 가장 대표적인 예는 신인(the God-man)의 존재에 대한 그의 반응에서 찾아질 수 있다. 안티-클리마쿠스에 의하면, 신인 교리(the doctrine of the God-man)는 사람이 상상해 낸 어떤 것이 아니다; "신인에 대한 가르침을 창안하신 분은 하나님이시다"(SUD, 118=SUDL, 249). 신인 교리의 중요성은 한편으로는 하나님과 인간 사이의 질적인 차이를 분명히 하며, 또 한편으로는 죄 가운데 빠진 인간을 구하기 위해서 하나님께서 행하신 바를 보여준다는 데에 있다.

그러나 윤리적 단계에 있는 사람은 이 신인 교리를 있는 그대로 받아들이지 않는다. 이를 전혀 받아들이지 않으면서 이는 불가능한 것이라고 주장하거나, 아니면 실족의 가능성을 제거하거나 폐기시키는 방식으로 신인 교리를 해석한 다음에야 이를 받아들이는 것이다. 예를 들어서, 그는 예수가 온전한 도덕적 모범이라고 하거나,[77] "인간성의 이상"(the ideal of Humanity)이라고 하거나,[78] 원형

---

[76] Louis Mackey, "The Loss of the World in Kierkegaard's Ethics," in *Kierkegaard: A Collection of Critical Essays,* edited by Josiah Thompson (Garden City: Doubleday, 1972), 282, 강조점은 매키 자신의 것임.

[77] Immanuel Kant, *Religion Within the Limits of Reason Alone,* trans. Theodore M. Greene and Hoyt H. Hudson (New York: Harper, 1960), 54-60, 77, 79, 110, 119, 120, 146ff., 150, 187. 이 주제에 대한 일반적

적 인간(the archetype of human being)이라고 하거나,[79] "신적인 정신을 가진 교사"(the godly-minded teacher)라고[80] 보는 칸트적 해석에 따른 이 교리를 받아들이는 것이다.

또한 그는 그리스도가 인간의 신화나 신성과 인류 일반의 연합의 상징으로 이해되는 헤겔에 의해서 해석된 신인 교리도 받아들일 수 있을 것이다. 1824년 "종교철학 강의"에서 헤겔은 다음과 같이 말한 바 있다: "[성육신에서] 정립된 것은 신성과 인성이 본래적으로 다르지 않다는 것이다 - 하나님이 인간적 형태 가운데 있는 것이다. 진리는 오직 하나의 이성, 오직 하나의 영이 있다는 것이다."[81] 이렇게 헤겔은 인간의 영과 절대적인 영, 인간의 이성과 절대 이성의 연관성과 심지어 통일성을 보려고 한다. 이런 정신에서 헤겔은 1827년의 "종교철학 강의"에서는 다음과 같이도 말한다: "[하나님과 인류의] 본질적 통일성은 인간성이 암묵리에 그런 존재로 있던 바이다."[82] 그러므로 헤겔에게는, 우리가 다음 인용문에서 살펴 볼 수 있듯이, 성육신의 필연성이 있는 것이다:

하나님께서 육체 가운데서 이 세상에 나타나셔야 할 필연성은 본질적인 성격의 필연성이다. 즉, 이는 이전의 말한 바에서 필연적으로 도출되는 것이며, 이전에 말한 바에 의해서 증명된 필연성이다. 왜냐하면 이것은 오직 이런 방식으로만 사람들에게 분명하게 될 수 있기 때문이며, 이런 방식으로만 확실한 형태의 진리가 될 수 있기 때문이다.[83]

논의를 위해서는 Clement C. J. Webb, *Kant's Philosophy of Religion* (Oxford: Oxford University Press, 1926), 117-26, 140f., 152f.; Michael Despland, *Kant on History and Religion* (Montreal: MaGill University and Queen's University Press, 1973), 193-202 등을 보라.

[78] Kant, 120.

[79] Kant, 54ff., 69, 109ff., 119, 136, 150.

[80] Kant, 55, 59.

[81] G. W. F. Hegel, *Lectures on the Philosophy of Religion*, vol. III: *The Consummate Religion*, ed. Peter C. Hudgson (Berkeley: University of California Press, 1985), 214. 또한 그의 *Early Theological Writings*, ed. and trans T. M. Knox (Chicago: University of Chicago Press, 1948), 266도 보라: "신적인 것에 대한 신앙은 신자 자신의 성질의 신성에서 성장한다; 신성의 변형만이 신성을 알 수 있는 것이다."

[82] Hegel, *Lectures on the Philosophy of Religion*, 313. 잘 알려진 바와 같이 이런 주장의 실제적 함의는 젊은 헤겔주의자들 가운데 한 사람인 스트라우스(D. F. Strauss)의 『예수전』(*Leben Jesu*, 1835)에 서 잘 표현되었다. 스트라우스의 이 작품은 키에르케고어도 알고 비판했던 것이다.

[83] Hegel, *Lectures on the Philosophy of Religion*, 313.

헤겔의 이런 생각을 전제로 할 때, 우리는 다음과 같은 찰스 테일러(Charles Taylor)
의 말이 헤겔의 생각과 정신을 잘 반영하고 있다고 긍정할 수 있다:

> [비록] 헤겔이 예수 안에서 그 이전에도 볼 수 없었고 그 시대에도 유비를 찾을 수
> 없을 정도로 하나님과 조화롭게 살았던 예외적인 개인을 계속해서 보고 있을지라도,
> 우리가 하나님과 동일시된다는 것과 다른 의미에서 그가 하나님이라고 예수에 대해서
> 말할 수는 없는 것이다. 그 자체로서(*an sich*) 우리는 이런 점에서 모두 같은 것이다.[84]

여기서 신인 교리를 전통적 신학의 신인 교리와 달리 이해해 보려는 모든 시도를
다 열거할 필요는 없을 것이다. 안티-클리마쿠스도 신인의 존재에 대한 해석에서
의 두 가지 이단적 경향만을 언급하고 비판하고 있다. 즉, 신인을 사람으로만
만드는 경향과 신인을 사람인 것처럼 나타난 하나님으로만 보는 경향. 아마
우리에게도 이것으로 족(足)할런지도 모른다. 여기서 중요한 것은 윤리적 단계에
있는 사람은 예수를 그가 있는 그대로 신인으로 받아들일 수 없다는 사실에
있다. 윤리적 단계에 있는 사람은 신인 개념을 전적으로 버려 버리거나, 이를
실족의 가능성을 제거하는 방식으로 해석해 보려고 한다. 여기서도 윤리적 자아
는 반항적이다.

그러면 이제까지의 우리의 논의를 종합해 보기로 하자. (1) 윤리적 단계에
있는 사람의 무한성(영원성, 가능성)에 대한 이해와 그리스도인의 이해 사이에는
상당한 차이가 있다. (2) 윤리적인 단계에서 자아가 되는 방식과 기독교적 자아됨
의 방식도 현저하게 다르다. 윤리적 자아는 스스로의 힘으로 자아가 되어 보려고
하는 데 비해서, 기독교적 자아는 오직 하나님과 연관해서만 자아가 될 수 있다고
본다. 윤리적 자아는 자신이 자신에 대해서 주인인 데 반해서, 기독교적 자아에게
는 하나님이 그의 주님이시다. 따라서 (3) 그로부터 생성되는 자아들 사이에도
상당한 차이가 있으니, 윤리적 자아는 독자적이고 자율적인 자아인 데 비해서,
기독교적 자아는 자원해서 의존하는 자아이며, 신율적인 자아이다. 그러므로

---

[84] Charles Taylor, *Hegel* (Cambridge: Cambridge University Press, 1975), 495. 또한 Thomas, *Subjectivity and Paradox*, 34ff.도 보라.

(4) 윤리적인 자아는 신인에 대해서 거부하거나 실족의 가능성을 제거하고서야 신인을 받아들이는 데 반해서, 기독교적 자아는 실족케 하는 신인의 존재와 관련해서만 진정한 자아가 될 수 있다고 생각한다.

여기서 우리는 또 하나의 흥미로운 질문을 제기할 수 있다. 키에르케고어는 "윤리적 자아는 스스로가 자아가 되었다고 생각하는데, 후에 기독교적 관점에서 볼 때에야 그는 전혀 자아가 아니었음을 인식하게 된다고 시사하는 것인가?", 아니면 "윤리적 단계에 있을 때도 자아가 되려는 자신의 노력이 실패임을 어느 정도 느끼다가 결국은 무너져서 자신의 정처 없음을 발견하고 다른 단계로 나아 가려고 한다는 것인가?" 윤리적 단계에 있는 사람이 가지는 한계 의식에 대해서 키에르케고어가 언급하는 일이 때때로 있다. 이것과 관련해서 그는 윤리적 단계 내에서의 회개에 대해서 말하기도 하는 것이다.[85] 그러나 윤리적 단계에서의 회개란 윤리적 자아에 대한 선택을 의미할 뿐이고, 이는 윤리적 단계의 시작에 있는 것이지, 그 끝에 있는 것이 아니다. 더구나, 그가 스스로의 힘으로는 자아가 될 수 없다는 절대적 의식은 오직 기독교적 영역 안에서만 얻을 수 있다. 즉, 윤리적 단계에 있는 사람은 그리스도인이 이해하는 실패에 대한 진정한 의미를 가지고 있지 않다.

그렇다면 윤리적인 자아는 심미적 단계에 있는 사람보다는 참된 자아됨에 좀 더 가까이 서 있다고 할 수 있을까? 이는 아주 대답하기 어려운 질문이 아닐 수 없다. 어떤 곳에서 키에르케고어는 이 질문에 대해서 긍정적으로 답할 수 있는 가능성을 시사하기도 한다. 즉, 적어도 그가 자아가 되려고 한다는 의미에서 그는 심미적 단계에 있는 사람보다는 자아가 된다는 목표(telos)에 가까운 것이다. 적어도 그는 무엇을 목적해야 하는지, 자아가 되어야 한다는 목적은 알고 있지 않은가? 그러나 키에르케고어는 곧 바로 덧붙이기를, 이렇게 가까운 것처럼 보이는 것이 그가 심미적인 사람보다 훨씬 더 위험한 상황 가운데 있는 이유라고

---

[85] Kierkegaard, *Either/Or*, II, trans. Howard V. Hong and Edna H. Hong (Princeton: Princeton University Press, 1987), 224. 윤리적 단계에서의 회개의 의미에 대한 논의를 위해서는 필자의 "The Relation of Christianity to The Ethical Sphere," 166-70을 보라.

한다(JP, IV, 4024=Pap. X 2 A 29). 목표에 더 가까운 듯이 보이는 것이 그의 교만의 근거가 되며, 그가 자신의 힘으로 자신이 될 수 있다고 주장하는 반항의 근거가 되기 때문이다. 그리하여 결국 심미적 단계에 있는 사람과 윤리적 단계에 있는 사람은 모두 다 기독교적 하나님과 멀리 떨어져 있으며, 하나님과 관련하여 참된 자아가 되는 것에 대해서도 같이 멀리 떨어져 서 있다.

그러므로 윤리적 단계에 있는 사람은 어떤 면에서는 자아됨에 더 가까우나, 또 다른 더 깊이 있는 의미에서는 진정한 의미의 자아됨에서 더 멀리 떨어져 있는 것이 된다. 이 중에서 후반부가 더 중요하다. 왜냐하면, 키름제(Kirmmse)가 말하는 바와 같이, "그로부터 치유함 받기를 허용하지 않으려고 할 때에 병이 가장 깊은 것이기" 때문이다.[86] 그러므로 종국적으로 분석해 볼 때에 윤리적 자아의 자기 상태에 대한 이해는 기독교적 이해와 연속성을 가지기 어렵다고 말해야 한다. 윤리적 단계에 있는 사람은 스스로는 자아가 되었다고 생각하나, 기독교인은 그가 절망 가운데 있으며, 따라서 아직 진정한 자아가 되지 못했다고 생각한다. 그러므로 윤리적 단계에 있다는 것이 참된 자아가 되는 데 전혀 도움을 주지 못한다.

이제까지의 논의에 근거하여 우리는 다음과 같이 결론 내릴 수 있다. 키에르케고어가 이해한 바에 의하면, 기독교적 자아는 그 자아됨에 있어서 윤리적 자아로부터 무엇인가를 물려받은 것으로 이해될 수 없다. 그리고 윤리적 자아는 그가 윤리적 단계에 머물러 있는 한 진정한 의미에서의 '자아됨의 실패'를 인식할 수 없다. 그러므로 윤리적인 단계에 있는 사람이 그리스도인이 되려면 그의 자의식이 윤리적 단계의 자의식과는 근본적으로 다르다고 할 수 있을 만한 자의식에서의 근본적인 변화가 있어야만 한다. 그러므로 기독교적 자아가 된다는 것은 윤리적 자아의 발전(development)이나 향상(enhancement)으로 이해될 수 없다. 우리가 이 논문에서 살펴 본 바와 같이 기독교적 자아가 된다는 것은 윤리적 단계에 있는 사람의 근본적 특성을 다 저버리는 것을 의미하기 때문이다.

---

[86] Kirmmse, "Psychology and Society," 175.

14
교육 가능성에 대한 한 연구:
키에르케고어에 대한 기독교 교육적 한 접근*

1. 서론

1) 연구의 목적

이 논문의 연구의 궁극적인 목적은 진정한 의미에 있어서 교육은 가능한 것인가를 살피는 데 있다. 구체적인 목적으로서는 그 교육 가능성을 기독교적 입장에서 궁극적으로 살핀 Søren Kierkegaard의 생각을 알아보는 데 있다. 이러한 목적이 설정되고, 탐구되려면 우선 몇 가지 문제가 전제되지 않으면 안 된다. 그 첫째는 진정한 의미의 교육은 무엇인가 하는 문제이고, 둘째는 그러한 교육적 출발점은 어디인가 하는 문제이다.

오늘날에 와서 이러한 문제를 가지고 전통적인 교육학과 다른 각도에서 검토하는 일이 소위 "실존주의 교육학자"들에 의해서 일어났다. 그 대표적인 예가 독일의 Otto Friedrich Bollnow요, 미국의 George F. Kneller라고 할 수 있다. Bollnow는 "실존 철학"을 교육학적 출발점으로 전제한다. 그는 그 이유는 다음과

---

* 이는 1981년에 총신대학교 대학부 졸업논문으로 제출된 논문이다.

같이 밝힌다:

> 실존 철학은 현대의 정신사적 격동을 통하여 하나의 새로운 인간 이해를 가능하게 하였다. 무엇보다도 실존 철학은 전통적인 철학이 도외시하고 외면하였던 인간 존재의 내면적 깊이와 현실을 남김없이 모두 그 특수한 방법으로 송두리째 파악하려고 하였다. 그러므로 실존 철학에 의해서 파악된 인간상은 참으로 그것이 우리 인간 존재의 적나라한 모습이요, 현실이다."[1]

Bollnow는 이러한 출발점으로서의 실존 철학은 단속적 성격을 그 특징으로 가진다고 보았다. 즉, 모든 지속적인 형성과 연속성(continuity)을 근본적으로 거부하는 점에서 전통적 교육학과 철저하게 대비된다고 본 것이다. 그러나 그는 이 둘 사이의 생산적 대화의 길의 가능성이 있음을 바라보면서 단속적 형식(斷續的 形式)의 교육 이론을 전개한다. 즉, 지속적인 교육(持續的 敎育)을 주장하는 고전적 교육학이 그것에 대응하는 실존주의의 단속적 교육학에 의해서 확대된다는 것이다. 그러므로 실존 철학은 마땅히 단속적 교육이라는 이론 체계를 갖추어야 그러한 효과를 나타낼 수가 있다는 것이다. 그러므로 그는 교육의 연속성과 비연속성의 양면을 그 중요한 중심으로 보고 있는 것이다. 이 면에서 볼노브는 옳다. 그리고 이것이 그의 중요한 공헌이다.

그리고 볼노브는 후에 『실존 철학이란 무엇인가?』[2]에서 실존 철학의 한계를 논의하면서 일반적 실존 철학의 다음과 같은 문제점을 잘 지적하고 있다:

> (Kierkegaard 이후에 나타난 발전에 있어서) 이 근원적으로 양극적인 관련으로부터 순수한 실존 철학이 분리되었고, 동시에 이곳에서 비로소 이와 같이 순수한 실존 철학이 필연적으로 자기 자신을 넘어서 어떤 새로운 신앙적인 것으로 옮아가지 않으면 안 되는가 하는 이유가 명백해진다. 이것이 없으면 실존적인 결단 자체는 헛된 모험이 되어 버릴 것이요, 각 순간에 있어서의 무조건적인 헌신은 시간적인 연속이 없는, 그리고 연속적 성질이 없는 것으로 되어 버릴 것이다.[3]

---

[1] 이규호, 『교육과 사상』, 개정판 (서울: 배영사, 1976), 89f.에서 재인용.

[2] O. F. Bollnow, *Existenzphilosophie*, 최동희 역, 『실존 철학이란 무엇인가?』, 제9판 (서울: 서문당, 1978).

그러므로 그 자신이 Kierkegaard의 빛에서 실존 철학을 극복하고 더욱 깊이 있는 기초 확립을 노력하였듯이 Bollnow의 제시점과 공헌이 더욱 진정한 것이려면 Søren Kierkegaard에게 있어서의 실존과 그 의미가 무엇이었으며 그는 진정 교육을 어떤 것으로 생각하였는 지를 논구하여야만 한다. 또한 미국 캘리포니아 대학교의 교육 철학 교수 Kneller도 실존 철학 일반을 통합적으로 일괄하여 다루려한 감이 있다. 여기에서는 진정한 실존과 그 생성의 의미가 상실되고 만다. 그러므로 이를 교육학에 적용하더라도 일면적인 유익 이상의 긍정적 문제의 해결과는 소원해진다.

이러한 기존의 연구서들에 대한 불만은 다시 그 근원으로 돌아가서 Søren Kierkegaard의 빛에서 교육학을 조명해 보아야겠다는 필요성을 일깨웠다. 그러므로 이 논문에서는 일반적인 교육 이론에 대한 Kierkegaard의 대비적 입장을 그의 작품을 통해 살펴보고, 그 사상의 근원을 밝힘으로써 진정한 교육이 무엇이며, 그것은 과연 가능한가 하는 문제를 밝혀 보려고 한다.

2) 연구 방법과 그 절차, 한계

이 논문은 문헌 연구에 의존한 서술적 방법을 사용하여, 기존의 실존주의 교육학자로서 Bollnow와 Kneller의 사상을 살피고 그 문제점과 한계를 밝힌 후, 이들 사상의 원초적 근거로서 Søren Kierkegaard를 소개하고 그의 『철학적 단편』을 중심으로 그에게 있어서의 진정한 교육과 그 가능성을 살피기로 하겠다.

그러나 필자의 부족과 식견의 좁음으로 인하여 직접적인 교육학과는 거의 상관이 없다시피 한 Kierkegaard에게 대하여 교육학적으로 접근하는 일에서 그 한계와 제한이 처음부터 드러났고, 특히 연구서를 찾기 어려움은 더욱 큰 어려움을 주었다. 그렇지만 현대에 와서 드러난 인간의 적나라한 모습에로 접근하는 실존적 사고는 결국 우리를 지금 여기에 있는 인간의 모습에로 바르게 접근할 수 있게 하였고, 이를 바로 극복할 수 있는 길을 제시할 수 있었다면, 이 시도는

---

³ Bollnow, 『실존 철학이란 무엇인가?』, 224f.

자유로운 방황 이상의 의미를 가질 수 있고, 무리한 접근은 아니라고 할 수 있을 것이다. 앞으로 전통적 교육학자들이, 또 통합적 관점의 실존주의 교육학자들이 Kierkegaard를 통해서 계시적 진리를 비추임 받을 수 있는 계기가 있었으면 하고, 그렇게 하여 참된 교육과 그 가능성에로 접근할 수 있기를 제안해 본다.

2. Bollnow와 Kneller의 교육 철학

1) 실존주의 교육 철학의 계보

실존주의 교육 철학은 그 교육에 대한 공헌이, 실존 철학의 철학 일반에 대한 공헌과 비슷하다. 전통적인 철학은 지나치게 관념론이거나 지나치게 경험론적이었다. 그래서 그 한 방향은 형이상학의 관념론적 체계 형성으로 나아갔고, 또 한 방향은 회의론으로 흘러갈 수밖에 없었다. 이 두 방향의 극단을 실존주의 철학은 반대한다.[4] 그러므로 실존 철학은 관념론으로 갈 수도 없고, 회의론으로 갈 수도 없는 주제를 안고 씨름한다. 그 주제는 바로 '실존'(*Existenz*, Existence)이라는 큰 주제이다.[5] 이 실존에 대한 관심이 바로 실존 철학자들이 직접적인 교육에 준 지대한 공헌이다. 이는 "인간학(*Anthropologie*)은 교육학의 전제"라고 한 A. Flitner의 말을 상기시켜 볼 때 분명하다.[6] 그러므로 실존주의 교육 철학은 그 출발점으로서 실존 철학을 전제로 한다.[7]

---

[4] Cf. G. Kneller, *Introduction to the Philosophy of Education* (2nd Edition, John Wiley & Sons Inc., 1971), 정건영 역, 『교육의 철학적 기초』 (서울: 교육출판사, 1976), 95.

[5] "실존"이란 개념에 관해서는 다음 책을 참조하라: 이규호, 『교육과 사상』, 79-89; Bollnow, 『실존 철학이란 무엇인가』, 56-67; S. Kierkegaard, *Concluding Unscientific Postscript*(이하 약칭 *Postscript*라 한다), trans. David F. Swenson and Walter Lowrie (Princeton: Princeton University Press, 1941), 84-85, 111-12, 227-81, 292-96, 345-47, 386-87; idem, *Fear and Trembling and The Sickness unto Death*, trans. Walter Lowrie (Princeton: Princeton University Press, 1954), 111.

[6] A. Flitner, *Wege für pädagogische Anthropologie* (Heidelberg, 1963), S. 11, 진쾌현, 『실존 철학의 교육학적 이해』 (서울: 재동문화사, 1979), 236에서 재인용.

[7] 물론 이 말은 Otto Friedrich Bollnow의 말이다. 그러나 이는 실존주의 교육 철학을 시도하는 모든 사람이 공통적으로 할 수 있는 말이다. 실존 철학과 교육학과의 관계 문제를 시도한 대부분의 논문은 직접적이든 간접적이든 Flitner의 이 말에 기초하고 있다고 할 수 있기 때문이다. Cf. 이현덕, "인간 이해

이러한 실존주의적 교육학의 체계적 건설이 추진된 것은 1945년 이후의 일이다.[8] 실상 실존주의 철학의 온상이 된 독일에서 시작되어 오늘날 영국, 미국, 프랑스 등지에 영향을 미쳐서 현대 교육 사조에 중요한 하나를 이루게 된 것이다.[9] 특히 John Dewey의 교육 철학이 지배적이고 강한 영향을 미쳤던 미국에서는 Dewey의 교육 철학의 발전적 극복을 위해 실존주의자들을 연구하고 있는 경향이 보인다.[10] 우리 나라에서도 실용주의 교육학자들과 실존주의 교육 철학자들의 비교를 시도하는 연구가 있는 것은[11] 그 동안 우리 나라 교육계에 있었던 강한 실용주의 교육학의 영향 탓인 듯 싶다.

그러나 이렇게 나타나게 된 실존주의 교육 철학은 두 가지 면에서 비판을 받을 수 있다. 그 하나는 실질상 "실존주의 교육 철학"이란 것이 기대될 수 없는 것이라는 비판이다. 다만 실존 철학적 사고의 발상이 어떻게 교육에 적용될 수 있느냐를 고찰할 수밖에 없다는 이 입장은[12] 사실 실존주의 교육학을 시도하고 있는 이들도 인정하고 있는 것이다. 예를 들어서, 볼노브(Bollnow)는 다음과 같이

가 교육에 미치는 영향 - Søren Kierkegaard와 Jürgen Moltmann을 중심으로 하여", 미출판 석사 학위 논문 (서울: 감리교 신학 대학 대학원, 1973); 김철우, "실존주의자의 인간 이해 - S. Kierkegaard를 중심으로", 미출판 석사 학위 논문 (서울: 연세대학교 교육대학원, 1974); 안인희, "실존주의와 교육- 까뮈의 인간상을 중심으로", 미출판 박사 학위 논문 (서울: 이화여자대학교 대학원, 1974); 김승필, "실존철학과 기독교에서 본 인간- Søren Kierkegaard와 Reinhold Niebuhr를 중심으로", 미출판 석사 학위 논문 (서울: 연세대학교 교육대학원, 1977); 진쾌현, "실존 철학의 교육학적 의의에 관한 연구", 미출판 박사학위 논문 (서울: 건국대학교 대학원, 1978).

[8] 한기언, 『교육의 역사철학적 기초』 (서울: 실학사, 1975), 334.

[9] 한기언은 실존주의 교육학의 대표적인 학자들로서 독일의 구아르디니(G. Guardini), 볼노브(O. F. Bollnow), 샤르(H. Scharl), 프로하스카(L. Prohaska), 빌텐베르크, 영국의 니브레드, 미국의 넬러와 모리스, 화리코, 프랑스의 후르키에 등을 들고 있다(『현대교육사조』 [서울: 법문사, 1965], 55).

[10] 이는 재건주의 교육철학자의 태두로 알려진 Theodore Brameld를 비롯하여 Philip H. Phenix, G. F. Kneller, V. C. Morris, L. F. Troutner와 같은 교육 철학자들이 각기 그들의 관심에 따라 Jaspers, Heidegger, Marcel, Buber, Sartre 등을 연구하고 있는 모습에서 찾아볼 수 있다. Cf. 신득렬, 『Jaspers 철학에 있어서 "실존과 교육"』 (서울: 학문사, 1979), 75-176.

[11] Cf. 은준관, "교육 철학의 푸로레고메나 - Otto Bollnow와 Robert Ulich 사상을 중심으로", 『청암 홍현설 박사 회갑기념논문집』 (서울: 감리교 신학대학, 1971), 289-303. 정재철, "J. Dewey와 O. F. Bollnow의 교육 이론에 관하여", 『교육논총』, 벽계 이인기 박사 고희기념논문집 간행위원회 편 (서울: 형설출판사, 1976), 621-44.

[12] 김정환, 『교육의 철학과 과제』 (서울: 박영사, 1974), 157. Cf. 오천석, 『교육철학 신강』 (서울: 광명출판사, 1972), 97-103; 정재철, 22-24.

말한다:

> 그러므로 실존 철학의 입장에 서면, 고전적 교육학에 있어서의 교육 가능성은 없어진다. 이리하여 여기에 새로운 교육의 가능적 형식으로서 비연속, 순간적인 실존적 차원에 있어서의 교육의 층의 필요성이 생긴다.[13]

위에서 인용한 Bollnow의 글은 전통적 교육학에 대해 새로운 교육 철학이 필요함을 주장한 것이면서도, 이제 이 새로운 교육 철학에 의해서 전통적 교육 철학이 대치되어야만 한다는 것이 아니라 이 새로운 철학은 다만 '교육의 도외시되었던 한 층(실존적 차원)'을 위한 것이고, 이렇게 해서 전통적인 교육 철학과 새로운 입장에서의 교육 철학이 원만한 조화를 이루고, 교육의 건실한 발전을 도모해 나갈 수 있다는 그의 전형적인 입장을 잘 요약해 주는 것이다. 그런데 이러한 입장은 비단 Bollnow 뿐만이 아니라 모든 실존주의적 교육 철학자들이 같이 주장하고 있는 점이다. 그러므로 어의론적 철저성을 기하고자 따지는 것이 아니라면 '실존주의 교육 철학'(existential philosophy of education)이란 용어 역시 받아들일 수 있다고 본다.

그러나 여기에 또 한 가지의 비판이 있다. 그것은 실존주의 교육 철학의 철저성을 기하자는 것이다. 즉, 실존을 다만 일상인(das Mann)의 피상성을 떠난 우려(Sorge), 불안(Angst), 기분(Befindlichkeit)을 느끼고 스스로 세계 내 존재(In-der-Welt-Sein)임을, 또 죽음에로의 존재(Sein-zum-Tode)임을 알고서 결의(Entschlossenheit)와 투기(Entwurf)를 할 수 있는 존재가 됨으로 완성했다고 할 것인가? 또는 실존이란 '자기 자신에 관계하며 또한 자기 자신 가운데서 초월자에 관계하는 자기 존재'라고 규정해 놓고서는 그 초월자가 모호해져도 된다는 말인가? 또 더 나아가서는 인간만이 인간의 입법자가 될 수 있다는 뜻에서 "너는 자유다. 스스로 선택하고 발명하라", 또 "인간은 행동에 의해서만 자기 자신을 만들어 가는 것이다"라고 할 수 있는 것인가 하는 비판이다. 어떤 의미에서

---

[13] O. F. Bollnow, *Neue Geborgenheit* (1955), S. 15, 한기언, 『교육의 역사 철학적 기초』, 335와 『현대 교육사조』, 56에서 재인용.

본 논문은 이 비판을 확장하는 노력의 하나라고 할 수 있다.

이를 더 탐구하기 전에 먼저 실존주의 철학자들인 O. F. Bollnow와 G. F. Kneller의 교육 철학을 좀 더 구체적으로 생각해 보고, 여기서 그 문제점을 더 확충해서 새로운 길을 찾는 것이 옳으리라고 생각된다.

2) O. F. Bollnow의 교육 철학의 구조와 그 평가

A. 볼노브(Bollnow)에 대한 이해와 그의 전제

교육학이 비로소 그 학적인 면모를 나타내게 된 것으로 모두 인정하고 있는 J. F. Herbart (1776-1841)는 "교육학의 기초 개념은 어린이의 도야성(陶冶性, Bildsamkeit)이다"라는 명제를 기본적인 것으로 생각하였었다.[14] 그 이후의 19세기와 20세기의 교육은 이렇게 도야 가능(陶冶可能)한 어린이의 성장의 연속성을 어떻게 도울까 하는 입장에서 그 이론이 세워지고, 실천되었다.[15] 그런데 20세기에 들어와서 "과연 인간이 그렇게 연속적으로 성장하는 것일까? 그렇게 합리적인 면만이 있는 것일까?"하는 질문이 실존 철학에 의해서 제기되었고, 1945년대의 교육적 방황기에[16] 이를 받아들이고, 교육에 적용해 보려고 한 이가 O. F. Bollnow 였다.

Bollnow의 학문 형성에는 세 가지 방향에서의 커다란 영향이 있었다.[17] 첫째는 Wilhelm Dilthey (1833-1911)와 Misch (1873-) 등의 정신 과학(*Geistswissenschaft*), 그리고 생철학(*Lebensphilosophie*)의 역사적 발견이고, 그 둘째는 Eduard Spranger (1882-1963), H. Nohl (1879-1965) 등의 교육학(*Pädagogik*), 그리고 마지막으로는 Martin Heidegger (1889-1976)의 '현상학에 의해서 체현된 실존 철학'이었다. 특히

---

[14] Johann Friedrich Herbart, *Umriß pädagogischer Vorlesungen* (1835), S. 6, 한기언, 『교육의 역사 철학적 기초』 (서울: 실학사, 1975), 335; 한기언, 『현대교육사조』 (서울: 법문사, 1965), 17-25.

[15] Cf. 정재철, 12.

[16] Cf. 이현덕, 64; 정재철, 13 (시대상황); 김정환, 162-64 (실존주의 교육관의 문화사적 배경).

[17] 이하의 논의는 정재철의 분석에 근거한 것임을 밝힌다. Cf. 정재철, 12f.

Heidegger와의 만남은 그에게 '결정적인 분기점'이었고, 철학에 있어서 부동의 근저를 발견했다고 자신이 술회하고 있다. 또 하나를 들 수 있다면 만남의 철학자 Martin Buber의 영향이다.[18] 그러므로 그의 업적을 한 마디로 말하자면 "생철학의 원리와 실존 철학의 한계를 이해하고, 또한 보충하면서, 실존주의 극복의 문제에 도전한 것이다"[19]라고 할 수 있다.

이러한 볼노브(Bollnow)의 교육 사상을, 그의 교육에 관한 주저『실존 철학과 교육학』(*Existenzphilosophie und Pädagogik,* 1959)을 중심으로 살펴보기로 하자. Bollnow는 먼저 교육사적으로 보아 교육학에 관한 전래의 고전적인 두 견해를 생각한다.[20] 그 하나는 소위 '공장적 교육관'이다. 공장적 교육관이라 함은 장인이 무엇을 만드는(machen) 과정에서 교육의 본질을 유추하는 것이다: "장인이 자기가 가진 어떤 계획대로(제작자의 의지) 거기에 적당한 재료를 사용하여(소재에 **대한 충분한 지식**) 무엇을 만들 듯이, 교육자는 그 마음에 생각하는 목표에 따라 그에게 맡겨진 인간을 일정한 모양으로 만드는 것이다."[21] 앞서 인용한 Herbart의 말은 이러한 기본 전제를 단적으로 표현한 것으로서, 이러한 견해는 계몽주의자들에 의해서 계속 계승되어 왔었다.

그런데 계몽주의적 사고 방식에 속하면서도, 그것이 합리적 경향에 치중하는 것에 반대한 J. J. Rousseau (1712-1778) 이후의 낭만주의적 전통은 다른 교육적 견해를 주장해 왔으니, 그것이 소위 '유기적 교육관'으로서, 인간의 성장 과정을 동물이나 식물과 같은 유기체의 성장(*organische wachstum*)으로부터 유추하는 것이다. 즉, "성장을 방해받지 않고, 성장의 장해를 제거시켜 자연 성장시키는(*wachsentassen*) 것에서 교육의 본질을 찾는 입장이다."[22] 이는 J. J. Rousseau 이후에

---

[18] 그의 논의를 잘 전달하고 있는 이규호의『교육과 사상』에 의하면 90-143까지의 Bollnow의 교육에 관한 논의 중에서 115-43까지 반 이상을 만남의 개념에 대하여 다루고 있다. 또 은준관은 이를 그의 "가장 핵심적인 교육 이해"라고 하고 있다. Cf. 은준관, 300.

[19] O. F. Bollnow, *Existenzphilosophie und Pädagogik* (1959), 이규호 역,『실존철학과 교육학』(서울: 배영사, 1967), 3.

[20] Bollnow,『실존철학과 교육학』, 15-17. Cf. 이규호,『교육과 사상』, 12-92.

[21] 이규호,『교육과 사상』, 91. ( )안의 말은 필자의 것임.

[22] Cf. 정재철, 15.

J. H. Pestalozzi (1746-1827), 그리고 Fröbel (1782-1852) 등에 의해서 계승된 견해이다. 인간 교육을 '조형 예술'로부터 유추한 **기계적 교육관**(또는 **공장적 교육관**)이 적극적인 형성 작업을 말하고(즉, 연속적 작업), '동식물의 사육'으로부터 유추한 유기적 교육관이 소극적인 보호 작용(즉, 내부 법칙에 의해 연속적 발전)을 말한다 할지라도23 이들 모두의 공동적인 전제는 '인간의 도야 가능성(*Bildsamkeit*)'이다. 그러므로 "지속적인 발전(stetig), 지속적인 구성, 점진적인 개량에서 인간 교육이 가능하다"24고 보는 것이다. 이것이 종래의 교육학이 교육의 가능성을 자명한 것으로 긍정하게 했던 근거이며,25 1920년대까지의 교육적 확신이었다. 이러한 소위 '낙천적 교육관'26은 미국의 Pragmatism의 토양에서 잘 받아들여졌던 것이다.

그러나 이러한 낙천적 견해는 1945년 이후에 독특한 문화적 상황에 부딪히게 되자 '인간의 취약성과 세속성'(menschliche Schwäche und Gemeinheit)의 나타남, 현대 기술 문명과 노동 조건의 부정적 요인의 집적, 어린이의 유전적 조건의 한계성 등에 의해서 무너지게 되었다.27 그래서 Bollnow가 이를 해결하려고 붙든 사상이 실존 철학이었다. 그는 이 사상의 핵심을 다음과 같이 표현하고 있다:

> 인간에게는 실존(Existenz)이라고 하는 핵(Kern)이 있다. 그것은 다만 순간적으로 실현
> 되었다가는 또한 순간적으로 소멸하는 것이다. 그러므로 어떤 연속적인 진보란 있을
> 수 없다. 오직 순간 속에서 집결할 힘을 다하여 수행하는 하나의 비약이 있을 뿐이다.
> 그러나 그 다음 순간, 다시 평범한 삶의 비본래성으로 떨어졌다가 다시 그와 같은 비약
> 을 통해 본래성에로의 상승이 끊임없이 반복된다.28

인간에게 이러한 면이 있음을 발견해준 실존 철학의 덕분에 Bollnow는 낙관적 교육관의 붕괴를 이해할 수 있게 되었다. 그래서 그는 이제 보다 어둡게 이해된

---

23 Cf. Bollnow, *Existenzphilosophie und Pädagogik* (1959), S. 18, 이규호, 『교육과 사상』, 92에서 재인용.

24 이규호, 『교육과 사상』, 92.

25 정재철, 15

26 김정환, 164. Cf. 은준관, 298.

27 Bollnow, *Existenzphilosophie und Pädagogik* (1959), S. 12, 김정환, 164에서 재인용.

28 이규호, 『교육과 사상』, 90-91에서 재인용.

인간의 모습을 바라보면서 이렇게 말하는 것이다: "인간의 삶에는 지속적인 진행과 더불어 (순간순간 삶을 특수하게 단절시키는) 단속적 단절이 나란히 나타나 있다."[29] 그리고 이제 이 단속적 단절의 영역을 교육할 수 있는 '교육에 있어서 단속적인 형성 가능성'(die Möglichkeit unsteitiger Formen in der Erziehung)을 실존 철학이 찾아야 한다는 것이다. 이것이 Bollnow의 실존주의적 교육의 체계를 위한 전제이다.

B. Bollnow의 실존주의적 교육 체계(또는 그 방법)

Bollnow는 먼저 인간이 삶의 비연속성을 알게 되는 계기로서 '위기'(die Krise)를 말한다.[30] 이는 실존적 계기이면서 또한 최초의, 근본적인 교육 방법이기도 하다. 이를 기초로 하여서, 비연속적인 교육 행위로서 그가 제시하고 있는 것은 각성(die Erweckung),[31] 충고(die Ermahnung),[32] 상담(die Beratung)[33] 등이다. 그리고 이들 모두를 가능하게 하는 것으로서 만남(해후, die Begegnung)이 있다.[34]

그는 "우리들의 일상 생활에서 통상적으로 경험하고 있고, 또한 행하는 것들 가운데서 발견할 수 있는"[35] 이러한 비연속적인 교육 행위를 포함한 모든 교육적 행위의 특성을 규정지으면서 그것을 "교육의 모험적 성격"이라고, 즉 모험과 좌절(Wagnis und Scheitern)이라고 말하고 있다. 이것이 그가 제시하는 교육 체계의 구조이다. 이제 그 하나 하나를 살펴보자.

---

[29] 이규호, 『교육과 사상』, 94.

[30] Bollnow, 『실존철학과 교육학』, 23-41.

[31] Bollnow, 『실존철학과 교육학』, 42-61.

[32] Bollnow, 『실존철학과 교육학』, 62-79.

[33] Bollnow, 『실존철학과 교육학』, 80-100.

[34] Bollnow, 『실존철학과 교육학』, 101f.

[35] 정재철, 17.

(1) 위기(Die Krise)

이는 실존적 계기가 주는 가장 중요한 개념이다.[36] Bollnow는 발전에 있어서
단속적 진행이 차지하는 양상과 의미를 물음으로서 시작한다. 그런데 그런 발전
중 가장 유기적인 것으로 보이는 생물학적인 생명 현상에도 단절(Einschnitt)이
있다.[37] 또 이와는 다른 환경에서 오는 위기, 또한 심리적인 위기도 있다. 그러므로
"성장이란 연속적으로만 이루어지는 것이 아니고, 반드시 그 사이에 비연속적인
도약이나 질적인 변화의 단계를 거친다"[38]고 결론지을 수 있다.

이 결론으로부터 필연적으로 나타나는 위기는 "생명 현상의 한 방법"[39]으로
이해된다. 원래 $Xριος$(절단, 결정, 판단)는 $Xρίνειν$, 즉 "가르다, 선별하다, 택하다,
판단하다, 평가하다, 결정한다"란 뜻을 가진 희랍어 동사에서부터 온 것이다.[40]
이를 유념한 Bollnow는 위기를 "위기적 상황, 위기란 일생의 결단, 본질적으로
우리가 나아가야 할 길을 어느 방향으로 개척해야 할 것이냐 하는 방향의 결정을
회피할 수 없이 강요당하는 상황"이라고 정의했다.[41] 이러한 위기는 인간의 삶
속에 실제로 존재하는 것이며 이를 처리해야 할 것을 알아야만 한다. 즉, "위기는
우리의 삶의 본질에 속하며, 이 계기를 통해서만 우리의 삶이 높은 정상에 도달할
수 있는 것이다."[42]

그러므로 어떤 숙명적인 대결자로서의 위기를 "억지로 조성하거나, 회피해서
는 안 된다." 그러므로 "교육자는 생도들이 어떤 위기를 회피하려들지 말게 해야
한다. 도리어 위기는 인간의 삶에 본질적으로 필요한 것임을 인식하게 하고,
용감하게 대결토록 도와주어야 한다."[43] 그러나 교육자로서 도움이란 오직 그

---

[36] 이규호, 『교육과 사상』, 94.

[37] 돌연변이, 어떤 단계에서의 집중적 성장 등을 보라.

[38] 김정환, 167.

[39] 김정환, 96.

[40] 한기언, 『교육의 역사철학적 기초』, 550.

[41] 이규호, 『교육과 사상』, 97.

[42] 이규호, 『교육과 사상』, 99.

[43] 김정환, 167.

학생을 잘 이해해 주는 단순한 일일 수 있다.[44] 이러한 위기를 통해 우리는 삶과 교육의 단속적(斷續的) 성격을 깊이 있게 느낄 수 있다. 즉, "지식의 축적은 점진적이지만, 참다운 이해는 돌발적"[45]임을 절실히 느끼는 것이다. 그러나 이 위기 자체만으로는 교수법이 될 수는 없다. 그러므로 이는 단속적(斷續的) 교육 형식인 것이고, 형성적(形成的)인 것을 무시하지 않는 것이다. 그런데 모든 단속적(斷續的) 교육 형식은 근본적으로 이 위기를 그 성격으로 한다.

(2) 각성(Die Erweckung)

이는 원래 종교적인 말인 "변개"($\acute{\varepsilon}\gamma\varepsilon\iota_{,,}\rho\varepsilon\iota\nu$)를 Spranger가 교육학에 전용하며, 교육의 결정적 임무를 양심의 각성에서 찾은 데서부터 유래한 말이다. 그러나 Bollnow는 이 말을 그 근원에서 찾지 못한 듯하다. 오히려 그 근원의 깊은 뜻을 베일로 가려 놓고 새로운 의미의 어원적 분석과 의미 탐구를 한 듯이 보인다. 왜냐하면 Bollnow는 이를 단순히 "뚜렷한 의식 상태로 깨어남"[46]이라고 정의하기 때문이다. 그는 이것이 아직은 변개(conversion)로 이해될 수 없음을 잘 알고 있다.[47] 그러나 그의 이 시사적인 이해에도 불구하고 그는 "우리는 아무 것이나 마음대로 각성시킬 수 있는 것이 아니라, 잠든 상태에 있는 어떤 것만을 각성시킬 수 있다"[48]고 결론짓는다. 이는 각성을 깊이 있게 바라본 것일 수는 있으나 진정한 뜻을 놓치게 될 위험성이 있다. 이점을 제외하면, '각성'에 대한 Bollnow의 이해는 매우 중요한 공헌이라고 할 수 있다.

첫째로, 이는 학습 주체 중심의 사고 방식을 의미한다. 둘째, 이는 단순한 피상성을 극복하도록 요구한다. 셋째, 인간 교사는 단순히 도움을 줄 수 있을 뿐임을 분명히 해주는 것이다. 넷째, 인간 교육 내지 성장은 단순한 유기적 식물의 범주와는 차원이 다름을 분명히 해 준다. 이 각성은 위기와 긴밀히 연결된다.

---

[44] 이규호, 『교육과 사상』, 100.

[45] 이규호, 『교육과 사상』, 100.

[46] 이규호, 『교육과 사상』, 102.

[47] 이규호, 『교육과 사상』, 102f.

[48] 이규호, 『교육과 사상』, 104.

즉, "각성은 오직 돌발적으로 끼어 드는 '단속적 사건'에 의해서만 일어나며, 이것은 인간을 이때까지의 타성에서 끊어 놓는다."[49] 그렇기 때문에 고통스럽다. 그러나 인간은 이것을 이겨내야만 한다. 여기에 단속적 형식의 교육으로서의 각성의 의미가 있는 것이다.

그러나 앞서 지적한 이 말의 근원적 의미의 상실은 Bollnow로 하여금 몇 가지 중요한 통찰을 잃게 했다. 그래서 그는 단순히 인간 안에 잠재적으로 있는 것만이 현실화한다고 본다. 이는 근본적인 문제는 해결하지 못한다. 2차적 형식의 기능에 있어서 "각성"에 대한 발견은 놀라운 공헌을 했으나, 그것도 근본적 문제를 해결하지 못할 때 그리 효과 있는 것은 아닌 것이다. 이와 연관해서 각성이 유기적 식물의 범주와는 달라서 '오직 외부로부터의 도움'[50]이 필요함을 통찰하기는 했으나, 결국 Bollnow는 그것을 인간 교사의 도움으로 제한하고 만다. 그러므로 그는 인간 문제의 근원은 해결하지 못한다. 여기에 Bollnow의 문제가 있다.

(3) 충고(Ermahnung)

앞서 말한 '위기'와 '각성'은 근원과 기초를 마련한 단속적 형식의 교육 방법이었다면, 이제 말하고자 하는 '충고'와 '상담'은 좀 더 구체적인 방법일 수 있다.

충고는 "권위(權威)를 가지고 교육적인 의도에서 다른 사람의 삶을 간섭해 들어가는 것"[51]이라고 정의된다. 이렇게 볼 때, 교훈(Zurechtweisung), 경고(Warnung), 칭찬(Lob), 책망(Tadel), 인정(Anerkennung)과 같은 이와 비슷한 행위들이 생각되기도 한다. 그런데 이들은, 특히 칭찬과 책망은 일단 되어진 일을 문제 삼아서 하는 행위이다. 그래서 Bollnow를 이를 '과거 지향적'이라고 한다. 즉, 과거의 가치 평가에 호소하기 때문이다. 그러나 '충고'는 '미래 지향적'이다.[52] 그는 이처럼 충고를 한층 격조가 높아진 경고라고 본다. 그래서 그는 이렇게

---

[49] 이규호, 『교육과 사상』, 104

[50] 이규호, 『교육과 사상』, 104.

[51] 이규호, 『교육과 사상』, 105.

[52] 이규호, 『교육과 사상』, 106.

말한다. "충고란 성취해야 할 것을 저편에 두고, 이편에서 지체하며, 과오를 범할 가능성을 지닌 인간의 어떤 성향에 대한 충고인 것이다."[53]

또한 '명령'과 '호소'에 비교할 때, 충고는 한층 효과적이다.[54] '명령'은 '감화'의 가장 직접적 형식이다. 이에 반해 '호소'는 외침(Anruf)의 의미를 갖는 것으로서, '인간의 양심에서 나오는 외침'이다.[55] 그러므로 단순히 결단만을 요구하지, 결단의 내용은 주어지지 않는다.[56] 이에 비해 '충고'는 내용까지 주어서 자유스럽게 선택해서 실천하라고 요구하는 것이다. 그는 이를 이렇게 요약했다:

"호소에 있어서는 호소하는 사람과 당하는 사람이 완전히 같은 권리와 자격으로 맞서기 때문에 본질적으로 교육적인 형식이 되지 못한다. 그러므로 우리는 명령과 호소의 중간 위치에 있는 충고의 교육학적 의의를 중요시하는 것이다."[57]

이 교육적 감화의 영역에 속하는 가장 대표적인 예가 "설교" (Gemeindepredigt)이다. 그는 설교는 "어떤 지속적인 결과를 추구하는 것을 목적으로 하지 않고, 오히려, 인간의 영혼의 가장 내면적인 것을 순간적으로 눈뜨게 함을 목적으로 하고 있다"고 본다.[58] 그래서 비연속적 교육 행위에 중요한 것으로 다루려고 한다. 이것은 깊이 있는 통찰이다. 그러나 설교는 또한 형성적 요소를 가지고 있다는 면도 도외시 할 수는 없지 않을까? 물론 **Bollnow**는 이를 인정하지 않는다.

(4) 상담(Die Beratung)

앞서 말한 '충고'와 함께 상담은 구체적인 비연속성 교육 행위의 하나이다. 이는 원래 "준비하다"는 뜻의 말(reden)에서 온 말로 '자기와 남을 위한 준비',[59] 그래서, "그가 과감하게 결단을 내릴 수 있도록 헌신적으로 봉사하는 일"[60]이라고 할

---

[53] 이규호, 『교육과 사상』, 107.

[54] 이규호, 『교육과 사상』, 107.

[55] 이규호, 『교육과 사상』, 106.

[56] 이규호, 『교육과 사상』, 108.

[57] 이규호, 『교육과 사상』, 109.

[58] 이규호, 『교육과 사상』, 73-75; 정재철, 17.

[59] 이규호, 『교육과 사상』, 112f.

수 있다. 그러므로 '상담'은 단순한 '조언'과는 다르다. 상담은 결단과 깊이 연관되어 있는 것이다. 그런데 이 결단은 "조언자의 책임 아래서 조언 받는 사람에 의해서 이루어져야 하는 것"이다. 그러므로 이는 공동 작업적 성격을 가진다.[61] 그러나 이런 '결단'과 결부된 것이니 만큼 상담자의 과제는 청담자가 쉽게 어떤 결론을 내리기에 앞서, 그의 결단을 여러 조건과 가능성을 살펴보도록 하는 데 있다. 그래서 상담자가 결단의 자유를 충분히 보장받는 그러한 상담만이 참되고 순수한 것이다.[62]

물론 이렇게 이루어지는 모든 '상담'이 다 교육적인 것은 아니다. 그러나 "상담의 핵심이 인간의 내적 핵심에 접근하고 윤리적 삶의 태도에 접근하면 할수록, 더 교육적 성격을 띤다."[63] 그러므로 인간의 전체적인 삶이 문제가 되는 곳에 상담의 한계가 있다. 이 상담에는 "상담을 요하는 사건의 일회성 및 자기 개방성이란 성격" 때문에 묘한 역설이 있다. 즉, 모든 교사가 상담자여야만 한다. 그러나 그 누구도 진정한 의미의 상담자는 아니다.[64] 이 역설이 Bollnow를 넘어가는 길을 제시한다.

(5) 만남(Die Begegnung)

이 '만남'의 이해는 Bollnow의 가장 핵심적인 교육 이해이다.[65] 즉, 앞서 말한 모든 것들이 여기에서 이루어지는 것이고, 이 만남에로 가는 길이라 할 수 있다. Bollnow에서 있어서 만남은 교육을 선행한다(*Begegnung geht vor Bildung*). 물론 이 만남에 대한 이해는 M. Buber에서 그 근원을 찾을 수 있다.[66]

Buber에게 있어서 만남은 근본적으로 "나와 너와의 만남"이다. 이 서로 만남

---

[60] 김정환, 170.

[61] 이규호, 『교육과 사상』, 113.

[62] 이규호, 『교육과 사상』, 114.

[63] 이규호, 『교육과 사상』, 114.

[64] Cf. 김정환, 170.

[65] Cf. 은준관, 300.

[66] Martin Buber, *I and Thou* (New York: Scribner's, 1958). 이하 인용은 이 책에서 온 것임.

(sich-begegnen)에 있어서 삶이 성립한다. 그러므로 "모든 참다운 삶은 만남이다." 그러나 내가 만나는 너는 언제나 독점적이고, 배타적이다. 그러므로 나와 만나는 너는 유일한 너이다. 이런 만남은 내가 찾고 구해서 되는 것이 아니고, "너는 은혜로 말미암아 나를 만난다." 그러므로 이는 돌발적인 사건이고, 언제나 나를 행복하게 하는 사건이다. 왜냐하면 이 같은 만남에 있어서만 나는 나 자신을 발견할 수 있으며, 또 나의 삶을 충만히 할 수 있기 때문이다.

Bollnow는 이러한 Buber의 견해를 받아들이고, 동일한 이해를 확대시켰던 많은 이들의 이해를 수납하며 Buber를 초극한다.67 그래서 그는 참된 만남이란 "예측도 못했고, 예견도 못했던 일이 운명적으로 일어나 그 사람을 사로잡아, 새로운 방향을 취할 수밖에 없게 하는 사건의 돌발'68이라 본다. 그러므로 이러한 만남은 나 자신의 참다움(Echtheit)이 시험되는 곳이다. 내가 참으로 나다와지거나 아니면 파멸하거나 간에 전적인 가담을 요구하는 것이다. 이렇게 그는 만남을 실존적 범주로 보고 있다. 그러나 앞서 말했듯이 그는 이 개념이 (예를 들어서, 역사, 예술, 철학 체계, 정신 과학과의 만남 등) 상당히 폭 넓은 것을 포함할 수 있다고 생각한다. 그러므로 또한 이 각 분야는 만남을 통해서만 매개(교육) 될 수 있는 것이다. 이런 점에서 만남의 개념은 교육 개념을 다음과 같이 보충한다.69

첫째, 교육의 기능에 대한 새로운 자각이다. 즉, 교육은 먼저 내면적으로 만남이 가능할 수 있는 여지를 될 수 있는 한 넓게 확대해야 한다. 둘째, 인간은 받아들이는 힘을 가져야 한다. 이 능력이 발전하고 나서야 비로소 본래적인 만남이 가능해진다. 셋째로, 만남은 결코 강제적으로나 의식적으로 불러일으킬 수 있는 것이 아니고, 하나의 은총이라는 것은 항상 중요한 것이다.

---

67 이규호는 F. Gogarten (역사), K. Löwith (인간의 상호 관계), Guardini (1928, 환경과의 만남), T. Litt (일정한 정신적 상황과의 만남), Barth (Begegnung mit Gott), Steinbüchel (현실 영역 전반과의 만남), H. Kuhn (무와의 만남, 존재와의 만남) 등을 들고 있다.

68 김정환, 171.

69 이하의 논의는 이규호, 『교육과 사상』, 134-36에서 나온 것이다.

(6) 모험과 좌절(Wagnis und Scheitern)

그러나 이러한 엄숙성에도 불구하고 교육이란 항상 모험적 성격을 띠지 않을 수 없다. Bollnow는 이러한 실패의 모험적 요소가 바로 교육 자체의 본질에 속해 있다고 한다. 왜냐하면 무엇보다도 학생들이 이 실패의 가능성을 가지고 있기 때문이다. 또 이 가능성은 밖으로부터(*ab extra*) 오기도 한다. 그러나 근본적으로 그 책임은 교육자에게로 돌아온다.[70]

그러므로 교육자는 모험과 좌절이라는 참다운 교육적 모험의 본질 속에 있어야만 한다. 즉, 모험은 본래 교육 자체의 필연성에서 생긴다. 그 결과를 도무지 예측할 수 없는 어떤 순간의 결단에 직면하게 되기 때문이다. 둘째로 교육자의 내적인 인격과 권위에 대한 모험이다. 즉, 성과가 항상 보장된 것이 아니고, 오히려 실패의 가능성이 노출되어 있기 때문이다. 또 교사가 학생들에게 거는 신뢰, 자기 개방 - 이는 모험적이다. 그러므로 진지하게 전개되며 궁극에 만남에도 이르게 되지만, 이것이 잘못되면 구경거리(Schau-Spiel)가 된다.[71] 그러므로 교육은 그 본질에 있어서 모험과 좌절, 즉, 모험적 성격을 가진다. 여기에도 역설이 있다. 한편에서는 인간 편에서 만남을 준비해야 한다. 이것은 교육 과정을 통해 비로소 결정되는 교육의 정상적 성과를 통해 알 수 있다. 그러나 만남은 갑작스럽기 때문에 만남은 교육학적 이론을 추방한다. 즉, 교육의 방법화를 거부한다. 왜냐하면 "진정한 교사는 만남을 꾸며낼 수 없기 때문이다."[72] 그러므로 그는 다만 학생들이 이 만남을 경험할 수 있도록 준비시킬 수 있을 뿐이다.

이렇게 '실존적' 범주에 속하는 만남은 그 말 때문에 객관성을 띤다. 그러나 '실존적'이란 용어의 오용 때문에 그것은 마치 객관성을 무시하는 듯 보이기도 한다. 그래서 Bollnow도 애써 "실존적이지만 … 만남에 있어서 우리는 어디까지나 객관적 현실과 만난다"[73]고 설명한다. 이러한 '만남'이 단속적 형식의 교육의

---

[70] 이규호, 『교육과 사상』, 139-40.

[71] Cf. 김정환, 173.

[72] Bollnow, *Existenzphilosophie und Pädagogik* (1959), S. 125, 김정환, 172에서 재인용.

[73] 이규호, 『교육과 사상』, 138. 그러나 실존적이란 말의 Kierkegaard적 의미는 사실(*in facto*) 객관적인 것을 포함한다.

근본적 바탕이다. 그러나 사실 '만남'이 교육 이전의 것이라는 것은 분명하다.[74]

C. Bollnow의 교육 철학에 대한 평가

이러한 '실존'을 중심으로 한 실존적 만남으로서의 교육에 대한 볼노브(Bollnow)의 논의는 교육이 과연 가능한가 하는 문제, 또 교육이 가능하다면 어떻게 해서 가능한가 하는 문제를 밝혀 놓은 중요한 공헌을 했다고 할 수 있다. 더구나 그에게 있어서 한 가지 더 중요한 점을 지적한다면 인간의 심저(心底)에 대한 그의 관심이다. 이런 점에서 다음과 같은 은준관 교수의 평가는 옳다고 여겨진다.

> 기독교 교육적인 전제에서 보면, Bollnow의 철학적 풀이는 '삶'의 문제를 근본 교육의 소재로 하고 있을 뿐 아니라, '신'의 관여, '영원성'과의 접촉을 통해 인간이 변화되고 있는 (각성-회심) 심각한 면까지 다루고 있다는 점은 크게 공헌한 점이라고 말할 수 있다. Bollnow의 교육 이해는 낙관주의적 진보주의적 교육 이해를 근본에서 수정한다. 교육을 '성장'이나 '통합'으로서가 아니라, '실존적 핵심'에서 일어나는 만남의 관계에서 풀이하고 있다는 점은 대단히 중요한 공헌이다.[75]

다만 몇 가지 문제점을 생각하자면 물론 인간에게는 연속성을 갖는 합리적인 요소뿐만 아니라 단절적인 요소들이 있고, 교육은 이 두 요소들을 모두 똑같이 포괄해야 하는 것이지만, 과연 이것이 충족되었다고 해서 교육의 진정한 소임을 다한 것일까 하는 점을 생각할 수 있다. 이는 진정한 실존에 이르는 길이 그것으로 다 된 것일까 하는 점에 대한 지적이다. 또한 위에서 언급한 은준관 교수와 함께 많은 이들이 '각성'과 '만남'의 깊이를 들고 있으나, 각성의 예만 하더라도 그것이 근본적인 문제를 다 문제 삼고 있는가 하는 의문이 있다. 이 점과 관련해서 몇 가지 인용을 해보자.

---

[74] Cf. Bollnow, *Existenzphilosophie und Pädagogik* (1959), S. 125, 김정환, 172에서 재인용.

[75] 은준관, 300-301.

우리 학교는 인간을 내면적으로 '눈뜨게 하는 것'을 임무로 삼지 않으면 안 된다. 그러므로 교육의 결정적 임무는 양심의 각성에 있다. 그런 의미에서 Socrates는 '보다 높은 자기의 자각'이라는 교육적 임무의 위대한 사표이다.[76]

잠을 깨면 의식을 되찾듯이, 의식을 완전히 가짐으로써 인간은 그 자신인 것이다 … 그러므로 각성은 비본래적인 상태로부터 본래적인 상태로 있게 됨을 뜻한다.[77]

우리는 아무 것이나 마음대로 각성시킬 수 있는 것이 아니라 잠든 상태로 있는 어떤 것만을 각성시킬 수 있다. 이것은 이미 잠재적으로 있는 것이 현실화하는 것이다.[78]

이 같은 인용에서 분명히 보여지는 것은 Bollnow가 아직도 인간에게 잠든 상태로나마 많은 가능성이 있음을 생각하고 있다는 점이다. 그리고 그런 점에서 본래적인 상태에 대한 그의 생각이 얼마나 참된 의미를 가질 수 있는지 묻지 않을 수 없는 것이다.

3) Kneller의 교육 철학적 구조와 그 평가

Bollnow 등의 유럽 자체의 실존주의의 교육에 대한 적용 노력과는 별도로, 미국에서 실존주의 철학자들을 '교육 철학'에 편입하여 다루고 있는 인물로서 가장 대표적인 사람은 캘리포니아 대학교의 George F. Kneller이라고 할 수 있다.[79] 넬러 교수는 자신 외에도 Van Cleve Morris,[80] 그리고 Maxine Green[81] 등을 실존주의적 접근을 하는 이로 들고 있다.[82]

---

[76] 이규호, 『교육과 사상』, 101.

[77] 이규호, 『교육과 사상』, 102.

[78] 이규호, 『교육과 사상』, 104.

[79] Cf. G. F. Kneller, *Introduction to the Philosophy of Education* (Second Edition; John Wiley and Sons Inc., 1971), 전건영 역, 『교육의 철학적 기초』 (서울: 교육출판사, 1976). 김은우는 그를 처음으로 실존주의적 접근을 한 사람이라고 보고 있다. Cf. 김은우, "실존주의 교육철학", 한국교육학회 편, 『교육의 철학적 이해』 (서울: 배영사, 1970), 58.

[80] Van C. Morris, *Existentialism in Education* (New York: Harper and Row, 1966).

[81] Maxine Green, *Existential Encounters for Teachers* (New York: Random House, 1967).

본 논문에서는 Kneller의 *Introduction to the Philosophy of Education*을 중심으로 그의 교육 철학에 관한 정의와 특히 실존주의의 도전을 어떻게 다루고 있는지를 살피기로 하겠다.

A. '교육 철학'에 대한 Kneller의 정의와 구조

그의 책을 시작하면서 Kneller는 철학의 세 기능을 말함으로써 철학을 정의하고 있다. 즉, 사변적, 규범적, 분석적 철학의 입장 또는 기능을 말하는 것이다. 그의 말을 들어보자:

> 그 첫째의 사변 철학(speculative philosophy)은 모든 것을 체계적으로 사고하고자 하는 철학적 기능을 말한다…. 즉, 과학자가 밝힌 부분적 사실을 의미 있는 전체로 종합하고 이해하고자 하는 것이다…. 둘째, 규범 철학(prescriptive philosophy)이란 가치 판단, 행동 판단, 심미적 감상 등에 관한 기준을 탐구하는 기능을 말한다…. 즉, 바람직한 인간 행동이나 특성에 대한 판단 기준을 탐구하여 제시하고 그러한 인간의 행동이나 특성에 대한 당위성을 밝히고자 하는 기능을 포함하는 것이다. (그리고 근래에 와서 발생한) 분석 철학(analytic philosophy)은 단어나 의미에 관심을 갖는다…. 그리고 모든 철학에는 정도의 차이는 있지만 사변적 규범적 분석적 기능이 다 같이 작용하는 것이다.[83]

넬러는 교육 철학이 교육 문제에 관심을 가진 (즉, 교육 문제를 주제로 한) 철학이라는 의미에서[84] 철학의 이러한 세 가지 기능이 교육 철학에도 그대로 적용된다고 본다:

> 교육적 탐구나 행동 과학이 밝힌 서로 충돌하는 사실을 해석하고, 체계화하는 인간, 사회, 세계의 본질에 대한 이론을 교육 철학이 수립하고자 할 때 그것은 사변적 입장을 취한다…. 교육이 지향하여야 할 목적과 그 목적 실현의 일반적 방법을 교육 철학이 추구할 때 그것은 규범적 입장을 갖는다. 교육 철학이 사변적, 규범적 입장에서 주장되

---

[82] Kneller, 『교육의 철학적 기초』, 116.

[83] Kneller, 11-13의 논의를 소개한다.

[84] Kneller, 15.

는 견해를 분명히 하고자 할 때, 그것은 분석적이다.[85]

이러한 그의 주장은 교육 철학이 무엇인가 하는 문제를 분명히 해주고 있다. 그리고 그것이 가져야 하는 철학적 성격을 잘 보여준다. 이러한 정의에 기초해서 그는 전통적인 철학의 내용들, 즉 형이상학[86](그것이 관념론의 그것이든 실재론의 그것이든 또 Pragmatism의 존재론까지)과 인식론,[87] 그리고 가치론들을[88] 교육과 관련해서 소개하고 있다. 그리고서는 이러한 '일반 철학의 배경을 갖는 것이지만 교육에 대한 특수 경험'[89]에 의한 현대 교육 이론으로서 '교육 개혁에 지도적인' 4가지 교육 이론을 설명한다.[90] 그에게 있어서 독창적인 점은 실존주의 도전과 논리학과 분석 철학의 교육에 대한 논의를 그 후에 더하고 있다는 점이라 하겠다. 본고에서는 실존주의의 도전을 그가 어떻게 받아들이고 있는지를 중심으로 그의 사상을 살피려고 한다.

B. 실존주의의 교육적 의미에 대한 Kneller의 이해

Kneller는 전통적 철학에 대한 실존주의의 의미를 바로 이해하면서, 실존 철학은 사변적이거나 회의적이지 않다고 말한다. 그리고 그는 실존 철학자들이 교육의 문제에 관하여 거의 무관심한 듯하다고 보는 점에서는 옳다. 그는 이런 상황을 이렇게 설명한다:

아마 실존주의가 교육에 관심을 갖지 않는 것은 새로운 철학 사상으로서의 실존주의는 그 사상이 제기하는 이론적 문제에 집중적으로 관심을 가지고 이론과 실재가 적용되는

---

[85] Kneller, 16.

[86] Kneller, 18-21.

[87] Kneller, 32-43.

[88] Kneller, 44-62.

[89] Kneller, 63.

[90] 이는 전형적인 것이고, 누구나 언급하는 것으로서 Progressivism, Perennialism, Essentialism, Reconstructionism에 관한 논의이다. Cf. Kneller, 63-94.

정치, 법적 교육 등에 대한 실존주의 이론의 적용은 그 후의 철학자나 또는 다른 이들에게 미룬 데서 오는 것인지도 모른다.[91]

Kneller는 교육자로서 이 책임의 일부를 느낀다는 것이다. 그래서 그는 실존주의자들의 사상의 교육에의 적용을 위해서 "그들의 이론이나 주제들을 그들의 사상을 통하여 탐구할 것"[92]을 요구한다.

(1) 세계관

Kneller는 먼저 실존주의자들이 세계를 어떻게 보았는가를 설명한다. 그들의 실존적 계기에 대한 강조에서 그는 인간의 피투성(*Geworfenheit*)에 대한 견해를 소개한다. 그는 이것을 Sartre의 "실존은 본질을 선행한다"[93]는 전형적 명제와 결합하여 인간의 자결의 중요성, 그리고 그 책임을 강조하는 경향을 본다. 그리고 그는 이렇게 교육적 의미에서 묻고 대답한다:

> 이러한 실존주의자들의 세계관을 우리가 받아들인다면 어떤 결론이 나오겠는가? 자유의 인간으로서 또는 자유의 교사로서 우리는 인간의 자유를 부정함으로서 인간을 비인간화하는 문화적 사회적 모든 세력을 폭로하고 배격하여야 한다. 또한 우리는 경제적 제도에 대한 인간의 예속, 소수 반대자에 대한 대다수의 횡포, 사회적 일치주의에 의한 개인성의 탄압 등에 항거해야 한다. 우리는 학생들이 인간으로서의 그들의 자유를 인정하고 실현토록 격려하여야 한다. 우리가 학생들에게 격려한 것은 우리가 우리 자신의 자유를 존중하듯이 그들의 자유를 존중함에 의하여 실천에 옮겨져야 한다.[94]

그의 이러한 자문 자답은, 그의 실존 철학에 대한 수용의 태도를 보여주고 있다. 그는 실존 철학으로 이름 붙일 수 있는 사상 전체를 거의 그대로 수용하려는 듯하다.[95]

---

[91] Kneller, 96.

[92] Kneller, 96.

[93] Jean Paul Sartre, *Existentalism* (New York: Philosophical Library, 1947), 18, cited in Kneller, 112.

[94] Kneller, 99.

[95] 그는 다음과 같은 학자들은 생각한다: Søren Kierkegaard, Friedrich W. Nietzsche, Martin Heidegger,

(2) 선택

세계관으로부터 자유한 존재임을 도출한 그는 계속해서 '선택'의 중요성을 강조
한다. "내가 자유이므로 나는 형성될 수 있다. 내가 선택을 할 때 나는 나 자신을
미래로 형성해 가며 지금의 존재인 나 이상으로 나를 형성해 간다… 선택의
순간은 중요하다."[96] Kierkegaard와 Buber의 사상 속에서 그는 이 '선택'의 중요성을
발견하고 서술하고 있다. 그 연속에서 그는 선택을 둘로 구분하여 설명한다.
사소하고 대수롭지 않은 것과 중대한 선택이다. "중대한 선택은 기본적 가치를
포함하는 선택이다. 이러한 선택은 자기 자신에 대한 깊은 통찰과 존경심을
요구한다."[97] 그렇기 때문에 습관화된 대로의 행동은 무력한 선택이라고 그는
비판한다. 그가 요구하는 선택은 "특수 상황에서 정당성을 갖는 행동의 방향에
대한 선택"이다. 그런데 이를 계속해 나가다 보면 부딪치는 가장 큰 문제가
있다. 그는 이렇게 묻는다. "두 가지 행위가 다 같이 선으로 나타날 때 그 중에
어느 것을 선택하여야 하는가?"

Kant의 지상 명령이나 황금률이 그에게 도움을 주지 못하는 이런 경우 그는
어느 것을 선택하여야 하는가?[98] 그는 이것을 두 가지 방식으로 대답하고 있다.
첫째로, "그는 그의 강력한 심정에 따라서 행동하여야 한다." 그러나 "만일 교사가
실존주의 철학의 교사라면 그는 학생들에게 그들의 행동에 대한 결과에 책임을
지도록 격려할 것이다." 그렇기 때문에 자유의 성취는 필연적으로 협소한 자기
이해에 의해 자아를 제한시키지 않고, 타인과의 관계를 갖게 한다고 그는 Buber의
포괄(inclusion)과 Marcel의 대면(presence) 개념으로 연결시키고 있다.[99] 그러므로
이 '타인과의 관계 또는 교섭'은 자연적인 친숙(familiarity)을 넘어서는 것이라는
설명이다. 여기서 그는 이를 교육적 방법에 적용하고 있다: "교사는 친숙을 넘어

Jean Paul Sartre, Karl Barth, Maurice Merleau Ponty, Gabrial Marcel, Paul Tillich, Martin Buber, Blaise Pascal, Fyodor Dostoevsky, Franz Kafka, Albert Camus, Nicholai Berdyaev, Reinhold Niebuhr. Cf. Kneller, 97-116.

[96] Kneller, 100.

[97] Kneller, 100.

[98] Kneller, 100-101.

[99] Kneller, 102.

서서 학생들에게 그 자신을 개방하여야 한다. 교사는 학생들과 격이 없이 접촉하여 진정한 자아 성취와 교섭이 일어나는 신뢰를 창조하여야 한다.”[100]

이 자유로부터 온 선택과 만남의 문제와 함께 그는 도덕 및 윤리의 문제를 논의한다. 이 논의는 어떤 의미에서 대단히 실존적이다. 다만 이 용어가 인간적이라는(humanistic) 의미를 풍기는 한에서 그러하다. 그러므로 더 진정한 뜻으로 나아가려면 실존 개념에 대한 분명한 이해와 함께 하여야만 한다. 그의 논의는 이런 것이다:

> 도덕적 행위는 그 자체를 위해서 또는 어떤 목적을 위하여 이행된다. 그러나 인간은 그 자신의 목적을 창조하지 않으면 안 된다. 만일 그가 집단이나 사회의 목적을 적용한다면 그는 그러한 목적을 그것이 추구되는 상황에서 그 자신이 목적으로 하여야 한다. 목적은 상황 속에서 포착되어야 한다. 그러한 목적은 행위가 순응하여야 하는 기준이 아니고 행위가 지향하는 목표이다.[101]

여기엔 상당히 깊은 실존적인 통찰이 숨어 있다. 이 통찰 안에서만 ‘인간은 그 자신의 목적을 창조하지 않으면 안 된다’는 말이 비로소 이해될 수 있는 것이다. 그것은 우주 안에 아무리 좋은 입법이 있을지라도, 심지어 신률(神律)이 있을지라도 그것이 자기화 되지 않는 이상, 그것은 단지 타율일 뿐이요, 노예적인 부족으로 끝마치게 된다는 통찰이다. 그러나 만일 이것이 외부에는 전혀 아무 것도 있을 수 없는 것처럼 한다면 그것은 본래적 의미에서 실존적 범주를 떠난 것이다.[102] 이를 Kneller는 교육에 적용하고 있다:

> 그러므로 교사는 단순히 훈련을 주입시켜서는 안 된다… 이러한 이상은 교사가 실현하기 어려운 것이고, 따라서 학생도 실현키 어려운 것이다. 교사는 규율에 엄격한 사람이 되고, 학생들은 무정부주의자가 되기 쉽다. 그러나 우리는 재차 노력해야 한다. 우리는

---

[100] Kneller, 102.

[101] Kneller, 102-103.

[102] 우리가 후에 논의할 바와 같이 적어도 Kierkegaard에게서는 분명히 그렇고, 그러므로 진정 “실존주의적”이라면 모두 그러해야 한다.

교사와 학생 모두의 성취와 자유를 목적으로 하여야 한다.103

(3) 인식 과정

이러한 자유와 선택을 위한 만남으로부터 인식에 대한 논의로 넘어가서, Kneller는 실존주의자들의 인식론적 근본 방식이 현상적임을 지적한다.

> 지식의 본질에 대한 실존주의자들의 생각은 사건이나 사물의 현상을 그것이 개체의 의식에 직접적으로 나타나는 대로 기술하고자 하는 현상학적 세계관에 기초한다. 이리하여 사물이나 사건은 객관적 실재뿐만 아니라 주관적 실재를 갖는다.104

그래서 상상과 반성 중에서 모든 사물의 형이상학적 조화성의 느낌에 이르러 영혼을 정화시킴이 가능하고 (Nietzsche의 교육적 제도의 미래), 또한 인간의 육체는 사물이 공간을 차지하듯이 있는 것이 아니라 세계에 대한 인간 자신의 표현으로 깨닫게 됨(Merleau Ponty의 'primary of perception')이 가능하다는 것이다. 이렇게 독특한 인식에 관한 설명으로부터 그 구체적 인식 내용으로 들어가 Kneller는 가장 먼저 존재에 관한 인식을 다룬다. 그러나 Marcel과 함께 "존재는 정의될 수 있는 실체나, 범주나, 실재가 아니라 오히려 인간 각자가 개인적으로 당면해야 하는 신비"라고 할뿐이다. Kneller는 이를 교육에 적용하면서 이렇게 말하고 있다:

> 교재나 요목적(要目的)인 지식은 그 자체를 목적으로, 또한 학생의 장차의 직업이나 생애의 준비를 위한 수단으로 취급되어서는 안 된다. 그것은 오히려 자기 발달이나 자기 성취를 위한 수단으로 이용되어야 한다.105

이렇게 진리의 주체화가 문제되는 곳에서는 진리 체계 등을 세운 교사가 학생을 지배하는 것이 아니라, 학생에게 맞도록 교재를 활용해야 함은 물론이다. 왜냐하면 스스로 '그 자신의 진리'를 탐구하는 것이어야 하기 때문이다. 그래서 Kneller는

---

103 Kneller, 103.

104 Kneller, 100.

105 Kneller, 105.

"인간은 그의 전문성을 지배해야만 한다"[106]고 말하기까지 한다.

이를 위해서 교육이 해주어야 하는 기능으로서 제시하고 있는 것이 실존적 계기가 될 수 있는 것들이다. 즉, "인간의 각성과 고통, 갈등, 죄, 죽음 같은 인간 조건의 경험에 대한 통찰들"이다.

(4) 교수와 학습

교수와 학습에서 가장 교육적인 언급들을 다룰 수 있다. 그러나 많은 실존주의자 들이 이를 상세히 논의하지는 않았다. 그래서 Kneller는 Martin Buber의 대화의 이론(theory of dialogue)을 중심으로 이를 이해하고자 한다. Buber에 의하면 "타인에 대하여 주체성을 갖는 개체간의 대담이 대화이다. 즉, (대화는) 나와 너와의 대담 이다."[107] 그러므로 교수(teaching)도 단순한 지식 전달이 아니라, 진정한 대화로서 이루어져야만 한다는 것이다. "교사가 교재를 가르칠 때 교사는 그의 내면적 경험을 가르치고 그 자신으로부터 나온 것을 교재로 학생에게 제시한다. 그럼으 로써 교사와 학생은 인간으로서 서로 만난다."[108] 이를 위한 가장 적절한 방법으로 넬러는 다음 같은 점을 지적하고 있다.[109]

첫째, 교사는 많은 사람의 사고의 산물로서, 또는 계속적 사고의 중심점으로 서 주제를 제시하고자 해야 한다. 둘째, 교재에 대한 진지한 토의를 가져올 수 있는 여러 가지 견해를 학급에 제시하여야 한다. 그리하여 결론지어진 것은 받아들이도록 요구된다. 그러나 셋째로, 학생은 그것을 부정할 수도 있다. 왜냐하 면 교사의 성공이 중요하기보다는 교사와 학생의 진실성이 문제되는 것이기 때문이다. 이렇게 해서 인간간의 신뢰에 기초하는 교육이 가능한 것이다. 왜냐하 면 여기서 진정한 대화가 성립되기 때문이다. 이런 점에서 실존주의자들은 교육 의 개혁을 강하게 말한다:

---

[106] Kneller, 106.

[107] Martin Buber, *I and Thou* (New York: Scribner's, 1958), 64, cited in Kneller, 107.

[108] Kneller, 108.

[109] Kneller, 108-11.

오늘날 아동은 그들의 개인적 독자성에 관계없이 모두가 획일적으로 형성되는 교육 공장으로 몰려간다. 교사는 강제된 대로 사고하고, 강제된 대로 학생에게 가르친다. 이러한 제도는 학생과 교사간의 관계를 소원하게 한다. 이것은 개혁되어야 한다.[110]

심지어 Kneller는 Marcel과 함께 현재의 학교 제도는 철폐되어야 한다고 까지 말한다. 그리고 학교 시설 중에서 도서관, 회관, 체육관, 운동장 등의 교육 시설만 보존되면 된다고 한다. 이런 급진적인 제안 앞에서 놀라는 우리를 향하여 Kneller 는 오늘날의 공립 학교 제도를 100년 전에는 실효성 없는 급진적 제의로 보지 않았느냐고 반문하면서 그의 논의를 끝마치고 있다.

C. Kneller의 실존주의 교육 철학 수용에 대한 평가

우리가 지금까지 살핀 Kneller의 실존주의에 대한 관심은 교육의 심층에 파고들어서 문제를 제시하고, 그 나아갈 방향을 제시하는 건설적인 면이 있다. 그가 실존주의의 도전을 받아들인 성과가 여기서 나타나는 것이다. 특별히 아직 충분히 적용을 위한 준비가 되어 있지 않은 실존주의를 나름대로 정리하고, 그 교육학에의 적용을 시도한 점에서 높이 평가되어야 한다고 생각된다.

그러나 비판적 입장에서, 우리는 먼저 그의 실존주의 수용의 태도에 대해 의문을 제기할 수 있다. 과연 그 변이(variety)가 많은 실존주의 전체를 포괄하여 적용할 수 있을 것인가?

그리고 둘째는 첫째 문제로부터 필연적으로 발생하는 문제로서, 그의 도전이 부분적으로는 필요한 것이고 효과적인 것이지만 그 근본에 있어서 교육이 근본 문제를 해결할 수 있는 것인가를 묻지 않을 수 없게 한다. 이는 가장 핵심적인 문제이기도 하다. 자유와 선택을 주장하는[111] 그의 인간에 대한 견해는 아직도 지나치게 낙관적인 때가 많이 있다. 이는 강한 심정의 요구와 책임을 말하는

---

[110] Kneller, 111.

[111] Kneller, 98-100.

데서도 발견된다.112 그렇기 때문에 그의 '만남'은 인간으로서의 한계를 벗어나지 못한 감을 준다. 위의 사실로 미루어 교육 개혁에 대한 주장이 그것으로서 만족할 수 있을까하는 의문을 유발하는 것이다. 이러한 비판은 우리 나라에 그를 소개하고, 비슷한 입장에 서 있는 김은우의 다음과 같은 입장에도 그대로 적용될 수 있다:

> 실존주의 교육 철학이란 어디까지나 주체적인 것이며, 자기의 생과 운명 전부를 포함한 자기로서는 궁극적이라고 믿을 수 있는 'goal'을 가지고, 상대적인 것을 잘 알면서도 끝까지 자기 목적에 충실하고 성실한 참된 하나의 유일한 사람이 되어 사람의 본래의 존재 상태를 찾으려는 것을 주안으로 삼는 교육 철학이다. 사람의 본래의 존재 상태란 Heidegger가 말한 'Authentic Being'을 말하는 것이고, Reinhold Niebuhr가 말한 'Living Historical Being'을 말하는 것이고 Jacques Maritain이 말한 '어디에서 와서 어디로 가느냐를 아는 사람'이 되는 것이고, Kierkegaard이나 세스토프가 말하듯이 '한 순간도 자기의 죽음을 잊어버리지 않고, 죽을 때까지 자기 목표를 달성하기 위해 끊임없이 충실하게 노력하는 자' 등이 바로 인간의 본래의 상태로 돌아가는 것이라 하겠다.113

4) 비교와 그 한계

유럽적 상황에서 실존주의를 받아들이고 그 한계를 극복하려는 O. F. Bollnow와 미국의 Pragmatism적 상황에서 실존주의를 도전적인 것으로 받아들이는 G. F. Kneller는 상황이 다름에도 불구하고, 실존주의를 받아 수용하고 교육에 대한 적용을 시도한다는 점 이외에도 몇 가지 공통점을 가지고 있다.

그 첫째는, 두 사람 다 실존주의를 전통적인 철학과 교육에 대한 교정제로 받아들인다는 점이다. 그리고 이와 연관해서, 교정제로서 받아들이기는 해도 그것이 전통적인 것들을 대치해야 한다는 생각을 품지 않는 면도 공통적이다. 그들은 실존주의를 문자 그대로 '교정제'로서 받아들인다. 이는 실존주의의 근본

---

112 Kneller, 101.

113 김은우, "실존주의 교육철학에 대하여", 「새한신문」 204호 (1965. 7. 12일자), 안상원, 『신교육사』 (서울: 재동문화사, 1965), 371에서 재인용.

성격에 잘 부합된다.[114]

그 둘째는, 그 사람 모두 실존적인 교육의 근원적 방법으로서 '만남'을 생각하고 있다는 점이다. 물론 이는 Buber나 Marcel 등의 큰 영향으로, 실존적 성격은 자연히 그것을 요구한다고 일축(一蹴)해 버릴 수 있는 문제이기도 하다. 그러나 진정한 교육의 가능성과 그 방법을 이러한 '만남'에서 찾으려고 하는 시도는 그러한 외적인 영향 이외에도, 보다 근본적인 뿌리를 가지고 있는 것이 아닌가 하는 생각을 갖게 한다.

셋째로, 그럼에도 불구하고, 이들은 인간의 깊이를 다 내려가지 못함을 발견한다. 특히 Kneller에게서 이 점이 더욱 두드러진다. 그는 키에르케고어에게서 '열정적 이성'[115]을 찾아낼 수 있었다. 또한 그는 **진리의 주체화**가 무엇인지 그 의미를 발견할 수 있었다. 그러나 그것 때문에 넬러(Kneller)는 더 깊은 영혼의 요구와 핵심을 그냥 스쳐지나간 듯 하다.[116] 물론 Bollnow는 어떤 점에서 이를 말하는 듯도 하다. 그는 '실존적 핵심'[117]을 말하고 있고, 알고 있다. 그리고 이 실존하는 것에 대한 관심을, 영혼의 구원을 위한 염원과 연결시킬 줄도 안다.[118] 그러나 이것은 다만 이해의 편의를 위한 것뿐이다: "실존 철학적인 개념들은 그들이 유래해 온 그리스도교적인 개념들로부터 음미하는 것이 여러 가지로 편리하다."[119] 그러나 앞에서 살펴본 대로 인간의 내재적인 가능성을 모든 면에서 열어 놓고[120] 있기 때문에 사실 그 근본 핵심은 놓치고 있는 것이다.

이러한 두 사람의 공통점은 그들의 공헌과 한계를 동시에 말하여 준다. 그들은

---

[114] 우리가 뒤에서 살필 Kierkegaard는 언제나 자신과 자신의 철학적 입장을 현대 사회에 대한 교정제로 보았다. 이는 전체적인 문화 현상에 대해 그렇게 이해한 것으로도 받아들일 수 있다. Cf. 『현대의 비판』, 임춘갑 역, 『관점/현대의 비판』 (서울: 종로서적, 1980), 165-228.

[115] Kneller, 97.

[116] "인간은 우연에 의하여 세상에 출현한 것이다. 인간은 세계적 질서나 사물이 자연적 계획성이 없는 세계에 출생한 것이다"(Kneller, 98). 물론 여기엔 Sartre 등의 영향이 나타난다. 바로 그런 점에서 인간의 깊이를 다 못보고 있는 것이다.

[117] 이규호, 『교육과 사상』, 90-91.

[118] Bollnow, *Existenzphilosophie*, 41, 46, 224f.

[119] Bollnow, 『실존철학과 교육학』.

[120] '각성'에 관한 그의 논의를 참조하라.

인간에게 지속적인 교육의 대상이 될 수 있는 면 이외에 또 한 면도 있다는 것과 이것도 궁극엔 교육의 대상이라는 것을 발견하고 지적했다. 그들은 그 교육적 방법으로서 '만남'과 **단속적인 형성의 가능성(die Möglichkeit unsteitiger Formen)**을 제시하고 있다. 그러나 그들은 인간의 더 깊은 차원을 위해서 마음 열기를 주저했다. 그것은 결국 교육에 관한 통찰의 중요한 요소를 상실하게 하였다. 근본적인 면에 관한 이 상실은 그들이 목적한 진정한 교육을 세울 수 없게 하는 것이다. 여기서 우리는 그들의 한계를 발견한다.

우리의 출발점은 여기에 있다. 인간은 어디까지 파고 들어가야 그 '실존이란 핵심'을 발견할 수 있는가? 그런 인간을 교육한다는 것은 무엇인가? 그것은 과연 가능한가? 가능하다면 그 교육은 무엇에 의해서 이루어질 수 있는가?

필자는 실존주의 교육 철학의 시도자들이 놓친 문제를 그들의 근원에로 거슬러 올라가서 발견할 수 있다고 생각한다. 왜냐하면 이 문제들은 결국 그들이 잃어버린 문제이기 때문이다. 그 근원은 일반적으로 실존 철학의 비조(鼻祖)로서 알려지고 있는 Søren Kierkegaard의 사상이다. 그들은 이 사람에게서 '실존적 통찰'을 얻어와서 그것을 유지하고 적용시키었으나, 그 본래적인 의미에서 그렇게 하지 는 못하였다.[121] 그래서 우리는 Søren Kierkegaard를 살피고, 그에게서 이에 관한 대답을 찾아보고, Søren Kierkegaard의 빛에서 교육을 조명해 보려고 한다.

---

[121] 이것은 그들의 잘못이라기 보다는 소위 '실존 철학'을 발전시킨 사람들의 의도성으로부터 기인한 것이다.

3. Søren Kierkegaard에게 있어서의 교육과 그 가능성 –『철학적 단편』을 중심으로

1) Søren Kierkegaard에게 있어서의 인간 이해와 교육

Kierkegaard는 그의 전 저작을 통하여 인간을 탐구하고 있다.[122] 이 인간에 대한 탐구는 그를 근본적으로 '실존적'이게 하며, 이로써 그는 자연스럽게 교육적인 문제로 접어들고 있다. 특별히 『철학적 단편』에서는 근본 문제 제기가 교육적이다.[123] 그리고 그런 점에서 그의 전 저작의 관점이 교육적이라고도 할 수 있다.[124] 이를 염두에 두고 그의 인간 이해와 교육에 대한 이해를 생각해 보기로 하자.

A. 인간 이해

인간은 정신이다. 정신이란 무엇이냐? 정신이란 자아다. 자아란 무엇인가? 자아는 그것 자체를 바로 그 자체에 관련시키는 관계이다. 또는 그것 자체를 바로 그 자체에 관련시키는 관계 안에 있는 것이다. 자아가 관계인 것이 아니다. 오히려 그것 자체를 바로 그 자체에 관련시키는 관계인 것이다. 사람은 유한과 무한, 시간과 영원, 자유와 필연의 종합이다. 종합은 둘 사이의 관계이다. 그렇게 파악된 인간은 아직 '자아'는 아니다. 둘 사이의 관계에 있어서, 관계란 부정적 일치로서의 제2의 술어이고 그들은 그들 자신들을 관계에 연관시키며 관계 속에서 관계에 관련시키는 것이다. 그러한 관계는 인간이 영혼으로 여겨질 때, 영혼과 육체의 관계이다. 만일 반대로, 그 관계가 그것 자체를 바로 그 자체에 관련시키는 것이며, 이 관계는 궁극적 제3의 술어이며, 그것은 자아이

---

[122] Cf. Harvey A. Smit, *Kierkegaard's Pilgrimage of Man: The Road of Self- Positing and Self-Abdication* (Grand Rapids: Eerdman, 1965).

[123] Kierkegaard, *Philosophical Fragments*, trans. David F. Swenson, revised by Howard V. Hong (Princeton: Princeton University Press, 1962) (이하에서 *Philosophical Fragments*로 쓰기로 함). 80년대와 90년대에 Howard Hong과 Edna Hong 부처에 의해서 키에르케고어의 전 저작이 다시 영역되었고(『단편』의 경우에는 1985년), 근자에는 그 번역본에 근거해서 논의하는 것이 키에르케고어 학계에 관례로 되어 있다. 그러나 이 논문은 1981년에 쓰인 것이므로 이전 번역본의 면수만을 밝히기로 한다.

[124] 『단편』의 의도와 전 저작의 의도와의 연관에 관하여는 이승구, "철학적 관념론이냐, 그리스도 냐 - '철학적 단편'에 있어서의 S. Kierkegaard 의도성에 관한 연구", 「총신」 3 (서울: 총신대학 학도호국 단, 1981), 126-39를 보라.

다.125

이 다분히 복잡스런 표현은, 눈에 보이는 대로 그렇게 인위적이고 번문욕례(繁文
縟禮)를 쓴 것은 아니다. 이것을 해설하면서 Louis Mackey는 이렇게 말하고 있다.

고전적 철학자들에 의하면, 인간의 자아는 심신 이원론으로 해석되어 왔다. Plato는 인
간을 이성과 감성의 종합으로 이해했다. 그가 '정신'이란 말을 쓸 때, 그는 단지 다른
두 요소를 연결시킨 것에 불과한 것이다. 그것은 서로 연관되어 있는 eros와 nous의
'부정적 일치로서의 제3의 술어'인 것이다. 선한 사람에게는 이성과, 악한 삶에는 감성
과 연관되어 있는 정신은 주어진 인격 안에서의 하나의 다른 것에 대한 우위 이외에
다른 것이 아니다.

Kierkegaard는 이교는 언제는 자아를 자연(nature)으로 이해해 왔다고 말한다. Plato에게
있어서 영혼은 다른 어떤 물체나 사건과 마찬가지로 형태와 원동의 우주적 세력들에
대한 참여점인 것이다. 아리스토텔레스(Aristotle)에게 있어서도 인간 자아란 다른 실체
와 같이 형상(soul)과 질료(body)의 실체적 연관인 것이었다. 어느 쪽이든 우주의 성질
이, 작게는 인간의 성질에도 마찬가지로, 사람을 사람으로서 규정한다. 이제 자아를
정신으로서 이해한다고 해보자. Kierkegaard에 의하면 이것은 기독교의 견해이다. 이
해석에 따르면 자아 가운데 심신(心身)의 요소들의 종합을 사물들의 본성에 의해서가
아니라, 어떤 '긍정적 제3의 술어'에 의해서 되어진 것이다. 이 제3의 규정, 즉 긍정적으
로 육과 영을 연합시키는 규정은 그것에 의하여 심신의 종합이 그것 자체를 넘어서
정신으로서 자기를 주장할 수 있게 되는 심신의 종합이다. 정신으로서의 자아는 영육
의 자연적 종합이 그것 자체를 의식하게 된 것이며, 그것 자체로부터 자유하게 된 것이
다.126

이렇게 Kierkegaard는 단순히 심신(心身)의 종합으로서의 인간을 말하고 있는
것이 아니라, 이 인간을 정신의 범주에서 고찰하고 있는 것이다. 여기에 '실존'의

---

¹²⁵ Kierkegaard, *The Sickness unto Death*, with *Fear and Trembling*, translated by Walter Lowrie
(Princeton, New Jersey: Princeton University Press, 1954), 146 (이하에서는 *Sickness unto Death*로 쓰기로
함).

¹²⁶ Louis Mackey, *Kierkegaard: A King of Poet* (Philadelphia: University of Pennsylvania Press, 1971),
135.

모습이 있는 것이다. 이렇게 볼 때 우리는 Kierkegaard와 함께 다음과 같이 말할
수 있다.

> 우리가 인간을 정신의 범주에서 고찰하지 아니하고, 오히려 영(soul)과 몸(body)의 종합
> 에서만 생각한다면 건강은 한 직접적인 규정이 되고, 영(soul)이나 몸(body)의 병에 이
> 르러서 비로소 변증법적 규정이 된다. 그러나 인간 스스로가 정신(spirit)으로 규정되어
> 져야 한다는 것을 의식하지 않고 있다는 그것이 바로 절망이다.[127]

> 자기를 정신(spirit)으로 알지 못하는, 즉 신(神) 앞에서 자기를 개인적으로 정신으로 알
> 지 못하는 모든 인간적인 실로 자신을 지각적으로 신(神) 위에 기초를 두지 않고, 어떤
> 추상적인 보편자(국가, 국민 등등) 안에서 안주하고, 또 몰입되어 스스로의 자아에 대해
> 서는 깨달음도 없이 자기의 재능은 오직 일하기 위한 능력으로만 받아들여, 그것이
> 보다 깊은 의미에 있어서는 어디로부터 주어진 것인가함까지도 알아보려고 하지도 않
> 는 모든 인간적인 식견, 그리고 내면적으로 이해되어야 할 스스로의 자아를 이해할
> 수 없는 무엇으로 받아들이는 것과 같다. 인간적 실존, 이러한 모든 인간적인 실존,
> 그것이 이제 무엇(어떤 가장 경탄스러운 일)을 실현한다 하여도 이제 그것이 무엇(존재
> 하는 모든 것)을 설명한다 하여도, 그것이 또 어떻게 강렬하게 자기의 생활을 심미적으
> 로 향락한다 하여도, 이러한 모든 실존은 결국 절망이다.[128]

여기에 Kierkegaard의 인간 이해가 있다. 그는 인간은 '이미 (주어진 존재이면서)
아직 아니'라고 하는 차원에서 보고 있다. 지금 여기에 있는 인간으로서 한 사람
한 사람은 분명히 인간이고 실존이다. 그러나 아직 아니다. 그가 자신을 참 '정신'
으로 의식해야 한다는 것이다. 그것은 다른 말로 신 앞에서 개인적인 정신으로
의식해야 한다는 것이다. 즉, 자각적으로 신위에 기초를 두어야 한다는 말이다.
여기에 참 '실존'이 있다. 이런 의미에서 Louis Mackey의 다음과 같은 관찰은
지극히 옳다 하겠다.

> 키에르케고어는 "실존한다는 것은 무엇인가?"라는 질문과 "(기독교를) 믿는다는 것은

---

[127] Kierkegaard, *Sickness unto Death*, 158.

[128] Kierkegaard, *Sickness unto Death*, 179.

무엇인가?"라는 질문은 전자의 의미가 밝혀진 후에라야 후자가 논의될 수 있도록 구조
화되어 있다고 확신하였다. 결국 믿는 이는 사람(a man)이기 때문이다. 더구나, 사변에
대한 공격이 효과를 내려면 인간 실존의 의미의 문제가 실존적으로 제기되어야만 한
다.129

이 점을 좀 더 상세히 제시하고 있는 것이 『철학적 단편』일 수 있다. 물론 인간의
심리적 특성을 깊이 물어나가는 것은 그의 다른 저작에서 깊이 있게 파헤치고
있지만, 그것을 단적으로 이야기하고, 구체화시키고 있는 것이 Climacus를 통해
말하는 『단편』과 이에 붙인 『후서』이다. 『단편』의 다음 구절은 이를 명확히
한다.

> 제자는 확실히 비진리이지만 (그렇지 않다면 우리는 실로 Socrates적인 것으로 되돌아
> 가게 된다) 역시 사람이므로, 그가 이제 도전과 진리를 받았다고 해도 이로써 그가 비로
> 소 사람이 되는 것은 아니다. 그는 이미 사람이었기 때문이다. 그러나 그는 다른 사람이
> 되는 것이다. 이전과 똑같은 질을 가진 다른 사람이 된다는 식의 농담 같은 뜻에서가
> 아니가, 전혀 질이 다른 사람이 되는 것이다. 즉, 그는 새사람이 된 것이라고 말할 수
> 있다.130

너무 구체화한 듯한 느낌이 들지만 사실 Kierkegaard의 의도는 여기에 있다. 그의
'실존'은 이런 의미를 가진 '복합적'이며 '결정적'인 용어이다. Harvey A. Smit는
이런 점에서 다음과 같은 아주 옳은 결론을 맺고 있다.

> 순례는 그 목적에 대한 이상 없이는 시작되지 않는다. 키에르케고어에게는 그리스도인
> 이 된다는 것이 삶의 길이 궁극적 목적이다. 이는 그 자체가 그 길을 규정하는 것이니,
> 이는 자아가 되는 것, 사람이 되는 것, 실존이 되는 것의 방향을 지시하기 때문이다.
> - 이 모든 인간론은 기독교 신앙에로 인도하는 길을 구성하는 것이고, 그 목표 없이는
> 참으로 이해될 수 없는 것이다.
> 　그러므로 사람의 순례의 길은 기독교에로 인도해 가는 의도를 지닌 길을 따르는

---

¹²⁹ Mackey, *Kierkegaard*, 133-34

¹³⁰ Kierkegaard, *Philosophical Fragments*, 22f.

것이다. 그런데 이 길은 끝까지 단일한 방향으로 가야만 하는 길이다. 그래서 그리스도인이 되는 것은 사람이 되는 것과 관련된 것이다. 키에르케고어는 이렇게 말한 바 있다. "신인께서는 사람이 된다는 것이 무엇인지를 보여 주기를 원하신다. 그는 사람을 하나님과의 관계에로 교육시키시기를 원하신다(*The Last Years*, 99, Pap=XI A 236). 그 끝은 처음에 현존해 있다. 아니면 그것은 결코 실현되지 않을 것이다."131

B. Kierkegaard의 교육에 대한 정의

Kierkegaard 실존이나 종교 등의 문제를 안고 씨름했을 뿐이지 교육과는 관계가 멀다고 생각하는 것이 일반적인 생각이다. 그럴 수 있다. 그러나 그렇지 않다. 그의 전 저술은 한마디로 교육적이다. 그리고 처음부터 교육하려는 의도에서 쓰여진 것이다.132 그러나 그는 지루하게 강의하는 일을 하지 않는다. 여기에 Kierkegaard의 의미가 있다. 그는 어떤 결론을 내리려고 하지도 않는 것같이 보인다.133 오히려 그는 문제를 제시한다. 그의 제시하는 문제는 그래서 항상 근원적 문제이다. 교육이라는 문제에 있어서도 그러하다. 그는 교육은 이러 이러하다고 그 다양한 예를 들고 설명하지 않는다. 오히려 교육의 가장 근본적인 문제를 제기하는 것이다. 그것이 단적으로 표현된 것이 『단편』의 표제 면(title page)에서 제시하고 있는 그의 문제 제기이다.

영원한 의식에 대한 역사적 출발점이 있을 수 있는가? 그러한 출발점이 단순히 역사적인 흥미 이상의 것을 일으킬 수 있는가? 영원한 행복을 역사적 지식 위에 세운다는 것은 가능한가?134

이것은 (단적으로 말하면) 영원한 생명을 지금 여기서 얻는다는 것을, 지금 확신할

---

131 Smit, *Pilgrimage of Man*, 39f.

132 Kierkegaard, *The Point of View for My Work as An Author*, trans. Walter Lowrie (New York: Harper and Brothers, 1962) (이하 *Point of View*), 22. 특히 그의 강화집들을 보라.

133 그럼에도 불구하고, 그가 가진 의도성에 대하여는 졸고, "철학적 관념론이냐, 그리스도냐?"를 참조하라.

134 Kierkegaard, *Philosophical Fragments*, Title page.

수 있는가, 그것이 지상 위에서 일어난 어떤 사건에 위해서 되어진 것이라면, 그것이 도대체 가능한가 하는 이야기이다. 한마디로 기독교 교육이란 도대체 가능한가 하는 문제 제기이다. 앞서 살핀 인간 이해와 연관하여 말하면 "교육이란 도대체 가능한 것인가?"하는 문제이다. 이것이 억측이지 않음을 보이기 위하여 『단편』의 명제(*propositio*)와 사고 계획의 일부를 인용해 본다.

> 그 질문은 무엇이 그로 하여금 이 질문을 하게 했는지도 모르는 이에 의해서 무지 가운 데서 물어져야만 한다.135

> 진리는 과연 얼마나 배워질 수 있는 것일까? 이 질문을 가지고서 시작해 보기로 하자. 이것은 소크라테스적인 질문이었다. 아니면 "덕이란 과연 배워질 수 있는가?"라는 비 슷한 소크라테스적인 질문에서 나온 것이다. 왜냐하면 덕도 후에는 통찰로 규정되기 때문이다(Protagoras, Gorgias, Meno, Euthydemus). 진리가 배워질 수 있는 것으로 인식 되는 한, 그것의 비존재는 자명히 전제되어진다. 그러므로 진리를 배우도록 제안할 때 우리는 진리를 탐구의 대상으로 만드는 것이다.136

그러므로 결국 배움의 문제가 이 책의 핵심이다. 무엇을 배우는 문제일까? 진리를 배우는 문제이다. 그러므로 이 책은 결국 진리의 교육 가능성을 묻고 있는 것이다. 여기서 Kierkegaard의 교육 이해를 볼 수 있다. 그의 이해의 출발점은 Socrates적이 다. "진리는 도대체 어디까지 배워질 수 있는 것인가?" 여기서 출발해서 나가도 결국 이 질문은 다음과 같이 변형된다. "이 진리는 도대체 배워질 수 있는 것인가?" 여기에 나타난 사고는 결국 다음과 같은 것이다. 교육은 진리를 배우는 일이라는 것, (그리고 이것을『단편』의 '문제의 제기'와 연관하면) 그 진리는 영원 의식, 영원한 행복을 가져다주는 그러한 진리라는 것이다. 그리고 그런 영원 의식, 영원한 행복을 부여하는 진리는 이 땅에서 가르쳐지고 배워질 수 있는 것인가? 과연 그것은 가능한가? 하는 것이다.

---

135 *Philosophical Fragments*, title page: "The question is asked in ignorance by one who does not even know what can have led him to ask it."

136 Kierkegaard, *Philosophical Fragments*, 11.

여기에 두 가지 출발점이 있다고 Kierkegaard는 가정한다. 그 하나는 Socratic한 것이고, 또 하나는 기독교적인 것이다. Socrates는 이 논쟁적 문제를 상기설을 통해서 해결한다. 즉, "모든 사람은 알고 있는 것을 생각나게 해 줄 사람만이 필요하다."[137] 이렇게 되면 가장 필요한 일이 자기 자신을 이해하는 일이다. 왜냐하면 "소크라테스의 견해에 의하면 각 개인은 그 자신 중심이며, 전체 세계도 그 안에서 중심을 갖는다. 왜냐하면 그의 자기 지식이 하나님의 지식이기 때문이다."[138] 또 여기서는 누구에게 언제 배웠는가 하는 것은 하등 중요한 문제가 아닌 것이 된다. 왜냐하면 배운 것은 본래적으로 내가 가지고 있었던 것이기 때문이다. 그리고 진리를 배운 "바로 그 때에, 그 순간은 영원에 잠기고, 그것에 편입되어 그것을 찾을 수 없게 되고 말기 때문이다."[139]

그러나 또 하나의 다른 출발점인 기독교적인 위치에서는 사정이 완전히 달라진다. 여기서는 '시간 속의 순간'(the moment in time)이 결정적 중요성을 가져야만 한다. 근본적으로 사람은 진리를 가지고 있지 않기 때문이다. 그리고 사실 그것을 물을 수조차 없기 때문이다. 바로 여기에 위에서 인용한 바 있는 『단편』의 명제(*propositio*)의 의미가 있다: "그 질문은 무엇이 그로 하여금 이 질문을 하게 했는지도 모르는 이에 의해서 무지 가운데서 물어져야만 한다."(The question is asked in ignorance, by one who does not even know what can have led him to ask it.)

2) 진정한 교육과 그 가능성

교육은 철저화하여 말하면 그 가능성이 소진 당하고, 교육 가능성을 확대하면 진정한 교육의 의미가 무너진다. 여기에 우리들의 난점이 있다. 그럼에도 불구하고 Kierkegaard는 이 난점을 그대로 안고서 말하려 한다. 그래서 일단은 그 난점을

---

[137] Kierkegaard, *Philosophical Fragments*, 14.

[138] Kierkegaard, *Philosophical Fragments*, 14.

[139] Kierkegaard, *Philosophical Fragments*, 15f.

더 강화하는 듯하다. 이런 상황에서 그는 이것을 해결하고, 진정한 교육의 가능성을 제시한다.

A. 진정한 교육은 어떻게 가능한가?

진정한 교육이기 위해서는, 순간이 결정적인 뜻을 가져야 하고, 이를 위해서는 "구하는 자가 바로 그 순간까지 진리를 가지고 있지 않아야 한다. 심지어 무지의 형식으로도 진리를 가져서는 안 된다."[140] "더구나 진리를 추구하는 자로 묘사되어서도 안 된다."[141] 그는 오류 가운데 있는 자이고, 비진리여야 한다. 그리고 교사가 와서 알려 주는 것도 '그가 오류 가운데 있다는 사실이다.'[142] 즉, 교사와 만남으로 인해 더 더욱 진리로부터 멀어지는 것이다. "이러한 상태에서 진리를 얻는다면 교사는 그 진리를 가져다주어야 하고, 또 진리를 이해할 수 있는 조건까지도 주어야 한다."[143] 여기에서만이 진정한 교육의 가능성이 있는 것이다.

(1) 교사와 구주로서의 신[144]

참된 교육 가능성에서 가장 중요한 것은 '교사'이다. 그럴 수 있는 교사는 누구인가? 누가 진리를 가져다주고, 심지어 그 조건까지도 줄 수 있는 것인가?

이런 교사는 단순한 교사가 아니다. 왜냐하면 그는 제자를 변화시킬 뿐만 아니라, 그를 가르치기 시작하기 전에 다시 창조해야만 하기 때문이다. 그러나 이것은 어떤 인간 존재가 할 수 있는 어떤 일이 아니다. 그것은 신 자신(the God himself)에 의해서 되어져야만 하는 일이다.[145]

---

[140] Kierkegaard, *Philosophical Fragments*, 16.

[141] Kierkegaard, *Philosophical Fragments*, 16.

[142] Kierkegaard, *Philosophical Fragments*, 13.

[143] Kierkegaard, *Philosophical Fragments*, 13.

[144] 『단편』에서 Platon적 신(ὁ θεός)의 역어를 쓴 이유에 대하여는 다음 논문 참조하라: 이승구, 130-32.

[145] Kierkegaard, *Philosophical Fragments*, 18.

Kierkegaard는 이러한 교사를, 배우는 자들을 그들의 짐과 그들 자신들로부터 구원해준다는 의미에서 구주(Savior)라고, 배우는 자들을, 그들 자신에게 던져진 노예 상태로부터 구속해준다는 의미에서 구속주(Redeemer)라고, 배우는 자들이 죄에 빠졌기 때문에 임한 벌을 제거해 준다는 의미에서 화해자(Atonement)라고 부른다.146 또한 이미 조건을 받는 자에게는 이제 그 교사는 다른 모습을 나타낼 것이다. 그러므로 그는 심판자(Judge)로 명명되어진다.147

이 교사와 구주로서의 신은 사랑이라는 스스로의 충동에 의해 우리들에게 온 것이다. 그러나 "그 사랑은 근본적으로 불행하다. 왜냐하면 그들은[배우는 자와 교사는] 서로 매우 다르기 때문이다."148 그렇기 때문에 이 사랑은 "다만 도와주는 사랑이 아니라, 낳는 사랑이 되지 않으면 안 된다. 즉, 신은 사랑으로서 배우는 자를 낳는 것이다."149 이 사랑의 교사의 모습을 그는 이렇게 표현하고 있다:150

보라! 그는 이렇게 거기에 서 있다. 그 신이 어디에? 거기에. 그대는 그를 못 보는가? 그는 신이다. 그런데도 그는 머리 둘 곳이 없다. 그리고 그는 어떠한 사람에게도 의지하려하지 않는다. 그에게 거리낌이 되지 않도록 하기 위해서다. 그는 신이다. 그러나 그의 발걸음은 마치 천사들이 그를 받들고 갈 때처럼 더욱 조심스럽다. 자기의 발이 어떤 것에 부딪치지 않게 하려고 그러는 것이 아니라, 사람들이 그에게 걸려서 넘어졌을 때 짓밟는 일이 없도록 하기 위해서인 것이다. 그는 신이다. 그런데도 그의 눈은 걱정스럽게 인류 위에 머무르고 있다. 그 한 사람 한 사람의 연약한 싹은 풀줄기처럼 쉽사리 짓밟혀 버릴 수 있기 때문이다. 이 무슨 삶이냐? 덧없는 사랑, 덧없는 슬픔! 사랑의 일치를 나타내려고 하나, 이해 받지 못하며, 한 사람이라도 파멸할까 두려워하면서도, 그러나 그와 같은 방식이 아니고서는 한 사람도 구원할 수 없다니!

그러면서도 자기에게 의지하고 있는 배우는 자에 대한 걱정으로 날마다 시간마다 가득 차 있는 덧없는 슬픔이여! 그리하여 신은 그의 전능한 사랑의 힘으로, 가장 미천한

---

146 Cf. Kierkegaard, *Philosophical Fragments*, 21.

147 Kierkegaard, *Philosophical Fragments*, 22.

148 Kierkegaard, *Philosophical Fragments*, 32.

149 Kierkegaard, *Philosophical Fragments*, 38f.

150 Kierkegaard, *Philosophical Fragments*, 39f.

자와 같은 모습으로 이 땅 위에 서 있다. 신은 배우는 자가 비진리임을 알고 있다. 그가 만일 잘못 본다면 그래서 그가 없어지고 어엿한 마음을 잃게 된다면! 아 (있어라) 하는 전능한 말씀으로 하늘과 땅을 받치고 있는 일, 그리고 또한 그 힘이 일초 동안만 빠져도 만물이 붕괴해 버리고 만다. 그러나 이것도 그가 사랑으로 인류의 구주가 되었을 때, 인류가 자기에게 실족할 수 있는 가능성을 지니고 있는 일에 비하면 얼마나 쉬운 일이냐?[151]

(2) 신이 주는 조건

신의 이러한 나타남에 의해서 우리게 부여하는 진리는 이중의 역설에 의해서 있는 진리이다. "이 분명히 불합리한 역설의 제일의 것은 다음과 같은 것이다. 그 본성에 있어서 영원한 하나님은, 바로 그 본성과는 정 반대의 것, 즉 시간적인 것 속에 나타나셨다. 제2의 역설은 다음과 같다. 그 본성에 있어서 시간적인 인간은 제1의 역설의 신앙으로 말미암아 바로 그 본성에는 정반대의 것, 즉 영원한 것이 될 수 있는 그 인간이다."[152]

물론 『단편』에서는 이를 이렇다고 구체화시켜 이야기하지 않는다. 단지 이렇게 말할 뿐이다. "사고의 최고의 역설은, 자기가 스스로 사고할 수 없는 그 무엇을 발견하려는 것이다."[153] 이 역설을 인간은 스스로 수납할 수가 없다. 만일 인간이 이를 스스로 알 수 있다거나 수납할 수 있다거나 하는 것은 불합리이다.[154] 그러므로 인간은 이 역설에 대하여 두 가지 반응을 할 수밖에 없다. 이 역설을 받아들이든지, 아니면 이 역설에 대하여 분노하든지 하는 것이다. 분노하는 경우는 "자기보다 강한 자와 싸운 것이며, 그의 힘의 상태는 몸으로 치면 척수가 부러진 사람의 상태와 같다."[155] "분노란, 결국 역설에 대한 분노이고, 역설은 순간이므로 분노는

---

¹⁵¹ *Philosophical Fragments*, 39-40.

¹⁵² Howard A. Johnson, 『키에르케고어의 실존 철학』(서울: 형설문화사, 1958), 109. Cf. *Postscript*, 345.

¹⁵³ Kierkegaard, *Philosophical Fragments*, 46.

¹⁵⁴ Cf. *Philosophical Fragments*, 59.

¹⁵⁵ Kierkegaard, *Philosophical Fragments*, 62.

순간에 대한 오해"[156]이다. 이것이 일반적인 반응이다. 그런데 오히려 이 역설과 행복한 만남을 경험하는 이들이 있다. 이것은 다르게 설명할 길이 없다. 단지 신이 그 역설을 받아들일 수 있는 조건을 주었다고 할 수밖에 없는 것이다. Kierkegaard은 이렇게 말한다:

> 물론 오성은 이 역설을 생각하지 못하여 자기 스스로 생각해낼 수도 없다. 그리고 만일 그것이 그에게 알려진다고 해도 그것을 이해하지 못하며, 다만, 그것이 자기의 파멸이 될 것이라는 것만을 느낄 뿐이다. 그러므로 그러한 한 오성은 역설에 대하여 반항할 이유를 충분히 가지고 있다. 그러나 또 한편 오성은 그의 역설적 정렬 가운데 자기 자신의 파멸을 원하고 있는 것이다. 그러나 이 오성의 몰락이야말로 또한 바로 역설이 원하고 있는 것이다. 그리하여 결국 그들은 서로 이해하고 있는 것이다. 그러나 이 이해 는 오직 정렬의 순간에만 있게 된다.[157]

이 역설적 정렬, 즉 신앙(Glaube)에 대한 이러한 이해는 결국, 순간의 의미화를 잘 이해하게 해준다. 즉, "순간에 있어서 사람은 자기가 새로 태어남을 인식하게 되는 것"이다.[158]

B. 영속적 형성의 문제

진정한 교육이 영원한 의식에 대한 문제와 연관된 것이라면, 신이 역사상에 나타났다고 하는 성육신 사건은 이 영원한 의식의 유일한 출발점일 수밖에 없다. 결국 이 역설을 어떻게 받아들이는가 하는 문제는 이 역설 사건에 대한 개개인의 반응과 연관된 것이다. 그런데 문제는, 처음부터 제기되어 온 것과 같이, 이 역설 사건이 역사 안에서 일어났다고 하는 데 있다. 다른 역사상의 사건과 동일한 사건이라면 그것이 어떻게 영원한 의식을 위한 출발점이 되겠는가 하는 것이다.

---

[156] Kierkegaard, *Philosophical Fragments*, 64.

[157] Kierkegaard, *Philosophical Fragments*, 59.

[158] Kierkegaard, *Philosophical Fragments*, 25.

이를 묻기 위해 일단 그 역설 사건과 동시대에 이 사건에 대해 수납할 수 있었던 '직접 제자'들을 생각하고 있는 것이 Kierkegaard의 태도이다. 그리고 나서야 그는 간접 제자의 문제로 가고 영속적 형성의 문제를 묻는다.

(1) 직접 제자

Kierkegaard는 단순히 역사적인 동시대에 있다는 장점을 인정한다. 그것은 "관찰할 수 있다는 것"이다.[159] 즉, 눈으로 보고 귀로 듣고 손으로 잡아볼 수 있다는 것이다. 그러나 Kierkegaard는 이것이 단순히 기연 이상의 것이 아니라고 말한다. "그렇다면 배우는 자는 어떻게 믿는 자, 즉 제자가 되는가? 오성이 면직되고, 그가 조건을 받을 때이다. 그는 언제 조건을 받는가? 순간에 무엇이 이 조건을 만드는가? 영원을 이해함만이 (그 조건을 만드는 것이다)."[160]

이렇게 문제가 되는 것은 신으로부터 받는 조건이다. 물론 "신이 지금 여기에 있다고 하는 것은 그의 가르침과 상관이 없는 우연한 일이 아니라 본질적인 것이며, 신이 인간의 모양을 취하여, 그것도 미천한 종복의 형상을 취하여서까지 여기 있다고 하는 것, 그 자체가 곧 가르침이기 때문이다."[161] 그러나 신은 그것을 이해할 수 있을만한 조건까지도 주어야 하는 것이다.[162]

그러므로 이 역설 사건에 대한 "역사적 목격자"[163]가 되었다는 것도, "그를 날마다 뒤따라 다녔다고 하는 것"[164]도 "그의 가르침에만 정신을 쏟고 그의 교훈을 나날의 양식으로 삼아 서술한 자"[165]도 그것으로 제자가 되는 것은 아니다. 즉, "영원한 것과 역사적인 것이 서로 떨어져 있는 한 역사적인 것은 다만 기연에 지나지 않는다."[166] 그러나 "역설은 모순되는 것을 하나로 만든다. 즉, 역사적인

---

[159] Kierkegaard, *Philosophical Fragments*, 79.

[160] Kierkegaard, *Philosophical Fragments*, 68.

[161] Kierkegaard, *Philosophical Fragments*, 68.

[162] Cf. *Philosophical Fragments*, 69.

[163] Kierkegaard, *Philosophical Fragments*, 73.

[164] Kierkegaard, *Philosophical Fragments*, 74.

[165] Kierkegaard, *Philosophical Fragments*, 74.

것을 영원한 것으로 영원한 것을 역사적인 것으로 만든다.”[167] 그러므로 “제자는 신앙 안에서 그의 교사의 역사적 존재에 대해 영원히 관심 있게 되는 것이다.”[168] 여기서 우리는 Kierkegaard와 함께 이렇게 말할 수밖에 없다. “인간은 순간에 있어서 조건을 받으며, 그 조건은 영원한 진리를 이해하기 위한 조건이므로 바로 그 때문에 영원한 조건이 된다.”[169]

(2) 간접 제자들의 문제

그리스도와 ‘동시대의 제자들’의 문제가 이렇게 해결되고 나면 이에 연관하여 ‘간접 제자’의 문제도 해결되어진다. 즉, 역설 사건의 성격을 분명히 규정함으로써 이 해결은 이루어지는 것이다. 그는 역설 사건이 있을 수 있는 세 가지 범주(category)를 제시한다. 그 사건이 **단순한 역사적 사실**이거나, **영원한 사실**이거나, **절대적 사실**이라는 세 가지 범주이다.[170] 만일 그 사건이 단순히 역사적 사실이라면 이 사건에 상대적으로 가까이 있을 수 있다는 것은 이익이다. 또 만일에 그 사건이 영원한 사실이라면, 모든 시대는 그에 대해 똑같은 거리에 있다. 그러나 그 사실이 절대적 사실일 경우 “시간과 인간 관계의 구별은 모순이다.”[171] 이 절대적인 것의 성격을 구체화하기 위해 다음 인용문을 살펴보기로 하자.

> 비록 절대적인 것은 인생에 모든 격(*casibus*)으로 변화할 수 있다 해도, 항상 동일하며, 또 다른 것들과 계속적인 관계를 맺는다 해도, 그것은 언제나 절대인 것이다. 그러나 절대적 사실은 또한 역사적인 사실인 것이다… **절대적 사실은 또한 역사적 사실이며, 또한 그러한 것으로서, 믿음의 대상인 것이다.**[172]

---

[166] Kierkegaard, *Philosophical Fragments*, 75.

[167] Kierkegaard, *Philosophical Fragments*, 76.

[168] Kierkegaard, *Philosophical Fragments*, 76.

[169] Kierkegaard, *Philosophical Fragments*, 77.

[170] Kierkegaard, *Philosophical Fragments*, 124-25.

[171] *Kierkegaard, Philosophical Fragments*, 125.

[172] *Kierkegaard, Philosophical Fragments*, 125. 강조점은 필자의 것임.

이렇게 절대적 사건인 경우, **동시대 제자와 간접 제자와**의 차이는 있을 수 없다. 또한 간접 제자 상호 간의 차이도 있을 수 없다. 이를 분명히 하기 위해 간접 제자의 처음 세대와 마지막 세대인 『단편』이 쓰여진 '1843년대'를 비교한다. 간접 제자의 처음 세대는 '상대적으로 확실성에 좀 더 가까이 있다는 이익'이 있다. 즉, '그 사실에 의해 일어난 진동에 가까이 있다는 이익'이 있다. 그래서 "이 진동과 그 여운은 사람들의 주의를 불러일으키는 데 도움"[173]을 줄 수 있다. 그러나 "그 사실은 역설이며 끝까지 역설이며 사변화될 수 없다."[174] 또 마지막 세대(1843년)는 "진동으로부터는 멀으나 의지할 수 있는 많은 결과"[175]를 가지고 있어서 "그 개연성을 증명"[176]할 수 있다. 즉, 그것이 "자연화되었다."[177] 그러나 그것이 그대로 믿음으로 이끌지는 못한다. 그러므로 사실 차이가 없다. "간접의 제자들의 첫째 또는 마지막 세대간의 차이점에 대해서는 아무런 근거가 없으므로 그들은 동등하다."[178]

(3) 영속적 형성

역사적 사건으로서의 역설 사건을 이해할 수 있는 조건은 결국 "신 자신에게서 받는다." 여기에 영속적 형성의 문제의 최후 해결이 있다. 그렇다면 동시대 제자가 할 수 있는 일은 무엇인가? 그리고 '간접의 제자'가 제자가 된 이후로 할 일은 무엇인가? 전혀 없지는 않다.

여기에 영속적 형성을 위한 제자 된 이의 책임이 있다. 그것은 그 사건에 대한 증언이다. 그러나 단순히 역사적 발언을 하는 것이 아니고, 이와 같이 말할 수 있다: "비록 그것이 우리들의 오성에 대해서는 어리석은 것이고, 인간의 심정에 맞지 않는 것이 된다고 해도, 나는 이러 저러한 것이 발생했다는 것을 믿었고,

---

[173] *Kierkegaard, Philosophical Fragments,* 116-17.

[174] *Kierkegaard, Philosophical Fragments,* 119.

[175] *Kierkegaard, Philosophical Fragments,* 117.

[176] *Kierkegaard, Philosophical Fragments,* 118.

[177] *Kierkegaard, Philosophical Fragments,* 119.

[178] *Kierkegaard, Philosophical Fragments,* 131.

또 지금도 믿는다.”[179] 즉, 자기는 그 사실을 믿었다는 것을 말할 수 있다. 그 외에 다른 말을 하는 것은 잡담이며, 진정한 믿음에로 이르는 길을 방해하는 것이 될 뿐이다. 왜냐하면 지금 이야기하고 있는 내용이 “오직 믿음에 대해서만 대상이 될 수 있는 것이며, 그리고 한 사람이 다른 많은 사람에게 물론 전달할 수는 있지만, 그러나 그 다른 사람이 그것을 믿도록 전할 수는 없다는 점에서 주의를 해야 하는 역사적인 것이기 때문이다”.[180]

그러나 그렇다고 해서 직접 제자의 보고가 아무런 의미도 가지지 않는 것은 아니다. 그것은 그것 나름의 특별한 의미를 가진다. Kierkegaard는 이를 이렇게 말함으로 요약하고 있다: “후대인은 그 자신이 신으로부터 받는 조건에 의해서 동시대인의 보고를 매개로 하여 믿는 것이다”.[181]

3) 교육 방법론

진정한 교육은 역사상에 일어난 '절대적 사건'으로서의 역설과의 만남을 통해서만 가능하다. 그러므로 여기서 파생되는 동시성의 문제에 대한 고찰이 필요하다. 또한 이에로 이끌어 가는 인간 교사의 역할에 대한 이해는 간접 전달의 문제에로 우리를 인도한다.

A. 만남 - 그리스도와의 동시성의 문제

간접 제자란 있지 않다. 본질적으로 처음과 마지막은 같은 선상에 있다. 다만 후대 제자들은 그들의 기연을 동시대의 제자들에게서 찾는 반면, 동시대인들은 그 직접적 동시대성에 그 기연을 찾고, 그래서 다른 어떤 세대에 힘입지 않는다는 것뿐이다. 그러나 이 직접적인 동시대성은 단순한 기연일 뿐이다.[182]

---

[179] *Kierkegaard, Philosophical Fragments*, 128: “I believe and have believed that so and so has taken place, although it is a folly to the understanding and an offence to the human heart.”

[180] *Kierkegaard, Philosophical Fragments*, 130.

[181] *Kierkegaard, Philosophical Fragments*, 131.

[182] *Kierkegaard, Philosophical Fragments*, 131.

그러므로 직접적인 동시대성도 극복되고, 떨어져 있다는 것도 극복되어져야한다. 결국 남은 것은 그리스도와의 동시성이다. 이 동시성을 가장 잘 규명한『기독교의 훈련』에서 그는 이렇게 말하고 있다.

> 절대자에 대한 관계에 있어서는, 단 하나의 때, 즉 현재가 있을 뿐이다. 절대자와 결코 존재하지 않는다. 그리고 (그리스도)는 절대자이기 때문에, 그분에 대한 관계에 있어서도, 분명 동시성이라는 하나의 상황이 있을 뿐이다. 300년, 700년, 1500년, 1700년, 1800년이란 세월은, 그것에서 무엇 하나도 뺄 수도 더할 수도 없고, 따라서 그분을 바꿀 수가 없다. 그러나 또 그 세월은 그분이 누구였는가를 나타내지도 못한다. 그분이 누구이신가는, 신앙에 대해서만 계시되기 때문이다.[183]

이 동시성은 1,800-2,000년의 시간적 차이를 뛰어 넘어서 그와 함께 서는 것이다. 거기서 그에 대하여 결단하는 것이다. 왜냐하면 "과거의 일은 '나에게는'이라는 뜻에서는 현실이 아니다. 동시적인 것만이 나에게 현실이다."[184] 그리고 이는 그리스도 사건에 특이성에 더욱 관련하는 바 "지상에서의 그리스도의 생애는, 거룩한 역사로서 역사 밖에 홀로 우뚝 솟아 있기 때문이다."[185] 즉, "그분의 지상 생애는, 영원의 역사로서 모든 시대를 뚫고 흐르고 있고, 또 모든 시대와 더불어 걷는다. 그분의 지상 생애는 영원의 동시성을 지니고 있다."[186] 그러므로 "모든 시대의 믿는 자는 바로 그리스도와 동시의 관계에 있다. 그래서 자기 자신을 이기고, 그분과 동시에 있다는 상황 속에 뛰어들어감으로써 그리스도인이 되지 않고서는, 혹은 그분이 그대와 동시에 계신다는 상황 속에서 그대를 작동시켜서 그분에게로 이끄시지 않으신다면, 그대는 결코 그리스도인이 될 수 없다."[187]

그런데 이것이 어떻게 가능한가? 무엇이 우리를 그리스도와의 동시성에로

---

[183] Kierkegaard, *Training into Christianity*, trans. Walter Lowrie (Princeton: Princeton University Press, 1944), 임춘갑 역, 『그리스도교의 훈련』(서울: 종로 서적, 1979), 95.

[184] Kierkegaard, 『그리스도교의 훈련』, 96.

[185] Kierkegaard, 『그리스도교의 훈련』.

[186] Kierkegaard, 『그리스도교의 훈련』, 96f.

[187] Kierkegaard, 『그리스도교의 훈련』, 96f.

이끌어주는가? Kierkegaard 전체 사상의 맥에서 보면 이는 신이 주는 조건에 대한 연결선이다. 이를 더욱 분명히 해주는 것은 그가 성령에 대해 말하고 있을 때이다. 이를 위해 그의 일기의 한 부분을 인용한다.

> 비유를 들어보기로 하자. 예를 들어 날개가 달린 말이 있다고 하자. 날개가 달렸을 뿐만 아니라 헤아릴 수 없는 속도까지도 가지고 있다. 그대가 그 말에 올라타기만 하면, 순식간에 이 세계에서, 그리고 이 세계가 지닌 사고 방식과 생활과 관념과, 그리고 그대의 동시대의 사람들의 이해에서 세계 하나만큼 동떨어진 곳에 있게 된다. 자유사상가들과 조소자들과 어중간한 경험자들은 그런 말이 존재한다는 사실을 부정하기 위하여 온갖 주의를 다 기울이고 있다. 만일 그런 말이 존재하였더라면, 그들 자신이 그 말에 올라탈 용기를 가졌을 것이라고 온갖 위선적인 가면을 차리고 오호라, 아직 약간이나마 그리스도교적인 것을 가지고 있는 그리스도교계 안에 살고 있는 우리 모두에게 난점이 있다면 여기에 있는 것이다. 그러한 말이 존재하고, 그 말은 우리가 자기에게 전적으로 우리들 자신을 맡겨주기만 기다리고 있다. 그리고 그렇게만 하면 그 말은 나머지 일체의 일에 대하여 우리를 확실히 돌봐 주리라는 사실은 부인할 수 없다.[188]

이를 믿고서 "거기서 직접 볼 수 있는 것이라는 징표와 기적으로서, 또 자신을 하나님이라고 말함으로써 끊임없이 실족의 가능성을 만들어내는, 하나의 비천한 인간의 모습"[189]이 있는 그 곳에서 하나님을 발견하고 그 하나님 앞에서 "자신이 어떤 자인가를 발견하고, 하나님 앞에서 항상 진실되게 자체를 응시한다면 비록 그 걸음이 제아무리 지지부진하고, 기어서 나갈 수밖에 없다손 치더라도 거기서 한 가지 것을 얻는다."[190] 즉, 여기서만 바른 그리스도인의 모습을 보는 것이다. 이 모든 것은 "각자가 스스로 하나님 앞에서 조용히 내면성에 잠겨서, 가장 엄격한 의미에서 진정한 그리스도인이 된다는 것이 지극히 어렵다는 사실 앞에 겸손하게 머리를 숙여야 하고, 그리고 자신이 어떤 자임을 하나님 앞에서 솔직히 고백하고, 아무리 불완전한 사람에게도(즉, 모든 사람에게) 제공되는 은혜를 공손

---

[188] Cited in Walter Lowrie, *A Short Life of Kierkegaard* (Princeton: Princeton University Press, 1952), 임춘갑 역, 『키르케고르』 (서울: 종로서적, 1979), 307.

[189] Kierkegaard, 『그리스도교의 훈련』, 99.

[190] Kierkegaard, 『그리스도교의 훈련』, 99.

히 받아들여야 한다는 것을 의미한다."[191]

이렇게 주체적인 내면화의 요구가 그의 주장이다.[192] 그러나 그렇다고 해서 모든 객관적인 것이 소멸하는 것은 아니다. 그렇게 Kierkegaard를 생각하는 것은 옳지 못하다.[193] 그는 『단편』에 역사적 의상을 입힌[194] 『후서』의 순서를 객관적인 것으로부터 시작하고 있다. 그의 주체성(subjectivity)은 객관성(objectivity)을 무시한 것이 아니다. 객관성을 보듬고 있는 것, 그것이야말로 주체성일 수 있다. 그것이 망상이 아니기 위해서는 말이다.[195] 그래서 시간과 공간을 초월해서 주체적으로 그리스도와 동시대에 만난다고 하는 것이 교육의 핵심인 것이다. 그리고 이 만남의 삶을 사는 것에 교육의 완성이 있다.

B. 전달 - 간접 전달을 중심으로

Kierkegaard는 자신의 과제를 독특하게 느끼고 표현했다. 그것은 전달의 문제이기도 하다. 즉, 그는 "어떻게 그리스도인이 되는가"하는 문제를 물었다. 그런데 그가 묻고 있는 상황은 인구 전체의 99% 이상이 그리스도인인 나라에서, 그런 그리스도교권에서 그 질문을 하고 있는 것이다. 이는 단적으로 '그리스도교 세계와 그리스도교를 다시금 끌어들이려는' 것이다.[196] 즉, "그리스도와는 역사적으로 시간적으로 멀리 떨어져 안주하고 있는 당시의 그리스도교의 세계를 그리스도께서 살았던 때의 상황 속으로 끌어들여서, 그럼으로 해서 진정한 그리스도인이

---

[191] Kierkegaard, 『그리스도교의 훈련』, 101.

[192] S. U. Zuidema, *Kierkegaard*, trans. David H. Freeman (Phillipsburg: Presbyterian and Reformed Publishing Company, 1977).

[193] 이와 같은 입장을 취하는 해석으로 다음을 보라. C. Stephen Evans, *Subjectivity & Religious Belief* (Grand Rapids, Michigan: Eerdmans, 1978), 82-89. See, esp., 84: "Kierkegaard's rejection of any claim he establish objectively the truth of Christianity must be treated with care, as it has led to much misunderstanding."

[194] *Kierkegaard, Philosophi*cal Fragments, 137; Kierkegaard, *Postscript*, 15.

[195] 이에 대해서는 Kierkegaard, *On Authority and Revelation*, trans. Walter Lowrie (Princeton: Princeton University Press, 1955)을 참조하라.

[196] Kierkegaard, 『그리스도교의 훈련』, 399.

되기 위해서는 어떻게 살아야 하는가를 추구한다.”197 그는 자신이 느끼고 있는 이 문제를 풀어 쓸 것이고, 그렇기에 그것은 전달의 문제가 된 것이다.

일단 전달하는 자와 받는 자가 순결한 마음에 있을 때는 '직접 전달'로도 실족하지 않을 수 있다. 그러나 이러한 직접 전달이 그 자체로서 신앙의 조건이 되는 것이 아님은 물론이다. 직접 전달은 오른손으로 그가 내밀었다고 하는 종교적 저술이고, 결국 그가 밝힌 그의 의도이다. 이 직접 전달에서 가장 문제가 되는 것은 양자가 "마음의 순결"(purity of heart)을 간직하고 있는가, 아닌가 하는 것이다. 전달하는 쪽에서 준비되어 있다면 전달받는 쪽에서는 받을 준비를 해야 만 한다. 즉, 적극적 가담의 필요성이다. 이에 대해서 키에르케고어는 다음과 같이 말한다:

> 만일 그 설교가 너에게 도움이 된다면, 그것은 너 자신의 활동의 결과이다. 즉, 너 자신에게 너를 위하여 그 말씀을 듣는 자의 한 사람이 된 것이다. 그것을 말하는 자의 기교나 웅변에 달려 있는 것은 아니다. 비록 그것이 도움이 될지는 몰라도 중요한 요소가 되지 못한다. 웅변이란 이와 같이 장식으로 도움은 되나 중요한 것은 아니다. 가장 중요한 것은 말씀을 듣는 자가 가지는 열성이다.198

그러나 전달받는 쪽이 실족할 위험이 있을 때 직접 전달은 그 위험을 더 가중할 뿐이다. 그래서 Kierkegaard는 Socrates에게서 배운 '간접 전달'을 가르쳐 준다. 상대방이 스스로 속고 있을 때, 그리고 이러한 환상이 직접적인 공격으로서는 파괴되지 않을 때, 왜냐하면 "직접적인 공격은 환상 가운데 있는 이를 더욱 강화시킬 뿐이고, 더욱이 동시에 그를 격분시킬 뿐이기" 때문일 때199 필요한 것은 어떤 간접적인 방법뿐이다. 그것은 어떤 간접적인 방법으로 "그 사람과 접촉할 수 있는"200 길인 것이다. 그것은 그들과 동일한 근거 위에서 서는 것이다.

---

197 Kierkegaard, 『그리스도교의 훈련』, 399f.

198 Kierkegaard, *Purity of Heart is to Will One Thing*, trans. Douglas V. Steere (New York: Harper & Rows, 1948), ch. 12.

199 Kierkegaard, *Point of View*, 25.

200 Kierkegaard, *Point of View*, 26.

이러한 간접 전달은 "'전달받은 쪽'에 대한 지극한 마음씀의 발로이며, 전달하는 쪽에서 자신의 주체적 진실을 나타내는 오직 한 가지 가능한 변증법적인 방법"201인 것이다. 우리는 이러한 간접 전달의 의미를 간과할 수 없다.

이러한 간접 전달은 상대방을 세워 주기 위한 방법이며, 그가 『사랑의 역사』에서 말하고 있듯이 "패배한 사람을 얻는 화해적인 사랑의 승리"202인 것이다. 그래서 자신의 확실한 위치를 가지고 있으면서도 위치를 이끌기 위해 한 발자국 내려서서 전달받는 이와 동일한 근거 위에 서서 그는 자신을 말하고 있는 것이다. 여기에 『철학적 단편』과 『후서』의 익명의 저자로 제시된 Climacus의 모습이 있고, 심미적 작품들의 위치가 주어지는 것이다.

이러한 직접 전달과 간접 전달의 배후에는 키에르케고어의 독특한 '인간 이해'가 있다. 결국 그 누구도 침범할 수 없고, 스스로 결단하여 신 앞에 서야만 하는 고유한 존재로서의 인간의 존재성, 실존성을 박탈해서는 안 된다고 하는 그의 주장이 있는 것이다. 그는 이렇게 말한다.

> 자기는 속박하는 힘인 동시에 주는 힘이다. 자기는 그야말로 제 마음대로 어떤 순간에도 처음부터 시작할 수가 있다… 자기는 자기 자신의 주인이다.203

> 인간 각자가 정신이고, 진실이 바로 자기화의 자기 활동이기에 결과에 의해서 방해되고 있는 한 결과의 전달은 인간과 인간 사이에 있어서는 부자연스러운 소통이다.204

이러한 키에르케고어의 입장은 그의 익명의 저자인 클리마쿠스로 하여금 인간과 인간 사이의 관계에서 결국 Socrates적인 것이 영원히 옳다고205 말하게끔 하는

---

201 이승구, 128.

202 Kierkegaard, *Works of Love*, trans. Howard and Edna Hong (New York: Harper and Row, 1962), 임춘갑 역, 『사랑의 역사』 (서울: 종로 서적, 1981), 193-212.

203 Kierkegaard, *Sickness unto Death*, 111.

204 Pap. VI 314, VII 47, IX 119, cited in Karl Löwith, 『헤겔에서 니체로』, 강학철 역 (서울: 조양문화사, 1974), 202.

205 Kierkegaard, *Philosophical Fragments*, 12.

것이다. 이러한 입장에서 Löwith는 다음과 같이 말한다:

기독교에 있어서 진실한 것은 동시에 하나님이기도한 인간이라는 실존하는 기적 혹은
역설이기 때문에, 이 진리도 또한 역설적으로만 전달될 수 있고, 직접적으로는 전달될
수 없다. 이 진리는 타인이 전달자에 대해서가 아니라, 전달된 내용에 대한 독자적인
자기화의 관계에 들어가도록 전달되지 않으면 안 된다. 기독교적 조산술(Christliche
Mäeutik)의 진리는 실존하는 주체성에 기초한다. 그것이 지향하여 출발하는 목표는,
자발적으로만 자기화 될 진리, 따라서 기독교적으로만 건설될 수 있는 진리이다.[206]

그러나 그럼에도 불구하고 최후의 형태의 그의 '최초이면서 최후의 선언'[207]과
같이 "일종의 직접성, 즉 진실을 위하여 (증언)하는 것으로 끝을 맺는다.'[208] 이런
입장에서 Kierkegaard는 다음과 같이 말한다.

기독교적인 것의 전달은 무어라 말해도 최후의 증언으로 끝나지 않으면 안 된다. 조산
술이 최후의 형태로 설 수는 없다. 실상 기독교적으로 이해한다면, 진리는 (Socrates가
이해한 대로) 결국 주체 속에 있는 것이 아니라, 그것은 선포하지 않으면 안될 계시이
다. 기독교 세계에서 아주 정당하게 조산술적인 것이 사용될 수 있다는 것은 원래 개개
의 사람들이 (명목상으로는) 기독교도로 존재하고 있기 때문이다. 그러나 기독교는 필
경 기독교이기 때문에 조산자는 증인이 되지 않으면 안 된다.[209]

이러한 진리의 성격 때문에 역설적인 교육의 방법은 취해지는 것이다. 직접적으
로, 또 간접적으로, 다시 직접적으로 전달해야 하는 것이다. 그러나 일단은 상대편
의 실족을 방지하기 위해서 간접 전달을 중요시하지 않을 수 없는 것이다. 이것이
인간 교사에게 요구되는 역할이다.

---

[206] Löwith, 『헤겔에서 니체로』, 202f.

[207] Kierkegaard, *Postscript*, 551-54.

[208] Löwith, 203.

[209] Kierkegaard, *Journals*, 407, cited in Löwith, 『헤겔에서 니체로』, 203.

4. 마치는 말

동시대인들과 그 시대의 환영을 받지 못하면서 외톨이로서 살며 말했던 Kierkegaard, 그럼에도 실망하지 아니하고 "그러므로 장래 그 어느 날에는 나의 작품들뿐만 아니라, 나의 전 생애까지도 계속해서 연구되고 또 연구될 것이다"[210] 라고 말할 정도로 자신의 생에 충실했던 Kierkegaard, 스스로 하나님의 섭리에 의해 교육받고 있다고[211] 느끼며 살던 Kierkegaard, 그는 자신에 대해서 이렇게 말한 적도 있다: "현대가 나를 이해하려 들지 않는다면… 좋다. 그때도 나는 역사에 속하게 될 것이다. 나는 역사 속에서 내가 차지할 자리가 있다는 사실과 또 그것이 어떤 자리일 것이라는 것을 확실히 알고 있다."[212] 이렇게 자신을 생각한 키에르케고어는 참된 인간의 문제를 성실히 관찰하고, 생각하였다. 참 인간이 되기 위해 몸부림쳤던 그의 삶은 그대로 "실존의 핵심"을 열어 보여준다. 인간을 이렇게 볼 수 있을 때, 여기서만이 전체적인 인간을 폭넓게 관찰할 수 있는 점이 주어짐으로 인해 참된 교육을 말할 수 있다. 인간의 단속적인 면을 찾아볼 수 있게 해준 면에서 모든 실존주의자들의 공헌을 찾는다면, 그 단속적인 면의 근원을 문제 삼고, 해결을 찾아 헤매었던 Kierkegaard에게서 그 의미가 비로소 성립한다고 판단된다.

Kierkegaard은 이러한 인간 문제를 다양한 차원에서 접근한다. 인간의 다양한 실존 양식을 결단과 선택의 면에서 제시한 것으로 그가 빅톨 에레미타(Victor Eremita)라는 익명의 편집자 이름으로 출판한 『이것이냐 저것이냐』[213]가 있고, 불안을 안고 있는 본질적인 인간 모습에로의 접근으로는 『불안의 개념』[214]이

---

[210] Kierkegaard, *Journals*, 715.

[211] Kierkegaard, *Point of View*, 75, 96, 137f.

[212] Kierkegaard, *Point of View*, 98

[213] Kierkegaard, *Either-Or*. Vols. Ⅰ-Ⅱ, trans. D. F. and L. M. Swenson and W. Lowrie, revised by H. A. Johnson (Princeton: Princeton University Press, 1972).

[214] Kierkegaard, *The Concept of Anxiety*, trans. Reidar Thomte (Princeton: Princeton University Press, 1980).

있다면, 이를 신앙으로 극복하려는 면에서『공포와 전율』215이 있다.

그러나 무엇보다도 우리가 이 논문에서 분석하고 검토한『철학적 단편』에서
의 근본적인 문제 제기가 있다. 이러한 간접적 접근 이외에 종교적 강화집 등
종교적 저서216에서의 직접적인 접근이 있고, 결국 Kierkegaard는 삶의 문제를
가지고 싸우고, 해결하는 길에서 교육의 문제를 함께 다루게 된 것이다. 참교육은
참 실존에의 길에서만이 찾을 수 있음은 그의 주장으로부터 이끌어 낼 수 있는
다음과 같은 결론에 비추어 볼 때도 분명하다: 절망했다고 하는 사실을 통하여
자기 자신을 남김없이 신 안에 기초를 두는 때에만 자아는 건강하고, 절망으로부
터 해방되어 있을 수 있다.

이러한 전제 위에서 Kierkegaard는 참 인간이 되는 유일한 길로 **역사상에
일어났던 절대적 사건으로서의 그리스도 사건이라는 역설**(paradox)을 수납하는
것임을 밝힌다. 인간은 이 역설 사건에 대해 실족하든지, 신앙하든지 할 수밖에
없다. 여기에 위기가 있다. 교육의 갈림길이 있다. 그러나 인간 교사는 신앙으로
이끌어 갈 수 있는 것은 아니다. 인간은 영원히 Socrates적인 기연에 머무를 수밖에
없다. 다만 그가 결단하도록 이끌어 가는 효과적 방법을 생각해야만 한다.
Kierkegaard는 이를 그 자신의 존재 의미요, 사명으로 생각한다. "나의 과제는
될 수만 있는 대로 많은 사람을 이 개인이라는 좁은 골짜기로 이끌어 뚫고 나가도
록 요청하고, 선동하는데, 내가 직접으로 겸손한 종이 되는 것이다."217 이와
마찬가지로 인간 교사는 간접 전달을 통해, 그리스도와의 동시성에서의 만남을
수행할 수 있도록 유도해야 하는 것이다. 그래서 신의 조건으로 만남을 경험하면
여기에 교육의 의미가 있다. 그리고 더욱 중요한 문제는 역설과의 행복한 만남을
어떻게 계속해 나가느냐 하는 것이다.

---

215 Kierkegaard, *Fear and Trembling* (and *Sickness unto Death*), trans. Walter Lowrie (Princeton: Princeton University Press, 1954).

216 예를 들어 다음의 저작들을 보라. Kierkegaard, *Works of Love; Christian Discourses*. Walter Lowrie (Oxford: Oxford University Press, 1962); *For Self-Examination and Judge For Yourselves*, trans. Walter Lowrie (Princeton: Princeton University Press, 1968); *Purity of Heart is to Will One Thing*, trans. D. V. steeve (NY: Harper and Row, 1948).

217 Kierkegaard, *Point of View*, 128f.

이것은 결국 삶의 문제로 화한다. 여기에 교육의 완성이 있다. 이러한 선에서만이 인간의 문제가 적나라하게 이해될 수 있고, 그 문제를 참 교육에로 이끌고 갈 수가 있다. 만일 이 길로 가는 도중에서 서 버린다면, 또 스스로 이 길을 넘어섰다고 속고 있다면 (이는 Kierkegaard가 살던 당시의 Denmark 사회의 일반적인 상황이다), 그것은 참 문제와 대결한 것은 아니다. 여기에 Bollnow나 Kneller의 문제가 있다. 그들은 Kierkegaard의 근본 문제 제기를 가지고 그 문제를 스스로 해결했다고 생각하면서 그 문제를 넘어서 버린다. 그러나 Kierkegaard의 문제는 그렇게 단순한 것이 아니다. 인간은 스스로의 힘으로 이 문제를 벗어날 수 없다. 이를 위해서는 "신이 주는 조건"으로서의 신앙이라는 새로운 기관이 필요하게 된다. 여기서만이 참 교육이 성립한다. 이러한 고찰은 오늘 우리에게서도, 이 길에의 접근만이, 우리들의 문제를 참으로 해결하고, 참 인간으로 이끌어 갈 수 있는 방법이 된다고 결론짓게 한다.

<참고 서적> ------------------------------------

Ⅰ. Kierkegaard의 저서

Attack upon Christendom. Trans. Walter Lowrie. Princeton: Princeton University Press, 1968.

Christian Discourses. Trans. Walter Lowrie. Princeton: Princeton University Press, 1962.

Concluding Unscientific Postscript. Trans. D. F. Swenson and W. Lowrie. Princeton: Princeton University Press, 1941.

Either-Or. Vols. Ⅰ-Ⅱ. Trans. D. F. and L. M. Swenson and W. Lowrie. Revised by H. A. Johnson. Princeton: Princeton University Press, 1972.

Fear and Trembling and *The Sickness unto Death.* Trans. Walter Lowrie. Princeton: Princeton University Press, 1954.

For Self-Examination and Judge for Yourself! Trans. Walter Lowrie. Princeton: Princeton University Press, 1968.

On Authority and Revelation. Trans. W. Lowrie. Princeton: Princeton University, 1955.

Philosophical Fragments. Trans. D. F. Swenson. Introduction and Commentary by Niels Thulstrup. Revised by, H. V. Hong. Princeton: Princeton University Press, 1962. Cf. 표재명 역. 『철학적 단편』 서울: 평화출판사, 1974.

The Point of View for My Works as an Author. trans. W. Lowrie. Newly Edited with a Preface by Benjamin Nelson. New York: Harper Row, 1962.

The Present Age. Trans. A. Dru and W. Lowrie. London: Oxford University Press, 1940. Cf. 임춘갑 역. 『관점/현대의 비판』 서울: 종로서적, 1980.

Purity of Heart. Trans. D. V. Steere. New York: Harper and Row, 1948.

Training in Christianity. Trans. Walter Lowrie. Princeton: Princeton University, 1944. Cf. 임춘갑 역. 『그리스도교의 훈련』 서울: 종로서적, 1978.

Works of Love. H. V. and E. H. Hong. New York: Harper and Row, 1962. Cf. 임춘갑 역. 『사랑의 역사』 상·하. 서울: 종로서적, 1981.

II. 연구서

Bollnow, O. F. *Existenzphilosophie und Pädagogik.* 1959. 이규호 역. 『실존철학과 교육학』서울: 배영사, 1969.

__________. *Existenzphilosophie.* 최동희 역. 『실존철학이란 무엇인가?』제 9판. 서울: 서문당, 1978.

Buber, Martin. *I and Thou.* New York: Scribner's, 1958. 김천배 역. 『나와 너』 서울: 대한기독교서회, 1977.

Evans, C. Stephen, *Subjectivity and Religious Belief.* Grand Rapids, Michigan: William B. Eerdmans, 1978.

Green, Maxine. *Existential Encounters For Teachers.* New York: Random House, 1967.

Johnson, H. A. 『키에르케고어의 실존 철학 - 그의 사상의 변증법적 구조』. 임춘갑 역.

서울: 형설문화사, 1958.

Kneller, G. F. *Introduction to the Philosophy of Education*. 2nd Edition. John Wiley and Sons Inc., 1971. Cf. 전건영 역. 『교육의 철학적 기초』 서울: 교육출판사, 1976.

Löwith, Karl. *Von Hegel Zu Nietzsche*. 강학철 역.『헤겔에서 니체로』 서울: 조양문화사, 1974.

Lowrie, Walter. *A Short Life of Kierkegaard*. Princeton: Princeton University Press: 1952. 임춘갑 역. 『키르케고르』 서울: 종로서적, 1979.

Mackey, Louis. *Kierkegaard: A Kind of Poet*. Philadelphia: University of Pennsylvania Press, 1971.

Malantschuk, Gregor. *Kierkegaard's Thought*. Edited and Translated by Howard V. Hong and Edna H. Hong. Princeton: Princeton University Press, 1971.

Morris, Van Cleve. *Existentialism in Education*. New York: Harper and Row, 1966.

Smit, Harvey A. *Kierkegaard's Pilgrimage of Man, The Road of Self-Positing and Self-Abdication*. Grand Rapids: Eerdmans, 1965.

Zuidema, S. U. *Kierkegaard*. Translated by David H. Freeman. New Jersey: Presbyterian and Reformed Publishing Company, 1977.

김정환. 『교육의 철학과 과제』 서울: 박영사, 1974.

신득렬. 『Jaspers 철학에 있어서 "실존과 교육"』 서울: 학문사, 1977.

안상원. 『신교육사』 서울: 재동문화사, 1965.

오천석. 『교육철학 신강』서울: 광명출판사, 1972.

이규호. 『교육과 사상』개정판. 서울: 배영사, 1976.

진쾌현. 『실존철학의 교육학적 이해』 서울: 재동문화사, 1979.

한기언. 『교육의 역사철학적 기초』 서울: 배영사, 1975.

______. 『현대교육사조』 서울: 법문사, 1965.

한국교육학회 편. 『교육의 철학적 이해』 서울: 배영사, 1970.

III. 논문

김승필. "실존 철학과 기독교에서 본 인간 - Søren Kierkegaard와 Reinhold Niebuhr를 중심으로". 미출판 석사학위논문. 서울: 연세대학교 교육대학원, 1977.

김철우. "실존주의자의 인간 이해: S. Kierkegaard를 중심으로". 미출판 석사학위논문. 서울: 연세대학교 교육대학원, 1974.

안인희. "실존주의와 교육 - 까뮈의 인간관을 중심으로". 미출판 박사 학위 논문. 서울: 이화여자대학교 대학원, 1974.

은준관. "교육철학의 푸로레고메나 - Otto Bollnow와 Robert Ulich 사상을 중심으로".『청암 홍현설 박사 회갑 기념 논문집』 서울: 감리교 신학대학, 1971.

이승구. "철학적 관념론이냐, 그리스도교냐? - '철학적 단편'에 있어서의 Kierkegaard의 의도성에 관한 연구". 「총신」 3. 서울: 총신대학 학도 호국단, 1981.

이현덕. "인간 이해가 교육에 미치는 영향 - Søren Kierkegaard와 Jügen Moltmann을 중심으로 하여". 미출판 석사학위 논문. 서울: 감리교신학대학대학원, 1973.

정재철. "J. Dewey와 O. F. Bollnow의 교육 이론에 관하여".『교육학 논총』 벽계 이연기 박사 고희 기념 논문집 간행위원회 편. 서울: 형설출판사, 1976.

1
포이뜨리스 교수의
『모세율법에 나타난 그리스도의 그림자』*

Poythress, Vern. *The Shadow of Christ in the Law of Moses.*
Brentwood, Tennessee: Wolgemuth & Hyatt, 1991.

이끄는 말

「월간목회」에서 목회자들을 위하여 신학적 목회를 위해서 필요한 책을 소개하는 작업을 하려고 한다는 소식을 듣고 한편에서는 기쁘고, 또 한편에서는 걱정이 들기도 하였다. 기쁜 것은 우리나라 목회자들이 목회를 그 배운 바 신학에 근거하여 보려는 분위기가 있거나, 적어도 이런 분위기를 조성하려는 편집자들의 노력이 있다는 사실 때문이었다. 목회와 신학을 분리시키려는 분위기가 만연한 가운데 있는 우리들, 목회는 신학교에서 배운 것과는 다른 것이라는 말을 수 없이 듣고 있는 우리들에게는 이처럼 신학적 목회를 도우려는 노력이 얼마나 반가운 일이 아닌지 모르겠다. 그러나 걱정이 따른 것은 혹시 이런 안내가 그저 이런저런 이야기가 있구나 하는 것을 아는 정도에 그치고 만다면 어떻게 될 것인가에

---

* 이 글은 「월간목회」 1993년 5월호, 311-18과 「월간목회」 1993년 6월호, 403-11에 발표된 서평 논문이다.

대한 불안감 때문이었다. 만일 이렇게 되고 만다면 그것은 편집자들의 노력에도 불구하고 오히려 깊이 있는 생각은 배제해 버리는 일종의 저널리즘적인 작업이 되고 말 것이다. 부디 바라기는 편집자들의 의도가 잘 반영되어서 이 작업을 통해서 목회자들이 도움을 얻을 수 있고, 우리들에게 신학적 목회를 하는 분위기가 확립될 수 있기를 원한다.

이런 작업을 위해서 도움이 될 수 있는 책의 하나로 베른 포이뜨리스(Vern Poythress) 교수의 『모세 율법에 나타난 그리스도의 그림자』를 소개해 볼까 한다. 미국 필라델피아에 있는 웨스트민스터 신학교의 신약 해석학 교수로 있는 포이뜨리스는 그의 제자들을 통해서 비교적 우리에게 많이 알려진 분이다. 특히 그의 천재성, 하바드에서 수학으로 박사 학위(Ph. D.)를 마치고(1970), 웨스트민스터에 특별 프로그램에 들어와 단 시일에(1971-74) 목회학 석사(M. Div) 학위와 신학 석사(Th. M.) 학위를 마친 일, 그 석사 학위 논문인 『철학, 과학, 그리고 하나님의 주권』,[1] 그후 영국 캠브리지에서 신약학 연구의 대학원생(research student) 과정과 또 하나의 석사 학위(M. Phil.), 그리고 그것을 보충하는 남아공에서의 박사학위(Th. D.)를 한 일, 그리고 웨스트민스터에서의 뛰어난 가르침 - 대개 이와 같은 것들이 우리가 그에게서 직접 배운 이들로부터 들을 수 있는 이야기들이다.[2] 그 외에 그가 비교적 근자에 내어놓는 저서들을 통해서 그의 관심의 방향을 가름할 수 있다. 특히 『종합적 신학 또는 교향곡적인 신학』에서[3] 그가 주장한 신학에서의 다양한 관점들(multiple perspectives or multi perspectives)의 타당성은 그의 선생님이요, 그의 동료인 잔 프레임(John Frame)의 관점을[4] 반영하고 계속 발전시키고 있기에 흥미롭고, 『과학과 해석학』은[5] 그의 주된 관심이요, 그의

---

[1] Vern S. Poythress, *Philosophy, Science, and Sovereignty of God* (Philadelphia: Presbyterian and Reformed Publishing Company, 1976).

[2] 필자에게는 1982-1984까지 웨스트민스터에서 공부하던 오랜 친구요, 동료인 오광만 형제께서 그에 대한 정보를 유학 당시 주었었다.

[3] Vern S. Poythress, *Symphonic Theology: The Validity of Multiple Perspectives in Theology* (Grand Rapids: Zondervan, 1987).

[4] Cf. John Frame, *The Doctrine of the Knowledge of God* (Philipsburg, NJ: Presbyterian and Reformed, 1987); *Medical Ethics: Principles, Persons, and Problems* (Philipsburg, NJ: Presbyterian and Reformed, 1988).

전공인 해석학에 대한 그의 견해를 잘 요약해 주고 있는 것으로 우리의 관심을 끈다.

이제 그가 자신의 다양한 관심을 가지고서 자신의 성경 이해를 구체적인 성경 해석에 적용하는 듯이 보이는 작품을 내어 놓았으므로, 더구나 자신의 전문 분야가 아닌 구약의 모세 오경에 대한 해석으로 내어 놓았음으로 우리의 관심이 더욱 고조된다. 물론 이 책을 다 읽고 나면 몇 가지 아쉬움도 가지게 된다. 그러나 비전문가도 찬찬히 읽어 갈 수 있도록 친절히, 그리고 말하듯이 써놓은 그의 이 책을 읽는 것은 우리에게 스스로 많은 것을 생각할 수 있는 기회를 제공해줄 것이다. 이제 이 책의 내용을 살펴보기로 하자.

전반적인 내용

크게 두 부분으로 이루어진 이 책의 제1부는 "율법의 다른 측면들에 대한 이해"(understanding the different aspects of the law)로서 모세 율법을 그리스도의 빛에서 해석하는 것을 제시하고 그 구체적인 시도를 하고 있고, 제2부는 "율법의 구체적 형벌들에 대한 이해"(understanding specific penalties of the law)라는 제목 아래서 다양한 죄에 대한 율법의 형벌들을 검토하면서 그것이 현대 국가 속에서 어떻게 적용될 수 있는지를 생각하며, 제일 마지막 장에서는 마태복음에 의하면 율법이 그리스도 안에서 어떻게 이루어졌는지를 설명하면서 마치고 있다. 그리고 현대 국가에서 잘못된 예배, 혹은 잘못된 종교들에 대해서 어떤 태도를 가지고 다루어야 하는지를 논의하는 부록과 신율주의(theonomy)에 대한 평가를 내용으로 하고 있는 부록, 그리고 성취를 말하는 "프레로오"(pleroō)란 헬라어 단어의 해석에 대한 논의를 담은 부록이 덧붙여져 있다.

제1부가 토대를 마련하는 것이라면, 제2부는 그 토대 위에서 "형벌" 문제를 현대와 관련해서 논의하고 있는 것이 된다. 그렇다면 이 책의 저작과 관련해서는

---

[5] Vern S. Poythress, *Science and Hermeneutics: Implications of Scientific Method for Biblical Interpretation* (Grand Rapids: Zondervan, 1988).

제2부가 이 책의 중심이 될 수 있겠다. 그리고 사실 포이뜨리스가 대립적으로 또는 이해하려는 마음으로 제시하는 신율주의자들(theonomists)에 대한 비판 내지 보완이 이 부분을 형성하게 한 원인이라고 볼 수 있고, 그것이 포이뜨리스로 하여금 이 책을 쓰도록 하였다고 할 수 있다. 그러나 포이뜨리스의 성경해석 자체에 관심을 가진 우리로서는 그가 구약을, 특히 모세 오경을 어떻게 보아야 하는지를 제시하는 제1부와 율법이 어떻게 그리스도 안에서 성취되었는지를 말해주는 마지막 장에 가장 큰 흥미를 가질 수 있을 것이다. 그러면 그의 구체적인 논의를 따라가면서 그의 율법 해석을 살펴보기로 하자.

모세의 율법과 그 해석의 과제

제일 먼저 그는 구약에는 상당한 유산이 우리를 기다리고 있다고 하면서, 이런 풍성한 유산을 어떻게 열어 우리의 것으로 활용할 것인가를 묻고서, 모든 신실한 그리스도인들과 함께 "그리스도 자신이 구약의 풍부한 것들을 열어 주는 열쇠이다"(5)라고 주장한다. 왜냐하면 (1) 그리스도가 영광의 주이시고, 아버지 하나님의 유일하신 아들이기 때문에, 구약의 모든 것은 우리에 대한 성부의 말씀만이 아니라, 우리에 대한 성자의 말씀이기도 하기 때문이며, (2) 구약은 그리스도를 가르쳐 주고 있으며 (눅 24장), 따라서 그리스도는 구약 메시지의 요점이고, 구약 이 지시하고, 말하며, 상징으로 표상하고 있기 때문이며, (3) 그리스도는 구약을 포함한 성경을 통해서 우리와 교제하시기 때문이며(요 15:7), (4) 또한 그리스도는 그 말씀을 통해서 우리를 변화시키기 때문이고, (5) 우리의 마음이 변화될 때에 우리는 찬양과 감사와 순종으로 그리스도께 반응하게 되기 때문이다(5f.).

그러면 구체적으로 모세의 율법을 어떻게 이해하려고 해야 하는가? 모세 율법에 대해서 우리는 세 가지 과제를 갖게 된다고 포이뜨리스는 말한다. (1) 모세 율법을 그 자체의 용어로, 그 자체의 역사적 환경 가운데서 (즉, 얼마 전에 이집트에서 구속함을 받은 이스라엘이 듣고 이해하기를 하나님께서 원하신 대로) 이해하려고 노력해야 한다. (2) 신약이 어떻게 구약에서 하나님께서 시작하신 하나님의 이야기와 하나님의 말씀을 완성하고 있는가를 이해하려고 해야 한다. (3) 우리는 하나님의 말씀에 순종하고, 그것을 우리 자신과 우리의 정황에 적용하도록 해야만 한다(7). 이상이 제1장 "모세 율법의 도전: 모세의 글들을 그리스도의 빛에서 해석함"에서 밝히고 있는 가장 일반적인 성경 해석의 원리이다.

사실 우리의 관심은 우리가 일반적으로 생각하는 이 일반적인 원리가 어떻게 그의 모세 오경 해석에서 드러나고 있는가 하는 것이다. 그는 성막이 그리스도를 통한 하나님의 임재를(제2장), 희생제사들이 그리스도의 종국적 희생제사를(제3장), 제사장과 백성들이 당신님의 백성에 대한 그리스도의 관계를(제4장), 약속의 땅 팔레스타인은 이 땅을 그리스도께서 새롭게 하시고, 통치하심을(제6장), 율법과 그 질서는 그리스도의 의를(제7장), 율법에 나타난 심판과 형벌들은 그리스도를 통한 죄와 죄책의 파괴를(제9장) 미리 표상하고 있다고 하여 성막과 율법과 약속의 땅이 모두 그리스도를 지시하고 있다(pointing forward to Christ)고 밝히고 있다(특히 제8장). 이제 이것을 하나하나 더듬어 가면서 그의 논의를 살필 때에 좀 포괄적인 제2장과(제2장에서 제4장을 총괄하여 다시 설명하고 있는) 제5장에 대한 논의를 좀 자세히 해 보기로 하자.

모세의 장막과 그 실체

모세의 장막이 그리스도를 통한 하나님의 임재를 미리 표상하고 있음을 구체적으로 살피는 제2장에서 포이뜨리스는 히브리서 9:7-14에 근거해서 지상의 성막이 (1) 메시야의 상징이며, (2) 이스라엘과 함께 거하시는 하나님의 상징이고, (3) 하늘의 상징이라고 한다. 그는 이렇게 나누어 설명하지만 그 논의의 핵심은 초두의 몇 문장에 요약되어 있다고 할 수 있다. 그것을 인용하면 다음과 같다:

> 지상의 성막은 하늘에 있는 하나님의 참된 거주지의 모형이요 그림자였다(히 8:5; 9:24). 그것은 하나님께서 어떤 분이신지를 보여주고, 죄를 다루기 위해서는 어떻게 하는 것이 필요한지를 보여주었다. 이와같은 방식으로 (성막은) 우리의 구원을 위해서 메시야

가 무엇을 하실 것인가를 상징하였다. 그러므로 우리는 (성막이) 메시야와 그의 사역을 "미리 보여주고 있었다"(foreshadowed)고 말할 수 있다. 그것은 시대를 거슬러서 구약 시대로 투영된 메시야의 그림자와 같았다(10).

이는 이 장에서의 그의 논의를 잘 요약하고 있다. 물론 한 문장에서 다음 문장으로 갈 때 상당한 설명이 필요하지만 그는 이 장을 통해 그런 설명을 제공해 보려고 했다고 할 수 있다. 그리고 그 설명은 상당히 좋은 것이라고 판단된다. 그런 이해의 터에서 그는 성막에서 하나님을 경배하던 이스라엘 백성에 대하여 다음과 같은 성경 신학적 통찰력있는 발언을 할 수 있었다. "그들은 그 완성과 성취가 종국적으로 어떻게 오려는지 그 자세한 모든 내용을 모르면서도 메시야를 믿었다. 그와 같은 방식으로 그들은 메시야가 오시기 전에도 구원받고, 용서함을 받은 것이다"(11).

또한 이 장에는 하나님의 거주지(dwelling place)에 대한 종합적인 정리가 제시되어 있기도 하다(31-33; Cf. 70-72). 즉, 성경에 의하면 하나님께서는 (1) 하늘에 거하시고, (2) 온 우주가 그의 거주지로 표현되기도 하고(그의 편재성으로부터의 추론), (3) 성막과 성전이 그의 특별한 거주지이고, (4) 에덴의 동산이 그러했으며, (5) 하나님의 백성이 집합적으로 그러하고(고전 3:16; Cf. 벧전 2:5), (6) 성도 개개인의 몸이 그러하고(고전 6:15, 19), (7) 새 예루살렘이 그러하며(계 21:3, 22), (8) 그리스도 자신이 그러하다(마 1:23). 특히 그리스도와 관련해서 포이뜨리스는 요한복음 14:11에 근거하여 삼위일체간의 원형적인 서로 안에 계심이 하나님의 형상으로 만들어진 인간들의 하나님과 함께하는 모든 경우의 모델이어야만 한다고 말하고 있다(33).

구약의 이스라엘은 그들과 같은 곳(장막)에 하나님이 계신다고 한데서 하나님이 그들과 함께하심을 보고, 그러나 그 성막이 금과 푸른 색으로 덮여 있음에서 하나님은 엄위하시고 아름다우시다는 것을(11f.), 또한 그 성막이 가리워져 있음과 일반 백성이 들어 갈 수 없는 곳이 있음에서 하나님의 거룩하심과 가까이 할 수 없음을 볼 수 있었다고 한다(12).

또한 그 성막이 가리워져 있음과 일반 백성이 들어 갈 수 없는 곳이 있음에서 하나님의 거룩하심과 가까이 할 수 없음을 볼 수 있었다고 한다(12). 또한 성소에 있는 등대(lampstand)로 인하여 하나님이 창조주이시며, 빛을 주시는 분이심을 상기하게 되고(18), 진설병을 통해서 하나님께서 인격적으로 임재하시어 돌보시며, 보호하심을 상징하셨으며(20, 62), 예수께서 자신이 생명의 떡이라고 하셨을 때, 그는 자신이 만나 진설병 등의 천상적 원형이심을 보여주신 것이라는 것(21), 향을 피운 것은 일종의 말로 하지 않는 기도였다는 것(계 5:8; 8:3 참조)(22) 등이 잘 지적되고 있다. 이외에도 제사장들, 궁극적으로는 그리스도를 통해 들어갈 수 있었음도 잘 설명되었다(35).

이렇게 그는 장막이 이스라엘과 우리에게 하나님의 거룩하심, 그의 아름다우심, 그의 엄위, 그의 구원하시려는 목적을 잘 보여주는 하나님의 계시이고, 그리하여 "모세의 율법은 무엇보다도 우리로 하여금 이 놀라운 하나님과 교제하도록 하고, 그를 높이며, 그에게 경배드리고, 그의 현존을 영원토록 즐기게 하려는 의도를 가진 것이다"(37)라고 밝히고 있다.

의문점들

그러나 여기서 때로는 어떤 면에서 우리로서는 이해하기 어려운 그의 특이하고 기이한 해석이 등장하기 시작한다. 이에 대해서는 그의 주장만을 열거함으로서 후일의 연구와 논의를 위한 근거로 삼고자 한다.

(1) 모세가 십계명과 성막 양식을 지시받기 위해 오른 시온산을 "하늘의 상징적 모사"(a symbolic replica of heaven)로 본 것(15, Cf. 14).

(2) 성막을 덮은 푸른 색을 하늘의 왕적인 푸른 색을 상징하는 것으로 본 것(15).

(3) 언약궤를 "고대 왕의 발등상과 비슷한 형태를 가진 상자"(a box with the approximate shape of an ancient king's footstool)로 보는 것(15, Cf. 18, 76).[6]

(4) 성소 안에 있는 것들은 하늘의 왕적인 영광을 나타내는 금으로 싸여져

있는데 비해서, 일반 백성이 들어 갈 수 있는 뜰에는 놋(bronze)으로 싸여진 단이 있어서, 그 둘의 관계가 하나님의 천상적 성격에 대조된 이스라엘 자신의 지상성을 지시해 준다는 견해(16).

(5) 성소는 눈에 보이는 하늘에 더 직접적으로 상응하는 데 비해서, 지성소는 하나님 자신의 보좌가 있는 방과 더 직접적으로 상응하는 논의(16). 즉, 성소가 하늘을 표현한다는 논의(21). 이에 비해 뜰은 팔레스타인 땅을 나타낸다는 이해(21, 23), 또한 놋 대야가 땅과 바다를 나타내는 작은 모사물(replica)이고, 거기서 씻는 것은 비가 내려서 생명을 주고 새롭게 하는 것을 상징한다는 이해(23), 또한 희생제가 드려지는 번제단은 시온산 또는 시내산에 대한 작은 모사물(replica)이라는 이해(23).

여기서부터 상당한 부분은 그가 후에 밝히고 있는 "성막의 상징은 창조와 구속의 이미지를 연관시키고 있다"는 원리(77)를 반영하고 있다.

(6) 그들이 있는 순서가 이스라엘에 대한 하나님의 구원의 단계를 보여주어, 번제단은 시내산에 상응하고, 놋대야는 요단강을 건너는 것에 상응하며, 성소와 지성소는 새로운 에덴인 약속의 땅에 들어감에 상응한다는 이해, 또한 번제단은 그 꼭대기에 성전을 가지고 있는 시온산을, 성소와 지성소는 하늘을, 대야는 구름 또는 하늘의 물을 나타낸다는 이해(24).

(7) 등대의 일곱 등은 해, 달, 그리고 당시 알려진 다섯 개 행성과 상응하며(16, 62), 또한 칠일을 한 단위로 하는 주간, 대속의 달이 일곱째 달인 것(레 16:29), 채무와 노예됨에서 풀어주는 칠년째 해, 칠년이 일곱 번 계속되면 오는 희년 등 이스라엘 안에서의 시간 구분과 상응하여 "우주와 시간의 가장 근본적 질서를" 지시한다는 견해(18f., 62).

(8) 또한 살구나무의 나무, 꽃받침, 꽃 등의 형상으로된 등대의 형태도 식물이 성장하는 것을 상징하고, 따라서 생명의 성장을 상징하는 생명나무이고, 빛의

---

⁶ 이에 대한 논의로 포이뜨리스는 다음 논의를 추천하고 있다: Menahem Haran, *Temple and Temple-Service in Ancient Israel: An Inquiry into the Character of Cult Phenomena and the Historical Setting of the Priestly School* (Oxford: Oxford University Press, 1978), 246-59.

나무라는 논의(19).

(9) 만나의 달콤함이 공급해 주시는 하나님의 달콤한 선하심을 상기시키며(시 19:10), 그것이 이슬과 같이오고 우박 같은 것이 하나님이 이슬과 비를 제공해 주셔서 식물을 주심을 상기시킨다는 이해와 만나를 "구속적 음식"(redemptive food)으로 말하는 것(20).

(10) 진설병이 열둘인 것이 십이개월과 상응한다는 이해(21).

(11) 향을 피운 것은 동물들과 육체 노동의 냄새에 절어있는 이스라엘에게 주인되시는 하나님의 풍성하고 사려깊은 친절함과 특별한 사회적 기회의 기분 좋은 분위기를 만들기 위한 것이었다는 이해(21-22), 또한 번제단에서 드려진 동물 희생제로부터 피뿌림을 받으므로, 그 향이 하나님의 진노를 감추므로 저주와 축복과 구속의 능력이 향단을 통해 가장 직접적으로 시사된다는 이해(62).

(12) 율법이 성막의 전 양식에 대한 청사진을 상징한다는 것, 그리하여 성막 자체를 다름 아닌 율법, 하나님의 말씀의 모사물(a replica)로 본 것(22).

(13) 예수의 옆구리에서 흘러나온 물과 피가 번제단의 피와 대야의 물과 상응함을 요한이 보여 주려고 했을지도 모르겠다는 이해(24), 그리고 이를 스가랴 13:1과, 또한 요한복음 7:37-39과 연관시키고 있는 것, 그리고 그 연관을 예수께서 니고데모에게 말씀하신 "물과 성령"과 연관시키고 있는 것(25).

(14) 성막의 구조가 후에 지어질 성전의 견고함을 바라 보고 있고, 이것은 또한 더 넓은 집, 또는 하나님의 거주지인 피조된 우주 자체의 안정성을 그려주고 있다는 이해(28).

(15) 이와 비슷한 것으로, 성소와 지성소 사이의 휘장이 아주 확고히 서 있던 것은 하나님께서 세상을 구성하신 방식이 그러함을 시사하며, 구원에 이르는 길이 온전한 하나님을 시사해 준다고 하는 것(29).

(16) 성막을 덮은 푸른 장막 위에 덮여진 염소털로 만든 막은 번제단에서의 지상적 희생제와 죽은 동물의 가죽으로 죄를 덮어 가리우는 것(창 3:21)과의 연관성을 시사한다고 하고, 그것이 열 한 개로 이루어진 것은 그것의 불완전함을 시사한다고 본 것(29), 또한 세 번째 덮개인 "붉은 물들인" 수양의 가죽으로 만든

막도 동물의 피의 덮음을 보여 준다고 본 것(29).

(17) 하나님과 그의 백성의 관계를 언약의 용어로 잘 설명한 뒤에, 이를 주전 2,000년경의 힛타이트 왕들의 소위 "봉신조약"(suzerainty treaties)과 비교해서 설명하는 멘델홀 등의 작업 위에서 그 개념을 발전시킨 메레디트 클라인의 언약에 대한 분석을 말하면서 "하나님께서는 고대 근동의 전체 상황을 섭리적으로 통제하셔서 이들 힛타이트 조약들이 이스라엘로 하여금 하나님께서 자신들을 아루시는 것을 더 잘 이해하도록 하는 적절한 유비가 되었다"(64)고 주장하는 것.[7] 그러나 포이뜨리스의 이에 대한 이해는 상당히 조심스럽다(65-66). (물론 이것은 이미 오래 전부터 보수주의 학계에서도 널리 받아들여지는 논의이다. 그러나 과연 그렇게 보는 것만이 언약 구조를 잘 설명하는 것인지에 대한 논의가 제기될 수 있다고 여겨진다).

이런 논의, 연관, 시사 등에는 때때로 그의 뛰어난 성경 신학적 통찰력을 가리는 듯한 것도 나타나고 있다(그 대표적인 예가 위의 (16)에서 창세기 3:21을 인용하는 것과 같은 것이다. 어떻게 그와 같이 성경 신학적 훈련을 받은 이가[8] 이와 같이 인용을 하고 있는지 이해할 수 없는 일이다). 물론 한 곳에서 그는 그가 성막에 대해서 말하는 연관성이 "모호하고 시사적인 종류의 것"(a vague, suddestive, allusive kind)이며, "그 모두가 연관되어서 단일한 구조를 이루는 다양한 관계를 시사하는 굉장한 시각적인 한편의 시의 한 부분"(29)이라고 하기는 한다. 그러나 이것도 성막의 상징이 다양하다는 것을 말하기 위한 근거 논의로 사용되고 있음을 보면

---

[7] Cf. George E. Mendenhall, *Law and Covenant in Israel and Ancient Near East* (Pittsburg: Biblical Colloquium, 1955); Dennis J. McCarthy, *Treaty and Covenant: A Study in Ancient Oriental Documents and in the Old Testament* (Rome: Pontifical Biblical Institute, 1963); idem., *Old Testament Covenant: A Survey of Current Opinions* (Oxford: Blackwell, 1972); Meredith G. Kline, *Treaty of the Great King: The Covenant Structure of Deutronomy: Studies and Commentary* (Grand Rapids: Eerdmans, 1963); idem, *By Oath Consigned* (Grand Rapids: Eerdmans, 1968); idem, *The Structure of Biblical Authority* (Grand Rapids: Eerdmans, 1972).

[8] 그는 그의 성경해석, 특히 성막에 대한 해석의 원리를 밝히는 부분에서 그에 대한 아주 유용한 논의로 Geerhardus Vos, *Biblical Theology* (Grand Rapids: Eerdmans, 1948), 115-200를 언급할 정도이다.

그가 제시하는 연관성을 자신을 상당히 믿고 있음이 드러나며, 이에 대해서 우리는 좀 강한 의심의 해석학적 태도를 취해야할 것이다. 좀 더 분명하고 조심스러운 주해에 의해서 그의 연관이 입증되기 전까지는 말이다. 그래서 우리는 "상상력이 마구 발휘되도록 하는 위험이 실재적"(31)이라는 그의 말이 어느 정도는 그 자신에게도 적용될 수 있지 않을까 생각하게 된다(어떤 분은 그의 이런 태도에 대해서 "신-풍유주의"(neo-allegoricalism)라고 말하기까지 한다). 물론 포이뜨리스 자신도 "구체적인 부분들에서는 잘못될 수 있다"(32)고 인정하고 있다.

희생제사, 백성과 제사장의 관계, 땅과 그 의미들

제2장에 대해서 말한 것이 다른 부분에서도 잘 드러나고 있다. 즉, 그가 그리는 전체적인 그림은 상당히 건전하고, 매우 시사적이다. 그러나 때때로 우리가 선뜻 동의하기 어려운 그의 독특한 해석이 나오는 것이다(그러나 2장 이후에는 이런 상상력의 방임이 좀 자제되어 있기도 하다). 그러므로 제1부의 나머지 부분에 대한 우리의 논의는 비교적 간단할 수 있다. 희생제사를 논하는 제3장에서 그는 희생제사들이 백성과 성막의 거룩성을 유지하는, 그리하여 지상적인 것들이 계속해서 하나님의 거룩하심을 반영하도록 하는 중심적 방도였음을 밝힌다(42). 여기서도 그의 성경 신학적 통찰력을 반영하면서 "동물들은 하나님의 형상으로 지어진 인간에 대한 적절한 대리물이 결코 될 수 없다. … 그것들은 천상적 실재들의 모사일 뿐이다"(43)고 지적하고 있다.

좀 흥미로운 설명으로는 번제를 드리기 전에 동물의 피로써 번제단 사면에 뿌리는 것(레 1:5, 11, 15)은 "불완전한 사람이 뜰에 있는 것으로만으로도 단이 부정하여졌음을 시사하고… (이와 같이 피를 뿌림을 받은 후에야) 죽임 당한 동물을 받을 준비가 된다"(45)고 설명하는 것, 또 그 피 일부를 땅에 붓는 것은 땅의 일반적 정화를 상징한다고 보는 것(45, 이는 위의 (5)에서 본 "뜰을 땅의 상징으로 보는 것"과 밀접히 연관된 해석이어서 문제시 될 수도 있다), 그리고 제사장이 범죄하면 번제단만이 아니라, 성막 자체가 부정해진 것으로 여겨져서

향단 뿔에도 피를 발라야 했다(레 4:7)고 해석한 것(45), 그리고 이 모든 것을 그리스도와 연관시켜서 "온 우주가 그의 희생제사의 피로써 정결해졌으나(롬 8:20-21; 골 1:20), 단계적으로 되니, 먼저는 하늘이요, 그 뒤에 땅이다. 사탄이 하늘에서 쫓겨난 것이다. 이 땅의 온전한 정화는 그리스도께서 하늘의 지성소에서 나오셔서 땅에 나타나실 때에야 비로소 이루어진다"(47)고 말하는 것이다.

또한 소제(素祭, grain offering)를 해석하면서 이를 소제를 드리는 이가 아니라 제사장이 먹는 것은(레 6:14-18) "사람이 하나님의 힘과 축복으로 생산해 낸 것의 한 부분을 하나님께 되돌려 드리는 그 원리"를 시사해 주는 것이라고 해석하면서, 그렇기 때문에 "제사장의 소제물은 온전히 불사르고 먹지 말지니라"(레 6:23)고 했다는 논의도 상당히 흥미롭다(48, Cf. 111). 그리고 번제와 속죄제의 차이에 대한 설명에서 웬함(Wenham)을 따르면서, 속죄제는 구체적인 죄들에 대한 대속에 초점을 두고 있는 데 비해서, 번제는 죄성(sinfulness) 일반에 대한 속죄에 초점을 맞추고 있다고 한다.[9] 그리고 번제는 그 드리는 자의 전적인 파멸을 드려진 희생물을 통해 나타내며(48), 그리스도가 종국적 번제물이었음이 잘 지적되어 있다(49).

제사장과 백성의 관계를 말하는 제4장에서는 제사장의 옷이 성막을 만든 재료와 같은 것으로 되어졌으며, 제사장의 관 위에 매어진 "여호와께 성결"(여호와께 구별됨, Holy to the Lord)이라고 새겨진 판을 두었다는 것으로부터, "제사장 자신이 일종의 성막의 수직적 모사"(The high priest himself is in fact a kind of vertical replica of the tabernacle)라고 한다(53). 그리고 이스라엘 전체가 넓은 의미의 제사장으로서 그들이 하나님의 현존을 가른 민족들에게 중재하는 일종의 중보자 이기도 하다는 것도 밝히고 있다(참조. 창 12:3; 슥 8:23). 그리고는 그들과 교회의 관계를 밝히고 있는데, 이때 포이뜨리스는 라이트의 말을 인용하면서 결론짓기를 "민족으로서의 이스라엘은 '범례적으로는'(paradigmatically) 타락한 인류와 연관되고, '종말론적으로는' 구속된 인류 전체와 연관되며, '모형론적으로는'(typologically) 교회와 연관된다"고 한다(57).[10]

---

⁹ Cf. Gordon J. Wenham, *The Book of Leviticus: The New International Commentary on the Old Testament* (Grand Rapids: Eerdmans, 1979), 57.

제6장에서는 약속의 땅을 이미 소개한 언약 개념과 관련하여 설명하면서 하나님의 거주지로서의 땅을 성막과 비교해서 설명하고 있다(70). 그리고 언약의 선물로 주어진 땅에 대한 책임이 "하나님이 주시는 모든 은사가 우리에게 섬김의 책임을 부여한다"는 논의와 함께 강조되고 있다(72-3).

전체 구조 속에서 율법의 의미

율법 자체를 다루고 있는 제7장에서는 율법이 (1) 크신 왕의 주권적 조약(the sovereign treaty of the Great King)이요, (2) 하나님의 질서를 분명히 말하는 것이며, (3) 삶의 방식을 표현하는 것이라고 밝히고 있다. 이를 설명하면서 하나님의 왕되심이 모든 지상적 왕됨의 기원이요 그 원형적 양식이고(76), 율법과 성막은 하나님의 다스리심과 그의 가까이하심이라는 같은 기본적 실재들을 보충적으로 표현한다는 것(78), 율법 전체가 질서를 드러냄을 정결한 것과 정결하지 않은 것에 대한 구별에서 잘 드러내고 있다는 것(81), 그 구별이 궁극적으로는 창세기 3장의 저주에 그 근거를 두고 있다는 것(82, 102, 104),[11] "질서와 구별을 폭 넓게 표현하는 전 체계는 모든 것을 창조하신 거룩하신 분, 하나님과 교제하는 백성들에게 요구되었다"는 것(83),[12] 그리고 완성과 성취의 때인 신약 시대에는 그 구별이 그리스도의 죽음과 부활을 통해서 그 충분한 의미를 드러내어서, 이제는 모든 음식이 하나님의 말씀과 그리스도의 이름과 능력으로 드려지는 기도에 의해서 깨끗해진다는 것(65f.), 그러나 그런 구별의 필요성을 배울 수 있다는

---

[10] Cf. Christopher J. H. Wright, *An Eye for an Eye: The Place of Old Testament Ethics Today* (Downers Grove, IL: InterVarsity, 1983), 88-102.

[11] 포이뜨리스는 이런 생각을 제임스 조르단(James Jordan)에게서 시사받았다고 한다. 원리에서는 분명하나 그 구체적 설명에서는 모호한 감이 든다. 예를 들어서 기는 것이 부정한 것으로 분류된 것을 뱀이 받은 저주와 연관시키는 것은 그런대로 생각할 수 있으나 굽이 갈라지지 않은 동물들(레 11:27)을 부정하다고 한 것이 땅과 직접적 접촉을 하되 구별없이 하기 때문이라는 것은 납득하기 조금 어려울 듯하다. 차라리 그가 바로 뒤에 말하듯이 "이스라엘인들이 마음 속에서 어떤 연관을 짓고 있었는지 우리는 확실히 알 수 없다"(32)고 말하는 것이 더 나을 것이다.

[12] 이를 말하면서 그는 다음과 같은 웬함의 말을 인용한다: "위생이 아니라, 신학이 이런 조치의 원인이다"(Godon Wenham, *Leviticus*, 21)

것(107), 그리고 "인격적 관계의 계속적 의무들"을 중시하는 십계명의 의미가 잘 설명되어 있다(86-93).

다음 장에서 전체적인 종합을 하면서 포이뜨리스는 율법이 위로는 거룩하신 분 하나님의 어떠하심을 지시하고, 뒤로는 하나님의 원 창조와 이집트로부터 구원하신 하나님의 행동을 지시하며, 그 종국적 구현과 실현을 지시하여(렘 31:31-34), 그리스도를 지시한다고 밝히고 있다(97-98). 그리하여 그리스도께서 "성막, 율법, 그리고 땅의 종국적 구현자"로 드러나게 된다(113).

제1부의 마지막 장인 제9장에서는 율법에서 언급된 심판과 형벌들이 종국적으로는 그리스도를 통한 죄와 죄책의 파괴를 미리 표상하고 있음을 밝히고 있다. 일반적인 원리를 말한 뒤에 땅에서의 공정한 보상과 보응의 예를 살인과 도적질의 경우를 들어서 설명한다. "한대로 갚아주는 원리"를 드러내는 이 두 경우 중 단순히 실수로 문제가 발생했을 때는 회복해 주는 것으로, 즉 손해 본만큼을 그대로 다른 것으로 대체해 주는 것으로 문제가 해결된다(출 22:14 참조). 그러나 고의로 손상을 준 경우에는 그 손상된 것을 원형에 가깝게 회복시켜 주는 것 외에, 그의 손상하려고 한 대로 그 자신이 또 받아야 하니 이중으로 되갚는 것이 기본적인 원리로 제시된다(출 22:7 참조). 즉, 심판에서는 자신이 손상시킨 것을 회복시켜 주는 것 외에 "우리의 악한 의도에 상응하는 손상을 우리 스스로가 받아야만 하는 것이다"(128). (그는 이 원리가 십자가에서도 나타나서 하나님께 그가 마땅히 받으셨어야 하는 영예가 돌려짐과 동시에 우리의 죄에 대한 형벌을 온전히 다 받는 일이 일어났다는 것도 지적하고 있다(128).

그런데 성경에 의하면 때로는 네 배로 갚도록 지시된 예가 있다(출 22:1). 이런 경우들은 도적질 한 것이 도적질한 사람의 손에 없어서 그가 되돌려 줄 수 없게 된 경우에 적용될 수 있다는 것이 포이뜨리스의 해석이다. 즉, 그가 고의적으로 주인에게 되돌려 줄 수 있는 가능성을 손상시켰으므로 그의 죄책이 배가 되어 두 배가 아니라 네 배로 갚게끔 지시되었다는 것이다(129).

다섯 배로 갚도록 된 예는 어떻게 해석할 수 있는가? 포이뜨리스는 이에 대해서 솔직하게 모른다고 밝힌다. 동시에 그가 보기에 가장 그럴듯한 해석을 제시하는데,

그것은 당시 이스라엘에게 있어서 소는 "단일한 것으로서는 가장 비싼 소유물이고, 동시에 가장 처치하기 어려운 소유물"이었기 때문이라고 한다(129). 즉, 소를 훔치는 것은 그 주인의 생계에 대한 심각한 위협을 주는 것이었으므로 온전한 배상이 요구되었다는 것이다. 물론 포이뜨리스는 자신의 해석이 절대적이고 틀릴 수 없다고 생각하지는 않는다(129, 384).[13] 그리고 잠언 6:30-31에 나오는 일곱 배 보상에 대한 언급은 형벌이 온전해야함을 은유적인 방식으로 표현한 것이라고 본다(130).

회개한 도적은 하나님께 대해 희생제를 드리고, 그 주인에게 원상을 회복해주는 조치를 취하고(레 6:5) (이는 위에서 본 실수로나 우연히 남에게 손상을 준 경우와 동일하게 여김을 받음을 말해준다), 거기에 오분의 일을 더해야 한다고 지시받았다(레 6:5). 이 오분의 일은 그가 회개하지 않은 경우에 원래 배상해야하는 두 배 보상의 1/10이 아닌가라고 포이뜨리스는 가정한다(131).

심판과 형벌에 대한 그의 논의 가운데서 가장 뛰어난 부분은 사형이 문제를 온전히 해결하지 못하며, 그가 그리스도와 함께 죽고 사는 그리스도와의 연합 가운데서의 회개와 부활만이 문제를 그 근저에서부터 온전히 해결하는 것임을 지적하면서, 인간이 이룰 수 있는 정의의 불충분성이 "그리스도와 그의 신적인 정의에 대한 희망의 필요성을 지적해 주는 또 하나의 지시자"가 된다고 말하는 부분이다(133, Cf. 136).

제2부: 현대에의 적용?

지금까지 논의한 제1부에서 포이뜨리스는 모세 율법 일반의 해석을 제공하면서 마지막으로 그 율법에 나타난 형벌 문제를 다루었다. 이는 제2부 "율법의 구체적 형벌들에 대한 이해"로 자연스럽게 넘어갈 수 있는 교량이 된다고 할 수 있다. 제2부의 첫장이 되는 제10장에서는 잘못된 예배에 대한 엄격한 형벌, 성전(聖戰, holy war) 등이 그리스도와 그의 교회의 영적인 전투를 미리 표상하는 것이라는

---

[13] 그가 언급하고 있는 다른 해석은 James B. Jordan, *The Law of the Covenant* (Tyler, TX: Institute for Christian Economics, 1984), 263-71.

것을 밝히면서 현대 국가들에서는 이런 규정을 어떻게 반영해야 하려는지를 논의하고 있다.

이 부분에서 흥미로운 것은 모든 것을 멸망시키라고 한 성전(聖戰)이 우리에게 적용될 때에는 한편에서는 "그리스도인인 우리가 성전의 희생자이어서, 우리가 그리스도와 함께 십자가에 못박히고(갈 5:24; 2:20), 그리스도와 함께 죽었다(골 2:20; 롬 6:3-5)"고 말할 수 있게 됨을 밝히고 있는 점이다(145). 즉, 신약 시대에는 성전이 세례와 그리스도와의 연합을 통해서(147), 그리고 물리적인 투쟁보다는 복음 전도의 형태로 싸워진다는 것이다(148, 153).

그리고 성전(holy war)을 종합적으로 정리하여 (1) 신약의 성전(holy war)은 구약의 성전을 계속하고 있는 것이며, (2) 구약의 성전은 이스라엘로 하여금 그리스도의 정화시키시는 능력을 미리 맛보게 해 주었으며, (3) 구약의 성전은 기본적으로 상징의 수준에서 인간 대적자들과 싸우는 것이라면, 신약의 성전은 궁극적인 대적자인 사탄과 그의 조력자들과 싸우는 것이라는 점, 따라서 (4) 구약의 성전은 그 자체안에 내재된 불충분성이 있었다고 말하고 있다(147). 그리고 이스라엘의 물리적, 정치적 구별은 최후의 심판을 미리 표상하는 것임도 분명히 한다(153).

이와 같은 논의에서 그는 실질적으로 그가 이 제2부를 통해서 말하려고 하는 것의 상당한 부분을 잘 드러낸 것이다. 즉, 구약의 율법을 우리의 삶 가운데, 특히 현대 국가 안에서 문자적으로 그대로 시행하려고 해서는 안 되고, 그 원리가 그리스도와 관련해서 어떻게 실현되었으며, 또 우리 가운데서는 어떻게 드러나야 하는지를 추구해야 한다는 것이다. 그의 말을 인용해서 말한다면 "어떤 경우에도 우리는 하나님의 공의의 일반적 원리들을 오늘날 우리의 법들에 구현하도록 노력해야만 한다"(215)는 것이다.

이런 원칙에서 그는 "현대 국가에서의 정의의 원리들"이라는 제하의 제 11장에서 하나님의 경륜 하에서의 현대 국가의 의미와 그 안에서 정의가 어떤 원리로 - 보복(retribution)과 범죄 예방(deterrence) 그리고 다시 사회에 적응하게 함(rehabilitation)의 원리들 - 시행되어야 하는지를 밝히고 있다.

또한 제12장에서는 다양한 범죄들에 대해 율법에서 어떤 형벌이 언급되었는지를 해석하고, 그 원리가 오늘날에는 현대 국가 내에서 어떻게 반영될 수 있는지를 말하려고 하고 있다. 여기서는 제1부의 마지막 장에서 밝힌 보상법에 근거해서 원칙을 도출시키기를 도적질에 대해서는 회복과 형벌의 원리에 의해서 배를 물도록 해야 한다고 한다(166). 또한 도적질 후에 그 물건을 없애거나 다시 판 것에 대해서는 네 배로 갚아야 한다고 한다(166). 그러나 이런 경우에도 돈을 훔친 경우는 두 배 보상으로 적절하다고 한다(387, n. 2). 가장 비싸고 유용한 것을 훔쳤을 때에는 다섯 배로 해야하나(166), 이에 대한 성구의 불확실성을 고려할 때 부가적인 형벌은 상습적인 도적들에게 적용하는 것이 실천적 지혜일 것이라고 한다(387, n. 2). 또한 갚을 수 없는 경우에는 그에 상당한 기간을 그가 손상을 준 이에게 봉사하도록 함이 마땅하다고 한다(167-8). 그것이 다른 일을 해서 후에 갚는 것으로 응용될 수도 있음이 시사되고 있다.

제13장에서는 성적 범죄에 대한 형벌을 어떻게 우리의 법들에 반영해야 하는가가 논의되었고, 제14장에서는 형벌의 원리 중 범죄 예방과 다시 사회에 적응하여 살게끔하는 문제를 논의하고, 제16장에서는 불완전한 국가에 대한 우리의 책임을 논하고 있다.

그러나 이를 논의하는 중에서 나타나고 있는 좀 특이한 성경 해석들을 열거해 보는 것이 필요하리라고 생각된다. (1) 창세기 22장에서의 아브라함의 의도를 오직 이삭을 번제로 드리려고 한 것으로만 해석하는 것(144), 그리고 이를 "이스라엘의 구속에 대한 상징적 근거"로 본 것(147). (2) 계시록 6-11장에 나오는 일곱 나팔을 여리고 성을 무너뜨릴 때 분 나팔을 상기시키는 것으로 본 것(145), 또 일곱 나팔의 효과를 애굽에 내린 재앙과 유사한 것으로 본 것(146). (3) 계시록 17:12의 왕들의 음모를 여호수아 10-11장의 음모를 상기시키는 것으로 본 것(146). (4) 계시록 17-18장의 바빌론의 멸망을 여리고의 멸망을 상기시키는 것으로 본 것(146). (5) 일부다처제가 여인들의 경제적 법적 보호만이 아니라, 약속된 땅의 유업에 참여하도록 하는 유익을 위해서도 혼인 관계 가운데 들어가도록 한 것이라는 생각(207). 어쩌면 이런 해석은 그의 논의 전체의 건전성을 손상시키는 것들이 된다고 지적될 수도 있을 것이다.

그와 비슷한 것들이 그가 율법의 형벌들을 어느 정도는 현대에 도입시키려고 시사하는 데서도 나타난다고 할 수 있다(물론 이것들에 대해서 그가 절대적인 주장은 하지 않으므로 너무 심하게 문제를 제기할 수는 없지만 말이다). 예를 들어서, (1) 시민적 봉기(civil rebellions), 반역(seditions), 게릴라전 등이 사회적 권위에 대한 전면적 전복의 시도이므로 그들 자체가 파멸되어야 하고, 그에 대해 정당한 형벌은 사형이라고 말하는 것(185)은 오늘날의 상황의 복잡성을 너무 고려하지 않은 것이 아닐까? (3) 유괴자에 대한 적절한 형벌이 그 유괴한 이를 영속적으로 섬기도록 하는 것이라고 하는데(186), 그것이 실천되기 쉬운 일일까? 누가 그것을 감독하며, 오히려 고위 섬김을 받아야되는 이가 평생을 다시 공포에 떨어야 하는 결과가 나타나지 않을까? (4) 벌금 제도가 성인들에게는 가장 적절한 형벌이라고 하였는 바(190), 이는 좀 더 복잡한 상황을 만들어 내는 논의가 아닐까? 그리고 그런 발상이 과연 성경적 원리에서 나왔다고 할 수 있을까? 사실 이런 것들에 대해서는 도덕적 기준을 범과한 것에 대해 부과하는 형벌이 국가마다 다르다고한 칼빈의 말이 더 적절하고 현실성 있는 것이 아닐까?[14]

그리고 필자가 볼 때 가장 이해하기 어려운 것의 하나는 그의 개인주의적인 도적질관이다. 그는 도적질은 국가나 사회에 대해서 빚지는 것이 아니라, 손상을 입은 개인에 대한 것임을 강조하는데(168, 237), 이는 오히려 그 둘 다의 측면을 고려해야 하지 않을까 생각되기 때문이다.

총괄적 후기

그러나 이 책에는 하나님의 말씀의 뜻을 제대로 잘 해석해 내어서 우리의 삶의 구체적인 부분에까지 적용하려고 하려는 열망이 잘 나타나 있다. 그러나 포이드뜨리스의 노력은 그 적용을 아주 무차별적으로 하려는 듯한 - 흔히 그렇게 오해되거

---

[14] John Calvin, *Institutes of the Christian Religion*, 4. 20. 16. 이에 대한 포이뜨리스의 비판으로 그의 책 248-49를 보라

나 또 그렇게 주장하는 이들도 있는 - "통속적인 신율주의자들"(Vulgar theonomists)과는 뚜렷이 구별되고, 또 그가 어느 정도는 변호하면서 또 보완하고 비판하는 신율주의의 대표자격인 그레그 반센(Greg L. Bahnsen)과도[15] 다르고, 반센과 신율주의에 대해 대립적인 입장에 선 메레디뜨 클라인의 "끼여들여진 윤리"로 보는 이해(the "intrusionist" ethics of Meredith G. Kline)와도 다르다.[16] 클라인에 의하면 구약의 사회적, 정치적 법은 종국적으로 나타날 하나님 나라를 미리 표상하는 이스라엘의 특별한 상황에 적절하게 주어진 것이므로 직접적으로 우리에게 적용될 수는 없다고 한다. 즉, 종국적으로 나타날 하나님 나라에 가장 적절하게 속하는 윤리적인 관례들이 이스라엘의 관례 가운데 "끼여들어졌다"(intruded)는 것이다 (316).

어떤 의미에서 포이뜨리스는 클라인의 "끼여들여진" 관례로 보는 이해와 반센의 신율주의를 통합해 보려고 하고 있다고 할 수 있다. 적어도 최선의 입장에서는 그들이 자신들의 주장에 대한 많은 제한과 유보를 하고 있음을 강조하면서 (318), 공정하게 이해하려고 하면서 신율주의자들의 견해를 수정할 수 있다고 한다. 그리고 사실 이 책 자체가 그런 수정의 한 시도라고도 할 수 있다. 그렇다면 이는 미국 개혁 신학계에서 계속되고 있는 "신율주의에 대한 논쟁"의[17] 노상에서 좀 더 분명한 성경 해석의 근거 위에서 논의를 해 보고자 하는 시도의 하나라고 할 수 있다.

이 논쟁에서 좀 떨어진 우리에게는 이 책의 성경 해석 부분과 마지막 장에서 그가 마태복음에 의하면 율법이 어떻게 그리스도에 의해서 성취되었다고 하는지를 논의하고 있는 부분이 가장 흥미로운 부분이 될 것이다. 그리고 그 둘은

---

[15] Cf. Greg L. Bahnsen, *Theonomy in Christian Ethics. Expanded Edition* (Phillipsburg, NJ: Presbyterian and Reformed, 1984); idem, *By This Standard: The Authority of God's Law Today* (Tyler, TX: Institutes for Christian Economics, 1985).

[16] Meredith G. Kline, "Comments on an Old-New Error," *Westminster Theological Journal* 41 (1978/79): 172-89.

[17] Cf. H. Wayne House and Thomas Ice, *Dominion Theology: Blessing or Curse? An Analysis of Christian Reconstructionism* (Portland, Oregon: Multnomah Press, 1988); William S. Baker and Robert Godfrey, eds. *Theonomy: A Reformed Critique* (Grand Rapids: Zondervan, 1990).

서로 연관된 것이니, 그는 칼빈,[18] 잔 머리,[19] 그리고 도날드 칼슨,[20] 딕 프랑스[21] 등과 의견을 같이 하면서, 율법이 상징과 그림자로 미리 보여주던 것이 이제 그리스도에 의해서 실현되게 되었고, 그 실현에 의해서 구약에서 이해한 그 한계를 터뜨리기도 한다는 것을 밝히려고 하기 때문이다(265). 그러나 이런 해석의 의미를 깊이 있게 생각하다 보면 이 책이 그 일부가 되고 있는 논쟁이 우리와 그렇게 먼 거리에 있는 것도 아님을 느낄 수 있을 것이다.

부디 바라기는 우리는 이 책이 원리적인 수준에서 제시하고 있는 해석에 충실하고 그것을 좀 더 발전시키고, 이 책에서 간혹 나타나는 어색한 해석을 극복하면서 그런 구체적인 적용의 문제로 나아갈 수 있기를 바란다.

---

[18] John Calvin, *Commentary on a Hamony of the Evangelists, Matthew, Mark, and Luke*, 3 vols. (reprint; Grand Rapids: Eerdmans, n.d.), 1:277.

[19] John Murray, *Principles of Conduct* (Grand Rapids: Eerdmans, 1954), 150.

[20] Donald Carson, "Matthew," in *The Expositor's Bible Commentary*, ed Frank E. Gaebelein (Grand Rapids: Zondervan, 1984), 8:143-144.

[21] Richard T. France, *The Gospel According to Matthew, Tyndale New Testament Commentaries* (Grand Rapids: Eerdmans, 1985), 114, 117.

2
과연 하나님 나라의 관점에서 본
교회론인가?*

김균진.『기독교 조직 신학 IV』서울: 연세대학교 출판부, 1993. 569pp.

김균진 교수의 교회론과 성례전론이 그의『기독교 조직 신학』제4권으로 출판되었다. 그가 말하는대로 "종교개혁 신학의 기본 입장에서 교회와 교직의 문제를 기술하고, 한국 교회가 나아가야 할 방향, 곧 하나님의 나라와 그의 의를 세워야 할 교회의 사명을 제시하고자 노력"하는 모습 속에서 우리는 혹시 이 책에서 하나님 나라를 중심으로 하고, 종교 개혁 신학의 입장에 충실한 교회론을 찾을 수 있지 않을까 하는 기대를 갖게 된다. 왜냐하면 피상적으로 보기에는 이 책은 종교개혁 신학, 특히 개혁파적 입장에 가까우며(특히, 유아 세례에 대한 언약신학적 지지에서[506]와 성찬론에서 그는 영적 임재를 말하는 칼빈의 입장에 동의하고 있다[549]), 하나님 나라와 교회를 연관시켜 이해해 보려는 작업을 하고 있는 책이기 때문이다.

그러나 그 실질적인 내용에서는 우리가 동의하기 어려운 방향으로 교회론을 전개하고 있다고 할 수 있다. 그것은 아마도 이 책이 속해 있는『기독교 조직

---

* 이글은『개혁신학』제10권 (서울: 웨스트민스터출판부, 1998): 257-78에 발표된 논문이다.

신학』의 일반적인 성격에 따라 나오는 문제인 듯하다. 즉, 이제까지 나온 『기독교 조직 신학』 1, 2, 3 권이 그러하듯이 이 제4 권도 역사적 진술에 있어서는 푈만의 『교의학 개요』에 주로 의존하고, 그 내용에 있어서는 칼 바르트, 본회퍼, 오토 웨버, 에밀 부룬너, 에벨링, 외스트(W. Joest), 한스 큉, 한스-요아킴 크라우스, 그리고 특히 유르겐 몰트만, 또한 교회론에 있어서는 쉬링크, 크렉, 휘버 등에 의존하여 논의를 진행하고 있는데서 나오는 문제라는 말이다.1 그러므로 박형룡 박사의 교의신학이 보수주의 신학자들의 꽃들을 모아서 만든 꽃다발이라면, 이 책은 20세기 독일 신학자들의 꽃들을 모아서 만든 꽃들을 모아 만든 꽃다발 같은 느낌을 주는 것이다. 따라서 그 구체적인 내용에서도 그들의 사상을 상당히 반영하며 논의가 진행되는 것을 볼 수 있다.

따라서 단적으로 이야기하면 김균진 교수가 말하는 하나님 나라는 그의 지도 교수였던 몰트만이 말하는 하나님 나라와 상당히 그 성격을 같이 한다, 또는 그 성격이 같다고 할 수 있는 것이다. 또한 다른 곳에서도 그러하지만 교회의 표식을 말하는 데서는 몰트만이 『성령의 능력 아래 있는 교회』에서 말하는 표식을 거의 그대로 채용하여 (1) 자유와 다양성과 실천 안에 있는 통일성, (2) 당파성 안에 있는 보편성, (3) 그리스도의 뒤를 따르는 교회의 거룩성, 그리고 (4) 사도의 뒤를 따르는 교회의 사도성을 말하고 있다(254-306). 그러므로 몰트만 신학과 그의 교회론에 대해 우리가 묻는 질문은 그대로 김균진 교수의 교회론에도 물어질 수 있는 것이다. 그러므로 아무리 교회가 하나님 나라의 표징임을

---

¹ Karl Barth, *Kirchliche Dogmatik* IV/2, 2. Aufl. (1964): E. Brunner, *Dogmatik*, III: *Die Lehre von der Kirche, von Glauben und von der Vollendung* (1960), 2 Aufl. (1964); G. Ebeling, *Dogmatik des christilichen Glaubens*, III (1979); O. Weber, *Grundlagen der Dogmatik*, II, 2. Aufl. (1972); O. Weber, *Versammelte Gemeinde, Beitraeche ueber Kirche und Gottesdienst* (1975); H. G. Poehmann, *Abriss der Dogmatik* (1973); W. Joest, *Dogmatik*, II: *Der Weg Gottes mit dem Menschen* (1986); W. Elert, *Der christliche Glaube*, 3. Aufl. (1956); E. Schlink, *Oekumenische Dogmatik* (1983); H. J. Kraus, *Systematische Theologie, im Kontext biblischer Geschichte und Eschatologie* (1983); D. Bonhoeffer, *Sanctorum Communion, eine dogmatische Unterschung zur Soziologie der Kirche* (1930), 4. Aufl. (1969); *Nachfolge*, 9. Aufl. (1967); J. Moltmann, *Kirche in der Kraft des Geistes, Eine Beitrag zur messianischen Ekklesiologie* (1975); W. Kreck, *Grundfragen der Ekklesiologie* (1981); H. Küng, *Die Kirche* (1967), 3. Aufl. (1985); W. Huber, *Kirche* (1979); W. Trilhaas, *Dogmatlk* (1972); W. Kasper, *Einfuehrung in den Glauben*, 7. Aufl. (1983); W. Kasper, *Theologie und Kirche* (1987); P. Althaus, *Die christliche Wahrheit*.

우리와 같이 강조하며 말한다고 해도 그 개념에 대한 근본적 질문은 그대로 남아있는 것이다. 이 근본적인 질문을 염두에 두고서 구체적인 문제에 대한 논의에로 나아가 보기로 하자.

Ⅰ. 언어상 유사성과 내용상의 차이

먼저, 그 구체적인 내용에 있어서는 차이를 나타낸다고 해도 일단 우리와 같은 언어를 사용하므로. 그런 표현 형식에 대해서는 동의할 수 있는 상당한 부분들을 언급해보기로 하자.

1. 가장 기본적으로 교회(ekklesia)를 "스스로 모였거나 다른 사람들을 통해 모인 사람들의 모임이 아니라, 하나님에 의하여 모여진 하나님의 백성"(8), "하나님이 이스라엘에게 주신 약속이 성취됨으로써 하나님 자신에 의해서 형성된 '마지막 시대의 하나님의 백성'"(9). 그리고 아담의 말을 인용하는 "예수 그리스도를 통하여 영원한 구원에로 선택된 … 하나님의 새로운 백성"(9),[2] 또한 몰트만의 말을 인용하여 말하는 "하나님 나라의 전위대[3] … 종말론적 구원 공동체(eschatologische Heilsgemeinde), 다가오는 하나님 나라의 메시야적 백성"(123)[4] 등으로 이해하는 것에 대해서 우리는 일단 그 표현에 대하여 찬동하지 않을 수 없다.

2. 또한 교회의 더 본질적인 기초는 말씀이라고(20) 개혁자들과 같이 주장하면서, 교회는 "복음의 피조물"(*creatura Evangelii*)이요 "말씀의 피조물"(*creatura verbi*)이라는 당시의 주장을 인용하고 "교회는 말씀으로부터 탄생하며, 말씀에 의하여 양육되며 성장한다"(*Ecclesia verbo Dei generatur, alitur, nutritur, roboratur*)는 어거스틴의 말을 인용하면서 "말씀이 없는 교회는 비어 있는 무덤과 같다"(21)고 하고, "교회는 말씀 없이 존재할 수 없으며 성장할 수 없다"고 선언하는 것에 동의한다.

3. 그리고 다음과 같은 말에도 동의할 수 있다: "그리스도의 몸의 개념은

---

[2] A. Adam, "Kirche," in *R.G.G.* Ⅲ, 3 Aufl. (1959), S. 1305 (9, n. 3).

[3] Moltmann, *Theologie der Hoffnung*, 8. Aufl. (1964), S. 300 (123, n. 208).

[4] Moltmann, *Kirche in der Kraft des Geistes*, S. 220 (123, n. 209).

교회가 삶을 함께 나누는 공동체로 형성되어야 함을 말한다… 그것은 서로와 기쁨과 슬픔, 행복과 불행, 서로의 문제를 함께 나누는 '삶의 공동체,' '형제 자매들의 공동체' 가 되어야 한다'(90). "그리스도의 몸인 교회는 다양한 사람들의 모임이기 때문에, 서로의 관용이 필요하다'(91).

그러나 이것으로부터 과연 다음과 같은 결론이 나올 수 있는 것일까?: "오늘 한국의 교회는 보수와 진보로 나누어져 대립하고 있다. 이것은 그리스도의 몸의 개념에 위배된다… 두 계열의 교회는 서로의 장점과 단점을 인정해야 할 것이다. 이 세상에 완전한 것은 하나님뿐이라는 사실을 그들은 인정하고 서로 대화하며 협동해야 할 것이다'(91).

4. "서로 다른 사람들이 모여 자신의 사회적 지위나 신분을 포기하고 평등하게 사는 새로운 삶의 형태를 교회는 사회에 보여주어야 한다. 그리하여 이 사회가 지향해야 할 방향과 목표를 제시해야 한다… 교회는 모든 사람들이 평등하게 사는 이상적 사회의 앞당겨 일어남(Vorwegnahme)이다… 우리 나라의 교회가 지역별로 나누어져 파벌 싸움을 하는 것은 그리스도의 몸을 찢는 행위이다. 이것은… 불신앙… 유치한 이기심의 발로에 불과하다. 세상 사람들은 이것을 극복하지 못할지라도 교회는 이것을 극복해야 한다'(95). "교회의 분열은 어떤 명목으로든지 정당화될 수 없으며, 분열된 교회들의 화해와 통일을 역사의 종말로 미루는 것은 이 문제에 대한 책임 회피일 뿐이다'(258).

그러나 이 옳은 주장으로부터 "공동체들은 한 하나님, 한 주님, 한 믿음, 한 희망을 가지지만, 다양한 신학들, 다양한 사고방식들, 다양한 개념들, 다양한 이론 체계들, 다양한 학파들과 연구 방향들, 다양한 신학 교육 기관들을 가진다'(256)고 하는 데로 나아가면 어느 정도까지를 하나의 공동체에 속한 다양한 모습으로 인정해야 하는지의 문제가 생긴다. 그런 의문을 남기면서 "어려운 문제는 교회의 다양성에 있는 것이 아니라, 이 다양성을 인정하지 않으려는 편협성에 있다'(257)고 하면 그 말을 어떻게 받아들여야 할 것인가?

5. 성령의 역사를 강조하여 다음과 같이 말하는 것은 옳은 것이다: "성령의 역사를 통하여 교회가 형성되며 새 창조가 나타나기 시작한다'(22): "성령이 그리

스도를 각 사람에게 데려다 준다(엡 3:17; 고전 12:3). 성령이 사람들을 모음으로써 그리스도의 교회를 세운다. 성령이 그리스도의 몸에 속한 지체들의 공동체를 형성한다(고후 13:13)"(23). 또한 "교회의 보다 원초적 기초는 개인의 결단과 믿음이 아니라 하나님의 말씀과 성령의 역사이다"(26).

그러나 이를 보충하기 위해 그는 바르트의 다음 말을 인용하고 있거니와, 이 말과 바르트 사상의 역동주의적 성격이 그에게도 큰 영향을 미치고 있음을 간과할 수 없다. "성령께서 활동함으로써… 공동체, 참된 교회가 생성하고 존재한다. 성령이 사람들과 그들의 인간적 사역을 거룩하게 하며, 그들과 그들의 사역을 참 교회로 세우시기 때문에 교회는 존속한다."[5] 이는 김 교수의 다음 표현들 속에도 잘 나타나는 것이다. "성령의 사역을 통해서 하나님의 말씀은 오늘 나에게 살아 있는 말씀으로 작용하게 된다… 예수의 사역은 성령의 역사를 통하여 현재화 된다"(22).

이런 바르트주의적 모습은 교회의 기초들(말씀, 성령, 믿음, 이스라엘의 약속의 역사)을 언급한 후에 "그러나 교회의 가장 궁극적 기초, 가장 근원적 기초는 예수 그리스도라고 말하지 않을 수 없다"(30)고 말하는 데서도 드러난다. 물론 이 진술은 이와 연관하여 그가 인용하고 있는 크렉의 말, "예수 그리스도가 교회의 기초이다. 다시 말하여, 교회는 나사렛 예수로서 그의 유일회적인 오심과 함께, 그의 단일회적으로(ein fuer allemal) 당한 죽음과 함께, 그의 이미 일어난 부활과 승천과 함께 서거나 넘어진다." "그러므로 교회론은 예수 그리스도로부터 출발 해야 하며, 그리스도론이 교회론의 내용을 결정한다"(30-31)는 그의 말과 함께 옳은 진술이다. 그러나 이런 진술의 배경이 되는 기록된 말씀에 대한 일종의 평가절하와 그리스도와 성경의 실질적 분리는 그의 바르트주의적 확신을 드러내게끔 하는 것이다.

이렇게 김 교수의 주장에는 그 언어적 형식에 있어서는 전통적 이해를 유지하므로 우리가 기꺼이 동의할 수 있지만, 그 함의를 드러내는 데서와 그것을 구체적으로 적용하는 데서, 앞서 우리가 동의할 수 있다고 했던 부분을 그가 동일한

---

[5] Karl Barth, *Kirchliche Dogmatik*, IV/2, S. 698f. (23, n. 36).

의미로 말하고 있는 것이 아님을 확인시켜 주는 곳이 많이 있는 것이다.

6. 그리고 그의 모든 제한과 한정에도 불구하고 다음과 같은 주장이 그대로 주장될 수 있는 지는 의문이다. "교회가 그리스도의 몸이라면, 그리스도는 교회 안에 계실 뿐 아니라 교회로서 실존한다. 그는 교회 안에, 교회로 실존한다. 그러므로 교회는 그리스도의 '지상적-역사적 실존 형식'이다"(96-97). 물론 김 교수는 이것이 "교회와 그리스도의 존재론적 동일성을 말하는 것이 아니라, 교회가 참으로 그리스도의 모습을 이 사회 속에 나타내어야 할 당위성을 말한다"(97)고 하며, "교회는 공동체로서 실존하는 그리스도인이다"(Kirche ist Christus als Gemeinde existierend). 또한 "교회는 성령 안에서 현존하는 그리스도이다"(Die Kirche ist der gegenwaertige Christus im Heiligen Geist)라는 본회퍼의 말에 대해 이 명제 바로 앞의 문장을 인용하면서 제한을 분명히 하고 있다. "그리스도와 공동체의 완전한 동일시는 일어날 수 없다. 그리스도는 하늘로 올라가셔서 하나님 안에 계시고 우리는 그를 기다리기 때문이다(엡 4:8 이하; 살전 4:16; 빌 3:20; 고전 15:23)."[6] 그럼에도 불구하고 본회퍼와 그는 이런 표현이 이끌어 낼 오해를 고려했어야 하진 않을까?

더 나아가서 현재 상황 속에서는 그가 휴버의 말을 인용하여 말하는 "그리스도의 몸은 우주적 형태를 가지며 '모든 피조물을 포괄한다'"(101)[7]고 과연 말할 수 있는 지를 의문스럽게 한다. 이는 그가 한스 큉을 인용하면서 하고 있는 다음 말에 대해서 제기되는 의문과 비슷한 성격의 의문이다. "성령론적 교회론은 … 성령의 활동에 있어서 교회의 상대성을 드러내고 온 세계에 있어서 성령의 우주적 활동을 드러내며, 이 활동에 대한 교회의 개방성과 '세계를 위한 교회의 존재'를 촉구한다"(104).[8] 그의 이런 이해는 성령에 대한 다음과 같은 이해와 연관된 것이다: "[성령은] 기독교계 안에서는 물론 온 세계 안에서 활동할 수 있다. 그는 고난 당하는 피조물들 안에서 함께 고난 당하며 함께 신음한다"(117).

---

[6] Bonhoeffer, *Sanctorum Communio*, S. 92 (34, n. 51).

[7] W. Huber, *Die Kirche*, S. 73 (101, n. 160).

[8] H. Küng, *Die Kirche*, S. 145f. (104, n. 164).

이에 대해서는 '교회와 이스라엘의 관계'에 대한 그의 논의와 성만찬에 대한 그의 논의에 나오는 보편주의적 정향의 문제와 함께 후에 언급하기로 한다.

II. 가장 근본적인 입장의 차이: 성경에 접근하는 방법

그러므로 바르트를 긍정적으로 수용하는 김 교수와 이에 비판적인 사람들의 가장 근본적인 입장의 차이는 역시 성경에 대한 태도의 차이일 것이다. 그는 신약 성경이 "주후 4세기에 정경으로 완성되었다"고 본다(503). 이런 입장을 지닌 그는 아마도 역사 비평 이후 시대인 오늘날에 있어서 어떻게 이전의 비판, 이전의 태도와 같은 태도를 가질 수 있느냐고 질문할 것이다. 이에 대한 대표적인 예로 그리스도께서 "내 교회를 세우리라"고 말하는 마태복음 16:18-19에 대한 입장을 살펴보기로 하자.

김 교수는 "오늘날 대부분의 권위 있는 신약학자들"의 의견을 따라서 "이 구절이 예수의 부활 이후에 첨가된 것"이라고 본다(35). 그는 주로 크렉의 논의에 의존하면서 다음과 같이 결론짓고 있다: "따라서 세계의 모든 민족을 포괄하는 기구로서의 교회를 세우고자 하는 의도를 복음서의 예수에게서 직접 발견하기 어렵다. 부활 이전에 살았던 역사의 예수는 교회를 세우지도 않았고, 제자들에게 교회를 세우라고 명령한 적도 없다. 그러므로 예수가 교회의 기초라는 것을 우리는 복음서의 어떤 구절에 근거하여, 혹은 소위 말하는 '예수의 진짜 말씀'에 근거하여 문자적으로 주장하기 어렵다"(41).

그렇다면 김 교수는 예수가 교회의 기초임을 주장하기를 포기하였는가? 그는 복음서의 어떤 구절이나 예수의 명령에 근거하여서는 이를 말할 수 없고 "예수의 사건 전체와 관련하여 말할 수 있을 것이다"(41)라고 말한다. 즉, 그는 하나 하나를 다 확인할 수는 없지만, 전체적 의도는 확인할 수 있다는 입장에서 말하는 것이다. 그는 말한다: "교회의 기초는 예수의 특별한 명령이나 말씀에 있지 않고, 온 이스라엘을 포괄하는 '종말론적 하나님의 백성에 대한 예수의 의지'에 있다"(43). 그러나 이를 말하기 위해서 그는 복음서의 어떤 구절들은 그대로 받아들이면서 그의 논의를 진행시키고 있다. 복음서의 어떤 구절들은(마 4:23-25; 10:1, 7) 그대로 받아들이면서, 어떤 구절은(마 16:18-19) 받아 들일 수 없다는 그의 태도는 과연 일괄성을 지니는 것일까?

또한 그가 말하는 대부분의 권위 있는 신약학자들이 주로 요하네스 바이스(J. Weiss), 불트만(R. Bultmann), 콘첼만(H. Conzelmann), 보른캄(G. Bornkamm) 등이고, 심지어 20세기 초의 로이시(Afred Loisy)가 인용되기도 하였음은,9 또한 그가 주로 크렉의 논의에 의존하며10 논의하고 있음은 과연 그가 신약학 전반의 동향에 객관적으로 관심을 가지고 이런 주장을 하는 것인지를 묻도록 한다.

III. 입장의 차이를 잘 드러내는 사례: 여자 사제직의 문제

가장 분명하게 입장의 차이를 드러내는 논의를 또 하나 예로 든다면 그것은 여성의 성직자로의 임직 가능성에 대한 것이라고 할 수 있다. 김 교수의 입장은 다음의 말 가운데서 단적으로 드러나고 있다: "여자도 남자와 똑같은 인격이요 '하나님의 형상'에 따라 창조되었다면, 여자도 남자와 같이 목사로 안수 받을 수 있고 목사로 일할 수 있다는 주장은 필연적이라 말할 수 있다"(235).

이에 대해서 그는 주로 보프(L. Boff)의 『새롭게 탄생하는 교회』에 나오는 논의에 근거해서 여성의 사제직에 대한 반대에 대해 다음과 같이 반박하고 있다.11

(1) "예수가 남성이었던 것은 역사적 우연에 속하는 문제이다. 예수는 자기가

---

9 H. Conzelmann, *Grundriss der Theologie des Neue Testaments* (1967), S. 50:"예수의 종말론적 자기 의식은 오늘의 교회에 대한 생각을 배제한다"; R. Bultmann, *Geschichte der synoptischen Tradition*, S. 277 (Kreck, S. 58); G. Bornkamm, *Der Auferstandene und der irdische. Mt. 28, 16-20* in: G. Bornkamm-G. Barth-H. J. Held, *Ueberlieferung und Auslegung im Mattaeusevangelium*, 5. Aufl. (1968), S. 302f.; A Loisy, *L'Evangile et l'Eglise* (1902), 111: "예수는 하나님의 나라를 선포하였다. 그러나 나중에 온 것은 교회였다."

10 W. Kreck, *Grundfragen der Ekklesiologie*, SS. 57-61.

11 L. Boff, 『새롭게 탄생하는 교회: 성령에 의해 민중으로부터 탄생하는 교회』, 김쾌상 역 (1987), 183-94.

남성이라는 것을 결코 신학적 원리로 삼지 않았다… 남자 교직자가 그리스도를 대신하는 것은 그리스도와 동일한 생물학적, 성적 요소 때문이 아니라 교회의 관습 때문이다"(236-37).

(2) "예수가 12명의 남자 제자들을 선택한 것은 남자만이 제자가 될 수 있다는 어떤 신학적 원리 때문이 아니라, 남자들이 모든 것을 지배하는 사회적 상황 때문이었다"(237). "… 우리는 12제자 중에 여자가 한명도 없었다는 사실을 근거로 여자 목사제를 거부할 수 없음을 발견하게 된다"(238).

(3) 고린도전서 14:34-35, 디모데전서 2:11-12. "바울의 이러한 말도 여자가 시민권조차 갖지 못했던 당시의 시대적 배경 속에서 해석되어야 한다. 바울의 이 말을 시대적 배경으로부터 분리하여 영원한 신적 질서로 삼는 것은 해석학의 기본 원칙에 위배되며, 하나님의 근본 뜻을 그르치는 것이 된다"(239).

(4) "여자가 남자의 갈비뼈로 지어졌다는 창세기 2장의 이야기는 남자의 노동력이 결정적 힘을 가진 농경 사회를 역사적 배경으로 가지고 있지만, 남자에 대한 여자의 종속을 가리킨다기 보다 남자와 여자의 동질성과 한 몸 됨을 가리킨 다"(239-40). 또한 "여자가 먼저 뱀의 유혹에 넘어갔으므로 여자는 언제나 남자의 지배를 받아야 하며 남자와 같이 목사나 사제가 될 수 없다는 논리는 성립될 수 없다"(240-41).

(5) 보프에 의하면(Boff, 192) "교회사는 여성 사제에 대해서는 말하지 않으나 여성 부제에 대하여 말해 주고 있다. 여성 부제는 특히 4세기 말 이후로 안수에 의한 임직을 통하여 목회를 담당하였으며 교회의 성직 제도에 소속되었다. 목회 준비와 여성에게 세례를 베푸는 일은 물론 신약 성경의 서신들과 복음서를 읽고 영대를 두르며 성찬을 나누어주는 일도 여성 부제에게 허용되었다. 11세기에 여성 부제의 임직식은 남성 부제의 임직식과 병행되었다"(241).

이외에 김 교수가 덧붙이고 있는 여자의 목사직을 지지하는 논거는 다음과 같다. (1) "우리는… 남자와 여자를 동등한 존재로 보는 구절들을 고려해야 할 것이다. 갈라디아서 3:28-29, 고린도전서 11:11, 창세기 2:27"(241). (2) "성경에서 여자 가 하나님의 구원 역사의 동참자로 등장하기도 한다… 만일 여자가 없다면 하나님의 성육신도 불가능하였을 것이다… 부활의 첫 증인들도 여자들이었다… 이러한 사실을 고려할 때, 여자의 목사직은 당연하다"(242). (3) "하나님은 사랑이시다(요일 4:8, 16). 따라서 그리스도인의 존재 규정은 사랑에 있다… 그러므로 기독교 신앙에 있어서 특별한 한 성을 지배자의 위치에 두는 것은 불가능하다"(242). (4) "만인사제직에 의하면 남자는 물론 여자도 사제이다"(242). (5) "교인들의 구성을 고려할 때 여자의 목사직은 당연하다"(242). 이런 논의들에 근거하여 그는 다음과 같은 결론을 내리고 있다. "교회는 여성에게도 목사직을 허용함으로써, 여성만이 제공할 수 있는 은사의 풍요함을 살려야 할 것이며, 억압받은 여성의 권리와 존엄성을 회복하는 일에 앞장서야 할 것이다"(243).

이러한 그의 논의는 이 시대의 경향을 잘 대변하는 논의이다. 따라서 그도 다른 현대의 논자들과 함께 많은 오류를 지닌 논의를 하고 있다고 하지 않을 수 없다.

첫째로, 그렇지 않으려고 하는 노력에도 불구하고 그의 논의는 로마 가톨릭적 성직 이해를 가지고 있다고 할 수 있다. 이는 어쩌면 그가 남미의 천주교 해방신학자의 한 사람인 보프 신부의 논의에 근거해서 논의하는 과정 가운데서 그에게 미쳐진 영향인지도 모른다. 즉, 그는 성직자를 '그리스도의 대리'로 보려는 이해를 가지고, 그리스도를 대리 하는 이도 역시 남성이어야 한다는 가톨릭적 주장에 대해 반론을 펴는 것이다. 만일 그의 성직 이해가 가톨릭적인 것이 아니었으면 그는 이 논의의 필요성조차 느끼지 아니하였을 것이다. 또한 그는 앞부분의 상반되는 주장에도(233-34, 310) 불구하고 사제직을 지배하는 위치에 두고서 논의를 한다(241, 242). 이런 점들이 그가 상당히 가톨릭적 성직 이해를 가지고 있다는 면을 나타내 보여주는 점들이라고 여겨진다.

둘째로, 그는 예수 그리스도에 의하여 "여자의 존재도 남자와 똑같이 하나님의 말씀을 배우고 하나님과 실존적 대화 속에 살 수 있는 인격으로 드러나는" 것(238), 성경의 남자와 여자를 동등한 존재로 보는 구절들과 성경에서 여자가 구원 역사의 동참자로 등장하는 것, 하나님이 사랑이신 것, 만인사제직 등의 그 자체로는 옳은 주장들을 확대 해석해서 여자 목사 임직의 근거로 제시하는데,

이런 요점들이 그렇게까지 확대 해석될 수 있는지가 의문이다. 여기 제시한 각각의 요점은 다 옳으나 그것으로부터 여자를 목사로 임직할 수 있는 근거가 제시되는 지는 의문이란 말이다.

셋째로, 그는 현대의 다른 논자들과 함께 교회와 현대의 사회적 현실로부터 여성 목사 임직의 정당성을 논의하기도 하는데, 이에 대해서도 우리는 의문을 제기하지 않을 수 없다. 즉, 그는 "교인들의 구성을 고려할 때 여자의 목사직은 당연하다"(242)고 하기도 하며, "오늘날 여성이 남성과 동등한 인격으로 인정되며, 사회의 모든 분야에서 여성의 진출이 확대되고 있는 것은 세계적 추세이다. 여성 차별은 점차 사라지고 있다"(243)고 하면서 이런 사회 속에서 교회가 웃음거리가 되지 않고, 또 앞장 서 나가는 일을 여성을 임직시키는 일로 해야 한다고 주장하는데, 과연 이 문제의 결정에 있어서 이런 교회 내적 사회적 현실이나 교회 밖의 사회적 현실이 그렇게 중요한 고려점으로 작용해야 하는 지가 의문인 것이다. 만일 하나님께서 이를 원하신다는 분명한 성경적 근거가 있다면 그에 반하는 교회 내외의 사회적 현실에도 불구하고 그 하나님의 뜻이 실현되어야 하고, 만일 하나님의 뜻이 이에 반하는 것이라는 성경적 근거가 있다면 우리는 교회 내외의 사회적 현실이 아무리 이를 요구하고 있다고 해도 여성을 목사로 임직시켜서는 안 된다고 해야 하지 않는가 말이다. 교회의 제도는 일차적으로는 인간의 편의에서 생성되는 것이 아니라, 성경에 나타난 하나님의 뜻에서 찾아야 하기 때문이다.

이렇게 보면 그의 논의 가운데 가장 신중하게 고려되어야 할 것은 고린도전서 14:34-35과 디모데전서 2:11-12에 대한 그의 논의라고 여겨진다. 이에 대한 그의 논의 중 한가지 보수적인 점을 지적한다면 그는 고린도전서 14:34-35뿐만 아니라, 디모데전서 2:11-12도 바울의 말로 인정하면서 논의하고 있다는 점이다. 대부분의 현대의 논자들은 이를 바울 이후의 글로 여겨서 논의의 대상 밖으로 놓으려 하는 데 비해서 김 교수는 이를 바울의 글로 인정하면서 논의하고 있는데, 이는 그저 단순화하기 위한 표현인지는 몰라도 무척 고무적인 일이라고 여겨진다.

그러나 그는 이 바울의 말들은 "여자가 시민권조차 갖지 못했던 당시의 시대적 배경 속에서 해석되어야"하고 "여자의 위치에 대한 바울의 말이 영원한 신적 원리나 질서로 간주되어서는 안될 것이다"(239)라고 일축해 버린다. 이에 대한 좀 더 깊이 있는 주해가 없는 것이 아쉽다. 그러나 여기서 성경의 한 부분을 이렇게 해석하고 이를 벗어나는 것을 "해석학의 기본 법칙에 위배되는" 것으로 여기는 그와 이런 바울의 말이 영속적 구속력을 가지는 것을 보는 우리 같은 사람들 사이의 근본적 차이가 잘 드러난다고 여겨진다.

IV. 또 하나의 사례: 타 종교에 대한 태도

칼 바르트와 본회퍼, 그리고 마르크스의 종교 비판을 검토한 후에 라너의 익명의 그리스도인 개념도 그가 "말하는 소위 익명의 그리스도인들 중에 아무도 그것을 인정하려는 사람은 없을 것"이기 때문에 "라너의 해석은 기독교와 타종교의 문제에 대한 궁극적 해결책이라고 볼 수 없다"(347)고 인정한 김 교수는 로마서 1:20을 확대 해석하여 "타종교에도 원칙상 하나님을 알 수 있으며, 구원의 진리를 깨달을 수 있는 길이 주어져 있다고 말할 수밖에 없다"(348)고 한다.

그러나 그는 또한 "바울은 타종교에 구원의 길이 있다고 말하지 않는다… 다른 종교에는 구원의 길이 없음을 그는 시사한다"(354)는 옳은 관찰도 하고, 타종교의 여러 가지 문제점을 무시하지 않고 잘 지적한다. 그러나 그는 "그들이 기독교의 복음을 알지 못했던 것은 그들의 책임이 아니었다. 만일 책임을 따진다면 하나님에게 책임이 있을 것이다"(348)라고까지 주장한다.

그렇다면 이 문제에 대한 그 자신의 태도는 무엇인가? 그는 좀 모호한 태도를 취한다. 한편에서는 "기독교 자체도 많은 문제점을 가지고 있는 반면 다른 종교에도 진리의 요소가 있다는 사실을 의식하고 교회는 타종교에 대하여 겸손한 자세를 가져야 할 것이다"(353-54)라고 하면서, 또 한편으로는 "타종교에도 구원의 길이 있다고 쉽게 말해서도 안될 것이며, 더구나 종교혼합주의를 주장해서도 안될 것이다"(354)는 주장도 한다. 이런 그의 입장을 전적으로 잘 드러내 주는 것은 다음과 같은 주장이다: "그러나 기독교는 타종교에 구원이 있는지 없는지 말할 필요가 없을 것이다. 기독교는 단지 자기가 선포해야 할 바를 선포하면

될 것이다"(354).

이것이 과연 견지될 수 있는 주장일 수 있을까? 전통적 기독교의 주장을 수정하지 않으면 기독교가 주장하는 바에 이미 타종교의 구원 불가능성이 있지 않은가? 이는 결국 기독교의 주장 내용에 대한 수정을 함의하는 것이지 않을까?

이런 그의 모호한 태도 배후에 있는 그의 정향을 잘 나타내 보여주는 것은 이스라엘에 대한 그의 입장이다. 그는 교회의 이스라엘에 대한 관계에 대해서 말하면서 다음과 같은 주장들을 한다: "… 교회는 이스라엘을 자기 자신 속으로 통합시키거나 자신의 존재로 대체시키고자 해서는 안될 것이다"(330): "… 기독교가 유대교를 향하여 참 구원이 기독교에 있으며, 그러므로 모든 유대인들이 기독교로 개종해야 한다고 주장하는 것은 유대인들에게 어처구니없는 일로 보일 것이다… 그러므로 교회는 이스라엘에게 복음을 강요해서는 안될 것이다"(330-31). 물론 그는 교회가 "그리스도 안에서 하나님의 나라가 정말 일어났으며 따라서 이 세계가 하나님의 의와 자비에 따라 달라졌다는 것을 보여주어야" 하며, 메시야적 구원이 이루어짐을 볼 때에 "이스라엘은 그리스도의 복음을 받아들이지 않을 수 없게 될 것이다"(331)라고 결론을 내리려고 한다.

그러나 그의 논의에는 일단 새 이스라엘로서의 교회의 이해가 배제되어야 한다는 생각이 들어있고, 이스라엘에 대한 복음의 선포도 무의미한 것으로 보려는 듯한 시사도 있다. 결국 그는 하나님 나라의 극치에야 있을 모든 피조물에 대한 구원 속에서 이스라엘의 구원이 있을 것이므로, 그 때까지는 교회와 이스라엘이 "동반자로"(330) 있어야 한다고 보는 것이다. 그러므로 그의 입장은 이 문제와 관련하여 그가 인용하고 있는 "모든 피조물이 구원받지 못하면 이스라엘도 구원받지 못한다"는 로젠츠베이그의 말을 상당히 적극적으로 따르는 것이라고 할 수 있다.12 여기서 우리는 이들이 말하고 있는 "모든 피조물의 구원"이 과연 무엇을 의미하는 것인지 묻지 않을 수 없다.

---

12 Fr. Rosenzweig, *Der Stern der Erlosung* II, 3 Aufl. (1954), S. 198 (330, n. 521).

V. 하나님 나라 이해의 문제점

김 교수의 논의 가운데서 교회를 하나님 나라의 표징으로 여기며 논의하는 것은 아주 중요한 요점을 잘 드러내는 것이다. 그는 이 책 전체를 통해서 이 문제를 강하게 주장하며, 전제하다시피 하고 있다. 그러나 여기서 또 하나 문제점으로 지적될 수 있는 것은 그의 하나님 나라 개념의 사회성과 정치적 성격이다. 그의 다음과 같은 주장을 자세히 읽어보자:

> 그는 … 소수의 사람들에게 편중된 부를 사회에 환원하고 모든 인간의 삶의 기본 권리와 존엄성을 회복하며, 하나님 나라를 구체적으로 세울 것을 요구한다. 하나님 나라를 그 중심으로 가진 예수의 운동은 한 마디로 말하여 당시의 사회적 무법 상태 속에서 일어난 "예언자적 개혁운동"이었다. 이러한 일을 시도하는 자는 그 사회의 기득권자들에 의해서 제거당하기 쉽다. 이리하여 예수는 죽임을 당한다… 그의 고난과 죽음을 통하여 악의 세력이 정체를 드러내고 파괴되며, 모든 인간의 죄가 하나님 자신의 고통 속에서 용서받는다(294).

> 오늘날 세계의 운명을 결정하는 것은 정치[이다]… 교회 자신이 거룩하게 되는 길은 정치의 영역에서 하나님의 정의를 세우는 데에 있다… 세계를 거룩하게 함으로써 교회 자신이 거룩하게 되는 길은 교회가 일과 행위를 통하여 정치적 정의를 추구하는 데에 있다(297).

> 모든 인간의 정치적, 경제적, 사회적 자유와 평등이 있는 세계를 추구함으로써 교회는 하나님 나라의 표징이 된다(311).

> 하나님을 경외하듯이 모든 생명의 가치와 존엄성을 경외하며, 모든 피조물들이 평화롭게 살 수 있는 세계를 추구하는 생태학적 노력을 통해서 교회는 하나님 나라의 표징이 된다(311).

> 외형적으로 하나님 나라를 확장시키는 것은 교회라기보다는 국가이다(382).

> 오늘의 신학적 통찰에 의하면 복음은 해방으로 설명될 수 있다… 그리스도의 복음은

개인의 심령은 물론 그의 신체와 사회의 모든 영역들과 자연계를 비인간적이고 불의한 억압과 착취로부터 해방하고자 한다. …[구체화 하자면] 복음은 먼저 정치적 차원에서의 해방으로 설명될 수 있다… 그리스도의 복음은 이런 정치적 불의와 독재로부터 국민이 국가의 정당한 주인으로 군림하는 민주적 사회에로의 해방을 뜻한다… 복음은 경제적 차원에서의 해방으로 설명될 수 있다… 그리스도의 복음은 이러한 경제적 불평등과 착취를 폐기하고 모든 사람이 정당한 대가를 받으며 경제적 정의가 다스리는 사회에로의 해방을 뜻한다… 오늘날 복음은 인종의 차원에서 설명될 수 있다(444-45).

이상의 인용문들에서 우리는 김 교수의 하나님 나라 개념이 얼마나 정치적, 사회적 성격을 가지고 있는지를 잘 살펴볼 수 있게 된다. 물론 그는 때때로 하나님 나라 운동이 "사회-경제적 운동으로 위축될 위험성"을 경계하고 있다. 예를 들자면, 그는 박재순의 "예수의 밥상 공동체 운동과 교회"라는 논문을 긍정적으로 언급하면서, 동시에 "그러나 예수의 하나님 나라 운동을 밥상 공동체 운동이라고 부를 때" 이런 위험성이 있음을 지적하고 있다(310, 주 503). 그러나 이런 언급에도 불구하고 그 자신의 입장 제시도 이런 시사와 얼마나 다를 수 있을 것인가에 우리의 근본적인 의문이 있다.

VI. 성례전론에 대하여

그의 성례전에 대한 이해도 위에서 우리가 지적한 성격을 그대로 가지고 있다고 할 수 있다. 사용하는 언어와 형식은 상당히 전통적 입장을 견지하나 그 언어와 형식에 담아 내는 내용은 현대 신학적 세례를 거쳐 어떤 의미에서는 전통적 이해와는 다른 것이라고 할 수 있다.

(1) 말씀과 성례전의 관계에 대하여

그는 개신교의 전통에 따라서 "말씀 없는 성례전은 있을 수 없다"(449)는 것을 인정한다. 그러나 그는 오늘날 가톨릭 신학자들이 성례전에 대한 말씀의 중요성을 인정하듯이, 말씀에 대한 성례전의 중요성을 인정하는 일단의 개신교 신학자들과 의견을 같이 하려 한다. 그래서 그는 괴팅겐의 트릴하스 교수의 "말씀은 성례전에 일치해야(stimmen)한다"[13]는 말에 동의하고(452), 성례전과 말씀은 동등한 가치를 지니며 동등한 위치에 있다는 푈만의 말을[14] 긍정적으로 인용한다(452, 457). 물론 그는 개신교 전통에 따라서 성례전의 고유성은 그것의 가시성, 감각적 구속성(Sinnenhaftigkeit)에 있음을 잘 말하고 있다. 즉, 성례전은 보이는 말씀(*verbum visibile*)임을 잘 말하는 것이다. 그러나 이 점을 강조하면서 그는 "말씀과 비교하여 성례전이 가지는 고유한 성격(Proprium)은 구원의 표징이나 봉인으로서의 성격에 있지 않다"고 말하여(452) 전통적 이해에서 벗어나 로마 가톨릭적 성찬 이해에 근접하려고 하는 것이다.

후에 피해야 할 오해들을 열거하면서 그는 자신이 말하려는 바가 "성례전은 그 자체 속에 구원의 효과를 가지고 있다"는 것이 아니라는 것을 밝힌다(460). 그러나 그는 "성례전은 신앙을 통해 유효하지만 인간의 신앙이 성례전을 유효하게 만들지 않는다"고 하면서 "바로 여기에 로마 가톨릭 교회가 말하는 사효성(事效性, *ex opere operato*)의 본의가 있다"고 한다(462). 즉, 이는 "성례전은 하나님이 세우신 것이며, 따라서 인간의 어떤 상태에 의해 그 효력이 좌우되지 않는다는 것을 말하고자 한다"고 해석하는 것이다(463). 즉, "하나님만이 성례전에 효력을 준다"는 것이다.[15]

이처럼 그는 현대 천주교와 가깝게 나아가려 하고 있다. 그리고 그런 노력 가운데에 그의 신학이 어떻게까지 나아가려는지를 우려하게 만드는 언급도 나타나는 것이다. 이 논의를 마치면서 그가 인용하고 있는 크렉의 다음 말에 대해 우리가 우려하게 되듯이 말이다. "성례전의 은사는 오직 신앙 가운데서만 바르게 수납될 수 있다. 그러나 인간이 성례전을 유효하게 만들지 못한다. 구원의 활동을

---

[13] W. Trilhaas, *Dogmatik*, S. 357 (452, n. 78).

[14] Poehlmann, *Abriss der Dogmatik*, S. 223 (452, n. 79).

[15] 그는 이를 개신교 신학자들과 가톨릭 신학자들이 공동으로 집필한 교의학 책인 『하나인 믿음』에서 인용하고 있다. *Neues Glaubensbuch. Der gemeinsame christliche Glaube*, hersg. von J. Feiner und L. Vischer, 14. Aufl. (1978), 『하나인 믿음: 새로운 공동신앙 고백서』 (서울: 서강대학교 신학연구소, 1979), 566 (463, n. 97).

부인하는 불신앙조차… 하나님의 약속의 효력을 무효화시킬 수 없다."[16]

(2) 세례에 대하여

김 교수는 로마 가톨릭과 루터와 칼빈의 세례 이해를 진술한 후에, 세례의 역사적 근원 문제를 다루면서 "땅 위에 살던 예수가 세례 의식을 세웠는가의 문제는 역사적으로(historical) 증명하기 어렵다"고 선언한다(468). 단지 예수 자신이 세례를 받았다는 역사적 사실은 기독교의 세례 의식의 역사적 근거가 될 수 있다고 한다(469).[17] 그러나 그는 이와 관련하여 다음과 같은 말을 서슴지 않고 한다. "아마 예수는 처음 얼마동안 요한의 제자들 가운데 한 사람이었고 요한이 체포된 다음 독자적으로 활동하기 시작하였던 것처럼 보인다"(470). 그런 예수의 활동으로 생겨진 "최초의 공동체는 예수 자신이 세례를 받았다는 사실을 회상하면서 그들이 주님으로 고백하는 그 예수의 이름으로 세례를 [주었고] 승천하신 그들의 주님이 세례를 베풀어야 한다는 확신을 그의 영을 통하여 그들에게 주었던 것 같다"고 말하면서 신약 성경의 기록을 재구성하면서, "지금까지 기술한 이런 의미에서 세례는 예수 자신으로부터 유래한다고 할 수 있다"고 말하고 있다(472).

또한 세례의 의미를 진술하면서는 디도서 3:5을 인용하면서 세례는 중생의 씻음임을 강조한다(474-75). 물론 그것이 "성령과 함께, 성령을 통하여 일어난다" 는 것을 정당히 밝히고(475), 성례 자동주의를 거부하기는 하지만(475, 486), 그의 진술이 세례와 중생을 너무 밀접히 연관시키고 있는 것은 그가 성례전주의와 가까이 하려는 의도를 가진 것이 아닐까 하는 우려를 자아내게 한다. 특히 그가 무의식적으로 그렇게 표현한 것인지는 모르나, "'물 세례'와 '성령 세례'는 구분되지 않는다"(478)는 표현을 한 것은 한편에서는 성령 세례를 이상한 제 2의 축복으로 보려는 이채를 비판하는 것일 수 있지만, 또 한편으로는 성례전주의적 표현으

---

¹⁶ W. Kreck, Sakramente, in *R.G.G.* V, S. 1329 (463, n. 98).

¹⁷ 이와 관련하여 그는 비슷하게 말하는 에벨링과 바르트를 언급한다. G. Ebeling, *Dogmatik des Christlischen Glaubens*, III, S. 316; K. Barth, *Die kirchliche Dogmatik*, IV/4: *Die Taufe als Begruendung des christlichen Lebens* (1967), S. 75 (469, n. 108).

로 들릴 수 있는 것이다.

또한 그가 로마 가톨릭 신학자 쉬나켄부르크를 따라서 "세례가 표징하는 내용이 세례를 통해서, 세례와 함께 일어난다"(482)고 말할 때 이런 의혹은 증폭되지 않을 수 없다.18 그는 계속해서 "하나님의 칭의의 판단과 다시 태어남과 하나님 나라의 선취가 세례를 통하여 표징될 뿐만 아니라 실제로 일어난다"(482-83)는 것을 강조한다.

그러므로 그가 신앙을 강조하는 말을 하고 성례주의는 배격되어야 한다고 해도 다음과 같은 진술이 있는 한, 그 둘 사이에 모순이 있다고 하든지, 그의 의도를 의심하든지 해야 할 것이다. "우리를 위한 하나님의 구원은 우리가 그것을 받아들이든 받아들이지 않든 변함이 없다… 수제자가 나중에 불신앙으로 빠져서 자기가 받은 세례를 부인할지라도 세례는 효력을 가진다… [이는] 인간이 부인하거나 포기한다 하더라도… 지워질 수 없다"(486, Cf. 488).

(3) 성찬에 대하여

김균진 교수의 역사적 고찰 가운데서 가장 전통과 일치하는 것은 성찬에 대한 것이다. 그는 종교사학파나 맑센, 그리고 불트만의 주장에19 반하여 "성찬은 최초 공동체의 제작품이거나 희랍 정교의 영향으로 만들어진 것이 아니라"는 것을 분명히 하면서, 성찬은 "지상의 예수와 그의 제자들의 마지막 식사로부터 유래한다고 말할 수 있다"고 한다(518, Cf. 520). 그러나 이렇게 성찬 제정의 역사성을 시사한 후에 그는 이것이 "예수의 다른 만찬들과 동일한 선상에 있었다"고 한다(522). "곧 세리와 죄인들과의 만찬과 관련하여 생각되어야 한다"는 것이다 (523). 물론 예수의 메시야적이고 종말론적인 삶의 역사와 성찬을 연관시키는 것은 좋으나, 이는 성찬의 독특성을 무시할 위험성을 내포한 것이라고 하지

---

18 Cf. R. Schnackenburg, *Baptism in the Thought of St. Paul* (1964), 30 (baptism as a Salvation-Event) (482, n. 131).

19 W. Marxsen, "Abendmahl," *Evangelisches Kirchenlexikon*, II, S. 3; R. Bultmann, *Theologie des Neuen Testaments*, 6. Aufl. (1968), S. 150f., 314 (516, n. 200; 518, n. 203).

않을 수 없다.

또한 성찬의 의미를 진술하는 중에 떡과 포도주가 창조의 세계를 대변한다고 하면서 "온 세계가 떡과 포도주 안에서 하나님께 바쳐진다"고 하였는데(529), 이는 보편주의적 색조와 함께 성찬을 봉헌의 의미로 이해하려는 위험을 내포하고 있다고 할 수 있다. 특히 보편주의적 색조는 또 다른 곳에서도 나타나고 있는 바 그는 "기독교의 성찬은 모든 인간의 한 형제됨과 평등함을 시사하는 동시에 인간의 이상적인 공동체의 미래를 제시한다"고 하기 때문이다(536). 또한 그는 "그리스도인은 모든 사람들의 고난과 희망과의 충만한 연대성 속에서 성찬을 거행한다"고 한다(543). 그리고 마지막에는 다음과 같은 말도 한다. "예수는 모든 사람을 하나님의 나라에 초대한다. 그러므로 교회는 교회 안에 있는 모든 사람은 물론, 교회 밖에 있는 사람들도 주의 성찬에 초대해야 할 것이다"(559). 그러므로 그의 생각에는 강한 보편주의적 색조가 있음을 부인할 수 없다.

물론 그는 이런 주장을 한 뒤에 "이와 동시에 교회는 합당치 않게 성찬을 받는 사람은 그리스도의 몸과 피를 모독하며 결국 자기의 심판을 자초한다는 사실을 알게 해야 할 것이다"(559)는 말을 덧붙인다. 이는 어떻게 해석하고, 그의 앞선 주장과 어떻게 조화시킬 수 있을까? 세 가지 가능성이 있다고 본다. 하나는 그가 그저 소박하게 필요한 대로 이런 때는 이런 주장을 하고, 또 다른 주장도 필요에 따라서 하는 것이든지, 아니면 그의 주장은 결국 하나님의 은혜는 보편적으로 주어지는 데 비해서 인간이 유의미하게 그 은혜를 받을 수도 있고 그리하지 않을 수도 있다는 알미니안주의를 말하고 있는 것이든지, 그것도 아니면 그의 주장에는 내적인 정합성이 없다고 해야 할 것이다. 그러므로 결국 그는 보편주의적 정향을 가졌으나 자신이 보편주의자임을 부인하는(따라서 결국은 그 내용상 알미니안주의적인) 현대의 많은 신학자들의 뒤를 따르고 있든지, 아니면 내적 불일치를 지닌 주장을 하는 것이 된다.

VII. 결론

이상에서 우리는 김균진 교수의 교회론을 전반적으로 검토하고 그 내용의 문제점으로 지적될 수 있는 것들을 간단히 언급하였다. 우리의 검토를 통해 본 그의 교회론은 하나님 나라를 중심으로 교회를 이해한다는 기본적인 생각에서와 전통적 용어를 사용하는 유사성이 있으나, 결국 하나님 나라의 이해에서 근본적인 차이점이 드러나며(사회 정치 경제 문화적 변혁 노력이 있어야 함은 하나님 나라 백성의 당연한 바임을 인정하나, 그런 우리의 변혁 노력 자체를 곧 하나님 나라의 일로 여길 수는 없기 때문이다), 김 교수께서 현대의 많은 신학자들과 함께 어느 정도는 로마 가톨릭 사상과 가까이 해보려고 하는 그 노력이 (그래서 그는 전통적 가톨릭 사상과 전통적 개신교 사상의 중간에로 서로를 수정해 가며 나아가는 이들을 동감적으로 인용하고 있거니와 이런 방향이) 과연 성경적 지침을 따르는 것인지를 묻게 되며, 곳곳에서 하나님의 은혜만으로 말미암는 구원을 말하면서도 보편주의적 정향의 말과 이와 함께 제시하는 인간 자신의 선택 능력에 대한 강조가 과연 어울릴 수 있는지를 묻게 되며, 결국엔 성경에 대한 비판적 입장에 근거한 그의 논의가 어떤 때는 성경의 진술을 권위 있는 것으로 제시하면서도, 또 때로는 그것의 역사적 신임성은 전혀 없는 것으로 여겨서 다른 의미의 권위와 의미만을 찾는 것이 과연 유지될 수 있으려는지를 묻게 되는 것이다. 즉, 우리의 근본적 질문은 그의 신학적 입장에 의하면 "우리의 교의에 있어서 최후의 권위는 과연 어디에 있는 것인가?"하는 것이다. 그는 단순하게 "우리의 교리의 최종적 권위는 성경에 있다"고 말할 수 있을까?

3
포스트모던 시대에
정통주의 기독교에의 추구*

Wells, David F. *No Place for Truth or Whatever Happens to Evangelical Theology.* Grand Rapids: William B Eerdmans Publishing Company, 1993. 318 pp.

1993년도에 조직 신학 분야에서 나온 가장 흥미로운 책의 하나로 웰스 교수의 『진리의 설 곳이 없다』 또는 『복음주의 신학에 어떤 일이 일어나는가?』하는 제목의 이 책을 생각할 수 있다. 보스톤 근교의 고든 콘웰 신학교의 역사 신학과 조직 신학을 담당하는 앤드류-머춰 교수로 있는 데이비드 웰스 교수는 개혁주의적 입장에서 현대 구원론들을 폭넓게 살피고 비판한 저서1와 신약학, 특히 신약의 종말론에 뿌리 박은 그리스도의 인격에 대한 좋은 교의학적 저서를 내어서,2 앞으로 교의학 전반에 대해서 그런 작업을 할 수 있지 않을까 하는 우리의 기대를 모으며 작업하는 현대의 좋은 개혁주의 신학자의 한 사람이다. 그가 이번에

---

* 이 서평은 「개혁신학」 제9호 (1994): 195-204에 실렸던 것임을 밝힌다

1 David F. Wells, *The Search for Salvation* (Downers Grove, Illinois: Intervarsity Press, 1978).

2 David F. Wells, *The Person of Christ: A Biblical and Historical Analysis of the Incarnation* (Westchester, Illinois: Crossway Books, 1984), 졸역, 『그리스도는 누구신가?』 (서울: 엠마오, 1994), 개정역 (서울: 토라, 2005).

낸 이 책은 현대엔 신학이 사라져가고 있다는 사실에 대한 일종의 문명비판서적인 저서이다. 그 근본적인 이유는 하나님을 상실했다는 점에 있다고 보는 그는, 현대 세계 일반과 소의 현대 신학계가 하나님을 상실하여 신학을 잃어가는 것은 (그들의 기본적인 전제를 살필 때에) 그런대로 이해할 수 있는 일이나, 심지어 복음주의에서도 같은 현상이 일어나고 있음을 심히 안타까워 하면서 복음주의를 질책하면서 복음주의의 개혁을 요청하고 있다. 그의 복음주의에 대한 질타는 가히 선지자들의 그것을 방불케 한다. "오늘날 교회가 필요로 하는 것은 부흥이 아니라 개혁이다!"(296).

왜 그런가? 도대체 복음주의 신학에 어떤 일이 일어났기에 그런가? 사람들은 의식하지 않는 복음주의자들의 하나님 이해에 변화가 있었다고 그는 지적한다(297). 즉, 이전의 자유주의자들처럼 현대의 복음주의자들도 현존하는 문화와 협상하기 시작한 것이다. 문화를 본질적으로 중립적인 것으로 보면서, 차츰차츰 무의식적으로 기독교 교의의 내용을 문화적 교의에 적용시키는 일을 하기 시작한 것이다(297). 그리하여 암묵리에 하나님 나라가 미국적 생활 양식, 사회적 행동, 또는 자아의 경험 등과 동일시된 것이다. 신론을 공식적으로 바꾸거나 그런 과정을 통해서가 아니라 실재에 대한 이해를 변경시키고, 하나님을 이 변경에 짜 맞추었던 것이다(adapt God to fit this revision, 298). 한마디로 말해서 복음주의도 현대성(modernity)에 스스로를 방기하고 말았다는 것이다.

복음주의자들이 무의식적으로 수납한 현대성이 이런 영향을 미친 것이다(12). 그러므로 문제는 현대성이냐 아니면 성경적 기독교냐의 양자택일의 것이 된다. 이런 점에서 그는 과감히 반현대적(Anti-modern)이고자 한다(Cf. 10, 11, 287). 현대성의 의미를 잘 아는 그는 그런 현대성의 습성은 죽어져야, 그 뿌리가 뽑혀져야 한다고(301) 외치면서, 과감히 현대에 사는 반현대주의자이고자 하는 것이다. 심지어 한 곳에서는 이런 입장을 고전적 개신교의 온전한 신학을 회복하는 것으로 묘사하기도 한다. "신앙 고백이 깊은 성찰에 의해서 그 힘을 얻고, 신앙 고백과 성찰이 연관하여서 하나님의 지혜가 이 세상에서 구현되는 지혜를 생성시키는 고전적 개신교의 온전한 신학을 회복하는 것이 가능한가?"(292f.)3 이 고전적 개신교 신학이라는 말로 그는 역사적 개신교 정통주의(historical protestant orthodoxy)를 의미한다(11). 이 개신교 정통주의는 진리에 대한 열정에 의해 인도되었고, 그렇기에 신학적 용어들로 표현될 수 있었다고(12) 한다. 그러므로 고전적 개신교 신학에 충실하려고 하는 모든 이들에게 이 책은 같은 정신을 가진 동료의 부름으로 들리게 된다.

그러나 이 책이 가진 매력은 이러한 기본적 주제나 강한 주장에 못지 않게 아주 풍성한 현대성과의 대화를 통해서 이 주장을 하고 있다는 데에 있다. 그리고 바로 여기에 웰스 교수가 이 책을 쓴 이유가 있는 것이다. 그는 사상가이지 선동가나 부흥사가 아닌 것이다. 더구나 그는 이 책을 아주 흥미롭게 도입해 들이고, 흥미롭게 전개해 나간다. 그는 새 학년도 새 학기가 되어 조직 신학 강의를 처음 듣는 학생들에게 첫 신학 강의를 하러 들어가는 교수의 심정으로부터 이 책을 시작하고 있다. 특히 "많은 이들이 생각해 왔던 것과는 아주 동떨어지고, 또 중요하다고 생각되지만 처음 대할 때는 언제나 아주 당혹스럽고, 때로는 위협적이기까지한 과목"으로(1) 여겨지는 신학을 어떻게 가장 잘 소개할 것인가 하는 부담을 가진 교수의 심정을 묘사하면서 말이다(또 좀 더 재미있게 하기 위해서 학생들의 교수 평가를 의식하는 그 부담까지를 묘사하면서 말이다).

그는 결국 학생들에게 우리가 그리스도인이라면 하나님과 그의 말씀에 대한 우리의 지식에서 나온 형태를 가진 '사물을 우리의 심중에서 하나로 엮는 방식들'인 신학을 가지고 있다고 소개하게 된다(3). 그러므로 이제는 문제가 신학을 가지고 있느냐 아니냐의 문제가 아니고, 좋은 신학을 가지고 있느냐 아니냐, 우리의 사유 과정을 의식하느냐 아니냐, 특히 우리의 모든 사유를 그리스도께 순종케 하느냐 아니냐의 문제라고 한다. 그러므로 그는 신학이란, 그가 늘 주장해 왔듯이, 무엇보다도 하나님의 백성에게 속하며, 신학의 절절하고 기본적인 청중은 학자들의 길드가 아니라, 교회라고 주장한다(5). 왜냐하면 신학은 사물의 본성에 대한 철학적 성찰이 아니라, 신지식(神知識)에 대한 설득력있는 진술이며,

---

³ 원문대조: "Is it possible to recover the full-orbid theology of classical Protestantism combined to produce a wisdom by which God's truth was lived out in the world?"

그 내용은 단순히 인간적 성찰에서 나오는 것이 아니라, 하나님의 말씀에 의해 양육받고 훈련된 것이며, 그 목적은 기본적으로 학자들과의 대화에 참여하는 것이 아니라, 하나님의 백성을 양육하는 것이기 때문이다(5). 그러므로 신학이란 학문의 세계, 교회, 그리고 학자들과 목사님들이 다같이 서로 만나는 곳에서 이루어지는 것이라고 한다(6).

그런데 문제는 이런 참된 신학이 현대에 들어와서는 사라지고 있다는 데에 있다. 그 이유는 현대화의 결과라고 할 수 있는데, 복음주의자들도 무의식적으로 이 현대화의 결과를 받아들임에 의해서 복음주의 내에서도 신학이 사라지는 결과가 나왔다고 한다. 또한 한때 진리를 전달하고 수호하는 역할을 하던 목회자들이 우리가 교회라고 부르는 작은 기업들의 경영자들 비슷하게 되어 "목회적 장애자들"(pastoral disablers)이 된 현상도 지적한다.

이런 변화의 과정을 좀 더 흥미롭게 표현하고자 웰스 교수는 미국이 시작되었던 뉴 잉글랜드 매사츄세츠주의 웬함(Wenham, Massachusetts)이라는 작은 마을의 변화를 묘사하는 것으로 시작한다. 그 내용은 "맛있는 낙원의 상실"(A Delicious Paradise Lost)이라는 제목이 시사하듯이 맛있는 꿀 같은 낙원인 이 퓰리탄 마을이 현대에 들어서 어떻게 변화하고 있는지의 과정에 대한 묘사이다. 여기서 그가 영국 맨체스터에서 받았던 역사학자로서의 훈련이 잘 드러나고 있다고 할 수 있다.4 이에 이어서 제2장에서는 "세상의 진부한 문화"(World Cliche Culture)란 제목 하에서 현대성과 현대화, 그것이 기독교에 미친 세속화 세속주의를 다루면서 어떻게 우리가 무의식적으로 이런 변화의 과정에 끌려가고 있는지 묘사한다.

제3장에 이르러서는 본격적으로 신학이 상실하는 현상과 이유를 설명하고, 그 후에는 이런 현대의 종교 현상에 대한 분석으로 들어가 "자기 경건"(self-piety), 각사람 됨, 목회자들의 목회적 장애인 됨을 묘사한 후, 제7장에서는 근원적인 문제로 돌아가서 이교인의 마음과 현대인의 마음을 성경적 정신과 대조하여

---

4 그의 맨체스터에서의 박사학위 연구를 반영하는 저술로 David F. Wells, *The Prophetic theology of George Tyrrell, American Academy of Religion Studies in Religion,* vol. XXII (Chico, 1981)를 들 수 있을 것이다.

설명하고, 마지막 장인 8장에서는 복음주의 개혁이라는 제목 아래서 하나님을 회복함으로 말미암아 온전한 복음주의로 되돌아가자는 도전을 하고 있다.

이 책에서 아쉬운 점은 현대성으로 말미암은 일반적 신학의 상실은 비교적 충실히 논의되었는데 비해서, 이 책이 특별히 관여하고 있는 복음주의에서의 신학의 상실, 또는 신학의 주변화에 대한 좀 더 구체적인 논의가 부족하지 않는가 하는 점이다.

물론 그는 복음주의가 신학의 부재 현상을 얻게 되는 과정에 대한 시사는 하고 있다. 과거에 아타나시우스, 어거스틴, 루터, 칼빈, 웨슬리, 에드워즈, 핫지 등이 감당해온 역할, 1960년대와 70년대에 칼 헨리, 에드워드 카넬, 코넬리우스 반틸, 버나드 램, 프란시스 쉐이퍼, 그리고 케네뜨 칸저 등이 제공하던 자산 제공을 하는 이들이 사라져 버리고, 이제는 이 자산이 고갈되었고, 복음주의 내에 주도권이 경영자들의 손에 주어지고 있음을 지적하고 있다(133). 오늘날 복음주의자들을 하나로 묶는 것은 신학적인 것이 아니라, 전략적인 것이라는 것이다. 즉, 복음주의자들이 신학적 비전에 의해서 움직여지지 않는다는 것이다 (133). 이는 결국 오늘날의 복음주의자들 사이에 있는 진리에 대해 아주 축소된 감각 때문이라는 시사는 있다(136).

그러나 이에 대해 실증적인 어떤 논의도 나와 있지 않는 것은 과연 이 책에 강조하는 점이 직감적으로 만이 아니라, 참으로 구체적이어야 할 필요를 느낀다. 그러나 그것은 이런 작업에 근거하여 웰스 교수의 본격적인 신학하고, 이를 글로 표현하는 작업이 감당할 과제라고 여기면서 그의 다음 작업들을 기대하게 한다.

4
기독교 배타주의의 강력한 변증을
칭송하며*

Nash, Ronald H. *Is Jesus the Only Savior?* Grand Rapids: Zondervan, 1994. pp.188.

현대 신학의 여러 조류에 대하여 복음주의적 입장에서 검토하는 여러 책을 쓰고 편집했던[1] 로날드 내쉬가 1994년에 또 하나의 중요한 신학적 문제인 다원주의적 구원관과 내포주의를 철저한 기독교 배타주의 입장에서 검토하고 평가하는 책을 내었다. 시라큐스 대학교에서 박사학위를 한 내쉬는 오랫동안 웨스턴 켄터키 대학교에서 철학교수와 철학과 학과장으로 있었으며, 남침례교파(the Southern Baptist Seminary)에 속한 이로서, 현재 플로리다 주 올란도의 개혁 신학교(Reformed Seminary)의 철학 교수로 있다.

그는 이 책에서 구원론에서 소위 기독교 배타주의를 옹호하면서, 다원주의와

---

* 이 서평은 한국성경신학회의 학술지 「교회와 문화」 1 (1998년 6월)에 실렸던 것임을 밝힌다.

[1] 해방 신학에 대하여는 Ronald Nash, ed., *Liberation Theology* (Grand Rapids: Baker, 1988); Humberto Beli and Ronald Nash, *Beyond Liberation Theology* (Grand Rapids: Baker, 1992); Ronald Nash, *Poverty and Wealth* (Dallas: Probe Books, 1992), 과정 신학에 대하여는 Ronald Nash, ed., *Process Theology* (Grand Rapids: Baker, 1987); Nash, *The Concept of God* (Grand Rapids: Zondervan, 1983), 그리고 여성 신학에 대하여는 *Great Divides: Understanding the Controversies that Come Christians* (Colorado Spings: Nav Press, 1993) 등을 보라.

내포주의를 비판하고 있다. 첫 장에서는 배타주의를 제시하고 성경의 권위와 신약의 주장들, 그리고 신학적 고려점들, 그리고 다른 종교들도 배타주의적이라는 것을 지적하면서 왜 배타주의를 주장해야만 하는지를 밝힌다(제1장). 그리고는 다원주의를 비판하는 제1부로 나아가서는 다른 저자들이 이미 지난 40여 년에 걸친 존 힉(John Hick)의 사상의 발전을 분석했음을 밝히고,[2] 자신은 힉이 다원주의 사상을 제시하기 시작한 1970년대부터의 힉의 사상을 다원주의의 초기 단계와 두 번째 단계로 나누어서 검토하기로 한다고 밝힌다.

힉의 다원주의 초기 단계를 분석하는 제2장에서 내쉬는 힉이 말하는 종교에서의 코페르니쿠스적 혁명을 언급하고 비판한다. 힉의 이른바 코페르니쿠스적 혁명이란 "교회 밖, 또는 기독교 밖에는 구원이 없다는 고정점을 가진" 프톨레미적 신학에서[3] 모든 종교가 그를 중심으로 하고 있는 신 중심의 모델로의 전환이다. 힉은 자신이 이런 사상적 전환을 하게 된 것이 기독교 밖에 있는 성인적인 사람들에 대한 점증하는 의식 때문이었다고 밝힌다.[4] 그러나 이 단계에서 힉은 한편으로는 신이 "인간의 모든 사상을 초월한다"는 것을[5] 강조하면서도 아직도 여전히 기독교적 신개념에 가까운 신을 생각하는 문제를 가지고 있었다. 그래서 힉 자신이 다음 단계로의 전환이 필요함을 의식하게 되었다고 한다.

내쉬가 제3장에서 다루는 힉의 다원주의의 두 번째 단계는 1980년대 이래로 힉이 "신중심"(God-centered)의 모델로부터 "구원 중심의 모델"(salvation-centered model)로 나아간 것이라고 할 수 있다고 하며, 이는 힉이 에딘버러 대학교에서 대학원 수업을 하면서 영향받은 칸트 사상과 연관된다고 한다(39). 참으로, 힉은 칸트의 현상계와 예지계의 구별을 원용하며 현상적 하나님과 예지적 하나님을

---

[2] Cf. Gavin D'Costa, *John Hick's Theology of Religious Pluralism* (Landam, Md.: University Press of America, 1987) and Paul R. Eddy, "John Hicks Theological Pilgrimage," *Preceedings of the Wheaton College theoogy Conference* (1993), vol. 1: *The Challenge of Religious Pluralism: An Evangelical Analysis and Response*, 26-38 (29, n. 1).

[3] John Hick, *God and the University of Faith* (London: Collins, 1977), 125.

[4] Hick, *God Has Many Names* (London: Macmillan, 1980), 앞부분.

[5] Hick, *God and the Universe of Faith*, 178.

구별하고, 실재(Reality, or the Real) 또는 궁극적 실재(Ultimate Reality), 또는 궁극적인 것(the Ultimate)이 예지계의 신, 즉 신자체라고 할 수 있다고 한다. 이에 대한 그의 묘사는 다음과 같다.

> 궁극적인 것은 그 자체 이외의 모든 것을 초월하면서, 그 자체는 그 자체 이외의 그 어떤 것에 의해서도 초월되지 않는 추정적인 실재이다. 이렇게 이해된 궁극적인 것은 우주와는 그 근원 또는 그것의 창조자로, 우주의 의식적인 부분인 우리네 인간들과는 우리 존재의 원천과 그 존재의 가치 또는 의미의 원천으로 연관된다.[6]

이런 궁극적인 것과 연관해서 각각의 문화 속에서는 문화적으로 조건화된 신의 표상들이 있게 되는데, 그것이 소위 현상적인 신들이라는 것이다. 그런데 우리는 실재하는 대로의 신은 결코 의식할 수 없고, 오직 "우리 자신들의 전통의 개념적 렌즈를 통해 생각되고 경험된" 신, 즉 현상적인 신들만을 의식하게 된다고 한다.[7] 그러므로 힉에 의하면, 신은 알 수 없지만, 그래도 다양한 종교적 경험들 배후에 어떤 실재가 있다고 믿는 것이 개연성 있으며, 그 실재는 비록 서로 다르고 갈등하는 식으로 경험된다고 해도 그것은 본질적으로는 같은 것이라는 것이 개연성 있다고 한다.[8]

이렇게 현상적인 신들과 예지적인 신을 구별함으로써 힉은 그의 초기 주장이 가지고 있던 한가지 난점, 즉 신이 인격적이면서 동시에 비인격적이라는 문제를 해결할 수 있게 되었다. 즉, 실재 자체에는 이런 개념이 도무지 적용되지 않지만,[9] 그 실재는 인격적으로 생각되거나 경험될 수도 있다는 것이다.[10] 이런 힉의 논의에 대해서 내쉬는 힉이 다른 사람들은 그렇게 할 수 없다고 말하면서도 힉 자신은 그 알 수 없는 실재가 과연 어떤 것인지를 찾아낼 수 있다고 생각하는 것이

---

[6] Hick, *Dispute Questions in Theology and the Philosophy of Religion* (New Haven: Yale University Press, 1993), 158.

[7] Hick, *Dispute Questions*, 159.

[8] Hick, *Dispute Questions*, 178에 근거한 내쉬의 언급 (42).

[9] Hick, *Dispute Questions*, 177.

[10] Hick, "The Theology of Pluralism," *Theology* 86 (1983), 337.

아니냐는 느낌을 가지게 된다고 한다(44). 또한 힉의 급진적 회의주의에 대해서 한 바싱거의 다음과 같은 말도 동감적으로 소개하고 있다: [그렇다면 다원주의 대신에] "우리를 초월하는 더 높은 실재는 없으며, 따라서 모든 종교적 주장들은 모두 다 거짓이라는 입장, 즉 자연주의(naturalism)를 선택하지 않을 이유는 무엇인가? 또한 오직 한 관점의 종교적 주장만이 참되다는 배타주의적 주장을 왜 선택하지 않는가?"[11]

이 두 번째 단계의 힉의 사상의 또 하나의 특징은 종교들을 구원이란 척도로 잰다는 것이다. 그에 의하면 구원이란 개인이 전적인 자기 관심으로부터 각 종교에서 다양하게 불리우는 신 중심에로 변화하는 것이다.[12] 이에 대해서 내쉬는 아주 자연스럽게 그의 종교를 판단하는 기준이 너무 탄력성 있고, 너무 모호하다고 한다(47f). 힉의 기준은 각 종교에서 가르쳐진 중요한 신념들의 진위를 결정할 수 있어야만 그 구실을 할 수 있게 될 것이라고 한다(48).

또한 이 단계에서 힉은 자신이 말한 자기 중심성으로부터의 탈피로서의 구원 개념에 예외적인 경우를 말한다는 점을 내쉬는 지적한다. 그것은 힉이 여성 해방 운동에 대해서 말하는 것에 대한 언급이다. 힉의 말을 일부 인용해 본다면 다음과 같다: [여성 해방 운동은 여성이 자아를 가져야 한다는 것인데] "자아를 초월하기 위해서는 먼저 자아가 되어야만 한다. 이것은 현대의 여성 해방 운동은 인간 해방의 큰 운등 중 하나로서, 오늘날 우리들의 세상에서의 구원적 변화의 선두에 서 있음을 의미한다."[13]

힉의 사상을 이렇게 두 단계로 나누어서 분석한 후에 내쉬는 이성과 진리의 관점에서 그의 사상을 비판하고(제4장), 예수 그리스도에 대한 기독교의 이해의 빛에서 그의 다원주의를 비판한다(제5장). 여기서의 내쉬의 논의는 힉이 윌프레드 스미스와 폴 니터와 함께 오직 종교적인 은폐에서만 모순률이라는 논리적

---

[11] David Basinger, "Hick's Religious Pluralism and 'Reformed Epistemology': A Middle Ground," *Faith and Philosophy* 5 (1988): 422.

[12] Hick, *An Interpretation of Religion* (New Haven: Yale University Press, 1989), 36.

[13] Hick, *An Interpretation of Religion*, 52. See also 52-55.

원리를 파괴한다는 점을 중심으로 하고 있다. 예를 들자면, 윌프레드 스미스는 "모든 궁극적인 문제들에 있어서 진리는 이것이냐 저것이냐(an either-or)에 있는 것이 아니라, 둘 다를 합한 데(a both-and)에 있다"고 하며,14 또한 종교에는 진위 개념이 적용되지 않는다고 한다.15 그리고 폴 니터는 "모든 종교적 경험과 모든 종교적 언어는 두 눈을 가지며, 두 개의 중심을 가지고, 양극단의 연합이어야만 한다"고 말하는 것이다.16 그들에 의하면 종교적 진리는 명제적인 것이 아니라, 인격적(personal)이라고 한다. 즉, 이는 신자의 삶에 실존적인 영향만을 가진다는 것이다(60). 따라서 이런 저런 종교의 축적적인 전통은 그 전통이 그 전통 안에 있는 개인 신자들의 삶을 변화시킬 때에만 참이 된다는 것이다.17 이에 대해서 내쉬는 세계의 중요한 종교들이 그 본질적 교리에서와 제시하는 행위의 수준에서 논리적으로 갈등됨을 강조한다(67f.).

진리 개념에서의 이런 차이와 함께 기독교의 주장에 대한 이해에서도 차이를 자지게 된다. 그래서 힉은 성육신을 형이상학적 진리로 여기기를 그만두고, "하늘 아버지를 자신에게 실제적이게 해주신 분으로서의 예수에 대한 그리스도인의 헌신을" 표현하는 것으로 여기기를 바라는 것이다.18 그래서 힉에 의하면 부활이 혹시 실제로 일어났다고 해도 그것이 예수의 신성을 믿을 이유는 못 된다고 한다. 또한 힉은 예수께서 자신이 하나님이라고 의식하지도 또 그렇게 주장하시 지도 않았다고 한다.19 예수는 오히려 "신의 실재를 강력하고도 넘칠 정도로

---

14 Wilfred Cantwell Smith, *The Faith of Other Men* (New York: New American Library, 1963), 17.

15 Smith, *The Meaning and End of Religion* (New York: Harper & Row, 1978), 322. 스미스의 인격적 진리 개념에 대한 네트란드의 요약도 참조하라: "종교에서는 진리가 기본적으로 인격적으로 이해되어야만 한다. 즉, 종교적 신념들을 만족스럽게 충용하는 사람들 안에 그 위치를 가진 것으로 말이다"(Harold Netland, "Exclusivism, Tolerance and Truth," *Missiology* 15 [1987]: 90).

16 Paul Knitter, *No Other Names? A Critical Survey of Christian Attitudes Toward the World Religions* (Maryknoll, N.Y.: Orbis, 1985), 221.

17 Cf. Smith, *Toward a World Theology* (Philadelphia: Westminster Press, 1981), 187.

18 Hick, *God Has Many Names*, 125-26. Cf. "Jesus and the World Religions," in *The Myth of God Incarnate*, ed. John Hick (London: SCM, 1977).

19 Cf. Hick, *God Has Many Names*, 28, 72-73, 125; "Jesus and the World Religions," 171-73; *God and the Universe of Faith*, 163.

의식하고” 있었고, “그의 영은 하나님에 대해 열려 있었으며, 그의 삶은 하나님의 사랑에 대한 계속적인 반응이었다”고 한다. 그래서 그가 “손을 대면 병든 자가 고침을 얻었고, 심령이 가난한 자들이 그의 면전에서 새로운 삶의 힘을 얻었다”고 한다.[20] 이처럼 힉은 예수를 강력한 신의식을 가지고 있던 이로 보아서 그를 상당히 슐라이어마허적으로 인식하고 있다. 그래서 힉은 결국 교회가 예수를 신격화했다는 것이다. 물론 복음서 자체 내에도 그런 시사가 있지만 그것은 후대의 첨가라는 것이다.[21]

이런 힉에 대해서 내쉬는 힉이 “성육신”이란 말의 역사적 중요성 때문에 그 용어를 유지하려고 하면서, 사실은 그 말의 역사적 의미를 다 버려 버리는 식으로 “성육신”이란 말을 가지고 장난하고 있다고 비판한다(74). 또한 힉이 그렇게 회의적인 결론을 내리도록 그가 의존하고 있는 신약학의 수준이 너무나도 오래되고 낡은 것이라고 한다(77, 79, 80, 83). 내쉬는 힉의 이런 회의적인 결론을 반증하는 근자의 신약학자 두 사람의 논의를 인용하고 있다. 그 하나는 교회의 기독론이 신약 성경 내에 있는 사상을 이끌어 내고 더 분명히 하는 것임을 밝히고 잘 드러낸 모울의 논의이고,[22] 또 하나는 30년에서 50년 사이에 초대 교회가 예수를 이미 “하나님의 아들”로 불렀다는 증거를 제시하는 마르틴 헹겔의 논의이다.[23] 그래서 내쉬는, 마이클 그린을 따라서, 만일 힉이 복음주의자들을 설득하기 원한다면 좀 더 강한 주장을 제시할 수 있어야 할 것이라고 한다.

제6장에서는 마지막으로 몇 가지 다른 문제를 다루고 다원주의에 대한 논의를 마치고 있다. 첫째로, 다원주의자들이 배타주의를 비도덕적이라고 하고 그 관용적이지 않은 태도에 대해 비판하는 것에 대해서, 내쉬는 몇몇 사람들의

---

[20] Hick, “Jesus and the World Religions,” 172. See also *God has Many Names*, 58-59.

[21] Hick, “Jesus and the World Religions,” 175. 내쉬는 후에 이에 대한 모울(C. F. D. Moule)의 비판을 제시하고 있다(82).

[22] Cf. C. F. D. Moule, *The Origin of Christology* (Cambridge: Cambridge University Press, 1977), 2-4, 6.

[23] Martin Hengel, *The Son of God: The Origin of Christology and the History of Jewish-Hellenistic Religion* (Philadelphia: Fortress, 1976), 2, 10.

주장을 인용하면서 의견을 달리해도 서로 좋은 관계를 유지할 수 있다고 한다. 그 중 한 사람의 주장만 인용하자면 다음과 같다: "우리는 사람들과 의견을 달리해도 그들에게 잘 해 줄 수 있다. 물론 역사적으로 우리가 항상 그렇게 해오지는 않았지만 말이다."[27]

둘째로, 사람들이 어떤 종교를 선택하는 것이 순전히 지리적이고 문화적인 조건화 때문이라는 주장에 대해서, 그것이 과연 기독교 신앙의 진위성을 판단하는데 적절한 것인지를 묻고, 다른 모든 종교들에 대해 공평하자는 힉의 논의는 결국 "종교가 무신론보다 더 타당한 이유가 무엇인가" 하는 질문을 야기할 수 있다는 로저 트리그의 말을 인용하며,[28] 서구에서 자라난 힉의 입장이 비기독교적이고, 좀 동양종교적인 다원주의의 입장인 것은 힉이 말하는 지리적이고 문화적인 조건화에 반하는 것이 아니냐고 묻는다(96).

셋째로, 하나님과 관련된 문제로 힉에 의하면 하나님은 알 수 없으므로 결국 하나님이라고 불려질 수도 없다는 문제와 다원주의자들은 하나님의 거룩성을 한번도 언급하지 않는다는, 즉 "보편주의자들은 그들의 신학에 신적인 거룩성의 여지를 가지고 있지 않다"는 점을 지적한다(97).

넷째로, 이전에 『종교 철학』에서 힉 자신이 주장했던 소위 "종말론적 검증"(eschatological verification)과 관련하여 내쉬는 다원주의자 힉은 이제 어떤 입장을 취하고, 그 결과에 대해 어떻게 책임을 질 것인가를 묻는다(98-99).

마지막으로, 만일 힉이 포괄적이고 폭 넓은 의미에서 자신을 "그리스도인"이라고 부르기를 원한다면 그것은 기독교 전통의 성격을 급진적으로 바꾸는 것이듯이, 다른 종교인도 다원주의자면서 그 종교를 유지하려고 할 때는 동일하게 그들의 신앙의 심각한 왜곡을 하는 일이 발생하지 않겠냐고도 묻는다(99-100).

이 모든 점을 미루어 볼 때 내쉬는 힉의 개념들은 그것이 받아야 할 것보다

---

[27] Hick, "Jesus and the World Religions," 178. Cf. Thomas Morris, *The Logic of God Incarnate* (Ithaca, N.Y.: Cornell University Press, 1986); "Understanding God Incarnate," *Asbury Theological Journal* 43 (1988): 63-77. Morris, "Understanding God Incarnate," 66. Paul Griffiths and Delmas Lewis, "On Grading Religions, Seeing Truth, and Being Nice to People- a Reply to Professor Hick," *Religious Studies* 19 (1983): 77.

[28] Roger Trigg, "Religion and the Treat of Relativism," *Religious Studies* 19 (1983): 298.

훨씬 더 큰 영향력을 가지고 있다고 결론지으면서, 만일 힉의 견해가 더 조심스럽게 검토되고, 그의 이론의 불완전한 토대가 잘 드러나면 좀 더 실재적이고 부정적인 평가가 있게될 것이라고 한다(100).

이렇게 다원주의를 검토한 후 내쉬는 제2부에서 내포주의(inclusivism)에 대한 논의와 비판적 고찰을 하며 나간다. 이 논의는 내포주의를 개괄적으로 설명하고(제7장), "내포주의와 신학"이란 제목하에서 내포주의의 신학적 문제점을 드러내고(제8장), "내포주의와 성경"이란 제목하에서 성경의 명백한 주장과 내포주의가 왜 조화될 수 없는지를 밝히며(제9장), 나머지 몇 가지 문제를 논의하고(제10장), 왜 내쉬 자신이 내포주의자가 아닌가를 논의하는(제11장) 형식으로 진행되고 있다.

내포주의에 대한 이 논의의 강점의 하나로 전통적으로 내포주의의 대표자들로 여겨진 현대주의 로마 가톨릭 사상가들 뿐만이 아니라, 소위 복음주의자들 가운데서 내포주의를 주장하려는 몇몇 사람들의 입장을 잘 검토하고 논의하고 있다는 것을 들 수 있다. 가톨릭 사상가 가운데서 인용된 이는 가빈 드코스타(Gavin D'Costa)로서 그는 자신의 입장을 다음과 같이 진술한다:

> [나의 견해는] 그리스도가 결정적(definitive)이고 권위있는 하나님의 계시라는 것을 주장하면서도 비기독교적인 종교들 내에도 구원적인 신의 임재(the salvific presence of God)가 있음을 확언하는 것이다.[29]

또한 내포주의의 대표자인 칼라너(Karl Rahner, 1904-1984)가 언급되지 않았을리 없다. 그의 다음과 같은 주장과 함께 말이다:

> 하나님께서는 모든 사람의 구원을 원하신다. 그런데 하나님께서 원하시는 이 구원은 그리스도에 의해서 얻어졌다.[30]

---

[29] Gavin D'Costa, *Theology and Religious Pluralism* (New York: Basil Blackwell, 1986), 80.

[30] Karl Rahner, *Theological Investigations* (New York: Seabury, 1966), 5:122.

기독교는 기독교 밖의 종교의 사람들을 단순히 비그리스인으로 여기지 않고, 이런 저런 점에서 이미 익명의 그리스도인(an anonymous Christian)으로 여겨질 수 있고, 또 그렇게 여겨져야만 하는 사람들로 여긴다. 이교도를 하나님의 은혜와 진리에 어떤 방식으로도 전혀 접촉하지 않은 이들로 여기는 것은 잘못된 것이다.[31]

복음의 선포는 하나님과 그리스도에 의해서 절대적으로 버려진 사람들을 그리스도인을 돌이키는 것이 아니라, 익명의 그리스도인을 객관적인 성찰에 의해서 그 자신의 은혜가 부여된 존재의 깊이 안에서 그리고 교회 안에서 사회적 형태로 주어진 신앙의 고백 안에서 자신의 기독교 신앙을 아는 자로 돌이키는 것이다.[32]

소위 복음주의자들 가운데서 내포주의를 주장하는 이들로 인용된 이들은 클락 피녹(Clark Pinnock)과 존 샌더스(John Sanders) 등을 들 수 있는데 그들의 주장은 다음과 같은 그들의 말에서 잘 나타나고 있다.

다른 신앙들 내에서도 하나님께서 역사하신다는 것을 인정하면서 다른 신앙들 내의 긍정적인 요소들을 인정하고 높이 사는 것이 가능하다… 만일 가나 사람들이 초월적인 신을 빛나는 분이나, 바위 같이 불변하는 분이나, 전적으로 지혜롭고 전적으로 사랑하시는 분이라고 말한다면, 그 누가 그들이 우리가 그리하듯이 참된 하나님을 인정하려 한다고 결론 짓지 않을 수 있겠는가?[33]

어떤 사람이 불교도인 줄을 안다고 해서 그 사람의 마음이 하나님을 찾지 않고 있다고 결론지어서는 안 된다 … 하나님이 참으로 관심을 가지시는 것은 신앙이지 신학이 아니며, 신뢰이지 정통이 아닌 것이다.[34]

만일 하나님이 참으로 온 세상을 사랑하시며 모든 사람이 구원받기를 원하신다면, 논

---

[31] Rahner, *Theological Investigations*, 5:131. 드코스타는 라너의 익명의 그리스도인을 다음과 같이 설명한다: "그리스도의 은혜에 의해서 믿음, 소망, 사랑을 통하여 구원을 얻었으나, 그리스도와 그의 교회 안에서 그 역사적 성취를 지향하는 자기 자신의 종교를 통하여 불완전하게 중재함을 받은 비그리스도인."(Gavin D'Costa, *John Hick's Theology of Religions* [Landam, MD.: University Press of America, 1987], 35) (110-11).

[32] Rahner, *Theological Investigations*, 5:132.

[33] Clark Pinnock, *A Wideness in God's Mercy* (Grand Rapids: Zondervan, 1992), 97 (112-13).

[34] Pinnock, *A Wideness in God's Mercy*, 112 (113).

리적으로 모든 사람이 구원에 접근할 수 있어야만 한다는 결론이 나온다.35

신지식은 성경 계시가 파고든 곳에만 제한되어 있지 않다.36

우리는 그리스도의 사역으로부터 유익을 얻기 위해서 그 사역을 의식해야만 하는 것이 아니다. 하나님께서 관심있어 하는 문제는 신학의 내용이 아니라, 마음의 방향이다.37

… 하나님께서는 은혜 가운데서 모든 개인들에게 주 예수의 구속적인 사역에 참여하는 진정한 기회를 부여하신다. 그 누구도 구원적 은혜로부터 유익을 얻을 가능성으로부터 배제되는 사람은 하나도 없다.38

복음 전도를 받지 못한 사람들은 예수의 사역을 통하여 구원하시는 하나님에 대한 그들의 헌신, 또는 그것의 결여에 근거해서 구원함을 받거나 상실된다. [내포주의자들은] 구원적 은혜의 충용이 일반 계시와 인간 역사 안에서의 하나님의 섭리적 작업들을 통하여 중재되어진다고 믿는다. 간단히 말해서, 내포주의자들은 구원의 특정성과 종국성이 오직 그리스도 안에 있다고 확언하나, 그리스도의 사역에 대한 지식이 구원을 위해 필수적이라는 것은 부인한다. 즉, 그리스도의 사역은 구원을 위해서 존재론적으로는 필수적이나 (따라서 그 누구도 그것 없이 구원받을 수는 없다), 인식론적으로 필수적인 것은 아니다(즉, 그것으로부터 유익을 얻기 위해서 그 사역을 의식할 필요는 없다).39

[내포주의자는] 구원적 은혜의 충용이 일반 계시와 인류 역사 안에서의 하나님의 섭리적 역사를 통해 중재된다고 믿는다.40

하나님께서 아주 풍성하게 주신 구원은 이스라엘과 그의 아들 예수 안에서의 하나님의

---

35 Pinnock, *A Wideness in God's Mercy*, 157 (130).

36 Pinnock, *A Wideness in God's Mercy*, 159 (118).

37 Pinnock, *A Wideness in God's Mercy*, 158 (125).

38 John Sanders, *No Other Name* (Grand Rapids: Eerdmans, 1992), 131 (103-104).

39 Pinnock, *A Wideness in God's Mercy*, 215 (104). Cf. 내포주의는 예수가 구원 신앙의 대상이어야만 한다는 것을 부인한다(ibid., 265) (124); "성경은 구원받기 위해서는 예수의 이름을 고백해야만 한다고 가르치지 않는다"(Pinnock, *A Wideness in God's Mercy*, 158) (125). 이런 주장의 가장 강한 근거로 제시되는 것이 구약 성도들의 경우이다(Sanders, "Is Belief in Christ Necessary for Salvation?, 256; Pinnock, A Wideness in God's Mercy," 161). 그러나 이는 신구약의 언약적 통일성을 잘 고려하지 못한데서 나온 잘못된 판단이 아닐 수 없다.

40 Sanders, *No Other Name*, 215 (118).

역사적 활동에 대한 구체적인 지식 없이도 모든 시대와 모든 문화, 그리고 지구상의 모든 곳에 제공되고 있고, 제공되어져 왔다.[41]

"구원에 이르는 신앙은 … 이 세상의 삶에서 그리스도에 대한 지식이 필수적이라고 하지 않는다. 하나님의 은혜로우신 활동은 특별 계시의 영역 보다 훨씬 더 넓다. 하나님 께서는 어떤 이가 예수를 전혀 모를지라도 회개하고 그를 믿는다면 그들을 당신님의 왕국으로 받아들이실 것이다.[42]

이처럼 복음주의적 내포주의자들은 이교도라도 그들이 자연 계시에 주어진 빛에 반응을 제대로 하면 구원함을 받을 수 있다고 한다. 이를 피녹은 히브리서 11:6의 요구를 만족시키는 "신앙의 원리"(the faith principle)라고 부른다. 그러나 피녹의 이런 신앙의 원리는 "불완전하고, 구원신앙에 대한 신약 성경의 묘사를 왜곡하고 희석시키는 것이다"(124)라는 내쉬의 평가는 공정한 것이다.

물론 피녹 등이 예수에 대한 역사적 사실을 전혀 중요시하지 않는 것은 아니다. 그러나 이 사실이 온 세상에 널리 전파되어야 하는 것은 사람들의 구원을 위해서가 아니라, "인류에 대한 하나님의 구원하시는 목적을 명료하게 하고, 개인들로 하여금 그리스도 안에서 하나님께 헌신하도록 동기를 부여하기" 위해 서이다.[43]

존 샌더스는 1975년에 우르바나에 있는 일리노이 대학교에서 열린 IVF수련회 에서 25%에 달하는 이들이 여러 종류의 내포주의를 주장했다는 통계를 제시하 며,[44] 내쉬는 교단지도자들, 선교 지도자들 그리고 주도적인 신학교와 기독교 대학의 교수들 가운데 50% 정도가 내포주의일 것이라고 한다(107). 또한 샌더스는 20세기 복음주의 지도자들 가운데서 다음과 같은 이들은 내포주의를 옹호할

---

[41] Sanders, *No Other Name*, 216 (105-106). Cf. "사람들은 구원의 은사를 누가 주시는지 또는 그 은사의 정확한 본질에 대한 인식이 없이도 구원의 은사를 받을 수 있다"(255); "성경에 의하면, 사람들은 믿음으로 구원을 얻는 것이지, 그들의 신학의 내용으로 구원받는 것이 아니다"(Pinnock, *A Wideness in God's Mercy*, 157 (124).

[42] Sanders, "Is Belief in Christ Necessary for Salvation?" *Evangelical Quarterly* 60 (1988): 252-53 (123).

[43] Pinnock, *A Wideness in God's Mercy*, 159 (126).

[44] Sanders, *No Other Name*, 216, n. 1 (106-107).

것이라고 한다: 캄벨 모르간(G. Campbell Morgan), 에드워드 카넬(Edward John Carnell), 루이스(C. S. Lewis), 버나드 램(Bernard Ramm), 브루스 로컬비(D. Bruce Lockerbie), 조오지 래드(George Ladd), 윌리엄 더니스(William Dyrness), 허버트 캐인 (Herbert Kane), 앤더슨(J. N. D. Anderson) 등 (107-108).

물론 가톨릭 사상가들의 내포주의와 복음주의적 내포주의에 차이를 이 복음주의적 내포주의자들도 의식한다. 그래서 피녹은 가톨릭적 내포주의 주장이 낙관주의적이라고 하면서 자신은 "종교들 안의 선악에 대해서 좀 더 실재적이며, 서로 간의 다리를 놓고, 대화를 할 때 소박한 태도를 취하지" 않으려고 한다고 말한다.45 그리고 라너의 익명의 그리스도인 개념은 "이교 안에서 하나님을 부르는 사람들의 삶안에서 비기독교 종교를 구원의 수단으로 성화시키는 방향으로" 너무 지나치게 나아갔다고 한다.46 그럼에도 불구하고 피녹 등의 주장을 살필 때, 그 자신도 그가 비판하는 가톨릭 사상가들만큼 낙관적이고 아주 관용스럽다는 내쉬의 평가(113)는 옳다.

대개 내포주의자들은 전포괄적인 보편주의와는 다르므로 그런 보편주의에 대해서는 비판적인 태도를 취한다. 그러므로 내포주의의 입장은 결국 가톨릭적인 행위구원론의 입장을 따르게 되거나, 알미니안적인 입장을 가지게 된다. 현대의 대표적인 알미니안 주장자인 피녹이 내포주의적 입장으로 나아간 것은 어떤 면에서는 그의 입장의 당연한 논리적 귀결이라고도 할 수 있다. 샌더스의 다음 진술들의 알미니안적 특성들을 살펴보라: "갈보리는 모든 이를 위한 것이지만 구원은 오직 믿는 이들을 위한 것이다."47 그런데 이 때 "믿는 자"란 말로서 샌더스가 의미하는 것은 "하나님에 대한 믿음을 가짐으로 구원을 얻는 모든 사람"이라는 뜻이지, "예수 그리스도의 사역을 알고 이에 참여하는 신자"인 그리스도인을 뜻하는 것이 아니다. 이처럼 복음주의적 내포주의자들은 믿는 이와

---

45 Pinnock, "Toward an Evangelical Theology of Religions," *Journal of the Evangelical Theological Society* 33 (1990): 368 (112).

46 Pinnock, "The Finality of Jesus Christ in a World of Religions," in *Christian Faith and Practice in the Modern World*, ed. Mark A. Noll and David F. Wells (Grand Rapids: Eerdmans, 1988), 164 (112).

47 Sanders, *No Other Name*, 107 (115).

그리스도인을 나누어서 생각한다.48

그럼에도 불구하고 피녹의 사상에는 전형적인 내포주의의 주장과는 다른 면이 나타나는 데 그것은 그가 "사후 복음 전도"(post-mortem evangelism)로 알려진 입장을 지지한다는 것이다. 이는 샌더스에 의하면 조셉 레키(Joseph Leckie)나 린드벡(George Lindbeck) 같은 비복음주의자들 뿐만이 아니라, 파크레(Gabriel Fackre), 블뢰쉬(Donald Bloesch), 로손(John Lawson), 그루뎀(Wayne Grudem) 같은 복음주의자들도 지지하는 입장이다.49 이런 이들이 흔히 의존하는 성구들인 베드로전서 3:18-4:6, 사도행전 17:31, 디모데후서 4:8, 요한일서 4:17 가운데서 뒤의 네 구절은 논의할 필요도 없이 "사후 복음 전도"와는 관계가 먼 본문들임을 옳게 지적한 내쉬(152)는 베드로전서 4:6에 대해서도 이는 지금은 죽은 그리스도인들을 묘사하는 것이라고 옳게 주해하며(153), 베드로전서 3:19에 대한 더 개연성있는 전통적 해석에 의하면 "사후 복음 전도"에 대한 시사가 있을 수 없다고 한다(155).

물론 샌더스는 이런 "사후 복음 전도"의 가정은 그의 내포주의와 논리적으로 병행될 수 없다고 하면서, 또한 이 이론은 예수 그리스도에 대한 의식적 믿음이 구원을 위해서 필수적이라고 가정한다고 하면서 이를 거부한다.50

이렇게 내포주의 입장을 비판한 것에 근거해서 마지막 장에서 내쉬는 비록 내포주의가 많은 그리스도인들에게 강한 감정적 호소를 해도(163) 자신이 내포주의를 취할 수 없는 이유를 다음과 같이 밝히고 있다.

첫째는, 내포주의가, 1989년 미국 복음주의 신학회에서 피녹에 대한 논평에서 루터파 신학자 마르크 물러(Marc Muller)가 말한 대로, "역사와 사람들의 나라와 세상에 대한 하나님의 엄위하신 주권에 대한 참으로 성경적인 이해"를 반영하기에 실패한 "낭만적 프로젝트"이기 때문이라고 한다(163-64). 그리고 내포주의는

---

48 Sanders, *No Other Name*, 224-25 (123).

49 Joseph Leckie, *The World to Come and Final Destiny*, 2nd ed.(Edinburgh: T.&T. Clark, 1922); Geoge Lindbeck, *The Nature of Doctrine: Religion and Theology in a Postliberal Age* (Philadelphia: Westminster, 1984); John Lawson, *Introduction to Christian Doctrine* (Wilmore, Ky.: Francis Row, 1978); Wayne Grudem, "Christ Preaching Through Noah: 1 Pet 3:19-20 in the Light of Dominant Themes in Jewish Literature," *Trinity Journal* 7 (1986): 4.

50 Cf. Sanders, *No Other Name*, 210 (158, n. 16).

점점 더 사변에로 들어가는 경향이 있다고 한다.

둘째로, 내포주의는 그 주장자들의 그렇지 않다는 주장과 선교에의 강조에도 불구하고 기독교 선교에 문제를 제기하게 되기 때문이다. 한가지 예만 든다면, 강한 기독교 선교 철학의 제시에도[51] 불구하고 다음과 같이 말하게 되는 샌더스를 보라: "교회의 초대를 받아들이기를 거부하는 것이 하나님의 초대를 수락하기를 거부하는 것과 동일시되어서는 안 된다."[52]

셋째로는 복음주의적 내포주의자들이 그 어떤 인간도 "그들 자신의 도덕적 노력으로 구원받지 못한다"는 종교 개혁의 원리를 받아들여서 주장함에도 불구하고,[53] 결국은 신약적 신앙을 가지지 않아도 어떤 종류의 선한 일을 하면 그것에 근거해서 구원함을 받을 수 있다고 하는 피녹의 입장과 이를 확언하는 샌더스는[54] 결국 인간의 행위에 의한 구원을 가르치지 않는가 하는 의심 때문이다(169-70).

넷째로는 내포주의나 다원주의가 성경의 권위를 무시하는 유사성을 보이기 때문이다(171-72). 특히 하나님의 사랑만을 강조하는 감상주의가 그들의 해석학의 근본적 통제 원리가 되면,[55] 그들이 결국은 힉의 길로 가려는 유혹을 어떻게 막을 수 있겠느냐는 더글라스 게이베트(Douglas Geivett)의 말에 동의하면서 내쉬는 이점을 지적하는 것이다(이는 1992년 12월 3일자 그의 사신을 인용하면서 하는 말이다) (171-72).

마지막으로 사도행전의 선교와 복음주의적 내포주의자들의 주장을 비교할 때 "하나님께서 내포주의자처럼 말씀하시거나, 행동하시지 않으실 것이" 분명하기 때문이다(174).

이런 논의에 근거해서 내쉬는 만일 피녹의 신앙의 원리에 의한 구원이 옳다면

---

⁵¹ Sanders, "Is Belief in Christ Necessary for Salvation," *Evangelical Quarterly* 60 (1988): 248; *No Other Name*, 283-85.

⁵² Sanders, *No Other Name*, 237.

⁵³ Sanders, *No Other Name*, 235.

⁵⁴ Pinnock, "Toward an Evangelical Theology of Religions," 367-68; *A Witness in God's Mercy*, 98; Sanders, *No Other Name*, 259.

⁵⁵ Cf. Pinnock, "Toward an Evangelical Theology of Missions," 362; Sanders, *No Other Name*, 106.

이를 만족시킨 바리새인 사울이 구원을 얻었을 것이나(175), 성경에 나타난 바울의 말에 의하면 바리새인인 그는 잃어진 죄인이었다고 좋은 대조를 시키면서, 내쉬는 비록 내포주의가 20세기 말의 복음주의자들 사이에서도 강력한 영향력 있는 입장이 되어가고 있음에도 불구하고 "이 성경적으로 지지받을 수 없는 대안을 받아들이는 것은 굉장한 신학적 손실을 가져온다"고 결론내리고 있다(175).

이렇게 진행된 내쉬의 다원주의와 내포주의에 대한 비판적 고찰과 평가는 이 작업을 통해서 그가 배타주의적 입장을 잘 변호하며, 다원주의와 내포주의에 대해 그 주장자들의 주장을 충분히 잘 드러내면서 비판을 적절히 하고 있다고 하는 면에서 높이 살 수 있다. 특히 내포주의자들 중에서 소위 복음주의적 내포주의를 말한다는 피녹과 샌더스에 대한 비판적 검토와 논의는 이 분야에서 아주 선구적인 논의라고 할 수 있다. 그러므로 내쉬는 이 책을 통해서 정통주의 그리스도인들이 피녹과 샌더스의 주장에 대해서 느끼며 반응하는 바를 모범적으로 해내었다고 말 할 수 있다.

더구나 그들 사이의 미묘한 차이도 잘 드러내면서 그들의 주장이 어떻게 문제를 생성시키는지를 잘 드러내고 있는 논의라고 할 수 있다. 예를 들면, 피녹이 사후 복음전도 가능성을 말하는 점에서 실제로는 자신의 내포주의 입장을 벗어나 좀 다른 형태의 배타주의를 말하는 것이며(149-50), 이에 비해서 샌더스는 이 입장에 반한다는 논의(158, n. 16)는 아주 좋은 논의라고 할 수 있다.

그러나 그의 논의의 몇가지 문제점을 지적하자면, 먼저 다원주의에 대한 논의에서 그는 주로 힉의 주장을 중심으로 논의하고 있는데, 이는 오늘날 상당히 많은 사람들이 그런 입장을 따르고 있음을 생각할 때 좀 범위를 좁게 잡았다고 비판될 수도 있는 측면이다.

둘째로는 힉의 사상의 첫단계와 둘째 단계를 나누어 좀 덜 과격한 첫 단계에 여러 가지 문제점이 있어서 그는 둘째 단계로 나아갔으며(29), 첫째 단계에 이미 성경을 따르지 않는 것이 급기야는 둘째 단계의 급진적인 결론을 이끌었다는 논의의 방향은 좋으나, 그 구체적인 논의에서 이 점이 충분히 드러내지 않은 측면이 있음을 지적하지 않을 수 없다. 예를 들자면, 그의 다원주의 비판의 요점 중 하나가 힉의 하나님은 한편으로는 알 수 없으면서, 또 한편으로는 힉이 그 하나님에 대해서 아는 듯이 말한다는 점인데, 이는 첫 단계에서나, 둘째 단계에서 모두 같이 나타나고 있는 것이다(36-37, 41-44, 97). 단지 둘째 단계에서는 칸트적 이원론을 원용하여 자신의 견해를 좀 더 세련되게 제시했다고는 할 수 있지만 말이다.

5
복음주의 입장에서의
20세기 신학에 대한 평가*

Grenz, Stanley J. and Roger E. Olson. *20th Century Theology: God and the World in a Transitional Age.* Downers Grove, Illinois: Inter-Varsity Press, 1992. 393. 신재구 옮김. 『20세기 신학』 서울: IVP, 1997. pp. 578.

카나다의 리젠트 대학(Casrey/Regent College)에서 신학과 윤리 담당 교수로 있었던 스탠리 그렌츠와 미국 미네소타주 세인트 폴(St. Paul)시에 있는 벧엘 대학(Bethel College)의 신학 부교수로 있는 로저 올슨이 1992년도에 써낸 『20세기 신학』을 호주 무어 대학에서 신학을 공부하고 현재 서울복음교회에서 목회 사역을 하셨던 신재구 간사께서 우리말로 옮겨 주셨다. 복음주의 입장을 견지하면서 20세기 신학 전반을 검토하고 있는 이 책의 우리말 출판에 대해서 우리는 좋은 책을 열정을 가지고 충실하게 번역해준 역자에게 감사를 드려야 할 것이다.

이 책은 20세기의 다양한 신학들을 하나님의 초월성과 내재성에 대한 태도를 중심으로 분석하고, 과연 어떤 신학이 이 문제를 균형있게 다루었는지를 살피는 내용으로 구성되어 있다. 그야말로 다양성이란 말로만 설명할 수 있는 20세기의 다양한 신학들을 초월성과 내재성의 균형이라는 하나의 분석의 틀을 사용해서

---

* 이 서평은 좀 축약된 형태로 「목회와 신학」 1997년 5월호, 250에 실렸던 것임을 밝힌다.

잘 평가해 보려고 했다는 데서 이 책의 공헌을 찾을 수 있을 것이다.

이런 분석에 의하면 계몽주의에 의해서 고전주의의 초월과 내재에 대한 균형이 파괴된 이후 19세기의 신학이 하나님의 내재성을 중심으로 하는 자유주의 신학으로 발전해 갔을 때, 이에 대한 반응으로 신정통주의가 하나님의 초월성만을 배타적으로 강조하는 방향으로 나아갔고, 폴 틸리히의 신학과 과정 신학은 다시 내재성을 심화시키는 방향으로 갔다는 것을, 그리고는 급기야 본회퍼와 세속 신학은 완전히 세속 속에 잠식되신 하나님으로 이해하는 방향으로 나아갔고, 다양한 해방신학들에 의해서 억압과 그로부터의 해방의 경험 안에 내재하시는 하나님 이해로 나아갔다는 것을 잘 지적하며, 그 과정을 비교적 구체적으로 잘 묘사하고 있다. 또한 내재성과 초월성을 다 인정해 보려는 시도들도 결국은 내재성 안에서의 초월을 말하는 식이 되고 말았음을 잘 지적한다. 예를 들자면, 미래를 강조하면서 하나님의 초월성을 재확립해 보려고 하던(295) 몰트만도 결국은 내재성으로 전이하였다는 점을 잘 드러내고(298f.), 라너와 큉 등이 제시하는 새로운 가톨릭 신학도 결국은 하나님의 내재성 안에서 초월성을 발견하려는 것이라는 것(385, 427)을 잘 드러내고 있다.

단지 복음주의 신학만이 내재성과 초월성을 균형 잡는 방향으로 나아갔음을 잘 드러내고 있다. 이 모든 것을 잘 드러낸 후에 20세기 신학 전반을 비평적으로 바라보면서 그렌츠와 올젠은 다음과 같이 결론내린다: "이제 20세기가 저물어가는 시점에서 우리는 과연 그 동안 어떤 진보가 이룩된 것인지 의아해한다. 지난 수십년 간의 노력은 균형잡힌 신학을 창출하기보다는 오히려 내재성과 초월성 사이의 긴장을 증폭시킨 것처럼 보인다"(497). 그러면서 그들은 현대의 포스트모던적 상황이 나타나는 것이 하나의 기회가 될 수 있다고 주장하고 있다: "현대와 포스트 모던 시대 사이의 과도기에서 신학은 초월적-내재적 하나님에 대한 기독교적 확신을 새로운 방법으로 정립할 수 있는 기회를 갖게 되었다"(501).

이런 전반적인 주제에서 뿐만이 아니라, 구체적인 신학자들에 대한 소개와 분석에 있어서 그렌츠와 올젠은 두 사람이 2년 동안에 하기 힘든 작업을 잘 해 주었다고 할 수 있다. 그들의 분석은 상당히 정확하고, 각 신학자들의 저작들에 근거하고 있을 뿐만 아니라, 그들에 대해 다양한 2차 문헌들의 비평과 평가에 대해서도 공정하여, 각각의 신학자들의 신학 연구의 좋은 출발점이 될 수도 있다.

특히 20세기 신학의 비판적 배경을 제시하기 위해 그 이전 시대의 신학을 칸트, 헤겔, 그리고 슐라이어마허를 중심으로 제시하고, 리츨, 하르낙, 라우쉔부쉬 등의 구자유주의 신학을 그 배경에서 제시한 것은 좋은 정리라고 여겨진다. 그리고 신정통주의자들도 결국은 그들이 비판한 구자유주의자들과 같이 계몽주의를 하나의 기정 사실로 바라보고, 그 결과 성서 비평을 받아들였다는 것을 아주 잘 지적해 주고 있다(96). 각각의 신학자들에 대한 논의 가운데서 특히 잘된 부분은 라인홀드 니이버에 대한 분석과 몰트만, 그리고 라너와 큉에 대한 분석이라고 여겨진다. 특히 몰트만에 대해서는 그의 삼위일체론과 관련하여 그것이 불균형하며, "심지어 어쩌면 이단적이라는 비판을 받아야 할 것이다"(298) 라고 강한 지적도 하고 있다.

그러나 그렌츠와 올젠의 20세기 신학사에 대한 이 진술에서 우리는 다음과 같은 아쉬운 점을 발견하게 된다.

첫째로, 칸트와 헤겔, 슐라이어마허 등의 신학을 제시하면서 결국은 그들이 계몽주의를 받아들이면서 신학을 했음을 잘 지적하면서도, 그들의 노력을 계몽주의를 극복하기 위한 어떤 노력이었던 것 같은 인상을 주는 진술은(33, 43, 54) 문제가 아닐 수 없다.

둘째로, 바르트 신학을 소개하고 분석하는 과정에서 그들은 『로마서』 제1 판(1919)과 제2판(1922) 사이의 차이를 모호하게 하는 진술을 하고 있고(101f.), 하나님의 '사랑의 자유'를 잘 설명하면서도(112) 그 안에 일종의 헤겔주의적 성향이 있음을 잘 드러내지 못한 것이 아쉬우며, 바르트의 성경관과 관련하여 "보수주의자들은 바르트가 성경을 신학에서 절대적 권위로 취급하고 있다는 점에 대해서 무시한다"(117)고 말하는 그 비평의 성향이 의심스럽다.

셋째로, 과정 신학에 대해서는 다른 과정 신학자도 그렇지만, 특히 찰스 하트숀이 그저 두 곳의 각주에서만 언급되고 지나친 것은(524, n. 36, 527, n. 108) 잘 이해되지 않는 부분이다.

넷째로, 해방 신학과 관련해서는 그들의 삼위일체론과 기독론을 제시하려는 노력을 전혀 언급하지 않은 것이 의아할 정도이다. 여성 신학에 대해서는 충분히 포괄적이지 않은 점이 흠이나, 그런대로 그 위험성을 잘 지적하고 있다고 할 수는 있다.

다섯째로, 이야기 신학(또는 기사 신학)에 대한 소개는 이 중 가장 만족스럽지 못한 진술의 하나이다. 폭넓게 나타나고 있는 이 기사 신학 전체를 짧은 지면에서 다 다루려다 보니 생긴 문제일 수 있지만, 이 부분이 제일 아쉬웠다.

마지막으로, 복음주의의 균형 잡힌 노력을 제시하면서 칼 헨리와 버나드 램을 그 대표자로 제시한 것은 가장 이해하기 어려운 부분일 것이다(침례교도인 저자들의 교파 의식이 작용한 것일까?). 특히 버나드 램이 칼 바르트에게 동의하면서 그의 후기 신학의 방향을 제시한 것과 관련해서, "계몽주의의 긍정적 기여에 대해 깊이 이해함으로써" 램이 "차세대 복음주의 사상가들을 위해 기반을 닦아 주었으며, 그들은 비판적으로 사고하는 자유와 함께 현대 문화의 긍정적 대화에 참여할 수 있게 되었다"고 하면서 "복음주의 신학은 드디어 성숙에 이르는 길로 접어든 것이다"(493f.)라고 그렌츠와 올젠이 말할 때 우리는 그들이 앞으로 제시하려는 복음주의적 신학의 방향에 대해서 우려를 갖지 않을 수 없다.

특히 그렌츠의 경우 얼마 전 갑자기 소천하기 전까지 가장 활발하게 저작 활동을 하던 젊은 복음주의 신학자라는 점을 생각하면 그가 제시할 방향에 대해서 의심의 해석학을 적용해야 할 것이라는 우려를 갖게 된다. 이는 바르트에 대한 이 책의 진술이 비판적이면서도 상당히 동감적이라는 점에서, 그리고 이 책이 판넨베르크에게 헌정되어 있듯이, 판넨베르크에 대한 평가가 몇몇 비판점과 함께 긍정적인 고려 가운데서 진행되고 있다는 점과 관련해서 좀 더 심각해지는 우려라고 여겨진다. 그래서 우리는 그렌츠와 올젠이 제시하는 앞으로의 신학의 방향이 하나님의 초월성과 내재성을 모두 다 인정하고 균형잡는 방향이어야 한다는 점에 기꺼이 동의하고, 그들이 우리와 함께 그런 사고를 진술해 준 것에 대해 감사하면서도, 그것이 구체적으로 표현될 그들의 신학의 방향에 대해서 선뜻 동감할 수 없는 반감을 느끼지 않을 수 없다.

마지막으로 번역에 대해서 몇 가지를 말해야 하겠다. 이 책은 역자가 열정을 가지고 번역했다는 흔적을 느끼게 하는 아주 좋은 번역서이다. 신학에 대한 이해를 가지고, 주제를 잘 이해하고 번역해 주셨다. 그러나 다음 몇 가지는 좀 더 고려되었어야 한다고 느껴진다.

첫째로, 틸리히의 글을 인용하는(*Systematic Theology*, 1: 205) "God does not exist"를 "하나님은 존재하지 않는다"로 번역하셨는데(196), 이는 역자가 다른 곳에서 나타내 보여주고 있는 실존에 대한 이해에 의하면 충분히 "하나님은 실존하지 않는다"로 옮겨서 틸리히적인 의미가 전달되도록 했었어야 할 것이라고 생각된다.

둘째로, 일반적으로 번역되는 용어들을 피하여 다른 용어들을 사용하여 번역하신 경우들이 있다, 예를 들자면, 로마 가톨릭 신학이 말하는 기초 신학에 대해서 라너와 큉을 옮기시면서는 바르게 '기초 신학'이라고 하셨는데(390, 392), 앞부분에서는 '기본 신학'이라고 하신 것은(189) 옳지 않고 일관성을 잃은 것일 것이다.

이와 비슷한 문제로 삼위일체에 대한 논의에서 'economic trinity'에 대해 일반적으로 사용되는 '경륜적 삼위일체'라는 역어와 함께 '기능적 삼위일체'라는 역어를 제시하고(292), 또 한 곳에서는 '기능적 삼위일체'라는 역어만을 제시하고 계신데(404), 이는 일반적인 역어인 '경륜적 삼위일체'로 통일하시는 것이 더 나은 듯하다.

또한 라너의 '익명의 그리스도인'에 대해서도 '이름이 밝혀지지 않은 그리스도인'(399) 또는 '무명의 그리스도인'(401) 등으로 옮기고 계신 데, 이것도 일반적인 용례를 따르는 것이 더 나을 것으로 여겨진다. 또한 일반적으로 '신앙지상주의'로 옮겨지는 fideism을 일관성 있게 '신앙주의'(예를 들어, 185, 419)로 옮기신 것, 또 '신정론'으로 옮겨지는 'theodicy'를 '변신론'으로 옮기신 것도(329) 영문이 병기되지 않으면 오해를 일으킬 수 있을 것이다.

또 하나, Dynamic Monarchianism을 '동태적 단일신론'으로(226) 옮기셨으나, 그보다 일반적인 '역동적 군주론'이 더 자연스러웠을 것이다.

셋째로, 우리말로 옮길 수 있는 용어가 있는 경우에도 영어를 외래어 삼아 그대로 쓰신 두 경우가 있는데, 이는 지양되어야 할 문제라고 여겨진다. 예를 들자면, '데이터'(419, 422, 483)는 '자료'로, '이슈'는 (326, 329, 333, 472, 473, 480) '문제'로 옮겼더라면 더 자연스러운 옮김이었을 것이다. 그리고 Monophysitism을 '모노피자이티즘'으로 음역하셨는데(204), 이는 그저 '단성론'이라 하든지 '모노피지티즘'으로 해야 하지 않았을까?

마지막으로 역자와 함께 고민하는 문제로 외국의 인명과 지명을 우리말로 음역하는데서 오는 문제를 제기하고 싶다. 일반적으로 그 해당 외국어가 발음되는 대로 음역하는 원칙을 따르신 것 같은데, 이때 Wuppertal은 '부페르탈'(277)보다는 '부퍼탈'(302), Ratzinger는 '라칭어'(343)보다는 '라칭거', 여성신학자 Reuther는 '류더'(367)보다는 '류떠'나 '류터,' Urs von Balthasar는 '우어스 폰 발타사르'(413)보다는 '우르스 폰 발타자르' 또는 '발타잘,' Hauerwas는 '하우어웨스'(442)보다는 '하우어바스'가 더 좋지 않았을까?

이제 이 책을 출판한 IVP에게 늘 오자나 탈자가 드문 깨끗한 책을 내주시는 것에 대해서 감사를 드리면서 다음 판을 위해 몇 가지 오자를 교정해드리고 싶다. 525쪽 주 74의 process는 Process로, 533쪽 주 82의 macmillan은 Macmillan으로, 539쪽 주 5의 Garaud는 Gayraud로, 540쪽 주 37의 Conme는 Cone으로, 542쪽 주 20의 Dean은 Deane으로(이는 영문판에서도 잘못 인쇄되어 있다!), 539쪽 주 8의 Wilmoreand는 Wilmore and로, 547쪽의 주 18의 Thelogy는 Theology로, 443쪽의 Neibuhr는 Niebuhr로 고쳐야 할 것이다.

20세기의 다양한 신학들을 복음주의 입장에서 조망하고 평가하는 깊이 있고 통찰력 있는 이 책을 우리말로 참 잘 번역해 주신 역자에게 다시 한번 감사드리면서, 신학을 하는 신학도들과 현대 신학을 좀 더 이해해 보려는 모든 독자들에게 이 책의 일독을 권하고 싶다.

6
현대 상황에서의
개혁파 교회론의 제시를 칭송하며*

Clowney, Edmund P. *The Church*. Leicester: Inter-Varsity Press, 1995.

제랄드 브레이(Gerald Bray)는 그가 편집하고 있는 『기독교 신학의 형상들』
(Contours of Christian Theology) 시리즈의 편집자로서 이 시리즈의 교회론을 오래
동안 미국 웨스트민스터 신학교에서 교회론을 비롯한 실천신학을 가르치고
(1952-1984), 그 학교 학장을 역임했던 에드문드 클라우니에게 집필하게 함으로써
이 복음주의 신학 시리즈의 개혁파적 성격을 더 잘 드러내도록 하였다. 이는
브레이 자신이 집필한 신론 이후에 그리스도의 사역을 개혁 신학자 로버트 레담
이 쓰도록 하고, 하나님의 섭리는 영국에서 인정된 종교 철학자요, 공공연한
전통적 칼빈주의자라고 할 수 있는 폴 헬름(Paul Helm)이 그의 손을 사용하도록
한 것 등과 연관해 볼 때 (또한 그리스도의 인격 부분은 스코틀란드의 보수주의
장로교 신학자 도날드 맥크라우드가, 성령론은 역시 같은 전통을 가지고 미국
웨스트민스터에서 가르치고 있는 싱클레어 퍼거슨이, 그리고 종말론은 화란의
개혁주의 신학자인 끌라스 루니아가 집필하고 있다고 이 시리즈에 속한 다른
책의 표지에서 소개하고 있는 것을 볼 때에), 상당히 의도적인 조치요, 또 그

---

* 이 서평은 한국성경신학회 소식지 「교회와 문화」 창간호 (1998)에 실렸던 것임을 밝힌다.

동안의 클라우니의 저술과 그 활동을 살펴볼 때 가장 적절한 인물을 찾아 교회론을 집필하게 한 것이라고 할 수 있다.[1]

이 시리즈가 앞으로 온 세계의 신학교의 교재와 부교재로 사용될 때, 만일 가르치는 이들과 배우는 이들이 이 각각의 책의 저술 의도를 충분히 의식하면서 사용한다면 앞으로 신학계 (특히 이 시리즈를 사용할 복음주의 신학계)가 좀 더 개혁주의적인 방향으로 갈 수 있게 하는 구실을 이 책이 할 수 있을 것이라고 생각하게 한다(이는 앞으로 복음주의 신학이 나아갈 방향을 제시하면서, 과거의 뛰어난 개혁파 신학자들[Luther, Calvin, 개혁파 정통주의자들, Jonathan Edwards, 그리고 Geerhardus Vos]의 신학적 과제와 작업을 소개하고, 특히 보스적인 계시사 이해에 근거한 신학 서론을 제시하며 그에 근거한 신학적 프로젝트와 이상을 제시하고 있는 리쳐드 린츠의 작업과 비슷한 기능을 하고 있는 것이라고 생각된다.[2] 결국 두 작업 모두 복음주의 신학이 참으로 이 시대를 도전할 수 있는 복음주의 신학이 되기 위해서는 개혁주의적 방향으로 나아가야 함을 암묵리에 잘 지시해 주는 역할을 하기 때문이다).

클라우니의 이 책은 그의 교회론에 대한 우리의 기대를 저버리지 않고서 현대의 상황 속에서 개혁파 교회론이 어떤 모습을 지니고 있어야 하는지를 잘 제시하여서, 그에게서 교회론 강의를 직접 들을 수 없었던 많은 이들에게 그의 교회론의 온전한 틀이 어떤 것이어야 하는지를 잘 보여 주고 있는 것이다.

그는 교회가 "하늘의 식민지"이고, "하나님의 백성"이요, "그리스도의 교회"이고, "성령의 교제"라고 삼위일체적으로 제시한 후에는 상당히 표준적인 교회론의 내용에 따라서 교회의 속성과 표지들을 논하고, "교회의 예배", "교육", "선교"를 교회의 일로 제시하여 검토한 후에, "세상 문화들 가운데서의 교회"와 "하나님 나라와 교회와 국가"의 문제를 다루고, "교회의 구조"와 "교회 안에서의 여성의 사역" 문제를 다룬 후, "성령의 은사들"을 정리하고, "성례"를 다루고 있다. 이런

---

[1] Gerald Bray, *The Doctrine of God* (Leicester: IVP, 1993); Robert Letham, *The Work of Christ* (Leicester: IVP, 1993); Paul Helm, *The Providence of God* (Leicester: IVP, 1994).

[2] Richard Lints, *The Fabric of Theology: A Prolegomenon to Evangelical Theology* (Grand Rapids: Eerdmans, 1993).

구조를 지닌 그의 교회론 제시에서는 아마 다음과 같은 것들이 특징적인 것으로
열거될 수 있을 것이다.

첫째로, 그는 현대의 교회가 어떤 상황과 도전에 직면하고 있는지를 잘 드러
내면서 그의 교회론을 제시하고 있다. 특별히 제1장 ("하늘의 식민지", the colony
of heaven)은 이런 특성을 잘 드러내고 있는 현대 교회론의 좋은 현관이라고
할 수 있다. 영국에서 나오는 신학 시리즈임을 염두에 두고서 그런 것인지 영국
런던의 금융 중심지에 위치하고 있는 성 헬렌 교회(St. Helen's Church)의 현대
상황 속에서의 기이성과 그 교회에서 매주 화요일 점심 시간에 주변의 사무실
직원들을 위해 베풀고 있는 성경 강해 시간이 보여주고 있는 오늘날 교회의
기능과 "제도적인 교회가 실지로 과거의 잔재나 유물이 되었다는 인상을 강화시
켜 주는" 그 모습을 지적하는 것(14)으로 시작하여 독자들의 관심을 자신의 논의
로 끌어들이면서 클라우니는 현대의 교회가 직면하고 있는 도전을 크게 세 가지
로 지적하고 있다.

(1) 다양한 정도의 차이를 가진 다원주의 주장의 도전이다. 기존에 자신들이
가졌던 기득권을 잃지 않으려고 하면서도 "그리스도께서는 모든 사람들을 위해
죽으셨고, 실제로는 모든 사람들이 신적인 하나의 같은 운명에로 부름을 받았으
므로, 우리는 성령께서 모든 이들에게 유월절 신비에서 하나님께 알려진 방식으
로 동반자가 되는 가능성을 제공한다고 주장해야만 한다"고 말하여3 그리스도인
이 아닌 모든 이들에게 개방적이려고 하는 제2 바티칸 공의회 이후의 천주교회로
부터, 구원 자체의 다원성을 말하는 존 힉의 주장과4 각자는 자신이 원하는 대로

---

³ Vatican II, *Gaudium et Spes*, 7 December 1965: *Pastoral Constitution on the Church in the Modern
World*, para. 22, in Austin Flannery, OP, ed., *Vatican Council II: The Conciliar and Post Conciliar Documents*
(Northport, NY: Costello; Dublin: Dominican Publications, 1975), 924. 이를 논의하면서 클라우니는 어거스
틴의 원죄 개념과 선택 개념의 거부를 요청하면서 칼 라너의 "익명의 그리스도인" 개념을 변호하며,
그것이 전통적 입장과 모순된다기보다는 발전임을 주장하는 프란시스 설리반을 같이 언급하고 있다
(Francis A Sullivan, SJ, *Salvation Outside the Church? Tracing the History of Catholic Response* [New York:
Paulist Press, 1992], 172, cited in 292f., n. 5).

⁴ John Hick, "The Non-Absoluteness of Christianity," in *The Myth of Christian Uniqueness: Toward
a Pluralistic Theology of Religions*, ed. John Hick and Paul F. Knitter (Maryknoll, NY: Orbis Books, 1987;
London: SCM, 1988), 23.

하나님을 "그라고 할 수도, 그녀라고 할 수도, 또는 그것이라고 할 수도 있다"고 하는 스미뜨의 주장에[5] 나타난 다원주의가 교회에 대한 심각한 도전임을 모든 이와 함께 지적하는 것이다.

(2) "교회와 교회들"이라고 이름 붙일 수 있는 다양한 교회의 형태가 제기하는 도전이다. "조직화된 교회들의 교단 분열과 복음주의의 마치 교단과 유사한 집결은 불행한 오해들을 낳게끔 하였다"(23). 여기엔 교회를 존재(being) 보다는 "됨(becoming)," 행위 가운데 존재함 (exits in act) 등으로 이해해 보려는 에큐메니칼 교회론의 문제(24, 155), 교단 분열의 문제, 실질상 하나의 교단이 되어 버린 미국과 한국의 대교회(mega-church)의 문제, 교회 밖 운동 단체들(para-church group)의 문제 등이 포함된다.

(3) 소위 성령 운동의 도전이다. 몬타니즘, 중세의 분파 운동들, 그리고 재세례파의 열정과 비교되는(24) 오늘날의 소위 성령 운동의 도전 앞에 교회가 서 있음을 클라우니는 잘 제시하고 있는 것이다.

둘째로, 그는 이와 같이 여러 가지 현대의 도전과 다른 교회론들에 민감하게 반응하면서도 그 전체적 구조와 각각의 교회론적 문제에 대한 결론에 있어서 전통적 개혁파적 특성을 잃지 않고 있다고 할 수 있다. 예를 들자면, 교회의 보편성과 관련하여 동질성을 가진 집단을 중심으로 전도하는 것이 교회 성장에 도움이 된다는 교회 성장학파의 논의에 대해서 그런 것은 결국 종파를 형성하고 복음에 의해서 규정되는 것이 아니라, 사회에 의해서 규정되는 것이라고 하면서, 그 예의 하나로 남아프리카 공화국의 인종 차별 정책 아래서 성공적으로 나타난 교회 성장은 큰 대가를 지불한 것이라는 것을 잘 지적하는 것이 그런 전통에 충실한 모습의 하나이다(97).

또한 교회 안에서의 여성 사역의 문제에 대한 도전을 적극적으로 검토하면서도 그는 개혁주의적 신학적 사유를 따라서 하나님께서는 여자들을 교회 안에서의 가르침과 다스림의 특별한 직임으로는 부르시지 않으심을 잘 드러내고 있다. 그리고 이런 결론이 여성을 무시하거나 여성을 차별하는 것이 아니라, 하나님께

---

[5] Wilfred Cantwell Smith, "Idolatry in Comparative Perspective," in Hick and Knitter, 58f.

서 창조하신 특성을 따라 생각하는 것임을 분명히 밝힌다. 그러므로 잘 돌아보며 격려하며 도와주는 여성의 성격에 따라, 또한 몇몇 성경 구절의 시사점에 따라 여성이 소위 안수 집사로 임직할 수 있다고 논의하기도 하는 것이다(제 15장, 특히 233-35를 보라).

그리고 예배의 모든 요소가 성경에서 나와야 한다는 원리가 엘리자베뜨 시대의 청교도들이 창안한 것이라는 패커의 논의를6 반박하면서, 칼빈이 "첫째로, 명령되지 않은 것은 우리가 마음대로 선택할 수 없다"고 말하는 것을 인용하면서,7 칼빈은 하나님께서 명령하신 것을 넘어서 교회 예배를 위한 규례를 교회가 만들 수 있음을 부인하였음을 분명히 하고 있음을 잘 논의하고 있다(122).

또한 다양한 상황화 신학들에 대해 논의하면서 부루스 니콜스의 다음과 같은 옳은 관찰로 논의를 마치는 데서도 그의 개혁파적 특성이 나타난다. "그것들이 성경 신학의 소여성에 충실하면 할수록 그들은 상호 모순적이기보다는 상호 보충적인 것이 될 수 있다"8(181).

또 다른 예를 들자면, 그는 오순절주의, 은사 운동, 그리고 제3의 물결 등의 영향으로 오늘날의 교회에 도전과 위협이 되고 있는 소위 특별한 성령의 은사 문제를 구체적으로 다루면서도 개혁주의적 입장을 잘 유지하면서, 현대의 교회가 참으로 성령님께 순종하면서 그의 은사를 따라서 존재하는 길은 주님의 임재 가운데서 경건한 기쁨의 질서를 계속적인 혼란으로 대체하는 것이 아님을 대각성 운동의 목격자인 에드워드를 따라서 잘 지적하고 있다 (254). 간단히 오순절 성령 강림 사건에 대한 그의 태도를 잘 드러내는 문장을 하나 인용한다면 다음과 같다: "그 사건은 공적(public)이다. 왜냐하면 그것은 구속사에서의 새로운 시기(a new epoch)를 나타내는 사건이기 때문이다"(52).

---

6 J. I. Packer, "The Puritan Approach to Worship," in *Diversity in Unity* (papers read at the Puritan and Reformed Studies Conference, December 1963), 4-5, cited in 122, n. 4.

7 Calvin, *Tracts and Treatises on the Doctrine and Worship of the Church*, vol. 1 (Edinburgh: Calvin Translation Society, 1849; reprinted, Grand Rapids: Eerdmans, 1958), 118, Cf. 122. Cf. Institutes, IV. 10. 8, IV. 10. 27.

8 Bruce J. Nicholls, *Contextualization: A Theology of Gospel and Culture* (Downers Grove, IL: InterVarsity Press; Exeter: Paternoster Press, 1979), 54.

또한 이런 운동들을 중심으로 예배에 공연적 요소를 도입하는 것을 비판하면서 그렇게 하는 것은 "강대를 무대로, 선포를 여흥으로 대치하는 것"이라고, 또한 신약 시대도 연극 등이 아주 인기 있는 시대였는데도 하나님께서 그렇게 하지 않도록 하셨다고 잘 지적하고 있다(127). 물론 잘 질서 지워진 예배 안에서 즉흥적 반응이 있을 수 있음을 인정하면서, "그래도 춤이나 상징적 제의들을 예배에 도입하는 것은 예배의 정황을 넘어서는 것이다"라고 밝히고 있다(128). 그래서 이런 논의의 결론으로 "주께서 우리에게 요구하시는 예배의 요소는 단순한 것이다. 그러나 그렇다고 전혀 흥미 없거나 열매 없는 것은 아니다"는 말을 하고 있다(129).

그는 또한 "방언으로 말하는 사도적 은사는 그쳐졌을 가능성이 높다"고 한다(249). 또한 이를 보충하는 간략하지만 아주 뛰어난 역사적 개요를 잘 제시하고 있다(249ff.). (몬타누스파 등의 이단을 제외하고서는) 2세기부터 나타나지 않던 방언 현상이 다시 보고되기 시작한 것은 17세기 남부 프랑스의 핍박받던 씨빈 지역의 까미사즈(Camisards in the Cevennes)들에게서이며(250), 쉐이커 교도들 사이에서와 19세기 영국에서 에드워드 얼빙(Edward Irving)의 추종자들 사이에서, 그리고 현대의 오순절 운동은 1902년 캔사스 주 토페카의 벧엘 성경 대학과 1906년 로스앤젤레스의 아주사 거리 부흥 운동에서 시작되었다는 것을 지적하고 있다(251).[9]

이와 연관된 또 하나의 주제로 오늘날에도 예언의 은사가 있는가의 문제를 한 장을 할애해 신중하게 다루면서도(제17장), 성경의 계시를 무시하지 않으면서도 예언의 은사가 오늘날도 계속됨을 주장해 보려는 그루뎀의 주장을 공평하게 평가하면서, 왜 그의 주장이 견지될 수 없는지를 잘 지적하고 있는 점도 말할 수 있을 것이다. 개혁파적 견해를 잘 대변하는 그의 결론을 옮겨 보면 다음과 같다.

---

[9] 이에 대한 문헌적 정보는 다음 책에서 제시하고 있다. *Dictionary of Pentecostal and Charismatic Movements*, ed. Stanley M. Burgess and Gary B. McGee (Grand Rapids: Zondervan, 1988) (320, n. 34).

그러나 그의 견해는 예수 그리스도 안에서 주어진 계시의 종결성과 우리에게 그리스도
의 사도들과 선지자들을 통하여 하나님의 마지막 말씀을 전달해 주는 성경의 충족성에
대해 공정한 것이라고 할 수 없다. 성령께서 교회를 진리에 대한 이해와 순종의 길로
인도하시는 것은 새로운 계시들을 통해서가 아니라, 지혜의 은사를 통해서 하시는 것
이다(268).

이와 같이 클라우니는 구루뎀의 주장에 대해 균형 잡힌 개혁주의적 평가를 제공
하는 것이다. 이와 같은 논의 태도는 이 책 전체에서 잘 유지되고 있다. 이렇게
하여 클라우니는, 자신이 잘 표현한 바와 같이, "자신의 교회에 대한 우리 주님의
가르침을 상기시킴으로써 자신의 말씀과 성령으로 주님께서 우리를 갱신시키시
고 그가 오실 때까지 새로운 세대에로 인도하시도록" 하는 것이다 (25).

셋째로, 이 책은 다년간 교회론을 가르쳐 본 그 교육적 경험을 충분히 드러내
고 있다고 할 수 있다. 그것도 미국인의 가르침의 특성을 잘 드러내어서 모든
내용을 도표로 잘 정리하여 연관되며 일목요연한 정리를 할 수 있도록 하는
특징을 드러내어 주고 있다. 예를 들자면 109쪽에 제시된 가시적 교회와 불가시적
교회의 구별과 관계를 드러내는 그림(그러나, 그 둘의 중첩되는 부분이 더 많고,
특히 불가시적 교회는 상당히 많이 가시적 교회와 중첩되어 나타나야 하지 않을
까?), 191쪽에 제시된 이 세상에서의 교회를 드러내는 그림, 201쪽과 209쪽에
제시된 교회에서의 사역의 구조에 대한 그림, 또 184쪽에 제시된 선교에서의
접근 측면들에 대한 도표 등이 그 대표적인 예이다.

넷째로, 우리가 이 책을 읽으면 각 부분이 거의 그 주제에 대한 설교를 (그것도
우리가 클라우니에게서 기대할 수 있는 그런 설교를 말이다!) 읽는 것과 같은
감동을 얻을 수 있도록 집필되어 있다고 감히 말해 본다. 이는 이 논의가 상당히
성경에 대한 주해에 근거하여 진행되고 있고, 그것도 메마른 주해가 아니라
생각과 사고를 바꿀 수 있도록 거의 설교적인 설득을 하듯이 그 논의가 진행되고
있음에 대한 적극적인 평가의 말이다. 그는 성경 계시의 유기적 진전을 잘 의식하
면서 그 터 위에서 교회에 대한 이해를 제시하고 있다. 그런 뜻에서 그는 "교회의
이야기는 구약적 하나님의 백성인 이스라엘과 함께 시작한다"고 말하고 (28),

"새로운 것은 마치 꽃봉오리로부터 꽃이 피어나듯이 옛것으로부터 성장하는 것이다. 성령의 오심은 아브라함에게 주신 약속을 성취하며, 이방인들을 아브라함의 씨들로 만드는 것이다(갈 3:14, 29)"라고 말할 수 있었다(29). 특히 클라우니가 다른 책에서 강조하고 있는 클라우니적인 설명의 특징이나 그의 독특한 설교투가 드러나는 부분은 다음과 같은 부분들이다.

1. "주님께서는 이스라엘을 그저 그의 종으로서 자신의 것으로 부르신 것이 아니라, 그의 장자로 (출 4:22), 그의 신부로서(겔 16:6-14), 그리고 그의 눈동자로서 (신 32:10) 그리하셨다. 그의 값없이 베푸시는 사랑이 그들에게 그 앞에서의 그들의 지위를 주었던 것이다"(34).

2. 이스라엘에 대한 심판을 말한 후에 하는 그의 다음 말: "하나님의 심판이 전체적인 것이 아닌 것처럼 그것은 또한 종국적인 것도 아니었다. 하나님께서는 얼마를 남겨 두실 뿐만 아니라, 잔존하는 남은 자들을 정화시킴으로써 그들을 새롭게 하시려 하셨다"(35); "종이 와야만 할뿐더러 주님 자신이 오셔야만 한다. 백성의 상황은 아주 절망적이어서 하나님 자신만이 그들을 구하실 수 있는 것이다"(35f.).

3. "그의 영감된 고백에서 베드로는 초석(a stone of foundation)이다. 그러나 십자가를 거부하는 그는 걸림돌(a stone of stumbling)인 것이다"(40).

4. "마태복음 16:18에서 베드로는 천국 열쇠의 권세를 받는다. 마태복음 18:18에서는 제자들 전체가 같은 권한을 받는 것이다. 예수께서는 마태복음 16:15의 질문을 제자들 전체에게 하신 것이고, 베드로의 대답은 그 자신의 대답일 뿐만이 아니라, 그들을 대신하여 주어진 것이기도 하다. 베드로는 나머지 11제자와 대립되어서 반석인 것이 아니라, 지식의 열쇠를 가지고 있다고 주장하는 자들(눅 11:52), 모세의 자리에 앉은 자들(마 23:1-2), 그리고 아브라함의 자손이라고 하는 자들(요 8:33)과 대조된 반석인 것이다"(40); "열쇠의 권한의 사용은 12제자에게만 제한되어 있는 것이 아니라, 그의 교회가 소유하고 있는 권한이다. 그러나 베드로와 11제자는 독특한 권위의 열쇠를 가지고 있다(73).

5. 수가성 여인과의 대화를 설명하면서 그가 하는 말: "예수께서 그 여인에게

선언하셨던 것은 성전 없는 예배가 아니라, 사람이 아니라 하나님께서 치신 참된 성전에서의 예배였다"(45); "성령은 우리를 그리스도 너머로 인도하는 것이 아니라, 그리스도에게로 인도한다(엡 4:4, 13; 요 16:14-15)… 성자 그리스도의 영은 우리로 하여금 예수께서 친히 그리하셨던 것처럼 '아바'라고 부르짖게 하시는, 성부를 계시하시는 아들 됨의 영이시다(롬 8:14-15; 갈 4:5-7)"(51).

6. "오순절은 하나님의 백성을 창조한 것이 아니라, 그들을 새롭게 한 것이다. (오순절 사건에서는) 유대인들이 이방 언어로 하나님을 찬양하였다. 이것은 그리스도 안에서 이스라엘을 갱신하시겠다는 약속에 동반된 열국을(사 49:6) 포함시키신다는 표적인 것이다"(53).

7. "그가 약속하신 더 풍성한 삶은 인격적 교제의 삶이요, 그의 임재의 영광을 미리 맛보는 삶이다(롬 1장; 고전 2:10-15; 갈 5:22-25; 벧전 4:14)"(60).

8. "옛적의 레위인들과 같이, 우리도 주님 자신을 우리의 기업으로 받았다(민 18:20; 신 10:9)"(62).

9. "복음을 전하고 교회를 개척하는 일에 있어서 바울보다 더 열심히 노력한 이들은 없을 것이다. 그러나 교회 성장에 대한 그의 묘사들은 숫자의 성장에 초점이 있지 않고, 주의 날을 바라보면서 거룩에 있어서의 성장에 초점 맞추어져 있는 것이다"(65).

10. "분명히 우리를 부르신 주님은 그가 주신 은사들을 사용할 수 있는 기회들을 제공하실 것이다.… 우리의 영적 은사들조차도 대개는 자연적 은사들이 새롭게 되고 더 높여진 형태의 것들이다.… 우리는 그가 공급하시는 은사들을 발견하고 더 큰 은사들을 위해 진지하게 기도해야 하나, 이는 우리의 역할을 높이기 위해서가 아니라 이웃을 전도하고, 아이들을 가르치며, 굶주린 자들을 먹이고, 혼란에 빠진 자들을 상담하며, 잘못을 바로 잡고, 혼인을 구하며, 상사에 대해서 참고 심지어 그의 친구가 되어 주는 일을 이루기 위해서 그리하는 것이다"(66).

11. "주님은 우리를 보내셔야만 한다. 그러나 그는 우리로 먼저 기도하게 하시고, 그런 뒤에야 가도록 인도하신다. 교회의 기본적인 과제는 제자를 삼는 것이다. 이 과제를 위하여 성령의 은사들의 방향이 지어진다.… 어떤 기회들은

예를 들어서 동부 유럽의 변화와 같이 크고 자명하다. 그런가 하면 어떤 기회들은 현대인의 정신 가운데 확신이 사라지는 문제와 같이 크기는 하지만 자명하지는 않다. 그리고 어떤 기회들은 매일매일 예수의 이름을 고백하고 그의 은혜를 증언하는 것과 같은 개인적이고 직접적인 것이다.… 우리의 은사들이 기능하는 것은 그리스도의 영적인 나라에서이다. 그것을 잊어버릴 때, 하나님 나라의 은사들은 무시되고 오용되는 것이다"(67).

12. "역사는 하나님이 정하신 극치(God's consummation)를 향하여 나아가고 있다. 그리고 그의 성령이 그 결과를 통제하신다. 그리스도의 교회 안에서의 사역은 기도 가운데서 찾고 성경으로 가득찬 지혜, 하나님의 영광을 구하는 지혜, 연약한 가운데서 기뻐하는 지혜인 성령의 지혜로 통제되어야만 한다"(68).

13. "어떤 미국 교회들의 급격한 성장은 치명적인 위험을 동반하고 있다. 그것은 교회가 새신자들로 넘쳐 나는 것이 아니라, 교회가 성장 방법들에 열중하여 세속화되는 것이다. 예수께서는 풍성한 열매를 약속하셨다. 작은 것이 아름다울 수는 있다. 그러나 작다는 것이 영성을 보장하는 것은 아니다… 교회가 직면한 가장 중요한 질문은 '성령의 은사를 받고 사용하는데 있어서 우리가 어떻게 최대한 성령의 축복을 추구할 수 있느냐?' 하는 것이다"(69).

14. "성령으로 충만하다는 것은 그리스도로 충만해지는 것이다. 즉, 구주와 그의 사랑을 아는 것이다. 또한 성령으로 충만해진다는 것은 성령께서 우리 마음 가운데 부으시는 하나님의 사랑을(롬 5:5) 아는 것이다. 그리고 성령으로 충만하다는 것은 우리로 하여금 '아바 아버지'라고 부르짖게 하는(롬 8:15-16) 하나님과의 친밀한 교제를 아는 것이다. 교회에 관한 성경적 교리는 성부, 성자, 성령 하나님의 구원하시는 사역으로부터 시작한다"(70).

15. "교회는 인간의 기관이 아니라 하나님의 창조물이므로, 교회는 다르고, 심지어 이상하기까지 하다. 공상 과학 소설이 애호하는 표현들이 교회에 그대로 적용될 수도 있다. 즉, 그 구성원들은 이방인(aliens)인 것이다. 비록 그들이 뾰쪽한 귀를 가지고 있지 않다 하더라도 말이다"(71).

16. "예수께서는 '달리다굼'이란 말로써 어린 소녀를 일으키셨다. 베드로는

주님께 기도한 후에 죽은 과부 다비다에게 '다비다쿰'이라고 명했다"(74).

17. "창조자 성령은 첫 창조를 하신 분일 뿐만 아니라, 둘째 창조를 이루시는 분이시다"(81).

18. "반역자들로서 우리는 성자는 비정상적인 것이라고 생각하기를 좋아한다.… 그러나 거룩해진다는 것은 참으로 인간이 되는 것이다.… 거룩은 모든 하나님 백성의 소명인 것이다"(83).

19. "보편성이라는 것은 넓은 길로 인도하는 넓은 문이 아니오, 교회의 주님이 그곳으로 우리를 부르시는 좁은 문이다. 보편성은 교회가 그리스도의 것이라는 의미이다. 우리는 그리스도께서 환영하시는 자들을 배제할 수 없고, 그가 배제하시는 자들을 환영할 수도 없는 것이다"(97).

20. "선포된 말씀의 능력은 유럽을 변화시켰다. 그리고 그것은 이제 이 땅의 모든 백성들에게 이르렀다. 설교는 예배의 핵심적 요소이다.… 설교는 예배의 한 부분이다. … 왜냐하면 설교자와 백성들 모두가 주님께서 그들 가운데 계시며 그들에게 그의 말씀을 전하신다는 것을 알기 때문이다"(130).

21. "시편 96편은 하나님의 백성들로 하여금 '민족들 중에서 그의 영광을, 모든 백성들 가운데서 그의 놀라운 일들을 선언하도록' 권고한다(시 96:3). 성경적 복음 전도는 송영적이다. 왜냐하면 우리는 우리를 어두움 가운데서 이끌어 내사 그의 놀라운 빛으로 들어가게 하신 분을 찬양하기 때문이다(벧전 2:9)"(134).

22. "우리의 승리의 왕은 노래하는 구주이시다. 그는 이 땅에서 우리와 함께 노래하셨으며, 우리는 하늘 회중 가운데서 그와 함께 노래한다. 예수께서는 주께서 기름 부어 세우신 천상적인 성가 지휘자(choirmaster)이시다"(135).

23. "교회는 함께 자라 간다.… 은사의 차이는 교회가 유기체로서 함께 자랄 수 있도록 해준다"(141).

24. "성령 안에는 자연과 은총의 대립은 없다"(142).

25. "자동차를 운전하면서, 뉴스를 들으면서, 사무실에서 일하면서, 또는 저녁 식사를 하며 가족과 이야기하면서 주님의 뜻이 무엇인지를 배우라(롬 12:2)"(144).

26. "지도자들이 다른 이들을 자신의 제자들로 만들 때에 그들은 제자도를

왜곡하는 것이다"(146).

27. "우리의 삶이 변화되기 위해서는 계명들이 우리를 갈보리에로 지시하는 하나님의 계획 가운데서 언급된 하나님의 음성으로 들려져야만 한다"(147).

28. "희망이 없이는 성장이 없고, 새로운 정체성이 없이는 희망할 것이 없다"(148).

29. "복중에 있을 때나 그 밖에로 태어났을 때나 부모들이 그 자녀들을 자기들 마음대로 처리할 수 있는 권리가 없다"(150).

30. "인간의 상황은 희망이 없고, 하나님의 약속은 아주 크기 때문에 하나님이 오셔야만 한다. 우리는 우리의 문제를 해결하는데 하나님의 도움을 필요로 하기 때문이 아니라, 하나님의 거룩하신 공의가 우리의 문제이므로 우리는 하나님을 필요로 한다"(158).

31. "'구원은 하나님께로서 나온다'(욘 2:9) 구원을 가져오기 위해서는 하나님 자신이 오셔야만 한다. 이것이 하나님의 선교(*missio Dei*)이다.… 선교는 그리스도의 제자들에게는 선택 가능한 행위가 아니다. 만일 그들이 함께 모으는 자들이 아니라면, 그들은 흩는 자들인 것이다. … [교회와 가정이 전도와 선교에 힘쓰지 않으면, 그들은] 흩는 자들이다. 만일 우리가 다른 이들을 주님께로 모으는 일에 자녀들을 관여시키는 일에 실패한다면, 그것은 주님의 교양과 훈계로 자녀를 양육시키는 데 실패한 것이다"(159f.).

32. "복음 자체는 아버지의 사랑을 아는 찾으시는 구주의 이야기이다. 만일 선교가 상실된다면 복음이 상실되는 것이다"(162).

33. "증언은 말로만이 아니라 삶으로 이루어져야 한다. 그러나 결코 하나님의 말씀 없이는 이루어질 수 없다.… [그러므로 먼저] 진리의 빛을 붙들어야 한다.… 교회의 선교를 다문화주의, 급진적인 여성주의, 또는 심지어 교회적 제의주의적 가정에 적응시키는 것은 다른 복음에로 돌이키는 구자유주의의 실수를 반복하는 것이다"(165).

34. "사람은 하나님의 형상으로 창조함을 받았으므로 문화적인 존재인 것이다. 인간의 청지기 됨을 규정짓는 '문화 명령'은 시초의 시험 기간을 넘어선

교제와 아들 됨에 대한 하나님의 최종적 축복의 약속인 생명 나무의 표 아래 있는 것이다.”(173).

35. “그리스도인들은 직접적인 것 이상의 것을 본다. 그들은 소유하지 않은 것과 같이 소유한다. ‘세상 형적은 지나가기 때문이다’(고전 7:31)”(175).

36. “하나님께서는 당신님의 진리를 전달될 수 있게 하셨다. 그는 우리로 하여금 ‘그의 생각을 따라서 생각하도록’ 부르신다”(177).

37. “쟝 폴 싸르트르의 『구토』는 부조리의 영웅의 부조리성을 드러내 주기는 하지만 해결하지는 못한다. 무의미성은 도덕성의 근거를 제공하지 못한다”(177).

38. “그 어떤 언어나 문화도 복음에 대해 전혀 불투명하지 않다. 물론 모든 문화는 인간의 배교의 흔적을 가지고 있고, 모든 언어는 편견을 반영한다. 그러나 모든 문화는 복음에 의해 변혁될 수 있고 모든 언어는 복음과 삶과 세상에 대한 구속적 이해의 전달 매체가 된다”(180).

39. “이 땅에 있는 그리스도의 왕국의 공동체로서의 교회는 신정적인 질서이다.… 하늘을 향하는 순례자의 무리로서의 교회는 칼을 휘두르지 않는다(요 18:11, 36). 교회는 그런 식으로 싸울 필요가 없으니, 하나님의 나라는 인간적 무기를 필요로 하지 않기 때문이며; 교회는 싸우지 않으니(십자군들이 배운 바와 같이) 칼은 하나님 나라의 구원을 가져다 줄 수 없기 때문이다. 우리의 무기는 영적인 것이다… 칼은 궁극적 문제를 결정하지 못한다.”(189).

40. “교회는 순례자들의 무리이면서 또한 그리스도의 권위를 나타내 주는 그리스도 왕국의 대사관이기도 하다”(190).

41. “국가에 대한 그리스도인들의 순종은 맹목적일 수 없다”(190).

42. “… 그의 살아 있는 진리와 성령의 임재를 통해서 주님께서는 그의 백성을 다스리시고, 인도하시며, 유쾌하게 하신다”(203).

43. “[겸손에 대한 가르침보다] 더 쉽게 파악된 예수의 가르침도 없고, 그리스도인의 삶에 근본적인 가르침도 없으며, 그보다 더 자주 잊혀지고, 배반되며, 저항되는 가르침도 없다”(206).

44. “부르심과 은사와 직임은 함께 간다.… 은사의 결정적인 드러남은 교회

봉사에서이다"(210).

45. "세례는 그리스도인들에게 그들의 성을 부여하는 것이다. 즉, 그들이 하나님의 자녀라고 불릴 때 그들이 가지는 이름을 부여하는 것이다(사 43:6하 -7)(278).

46. "교회론은 교회를 사랑하시고, 그 교회를 위하여 당신님을 주신 주님 자신의 가르침이다. 불변하시는 그리스도께서는 교회의 사명이 완성될 때까지 당신님의 임재를 인치시면서 떡과 포도주의 잔을 주신다. 그리고 부활의 영광에서 모든 가족과 나라에서 온 우리는 우리가 사랑하는 그 분을 보게 될 것이고, 그는 우리와 다시 식사하실 것이다(290).

그러나 그의 이러한 강점들과 관련해서 우리는 또한 몇 가지 문제점을 지적할 수 있을 것이다.

첫째는 그의 주해가 가진 문제를 지적해야 할 것이다. 사실 이는 그의 논의가 충실한 주해에 근거하여 진행되려 하기 때문에 그에게 묻게 되는 우리의 의문들인 것이다. 그는 다른 책에서도 그 나름의 독특한 주해를 시도하여 성경 신학과 실천 신학을 잘 연관시키려는 그의 의도를 높이 사는 이들을 의아하게 하는 것과 같이, 이 책에서도 몇몇 곳에서 독특한 주해를 제시하고 있다.

1. 신약의 교회는 구약의 교회와 달리 지상의 예루살렘에 모이지 않고, 살아 계신 하나님의 도성인 하늘의 예루살렘에 모임을 히브리서 12:22을 따라서 잘 제시한 후에, 그는 "시내 산은 물리적인 불로 불타고 있었으나, 하늘은 하나님 자신의 임재의 불로 타고 있다(히 12:18, 29)"(31)는 말을 덧붙이고 있는데(31), 이는 해석에 따라서 다양한 오해를 일으킬 수 있는 진술일 수 있는 것이다. 특히 18절의 불이 그가 여기서 말하려는 바와 일치하는 것으로 해석될 수 있고, 29절의 불은 과연 그가 여기서 제시하는 것과 같은 의미를 지니는지, 아니면 더 풍성한 의미를 지니는지를 물을 수 있는 것이다.

2. 에베소서 2:16의 "또 십자가로 이 둘을 한 몸으로 하나님과 화목하게 하려 하심이라"는 말씀을 주해하면서 클라우니는 여기서 "한 몸으로"라는 말을 쓸

때 바울은 먼저 십자가에 달리신 그리스도의 몸을 생각하고, 이차적으로, 즉 우리가 그에게 연합하여 한 몸을 이루는 것을 생각하고 있으며 이 둘의 연결에 이 문장의 참된 의미가 있다고 시사한다(63). 이에 대해서 우리는 이런 해석이 흥미롭기는 하지만 과연 이것이 그가 시사하듯이 문맥상 지지를 받을 수 있는 해석이 될 수 있는지를 묻게 된다. 문맥상으로도 여기서 한 몸은 이방인과 유대인이 합하여 이룬 "한 새사람"을 지칭하는 것이 분명하고 따라서 대부분의 주석가들도 이 "한 몸"이 그저 십자가를 수단으로 하여 이루어진 한 몸인 교회라고 해석하기 때문이다.[10]

주석가들 가운데서 이 문제를 좀 더 구체적으로 언급하는 링컨은 이 한 몸을 그리스도의 몸으로 보는 학자들의 글로 E. Percy, *Die Probleme der Kolosser-und Epheserbriefe* (Lund: Gleerup, 1946), 281과 M. Barth, "Conversion and Conversation: Israel and the Church in Paul's Epistle to the Ephesians," *Interpretation* 17 (1963), 298을 언급하고, 클라우니처럼 둘 다로 보는 학자들의 글로는 S. Hanson, *The Unity of the Church in the New Testament: Colossians and Ephesians* (Uppsala: Almquist & Wiksells, 1946), 145-46와 H. Schlier, *Der Brief an die Epheser* (Dusseldorf: Patmos, 1957), 135를 언급하고 이 둘을 다 비판하고 있다. 그러므로 클라우니와 같은 해석이 아주 없다고는 할 수 없으나 이를 일반적 해석이라고 하기도 어렵고, 문맥상 의미를 잘 드러낸 것이라고 보기도 어려운 것이다.

3. 디모데전서 5:17의 "잘 다스리는 장로들을 배나 존경할 자로 알되"라는 말을 주해하면서 클라우니는 여기서 배나 존경한다는 말의 의미가 그들에 대해서 노인으로서의 존경과 교회의 치리자들로서의 존경을 드려야 한다는 뜻일 가능성

---

[10] Cf. Francis W. Beare and Theodore O. Wedel, "The Epistle to the Ephesians," *The Interpreter's Bible*, vol. 10 (Nashville: Abingdon Press, 1953), 657; Ralph P. Martin, "Ephesus," in *The New Bible Commentary* (Leicester: IVP, 1970), 1112; C. Leslie Mitton, *Ephesians, The New Century Bible Commentary* (Grand Rapids: Eerdmans, 1973), 108; A. Skevington Wood, "Ephesians," in *Expositor's Bible Commentary*, vol. 11 (Grand Rapids: Zondervan, 1978), 40-41; Arthur G. Patzia, *Colossians, Philemon, Ephesians, A Good News Commentary* (San Francisco: Harper & Row, 1984), 174-75; Richard J. Erickson, "Ephesians," in *Evangelical Commentary on the Bible* (Grand Rapids: Baker, 1989), 1025; Andrew T. Lincoln, *Ephesians, Word Biblical Commentary* 42 (Dallas, Texas: Word Books, 1990), 144-45.

이 가장 높으며, 존경과 함께 사례(honorarium)를 드려야 한다는 의미일 수도 있다고 한다(211). 그러나 이 구절을 과연 그렇게 주해할 수 있을지에 대해서 의문을 제기할 수 있을 것이다.

이는 오히려 그가 거부하고 있는 해석 중 하나인 잘 다스리는 이들을 더 존중하라는 뜻으로 보아야 하지 않을까? (다음에 언급할 문제를 어느 정도 내포하고 있기는 하지만) 칼빈이 이런 해석에 가장 근접하는 견해를 제시하고 있다. 즉, 그는 "그들의 직무를 신실하게, 그리고 열심히 수행하는 이들을" "잘 다스리는 장로들"이라고 해석하면서, 이는 "영예는 어떤 직무의 이름 때문이 아니라, 그 직무를 맡은 사람들이 수행하는 사역에 기인하는 것이라는 의미"라고 한다.11 하지만 그는 "배나 존경한다"는 것은 디모데전서 5:3에 언급된 참과부에 대한 존경(경대)에 비해 배나 존경하는 것을 뜻한다고 해석하려고 한다.12

많은 주석가들은 디모데전서 5:17에 대해서 클라우니가 두 번째 가능성으로 언급하고 있는 해석인 존경과 함께 사례를 드려야 한다는 뜻으로 이 구절을 해석하려고 한다.13 그러나 이런 해석은 17절 내의 두 구절인 "잘 다스리는 장로들"과 "말씀과 가르침에 수고하는 자들"을 별로 구별하지 않고 해석하려는 데서14

---

[11] John Calvin, *The Second Epistle of Paul the Apostle to the Corinthians and the Epistles to Timothy, Titus and Philemon*, E.T. by T.A. Smail (Edinburgh: Oliver and Boyd, 1964; reprinted by Grand Rapids: Eerdmans, 1976), 262.

[12] Calvin, 261.

[13] A. M. Stibbs, "The Pastoral Epistles," in *The New Bible Commentary*, eds. D. Guthrie and J. A. Motyer (3rd edition, Leicester: IVP, 1970), 1175: "다음 구절은 그들이 마땅히 드려야 하는 영예가 물질적인 지지를 포함한다는 것을 분명히 한다 (3절을 참고하라); 또한 그것은 배 또는 충분한 것이어야 한다. 그것을 그들에게 줄뿐만 아니라, 그들은 참으로 그럴 만한 분들로 여겨져야만 하는 것이다"; Wilbur B. Wallis, "I Timothy," in *The Wycliffe Bible Commentary* (Chicago: Moody Press, 1962), 1378: "영예란 두 가지 의미를 가진다. 즉, 영예와 사례 또는 보상이다. 여기서는 이 두 가지 의미가 다 의도된 것임에 틀림이 없다"; Ralph Earle, "1 Timothy," in *The Expositor's Bible Commentary*, ed. Frank E. Gaebelein, vol. 11 (Grand Rapids: Zondervan, 1978), 380.

[14] 위에서 언급한 윌버 월리스는 "말씀과 가르침에 수고하는 자들의 경우에는 그들의 전 시간이 투자되는 것이므로 교회로부터 보상을 받을 자격이 있다"는 것과 이 배나 존경하는 것을 연결시키고 있다(Wallis, 1378). 스팁스는 "말씀과 가르침에 수고하는 이들"을 따로 언급하지 않음으로 17절 전체를 하나로 취급한다. 프레드 길리도 이 둘을 이상스럽게 연결시켜서 그 해석을 하고 있다(Fred D. Gealy, "Exegesis of I Timothy," in *The Interpreter's Bible* [Nashville: Abingdon Press, 1955], 441). 디벨리우스와 콘첼만은 "주재하는 장로들(the presiding presbyters, προεστῶτες πρε-σβύτεροι)에게 돌려진 배의 보상

나온 해석일 가능성이 높으며, 특히 "존경"으로 옮겨진 "티메"(τιμη)를 지나치게 경제적인 의미로 이해하는 데서 온 것이라고 여겨진다.[15] 18절과의 연관성에서 이런 해석에로 나아가는 이들이 많으나,[16] 이는 오히려 17절의 두 번째 구절인 "말씀과 가르침에 수고하는 자들을 더할 것이니라"와 연관시켜서 보아야 하지 않을까 여겨진다. 그래야 여기서 "더한다"는 말의 의미가 잘 드러날 수 있는 것이 아닐까?

그러므로 클라우니의 해석은 자신이 지시하고 있듯이 ("-일 뜻일 가능성이 가장 높으며"라는 그의 표현에 유의하라) 여러 해석의 대안들 가운데 하나이나, 우리로서는 (적어도 그의 각주에라도) 그가 왜 이런 해석을 취하게 되었는지에 대한 주해적 근거를 좀 더 제시하였었으면 하는 아쉬움을 갖게 되는 것이다.

4. 디모데전서 2:15의 "그 해산함으로 구원을 얻으리라"는 말을 설명하면서 클라우니는 2:14에서 바울이 말하고 있는 여자는 하와이므로, 여기서 해산은

(double compensation, διπλῆς τιμῆς)이란 구절은 같은 사람에게 주어진 두 가지 기능 또는 영예로운 지위들을 함의한다"고 하면서 후에 "가르침은 자원적인 봉사로 여겨진다는 말을 덧붙임으로써 그 둘 (다스림과 가르침)을 같이 취급하고 있다(Martin Dibelius and Hans Conzelmann, *The Pastoral Epistles* [Hermenia, 1966], E. T. Philip Buttolph and Adela Yarbro [Philadelphia: Fortress, 1972], 78).

이 둘을 가장 뭉뚱그려서 설명하는 이는 George W. Knight, III이다. 그는 아예 "설교하고 가르치는 자들에게는 이중의 영예가 돌려져야 하는데, 첫째 영예는 존경이고, 둘째 영예는 사례이다"라고 말하는 것이다(in *Evangelical Commentary on the Bible* [Grand Rapids: Baker Book House, 1989], 1108). 이렇게 한 구절 내의 사상을 다 합하여 말하는 것은 본문의 의미를 크게 손상하는 것이 될 것이다.

켈리도 다 합하여 이 구절을 해석하려는 경향이 있으나 그는 적어도 "말씀과 가르침에 수고하는 자들"이 그렇게 온 시간을 다 들여서 잘 다스리는 이들의 현저한 예라고 함으로써 어느 정도의 구별은 하려고 한다. 그러나 그는 또한 이렇게 말씀과 가르침에 수고하는 이들에 대해서 한편으로는 한 무리의 구별되는 장로라고 하고, 또 한편으로는 집사들과는 구별되는 감독자들이라고 함으로써 애매한 해석을 제공한다(J. N. D. Kelly, *A Commentary on the Pastoral Epistles* [Peabody, Massachusetts: Hendrickson, 1987], 124). 그러나 그의 논의의 전체적 방향은 장로들을 둘로 구별하는 쪽으로 나아가고 있다(*ibid.*, 124f.). 이 둘을 가장 현저하게 구별하는 이들로는 랄프 얼(Ralph Earle, 380)과 칼빈(Calvin, 262)을 들 수 있다.

[15] Bauer, Arndt, Gingrich가 편집한 *Greek-English Lexicon of the New Testament*가 그렇게 제시하며 NEB도 그렇게 옮기고 있다("reckoned worthy of a double stipend"). 정확히 두배나, 누구에 비해 두배인지를 확정하지 않으려는 버나드도 이 말은 "충분한 만큼을 드리는 것"(ample provision)으로 이해하려고 한다(J. H Bernard, *The Pastoral Epistles* [Cambridge: Cambridge University Press, 1899], 85). 이렇게 물질적인 의미로 해석하는 이들로 Gealy(441), Dibelius and Conzelmann (78), Kelly (125) 등을 들 수 있다

[16] 이렇게 18절과의 연관성 속에서 "티메"를 경제적인 의미로 해석하는 이들의 해석으로는 다음을 보라: Gealy, 441; Earle, 380; Kelly, 125; Knight III, 1108.

바로 그 해산, 즉 뱀의 머리를 상하게 할 여인의 씨(후손)에 대한 약속을 바울이 의미할 수 있다고 하면서 디모데전서 5:14과 다른 뜻으로 해석을 하고 있다(220). 물론 이 구절을 클라우니와 같이 해석하는 주석가들도 있기는 하다. 예를 들면, 위클리프 성경 주석의 디모데서 주석을 쓴 언약 신학교의 월버 월리스는 클라우니와 아주 같은 말을 한다: "이 부분에서 바울이 사용하는 용어는 창세기 2장과 3장에 대한 70인경의 독법을 반영하고 있으며, 여기서 그는 그리스도의 성육신을 지시하기 위해서 창세기 3:15, 16의 개념을 가지고 생각하는 것이다. 바로 이 해산 [즉, 그리스도의 출생]을 통해서 믿고 계속해서 경건함에 거하는 여인들은 구원함을 받을 것이다."[17]

그러나 디모데전서 2:15의 주어는 단수로 되어 있으나 동사는 복수 동사를 쓰고 있다는 점에서 여기 여인을 하와로만 보는 것은 무리일 것이다. 오히려 이 단수로 된 여자는 집합적(collective)으로나 류적(generic)으로 여인을 부르는 앞의 맥락과 관련해서 각각의 여인들이 어떠해야 한다고 말하는 것으로 여겨져야 할 것이다.[18] 칼빈은 이에 대해서 "비확정적인 명사(an indefinite noun)가 전체(a whole class)를 지칭할 때에는 그 명사는 집합명사와 같은 의미를 가지므로, 동사에서의 수의 변화는 쉽게 용인될 수 있다"고 잘 지적하고 있다.[19] 이런 뜻에서는 이 구절의 말들이 "하와를 지칭하는 것도 (마리아를 지칭하는 것도), 또 모든 여인들을 지칭하는 것도 아니고, 이를 수식하고 한정지우는 절이 보여주듯이 그리스도인인 여인들을 지칭하는 것이다"라고 말하는 디벨리우스와 콘첼만의 관찰이[20] 정확한 것이라고 할 수 있다. 이미 오래 전에 칼빈도 "그것이 믿음과

---

[17] Wallis, 1373. 비슷한 해석으로 다음을 들 수 있다: George W. Knight, III, 1105; John A. Cramer, *Catene in Sancti Pauli: Epistulas ad Timotheum, Titum, Philemona et ad Hebraeos, Catenae Graecorum Patrum in Novum Testamentum 7* (Oxford: Clarendon Press, 1843), 7, 22, cited in Dibelius and Conzelmann, 48, n. 26. 또한 랄프 얼에 의하면 로크가 이런 해석을 했다고 한다(Water Lock, *A Critical and Exegetical Commentary on the Pastoral Epistles* [Edinburgh: T. & T. Clark, 1924], cited in Earle, 362).

[18] Cf. Stibbs, 1171. 또한 Kelly, 69를 보라: "이 문단 전체에서 그가 여인들을 복수로 말하고 있거나 여인을 류적으로(generically) 생각하고 말하고 있다는 것을 상기하면 어색한 것은 사라지고 만다."

[19] Calvin, 219-20.

[20] Dibelius and Conzelmann, 48.

사랑에서 나온 것이어야만 해산도 하나님을 기쁘시게 하는 순종의 행위이다"라고 지적한 바 있다.[21]

그러므로 디모데전서 2:15도 5:14과 같은 뜻으로 해석하여(5:14에 대한 클라우니의 훌륭한 설명과 같이) "어머니 됨을 받아들임으로 경건한 여인은 디모데전서 5:11-13에 묘사된 게으른 말장이들과 대조되어, 주께로부터 받은 사명을 다 이루고 다른 이들에게 믿음의 본이 되는 것이다"(220)라고 해석하는 것이 더 옳으리라고 여겨진다.

5. 유아 세례 문제를 설명하면서 클라우니는 웨스트민스터 신앙 고백서의 전통과 같이 예수께서 어린 아이들을 그 품에 안으시고 축복하신 것에서도 어린 아이들이 하나님의 백성의 수에 포함되며 따라서 그에게 속한다는 표를 받을 자격이 있음을 드러내신다고 아주 자연스럽게 설명하고 있다 (283). 다른 그 어떤 이들 보다도 이 사례를 유아 세례와 아주 자연스럽게 연결시켜 설명하는 클라우니의 그 자연스러운 설명을 높이 사며, 혹시 그렇게 연결시킬 수 있다면 우리는 클라우니적인 설명의 방법을 취하여야 한다고 말하게 되면서도, 아직 이 사례와 유아 세례를 연결시킨 것에 어떤 석연치 않은 전제가 작용하고 있다고 말하게 된다. 물론 이 사례와 유아 세례가 전혀 관계없는 것이라고는 할 수 없으나, 그래도 이를 강하게 주장하기 위해서는 또 다른 설명이 필요하다고 느끼게 된다.

둘째는 때때로 그의 설교투 같은 진술이 야기할 수 있는 문제를 말할 수 있을 것이다. 예를 들자면 그는 교회의 통일성을 설명하면서 한 곳에서 고린도전서 12장과 관련하여 다음과 같은 진술을 한다. "코인 그리스도인들은 회중 가운데 있는 다른 회원들에게서 세속성의 냄새를 맡으려고 하는 유혹을 받기 쉽다"(81). 이런 진술은 재미있고 설교를 듣는 바와 같은 인상을 줄 수 있지만, 이런 비유가 확대될 때의 위험을 염려하도록 하는 것이다.

주해적 문제라고도 볼 수 있는 것이나 출애굽기 33:1-11과 관련하여서 원래는 장막을 제시하시어 하나님께서 이스라엘 중에 계심을 드러내시려고 하셨으나,

---

[21] Calvin, 220.

금송아지 우상 사건 이후에는 "하나님의 거룩성과 이스라엘의 완고함 때문에 하나님께서 성막 안에서 그들 중에(*among* them) 계신 것은 그들에게 너무 위협적인 것"이 되어서, 이제는 "그의 사자의 형태로 그들 앞서 (*before* them) 나아 가사 가나안 족속들을 내어 쫓으시고 그들에게 약속된 땅을 주시기로" 하셔서, 그들 중의 계심에서 그들 앞서 가시는 것으로의 변화가 있음을 강조하고 있는 것은(32) 강조점을 조금 달리해서 보아야 할 것이라고 여겨진다. 핵심은 하나님께서 조상들에게 맹세하시고 언약한대로 가나안 땅을 이스라엘에게 주시기는 하겠으나 하나님께서 함께 하시지는 않겠다는 데에 있는 것은 사실이나, 이를 성막을 세우는 것 대신에 주어진 그 대안이라고 한 것은(32) 너무 지나치다고 여겨진다. 클라우니 자신도 지적하고 있듯이 하나님은 비록 진 밖이기는 하지만 회막에서 모세와 말씀하셨기 때문이다. 그러므로 송아지 우상 사건 때문에 성막을 세우는 "대신에" 하나님의 사자가 그들 앞서 갔다고 말하는 것보다는, 그 죄 때문에 하나님이 이스라엘과 함께 하지 않으시겠다고 하셨다고 하는 것이 더 정확한 표현이라고 여겨진다.

셋째로는 그의 논의 과정 가운데 나타나는 진술상의 문제에 관한 것으로 교회의 사도성을 설명하면서 이는 교회가 사도적 교훈, 특히 사도적인 성경에 충실해야 함을 언급하는 것이라고 잘 설명한 후에(73-77), 그 뿐만 아니라 이는 교회가 대위임령을 수행해야 하는 책무를 맡았기 때문이기도 하다는 말을 덧붙이고 있는데(77), 이는 앞의 규정(사도적 가르침에의 충실성)의 빛에서, 또는 항상 그것과 함께 하면서 이해된다면 별 문제가 없으나, 그와 분리될 경우에는 큰 문제를 야기시킬 수도 있다는 점을 지적해야 할 것이다. 물론, 클라우니는 이를 잘 의식하면서 이를 오해하여 교회가 사명을 가진 것이 아니라, 사명 가운데 있다(*exits* in mission)고 주장하여 세상과 구별된 선택받은 하나님의 백성임을 부인하며 교회를 세상을 섬기는 교회(servant church)로 말하는 신학을[22] 잘 비판하

---

[22] 이와 관련해서 클라우니는 다음 같은 말들을 인용하고 있다(300, n. 20): "교회는 종국적 목표를 향해 가고 있다는 사실을 의식하고 있는 인류의 한 부분이다"(*The Church for Others and the Church for the World* [Geneva: WCC, 1967], 13); "교회의 본질은 그 기능, 즉 그리스도의 사도적 사역에의 참여로 충분히 정의될 수 있다"("The Church in Missionary Thinking," in *The International Review of Missions*

고 있다(78). 그럼에도 불구하고 그의 진술 방식이 야기할 수 있는 문제를 그대로 간과할 수 없고, 항상 주의해서 그의 뜻을 찾아보려고 해야 한다.

또 하나 이런 진술 방식과 연관된 문제를 제시한다면 전체적으로는 개혁 신학과 잘 조화될 수 없는 입장의 어떤 주장이 부분적으로 개혁 신학적 주장과 일치되는 경우에 그런 주장을 그대로 인용하고 그 주장이 담긴 전체적인 틀과 전제를 소개하거나 논의하지 않음에서 발생하는 문제를 지적하지 않을 수 없다. 신학 전체에 잘 입문되어 있지 않는 독자들(그것이 이 책이 예상하는 독자들의 일부이기도 하다)에게는 이런 진술 방식은 상당한 오해를 일으키기 쉬운 것이다. 예를 들어서, 그는 성경에 의하면 교회는 하나님의 백성이요, 그리스도의 회중과 몸이고, 성령의 교제인데, 각 교단적 전통은 각기 이 중의 하나를 애호하여 왔으니 개혁파 교회들은 하나님의 백성으로서의 교회를, 성례전적 교회들은 그리스도의 몸으로서의 교회를, 재세례파 교회들은 그리스도의 제자들로서의 교회를, 그리고 오순절파 교회들은 성령의 교제로서의 교회를 강조하여, 우리는 모두 어느 한가지 모델에 집중하는 관경(管鏡, tunnel vision)의 죄책을 가지고 있다고 말하면서, 마지막에 제2 바티칸 공의회는 '그리스도의 몸' 비유의 포괄성을 도전하고 '하나님의 백성'이라는 용어를 다시 가져왔다고 말함으로써(28) 마치 제2 바티칸 공의회의 교회론이 가장 이상적인 것인 것으로, 또한 개혁파의 하나님의 백성으로서의 교회 이해에 참된 의미에서 가까워진 것으로 오해될 수 있게 진술하는 것이다. 물론 제2 바티칸 공의회가 하나님의 백성으로서의 교회를 강조하는 것은 사실이나, 그 전체적인 틀과 전제 속에서 살펴보면 그들의 이해가 개혁파적 교회 이해에 가까워졌다고도 할 수 없고, 더구나 가장 이상적인 것이라고도 할 수 없는 것이다. 그런데도 잘못 읽으면 그런 식으로 생각할 수 있게끔 글을 쓴 것은 별로 유용한 진술 방식이라고 하기 어려운 것이다.

마지막으로 사소한 문제들을 말한다면 갈라디아서 5:22-23의 성령의 열매를 말하면서 분명히 단수로 되어 있는 것을 왜 복수로 말하고 있는지(64), 회당을 왜 기도처와 동일시하고 있는지(131) - 나는 사도행전 16:13의 '기도처'를 회당으

---

41 [1952], 354).

로 설명하는 주석가들을 하나도 찾지 못하였다 - 또한 그리스도의 할례를 언급하면서 과연 "이미 그의 할례에서 예수는 우리를 위하여 수난을 당하셨고, 그의 피가 쏟아졌다"고(282) 할 수 있는지 등의 문제들을 제기할 수 있다. 이같은 문제가 드러나는 것은 클라우니 같은 학자에게서 기대하기 어려운 점이라고 말하지 않을 수 없다.

그러나 이런 점들을 어떤 의미에서 사소한 것들이고, 클라우니 같은 훌륭한 선생님에게 거는 우리의 큰 기대를 드러내어 본 것뿐이다. 그러므로 20세기 말에 개혁파적 교회론을 현대의 상황의 여러 문제들을 잘 의식하면서 제시하고 있는 이 책을 우리는 중요시하고 이 책으로부터 많은 것을 배울 수 있어야 할 것이다. 개혁파적 교회론에 대한 일관성 있는 정리를 필요로 하는 이들이나, 자신의 개혁파적 교회론을 점검하기 위한 대화의 상대자를 필요로 하는 이들, 그리고 오늘날 이 땅 위에서 참된 개혁파 교회를 드러내며 개혁파적 목회를 하고자 하는 이들이 반드시 한 번씩은 읽어보아야 할 책이라고 생각한다.

이상에서 우리는 클라우니의 개혁파적 교회론 제시의 공헌과 문제점을 간단히 살펴보았다. 다음에는 서평에는 속할 수 없으나 이 책을 직접 읽을 수 없는 학생들과 일반적인 독자들을 위하여 그가 진술하고 있는 내용 가운데서 우리가 잘 배우고 깊이 생각해 두어야 할 사항들을 나열해 보기로 한다.

1. "주님의 참된 회중[교회]은 천상에 있으므로, 그것은 이 땅 위에 여러 형태로 나타나니, 즉 가정 교회들 안에서, 도시 교회들 안에서, 그리고 보편 교회 안에서 말이다"(32).

2. "하나님의 현존이 이스라엘을 다른 모든 민족들과 구별시켰다(출 33:16). [그 때문에] 그들은 제사장 나라요, 거룩한 백성이었던 것이다"(33).

3. "성경에서는 하나님의 나라란 하나님의 임재하심의 그림자(the shadow of his presence)이다. 즉, 그의 영역(domain, realm)이라기보다는 그의 통치(dominion, rule)이다. 하나님의 나라는 심판과 구원의 목적을 성취하는 그의 권능의 작용이

다”(38); “그 나라는 왕의 인격 안에서 왔다. 그러나 또한 그가 올 것이므로 그 나라는 다시 올 것이다”(42).

4. 교회에 대해 “음부의 권세가 이기지 못할 것이요”라고 말하는 것에 대해 클라우니가 하는 있는 삼중의 설명: (1) 그리스도께서 그의 부활 승리에서 음부의 권세 (문)을 깨치고 그의 은혜의 열매들을 가져오실 것이라는 의미, (2) 악한 자의 성채로서의 음부의 문이 그리스도의 교회의 공격을 이기지 못하리라는 의미, 그리고 (3) 성전의 초석을 분명한 피난처로 말하는 이사야 28:15-18을 반영하는 표상적 표현으로 보는 것(41).

5. “요한복음에서 오는 때란 그리스도의 죽음과 부활의 때이다. 그 때가 모든 것을 변화시킨다.⋯ 성전과 그것이 표하던 모든 것은 그리스도의 수난과 죽음의 때에 절대적으로 성취되었다: ‘이 성전을 헐라, 내가 삼일 만에 다시 세우리라’”(45).

6. “그와 함께 있게 하려 제자들을 부르신 예수께서는 또한 그들을 증인들로서 보내셨다. 요한복음서는 증인들에 대해서 구약의 법률적 용어로 말하고 있다.⋯ 그의 제자들은 그에 대해 증언하도록 부름을 받았다.⋯그들은 변호사요 증인이기도 하신 성령을 받는다.⋯ 성령은 교회가 성경에 따라서 그리스도를 선포할 때에 교회의 증언을 힘있게 하신다(행 5:32)”(46f.).

7. “교회는 주님의 함께 하심에 대한 희미해져 가는 기억과 함께 사는 것이 아니라, 성령 안에서의 그의 임재의 실재와 함께 산다”(50).

8. “성령은 이 상호 소유를 인치신다. 첫째로, 성령은 창세 전에 그리스도 안에서 선택된 자들을 그의 소유로 주장하시는 하나님의 인치심(God's seal)이다. 그러나 그는 또한 우리의 인(our seal)이기도 하다”(50).

9. “성령 안에서 성부와 성자는 교회를 소유하신다. 하나님의 이전 계시에서 오는 그 어떤 것도 잃어지지 않는다. 성령을 통하여 교회는 그리스도의 수난과 그의 영광과의 교제 가운데서 그리스도와 연합한다. 그러므로 성령의 임재는 약속이며 동시에 실현이기도 하다(고후 1:22, 엡 1:14). 왜냐하면 영광의 영 안에서 이제 우리는 영원의 기쁨인 하나님의 선하심을 맛보기 시작하기 때문이다”(51).

10. "성령의 계속 함께 하심이 교회의 특성들을 규정한다"(52).

11. "주님께 대한 구약 성도들의 관계는 오순절 이전에도 성령께서 임재하고 계심을 생각하도록 한다.… 시내 산에서의 하나님의 언약은 당신님께서 그의 백성과 함께 계속해서 계실 것임을 약속하셨다. 그는 이 약속을 성신의 내주를 통하여 지키셨다(학 2:5)"(54).

12. "오늘날에도 성령의 임재는 오순절 때와 같이 공동체적 축복(a community blessing)이다"(60).

13. "부활 후에 예수께서 제자들에게 그의 성령을 불어 내쉬셨을 때(요 20:22), 그는 오순절 때에 그가 확언하실 것을 예기하셨던(anticipated) 것이다"(64).

14. "바울은 결코 머리이신 그리스도께서 몸을 필요로 한다고 생각해 본 일이 없다"(64).

15. "성령의 은혜들은 한편으로는 우리가 믿음과 소망과 사랑 안에서 자라감에 따라서 우리를 그리스도와 같이, 따라서 우리를 비슷하게 만들어 준다. 그러나 또 한편 성령의 은사들은 그리스도를 섬김 가운데서의 독특한 사역들을 준비시킴으로 우리를 서로 구별해 준다"(64).

16. "교회의 섬김은 세 가지 목표를 가진다. 첫째로는 예배로 하나님을 섬기는 것이고, 둘째는 양육 가운데서 서로를 섬기는 것이고, 셋째로는 선교로 세상을 섬기는 것이다"(65).

17. "사도들의 부름 받음은 유대 법에서 '살리아흐' (שָׁלִיחַ, saliah)의 기능과 어느 정도는 유사하다. 살리아흐는 어떤 구체적인 문제에 있어서 그를 보내는 사람을 대표한다. 이와 같이 사도는 그리스도를 대표하는 것이고, 그의 이름으로 활동한다"(73f.).

18. "… 바울은 그의 편지들이 교회 안에서 구약 선지자들의 글과 함께 읽혀질 것을 기대했다(골 4:16; 살전 5:27; Cf. 계 1:3). 사도들의 명령은 구약 선지자들의 정경적 권위와 같은 수준에 있는 것이다.… 신약 계시는 성령을 통한 그리스도의 사역의 한 부분이다. 그것은 그것에 근거하여 그리스도께서 그의 교회를 세우시는 사도적 토대인 것이다.… 계시록의 종결성은 모든 사도적 성경에도 동등하게

적용된다(계 22:18-19 … 비록 베드로는 예수를 친숙하게 알았으나, 그도 자신의 개인적 성찰이 아니라 사도적 전승을 제시하는 것이다. 성경의 권위를 양보하는 것은 교회의 사도적 토대를 무너뜨리는 것이다. 성경의 순정성이 부인되고 신약 성경이 많은 모순되는 신학들을 가진 것으로 생각되면, 기독교는 교회사로 정의되어야만 할 것이다.… 신약 성경에 주어진 영감된 사도적 증언은 충분하고 종결적이다"(75ff.).

19. "그 어떤 교회도 그 가르침에 있어서 완전한 교회는 없으므로, 우리는 그 교리에 있어서 흠이 있는 교회들과 사도적인 '바른 교훈의 모본'을 떠난 배교적인 교회들을 구분해야만 한다"(82).

20. 청교도 존 오웬은 이렇게 말했다: "거룩은 나의 영혼에 복음이 심기우고 쓰여지고 실현되는 것 외에 다른 것이 아니다"(*Works*, ed William Goold [Edinburgh: Johnstone and Hunter, 1850-53); Banner of Truth Trust, 1965-68], vol. III, 370, cited in J. I. Packer, *A Quest for Holiness* [Wheaton, IL.: Good News Publishers, 1990], 198) (88).

21. "참된 거룩 가운데서의 성장이란 항상 함께 성장하는 것이다… 36년 동안 기둥 위에서 거룩을 추구했던 것으로 유명한 시리아의 수도자 시므온 (Semeon the Stylite)도 그의 끈에 음식 바구니를 달아 주는 덜 고귀한 교회 지체들의 섬김을 필요로 했던 것이다"(89).

22. "우리가 모든 것을 다 하나님의 영광을 위하여 하지만 우리가 행하는 모든 것이 다 특별한 예배의 행위는 아닌 것이다"(126).

23. "가정 기도의 수립은 개혁파 교회의 표식이다. 그리고 새 언약의 헌신을 위한 것이다"(132).

24. "교회 교육은 놀이방에서부터 양로원에 이르기까지 순차적으로 진행되는 연령 집단에 따라 표준화될 수 없다. 그것은 백성들의 순례에서 백성이 있는 곳을 그리고 하나님께서 그들에게 가르치는 것을 탐구해야 한다"(145).

25. "그리스도 안에서의 통일성은 문화적 표현을 억압하지 않는다"(164).

26. "눈에 보이지 않는 교회가 오직 눈에 보이는 교회를 통해서만 제도적으로

표현된다고 생각하는 것은 잘못이다. 이는 또한 가정과 국가와 다양한 사회 집단들을 통해서도 표현되기 때문이다”(191). 그는 이것이 도이베르트의 입장이라고 한다(Cf. Herman Dooyeweerd, *The Christian Idea of the State* [Nutley, NJ: Craig Press, 1978], 10). 그리고 이를 설명하면서 다음과 같은 예를 들고 있다: “족장 시대에는 하나님 나라가 가족의 형태를 띠었고, 후에는 국가의 형태를 가졌으며 (이스라엘), 오늘날에는 사회적 기관이라는 외적인 형태를 가지고 있다”(191).

27. 정치에서의 그리스도인의 책임을 지적하는 다음의 다양한 말들: “하나님 나라의 의에 대한 열심은 그 사회가 주장해야만 하는 가치들을 증언할 것이다.… 교회의 일반적 직원들(소위 ‘평신도’)이 정치적인 문제에 있어서 함께 숙고할 이유는 많이 있다. 마찬가지로 교회의 특별 직원들은 정치적 문제에 대한 그리스 도인들의 분석을 돕는 성경적 지침과 지혜를 제공해야만 한다. … 동성 연애든지 경제적 착취이든지 하나님께서 죄를 지적하는 말씀을 하시면, 교회는 침묵할 수 없다.… 그러나 정치 문제에 대한 기독교적 관여가 그리스도 왕국의 영적인 형태를 없애는 것이 아니다.… 그리스도인의 정치적 행동은 언제나 같은 직접적 목표들을 추구하는 사람들과 함께 수행되어져야 한다. 생명과 자유를 증진시키고 폭력을 억제하는 그런 목표들은 시민 정부의 적절한 목적들이다”(193).… “구원은 정치적 질서의 구속을 통해서 오는 것이 아니라, 잃어진 죄인들을 하나님 나라에로 들여보내는 중생을 통해 이루어지는 것이다.… 스토트는 구원이 사회 정치적 해방이 아니라[고 하면서도] 교회의 행동에서 사회적 행동을 강조하려고 하였다.… 스토트는 사회적 행동이 복음 전도의 동반자(partner)라고 하였다”(Cf. John R. W. Stott, *Christian Mission in the Modern World* [London: Falcon Books; Downers Grove, IL.; IVP, 1975], 88, 26f. 그는 또한 복음 전도와 사회적 행동의 관계에 대한 논의로 Timothy Chester, *Awakening to a World of Need: The Recovery of Evangelical Social Concern* [Leicester: IVP, 1993]를 제시하고 있다, 195).

28. 현대 로마 가톨릭의 교회, 심지어 창조 계까지도 성례전적으로 보는 경향 에 대해서 하는 말: “온 피조계에 대해서 성례전적으로 말하는 것은 그 힘을 희석시키는 것이다”(270). “성례는 은혜의 표가 되기 위해 피조된 자연 안에 있는

어떤 것(예를 들어서, 무지개)이 아니다. 성례는 구원하는 은혜에 참여하는 표인 것이다"(271).

29. 구교의 *ex opere operato*의 바른 이해에 대한 다음 지적: "트렌트 공의회의 *ex opere operato* 공식은 하나님과 상관없이 성례가 그 자체로 역사 한다고 주장해 본 일이 없다. 요점은 성례는 그것을 받는 자 편의 신앙의 필요가 없이도 작용한다는 것이다"(275). 그러나 "성례에서 신앙은 하나님의 말씀의 권위에 의해서 표현되고, 그의 약속에 따라 주어진 복을 받아들이는 것이다.… 신앙은 표(the sign)와 그것에 의해서 표현된 복(the blessing signified) 모두를 붙잡는 것이다"(276).

30. 할례와 세례에 대한 이해: "이는 하나님의 주되심에 대한 인정을 표한다". 또한 이는 "그 후손과 관련하여 언약을 어기는 자들에 대한 심판의 표를 포함하기도 하는 것이다"(278f.). 그리고는 세례의 물이 씻음의 물일뿐만 아니라, 심판의 물로서 작용한다는 클라인의 주장을 설득력 있는 것으로 받아들이면서 다음과 같이 주장한다: "세례에서 우리는 그리스도의 죽음에로 연합한다(롬 6:3-4). 즉, 세례는 또한 그리스도께서 우리를 위하여 받고 견디신 하나님의 심판을 상징한다. 그가 우리를 위하여 죽음의 물에로 들어가신 것, 그리하여 우리를 영생의 해안으로 이끌어 오신 것을 상징하는 것이다"(279). "그러므로 세례는 씻어 깨끗케 하는 의식이요, 이름을 부여하는 명명식이고, 성령의 은사와 언약적 헌신의 의식인 것이다"(280).

7
21세기에 대한 기독교적 대응의 한 준비*

통합윤리학회 편. 『21세기의 도전과 기독교 문화』 서울: 예영 커뮤니케이션, 1998.

장로회신학대학교의 맹용길 교수님에게서 기독교 윤리에 대해서 배운 일단의 학자들이 맹용길 교수님의 화갑(華甲)을 축하드리는 마음에서 21세기의 도전에 대한 기독교적 대응을 위한 준비를 하도록 하는 논문들을 쓰고 모아서 『21세기의 도전과 기독교 문화』라는 제목의 귀한 책을 내었다. 그 필진의 상당수가 지난 해 3월에 출간된 (이떤 의미에서 이 책보다 좀 더 학문적으로 많은 기여를 하는) 『현대 기독교 윤리학의 동향(1): 미국과 유럽의 학자들을 중심으로』에 기고했던 분들임을 생각할 때,[1] 이 일단의 학자들은 그 선생님인 맹용길 교수님을 닮아서(?) 매우 다작(多作)의 성향을 나타낼 수 있는 가능성을 보이고 있음을 알 수 있다. 이 두 책 모두가 한 세대에서 다음 세대로 전달되고 함께 발전하는 학문의 세대적 발전과 진전을 보여주는 귀한 작업이라고 여겨진다. 한 학자의 기독교 윤리에 대한 노력이 그의 참으로 다작의 저작들 외에도 얼마나 많은 열매를 내었는가 하는 것을 우리로 실감하게 하는 결실이라고 아니할 수 없다.

---

* 이 서평은 기독교 학문연구회의 학술지 「신앙과 학문」 3/3 (1998년 가을호): 167-75에 실린 것임을 밝힌다.

[1] 임성빈 외, 『현대 기독교윤리학의 동향(1): 미국과 유럽의 학자들을 중심으로』 (서울: 예영 커뮤니케이션, 1997).

이 책은 21세기의 도전을 '생명', '문화', '복지', 그리고 '미래'라는 네 가지 주제로 나누어 제시하고 그에 대한 각 필자들의 기독교적 대응을 제시하도록 하고 있다. '생명' 항목과 관련해서는 대전신학교의 정원범 교수께서 "생명 위기의 현실과 위기 극복의 길"(11-38)이란 논문에서 현대의 "최대의 문제는 도덕성 상실과 생태계 파괴로 요약"되는 "생명 위기의 문제"라고 제시하고(12), 그 징후들을 소개한다. 그리고 그 원인으로 현대 문명의 근본구조를 윤평중의 논의에2 따라서 이성주의, 기계적 자연관, 진보 이념으로 제시하고(19-23), 현대 문명의 세계관의 특성을 데이비드 그리핀을 따라서3 무신적-물질주의적이라고 하면서 (23) 그 원인을 무신론적 세계관과 물질주의적 가치관에서 찾는다(24-27). 그리고 는 생명 위기 극복의 길로 그리스도인들이 맹용길 교수님의 제시를 따라서4 생명 운동을 사명으로 받아들이고(28), 그런 생명 운동의 실천 방안으로 생명 파괴 현상을 직시하고, 하나님 중심주의로, 통합적 공생적 사고로, 한계선 존중의 사고로, 생명적 가치관으로, 그리고 공동선 존중의 사고로 사고의 틀을 전환하며 (28-36), 생명 운동을 구체적으로 실천해야 한다고 결론 내리고 있다(36-38).

그 둘째 논문은 한남대학교의 조용훈 교수님의 "환경, 자연, 창조 질서: 기독교 환경윤리학 서술을 위한 개념 연구"이다(39-62). 이 논문에서 조 교수님은 환경 윤리학을 위한 기본 개념을 정리하면서 환경이라는 용어는 인간 중심적 자연 이해를, 생태학이란 말은 자연 중심적 자연 이해를, 그리고 창조 질서란 말은 신 중심적 자연이해 등의 세계관을 나타낸다는 논지의 개념 연구를 제시하고 있다.

세 번째 논문인 호남신대의 노영상 교수님의 "미래 신학으로서의 생태 신학"(63-84)에서는 샌트마이어의 『자연의 산고』에5 제시된 '아나바스'(άναβάς, 올

---

2 윤평중, 『푸코와 하버마스를 넘어서』 (서울: 교보문고, 1993), 21-27, 225-26.

3 David Ray Griffin, *God and Religion in the Postmodern World* (NY: SUNY Press, 1989), 21-23, 31-33.

4 맹용길, "생명 운동이란 무엇인가?" 대한예수교장로회총회 교육부 편, 『그리스도께서 주신 생명과 평화』 (서울: 한국장로교출판사, 1996), 107, 109-12.

5 H. Paul Satmire, *The Travail of Nature: The Ambigious Ecological Promise of Christian Theology*

라감)의 신학과 '카타바스'(καταβάς, 내려옴)의 신학의 대조에서 출발하여 21세기의 신학은 이 두 가지 신학적 정향을 종합하는 신학으로 특히 몰트만의 성령론을 제시하고, 이와 연관해서 에베소서의 충만 개념을 중심으로 한 노 교수님 자신의 생태 신학을 제시하고 있다.

제2장인 '문화'와 관련해서는 관동대의 정종훈 교수님께서 "사회 문서들을 통한 교회의 정치 경제 사회 문화적인 참여의 과제"란 논문(87-114)에서 독일 개신교 협의회(EKD)의 사회백서들을 위한 사회백서인 1970년 1월의 "사회 문제에 대한 교회의 입장 표명의 과제와 한계"를 소개하며 분석하고, 이에 근거해서 (1) 교단별로 보다는 "가능한 한 개신교회 전체의 한목소리를" 내어놓고, (2) 급해도 "신학적이고 윤리적인 입장의 견지와 함께 기독교 신앙의 정체성을 충분히 반영하여야" 하며, (3) 졸속으로 발표하기보다는 "신학자, 해당 연역의 전문가들과의 공동 작업을 통해 … 일반 국민들까지도 설득될 수 있는 심도 있는 문서를 발표하여야" 하고(113), (4) 발표된 후에는 교회 내외적으로 전달되어야 한다고 제안하고 있다(114).

그 둘째 논문인 "한국 대중문화의 특성 분석"(115-40)에서는 장신대 강사이신 박종균 교수님께서 (1) 외래성, (2) 전통적 가치의 약화, (3) 종속성, (4) 상업성, (5) 소비주의, (6) 허위 욕구와 허위의식, (7) 스타숭배주의, (8) 성담론의 공론화, (9) 육체와 욕망의 해방의 9가지로 나누어 한국 대중문화의 특성을 소개하고, 기독교회는 (1) "대중문화를 효과적으로 분석하지 못하고" 있음을 말하며 "대중문화의 일탈효과에 대한 독자적인 체계적 연구가 요청된다"고 하고(139), (2) "문화의 종속성에 대한 비판이 너무 빈약하고 … 우리 문화를 스스로 개발하고 발전시키는 노력이 미흡했다"고 지적하고(139f.), (3) "문화에 대한 변혁주의적 입장을 취해야 한다"고 한다(140).

그 셋째 논문인 "한국 개신교와 문화와의 관계변화에 대한 문화사회학적 이해"(141-65)에서 장신대 겸임교수인 신기영 교수님께서는 다양한 자료에 대한 검토에 근거해서 보수 교회는 문화와 분리적 관계를 맺어 왔고, 지금도 그러하다

(Philadelphia: Fortress Press, 1985).

고 결론 내리고 있다.

넷째 논문인 "정약용의 실학사상에 대한 윤리적 연구"(169-93)에서 김창모 목사님은 "한국의 사상가들과 저술들을 외면하거나 묵살하는 한국혼이 빠진 사람들"을 비판하면서(192), "한국에서 신학함의 의미를 바르게 실천하며, 목회의 현장인 교회 공동체 구성원 속에 집단 무의식적으로 내려오는 전통 종교 사상에 대해서도 기독교적인 성숙하면서도 바른 응답과 이해를 나타내야한다"고 결론 내린다(192f.).

제3장인 '복지'에서는 이 논문집의 주인공이신 맹용길 교수님께서 "노인복지 목회와 교회"(197-217)라는 제목으로 목회를 "하나님께서 생명을 살리고 지탱할 수 있도록 보존하시고 경영하시는 일에 인간이 동참하는 통합적 작업"이라고 보면서(203), 주로 카렌 킬스트-애쉬만과 그라프톤 헐의 사회복지 책에6 근거해서 노인복지 목회의 방향를 제시하고 있다.

그 둘째 논문인 김미원 교수님의 "전통적 사회복지 원조 패러다임의 대안으로서 참여 연구 조사에 대한 연구"(219-44)에서는 원조 패러다임과 참여 연구 조사를 대조하고 그 실천적 함의를 논하고 있다.

또 그 세 번째 논문인 장신대 김철영 교수님의 "성서에서 본 정의와 공동체의 회복"(245-70)에서는 성서의 가르침, 특히 구약의 안식년과 희년법과 신약의 하나님 나라의 의와 기독교 공동체에 대한 가르침에 근거해서 그리스도인들이 정의로운 행동의 준거와 비전을 모색해야 한다고 한다.

제4장인 '미래'에 대해서는 장신대의 임성빈 교수님께서 "정보사회와 교회"(273-93)의 문제를 다루면서 정보사회가 무엇인지를 소개하고, 정보 사회의 사회 윤리적 문제로 (1) 정보 과잉의 문제, (2) 정보 격차의 문제, (3) 인권의 문제를 제시하고, 교회가 결정적 다수를 위한 연대의 핵심으로 기능할 수 있는 가능성과 방안을 제시하고 있다.

마지막 논문인 맹용길 교수님의 "미래사회와 교회의 역할"(295-324)에서는

---

6 Karen Kirst-Ashman and Grafton H. Hull, Jr., *Understanding Generalist Practice* (Chicago: Nelson-Hall Publishers, 1993).

미래사회를 혼돈과 혼란과 불확실한 사회, 새로운 상호 관계가 요구되는 사회, 사이버 세상으로 혼돈되는 사회, 통합적 환경을 형성하는 사회, 장소를 극복하는 시간의 사회, 봉사가 요청되는 사회, 윤리성이 강조되는 사회라고 분석하면서, 이런 미래 사회 속에서 교회는 가치 기준의 모형 역할, 봉사의 모형 역할, 지도력의 역할, 삶의 질을 향상시키는 역할, 문화를 형성하는 역할, 생명존중의 역할, 종교성의 지탱, 지속의 역할, 대안적 사회로서의 역할을 해야 한다고 전형적인 목회의 기능에 따른 논의를 하고 있다.

이 12편의 귀한 논문들은 우리로 하여금 21세기의 사회를 예측하며 기다리게 하고 맹용길 교수님의 말과 같이 "미래사회를 형성하는 사명을 갖고 하나님이 기뻐하시는 사회가 될 수 있도록 대처하는" 일에 좋은 안내 역할을 한다고 여겨진다. 이 귀한 작업에 혹시 흠을 잡자면 첫째로, 이 논문집을 '생명', '문화', '복지', '미래'의 네 가지 영역으로 나눈 것이 처음부터 의도된 것이라기보다는 모여진 글을 사후에 배열하면서 생긴 것이 아닌가 하는 의혹을 살만하게 나타나 있다는 점을 말할 수 있다(물론 처음부터 이런 식의 배열을 하고 작업하셨을 수도 있다. 여기서는 독자들에게 느껴지는 바를 중심으로 말한 것임에 유의하라). 이렇게 함으로써 폭넓게 21세기 도전의 모든 문제를 살필 수 있다는 장점도 있지만, 오히려 그 중의 한 문제를 중심으로 좀 더 심도 깊은 논의가 이루어질 수 있도록 하였더라면 하는 아쉬움이 남는다(물론 이는 순전히 아주 개인적이고 주관적인 아쉬움일 것이다). 그 중의 가장 가능성 있는 것으로 보이는 것은 앞부분에 제시한 생명과 생명 신학 부분이다. 이를 중심으로 생명 신학의 관점에서 생태의 문제도, 복지의 문제도, 그리고 심지어는 문화와 정보 사회의 문제도 다루었더라면 생명이라는 하나의 관점으로 포괄될 수 있는 좀 더 일관성 있는 제시가 될 수도 있지 않았을까 하는 생각이 든다. 즉, 이 책을 읽고 난 후에 그렇게 할 수 있지 않은가 하는 가능성을 이 책이 보유하고 있음을 발견했다는 말이다.

둘째로는 21세기의 정황을 분석 예측하고 그에 대한 기독교적 대응을 하는 이런 작업을 할 때 공통적으로 나타나는 항존적 문제라고 할 수 있는 것으로,

상황에 대한 분석과 예측에서는 비기독교적 자료를 사용하고, 대응에서만 기독교 신학적 성찰이 나타나는 성향이 이 논문들에도 나타나고 있다는 점이다. 이는 이 논문집의 필자들이 21세기에 대한 예측과 전망에서 기독교 신학적 전망을 전혀 가지지 않고 작업하였다는 말이 아님에 유의하라. 물론 이는 우리의 분석과 예측이 객관적이고 보다 넓은 자료에 근거하게 하려는 의도에서 나온 것이다. 그러나 이런 입장이 철저하게 되면 분석과 예측은 기독교적 신앙과 신학과는 상관없는 것이며, 대응에서라야 기독교적 시각이 중요하게 나타난다는 인상을 쉽게 줄 수 있는 것이다. 그러므로 앞으로의 우리의 모든 작업에서 그러한 이분화가 실제로 있지 않을뿐더러 그런 이분화를 하고 있다는 인상도 주지 않도록 작업하는 것이 중요하다고 생각해서 이 점을 지적한다.

셋째로, 이 책의 몇 논문이 21세기에 도전에 응답하는 형태의 신학으로 제시한 것에 대해서 논의해야 할 것이다. 그런 응답의 신학으로 노영상 교수님께서는 에베소서의 충만 개념에 근거해서 생태 신학을 재구성하고자 하셨다(75-84). 이는 아주 옳은 착상이다. 그리스도께서 이 세상에 오시고, 그의 구속 사역을 이루신 후 승천하신 목적을 에베소서에서는 분명히 만물을 충만케 하려는 것이라고 하고 있기 때문이다. 그리고 그 충만은 노 교수님께서 잘 지적하시듯이 교회와 연관된다. "교회는 그의 몸이요, 만물 안에서 만물을 충만케 하시는 자의 충만"이기 때문이다(엡 2:23). 이점을 잘 착안하시고 노 교수님께서 "만물의 충만은 예수 그리스도와 교회에 의해서 중재된 의미에서의 충만"(77)이라고 한 것, 따라서 "만물은 그 자체로 하나님의 충만이 아니며, 하나님의 충만한 분량까지 성장하는 것이 아니다"라고 지적한 것(77), 이에 따라서 떼이야르 샤르댕의 오메가 포인트까지의 만물의 계층적 진화 이론을 비판하면서 "만물은 자체의 진화에 의해 충만한 단계에 이르는 것이 아니며"(78) 그리스도 안에서 이루시는 하나님의 충만케 하시는 사역을 통해서 비로소 충만케 된다는 점을 지적한 것은 아주 옳다.

그러나 그리스도의 승천 후에 만물에 충만케 되는 것이 성령이시고 "만물이 성령의 내재 대상"(78)이라고 하는 것에 대해서는 좀 더 깊은 논의가 필요하다고 생각된다. 이는 아마도 이와 연관해서 노 교수님께서 논의하고 있는 몰트만의 우주적 성령론의 영향이 아닌가 생각된다. 노 교수님은 몰트만의 『창조 속에 계신 하나님』을 인용하면서 "하나님은 성령으로서는 만물 속에 내재할 수 있지만 … 동시에 그 하나님은 성부로서는 만물을 초월하여 계신다"고 한다(79, Cf. 71f.). 또한 몰트만은 성부 하나님으로서는 만물 속에 내재할 수 없다고 한다고 한다(79). 그런 이해는 과연 유지될 수 있으며, 삼위일체 하나님께 공정한 것일까? 이 질문에 대해 서평자는 긍정적으로 답할 수 없다고 본다.

노 교수님께서는 몰트만이 이런 식으로 하나님의 세계 내재를 그의 세계 초월과 결합시키는 것에 동의하며, 따라서 몰트만의 삼위일체적 범재신론 (또는 만유재신론, pannentheism)에 동의하면서 자신의 생태 신학을 제시하고 있다. 이는 노 교수님께서 인용하고 있는 캐터린 켈러가 잘 지적한 바와 같이 내재적 초월 (immanent transcendence)만을 인정하는 것이다.[7] 그런 점에서 몰트만과 라너의 신학의 유사성을 생각해야 한다. 그들은 절대적인 의미에서의 초월, 전통적인 의미에서의 초월을 인정하지 않는 것이 되는 것이다. 참된 기독교는 과연 그런 입장에 동의할 수 있는 것일까? 바로 앞의 논문인 "환경, 자연, 창조질서: 기독교 환경윤리학 서술을 위한 개념 연구"에서 조용훈 교수님도 "성서의 창조신앙은 세계와 하나님 사이의 상호의존성만을 일방적으로 강조하는 범재신론 (panentheism)과도 구분된다"고 하면서, 미그리오레를 인용하면서 "여기서의 문제 는 하나님의 자유나 타자성, 초월성, 그리고 피조물과의 존재론적 차이성이 약화 되고 있다는 점이다"라고[8] 지적하지 않는가?(59) 이런 차이는 두 분의 입장의 차이에서 나온 것인가, 아니면 두 분이 생각하는 범재신론의 개념의 차이에서 기인하는 것인가?

또한 몰트만이 이런 식의 성령론으로 초월과 내재신학의 갈등에 대한 극복을 시도하는 것, 또는 댑니가 정리하듯이 성령을 중심으로 한 초주객관(transjective)

---

[7] Catherine Keller, "Pneumatic Nudges: The Theology of Moltmann, Feminism, and the Future," in *The Future of Theology: Essays in Honor of J. Moltmann*, eds., Miroslav Volf, Carmen Krieg, Thomas Kucharz (Grand Rapids: Eerdmans, 1996), 145, cited in 80.

[8] D. L. Migliore, 장경철 역, 『기독교 조직 신학개론』 (서울: 한국장로교출판사, 1994), 144, 146.

신학을 전개하는 것은(73)[9] 과연 노 교수님께서 제시하시듯이 그렌츠와 올슨이 제시한[10] 초월과 내재의 통합적 극복과 과연 동일시되거나 유사한 것으로 여겨질 수 있을까? 또한 그들의 주장점이 과연 "신정통주의 신학과 자유주의 신학의 통합적 극복을 강조한"(73) 것이라고 할 수 있을까? 그들은 오히려 복음주의 신학만이 내재성과 초월성을 강조하는 방향으로 나아갔다고 하지 않는가?

또한 노 교수님께서 총체적 구원 개념으로서의 샬롬 개념을 생각한 것은 옳으나 보프와 두호르와 리드케 등이 말하는 개념과[11] 월털스토르프의 샬롬 개념을[12] 아무런 차별 없이 그대로 동일시할 수 있는 것일까?

넷째로, 역시 신학적 문제로 김철영 교수님의 "성서에서 본 정의와 공동체의 회복"에 대해서 동감에 가득찬 아쉬움을 표현하게 된다. 이 논문에서 김 교수님은 "공동체의 해체와 파괴를 보면서 오늘의 그리스도인이 … 정의로운 행동의 준거와 비전을 모색하기 위해 … 성서의 가르침에 의존할 필요"가 있음을 지적하시는 것으로 시작하셨다(246). 그리고서는 "구약의 안식일과 희년법"에 주목하시고, 신약에서는 "하나님 나라의 의와 그리스도 공동체" 문제를 다루어 주셨다. 그 중에서 특히 하나님 나라와 하나님 나라의 윤리를 강조하시는 부분은 아주 좋은 정리라고 할 수 있다. 다른 학자들과 함께 주로 래드의 연구를 잘 요약하고 있는 이 부분에 대해서 우리는 전심에 찬 동감을 표명하게 된다.

그러나 한 가지 아쉬운 점은 이 하나님 나라의 윤리와 그 실천이 너무 직접적으로 세계 공동체에의 적용에로 나아가고 있음에 있다. 예를 들어서, 다음과 같은 말을 들어 보라: "공동체에 대한 성서적 강조는 정의에 기초한 우리의 공동체적 연대감과 하나됨이 이제 세계 공동체로 확장되어 가야함을 요청한다.

---

[9] D. Lyle Dabney, "Otherwise Engaged in the Spirit: A First Theology for a Twenty-first Century," in *The Future of Theology*, 161.

[10] Stanley J. Grenz and Roger E. Olson, *20th Century Theology: God and the World in a Transitional Age* (Illinois: IVP, 1992).

[11] 레오나르도 보프, 김향섭 역, 『생태신학』 (서울: 가톨릭출판사, 1996); U. 두호르, G. 리드케, 손규태, 김윤옥 역, 『샬롬: 피조물에게 해방을, 사람에게 정의를, 민족들에게 평화를』 (서울: 한국신학연구소, 1994).

[12] Nicholas Wolterstorff, *Until Justice and Peace Embrace* (Grand Rapids: Eerdmans, 1983).

왜냐하면 하나님의 의와 통치는 우리 모두의 공동체에 미치고 있을 뿐만 아니라 하나님의 사랑의 포괄성 안에 우리들 인간 모두가 함께 묶여 있기 때문이다"(269). 이는 어떤 면에서는 동의할 수 있는 말이나, 어떻게 보면 기독교 공동체의 특성을 무시하는 방향으로 나갈 수도 있고, 내포주의적 구원관을 함의하는 것으로 이해될 수도 있기 때문에 선 듯 동의하기 어려운 주장이라고 아니 할 수 없다. 기독교 공동체의 하나님 나라적 윤리 활동이 이 세상에서의 공동체의 진정한 회복으로 나아가는 방향을 좀 더 구체적으로 제시했더라면 하는 아쉬움을 이 논문의 주장점이 너무도 좋기에 더 들게 된다고 할 수 있다.

그러나 다음과 같은 이 논문의 마지막 문장은 어느 정도 이 문제에 대한 좋은 제시를 하고 있다고 해석될 수도 있을 것이다: "따라서 정의롭게 된다는 것은 세계 안에서 공동체가 그들에게 의사 표현의 기회를 주고 그들의 정당한 재화의 몫을 되돌려 받도록 하는 준거의 실천을 통해서 뿐만 아니라, 도래할 하나님 나라를 희망하면서 새 공동체의 회복과 유지를 위해서 그 나라의 의를 증거하는 것이 되어야 할 것이다"(270). 그러나 전심으로 이것이 받아들여지려면 기독교 공동체의 독특성과 그 만물을 충만케 하시는 자의 충만으로서의 성격이 좀 더 강조될 필요가 있을 것이다. 그래야 우리의 윤리적 활동이 하나님 나라의 윤리적 활동이라고 할 수 있을 것이기 때문이다.

그러나 이 모든 점에도 불구하고 이 책은 그 저작 의도에서나 산물 모두가 21세기의 도전 앞에서 한국 기독교회가 어떻게 대응하고 대처해야만 하는지에 대한 실천적 관심을 가지고 학문적으로 깊이 있게 논의해 보려고 한 뛰어난 논문집이라는 점을 잊을 수 없다. 따라서 21세기로 들어가는 우리 모두가 반드시 읽고 함께 숙고하고 대화해야 할 귀한 책이다. 다시 한번 더 이런 귀한 책을 쓰고 내신 모든 교수님들께 감사를 드리고, 더불어 이를 가능하게 하신 맹용길 교수님의 화갑을 늦었지만 축하드리면서 이 서평을 맺는다.